中國史學基本典籍叢刊

蠻書校注

〔唐〕樊綽撰
向達校注

中華書局

圖書在版編目(CIP)數據

蠻書校注/(唐)樊綽撰;向達校注. —2版. —北京:中華書局,2023.3(2024.11重印)
(中國史學基本典籍叢刊)
ISBN 978-7-101-16044-4

Ⅰ.蠻… Ⅱ.①樊…②向… Ⅲ.①《蠻書》-注釋 ②雲南-地方史-古代 Ⅳ.K297.4

中國版本圖書館CIP數據核字(2022)第238697號

責任編輯:孫文穎
封面設計:周　玉
責任印製:陳麗娜

中國史學基本典籍叢刊

蠻書校注

〔唐〕樊　綽　撰
向　達　校注

*

中華書局出版發行
(北京市豐臺區太平橋西里38號　100073)
http://www.zhbc.com.cn
E-mail:zhbc@zhbc.com.cn
三河市鑫金馬印裝有限公司印刷

*

850×1168毫米 1/32 · 13印張 · 2插頁 · 258千字
2018年6月第1版　2023年3月第2版
2024年11月第5次印刷
印數:5401-6400册　定價:58.00元

ISBN 978-7-101-16044-4

序　言

蠻書十卷，唐朝樊綽撰。樊綽生平不大清楚，僅從他所著的蠻書和宋司馬光的資治通鑑中約略知道一二。唐懿宗咸通三年（公元八六二），蔡襲代王寬爲安南經略使。其時樊綽爲安南從事，是蔡襲的幕僚（宋陳振孫、晁公武都説樊綽是安南宣慰使，但新唐書和資治通鑑考異不提此事，故不取）。咸通四年（公元八六三）二月初七日，南詔攻陷交趾，蔡襲全家和隨從七十餘人戰死。樊綽長男樊韜及家屬奴婢十四人也一併陷没。樊綽本人於城陷時攜帶印信浮水渡富良江走免。蠻書卷四和卷十曾零星記載到交趾城陷時的情況。從所記載的片段事實推測，蔡襲諸人於城陷時戰死，樊綽渡江後可能逃至海門，後來即由海門歸國。咸通五年（公元八六四）六月左授夔州都督府長史。樊綽生平，所知止此。

南詔本是唐代定居於今雲南巍山地區的一個民族。據新唐書南蠻傳的記載，蒙嶲、浪穹、越析、邆賧、施浪、蒙舍共稱爲六詔。蒙舍即南詔。唐玄宗以前，六詔地區分布在今雲南白族自治州，即巍山以北以至麗江，環繞洱海的一帶地方。開元以後，南詔得到唐朝的支持，統一了六詔。天寶以後，唐朝積極經營雲南，和南詔發生了矛盾。南詔閣羅鳳於是投向吐蕃，因而建國稱王，受了吐蕃的贊普鍾的封號。自此以後，南詔逐漸發展成爲大國。到了唐朝末年，南詔經常派遣大軍進攻今四川、貴州、廣西諸地，並屢次出兵進攻安南，對於唐朝造成嚴重的威脅。

樊綽隨蔡襲到安南，是南詔世隆嗣立，自稱皇帝，國號大禮的時候。世隆即位以後，進攻唐朝的播州（今貴州遵義）、邕州（今廣西）、巂州（今四川越巂一帶）。自咸通元年至四年（公元八六〇—八六三），三次進攻安南，兩次攻陷交趾，據有其地。樊綽到安南，正值南詔第三次進攻安南，形勢異常嚴重。他認識到南詔問題對於唐朝關係重大，因在安南作了一番有關南詔的調查研究工作。在樊綽以前，唐朝曾有一些人到過雲南，寫過書。唐德宗貞元十年（公元七九四），袁滋爲册南詔使，册立異牟尋爲南詔。袁滋曾至羊苴咩城，即今雲南大理，歸後著雲南記五卷。唐穆宗長慶三年（公元八二三），京兆少尹韋審規奉命至雲南册封南詔勸豐祐。韋齊休隨審規入雲南，歸著雲南行記二卷。樊綽整理了他自己對於雲南的調查資料，並參考雲南記、雲南行記，以及後漢書、王通明廣異記、夔城圖經等書，寫成了這部蠻書。

樊綽的書，宋以後著録和引用，名稱紛歧很不一致。新唐書藝文志和通鑑考異等書作蠻書，四庫全書著録此書，書名即據新唐書和通鑑考異。校注也沿用了這一個舊名。關於蠻書的異稱，具見校注卷一四庫提要的注，兹不贅。

蠻書計分雲南界内途程第一、山川江源第二、六詔第三、名類第四、六瞼第五、雲南城鎮第六、雲南管内物産第七、蠻夷風俗第八、南蠻條教第九、南蠻疆界接連諸番夷國名第十，共凡十卷。對於自唐朝進入雲南的交通程途，雲南的重要山脈河流、重要的城鎮、六詔和其他民族的概略、物産以及當時農業生産的概況、各族特别是南詔的生活習慣、南詔的一些特殊制度和軍事訓練，以及和南詔毗連各外國的大概情形，都有有系統的紀録，而尤詳於南詔。宋以後研究雲南歷史很重視此書。新唐書南蠻傳主要取材於蠻書，司馬光的通鑑考異採用的也不少。其餘如程大昌、蔡沈、蘇頌，采用蠻書之處不一而足。李昉等在太平御覽裏所收的南夷志，就是蠻書的别名，是校勘今本蠻書的重要依據。

今天雲南有十幾種少數民族，分布在三迤各處，他們古代的歷史，遷徙的情況，往往可從蠻書各卷中得到綫索。蠻書卷四記載河蠻於唐德宗貞元十年徙居柘東，柘東即今昆明。今昆明附近聚居很多的少數民族，這些少數民族自己的傳説也以爲是從大理遷來的。如路南圭山區撒尼族，據他們的長篇叙事詩阿詩瑪上的叙述，他們的祖先是從阿着底遷來的，阿着底據説即在今大理。撒尼族是否即爲蠻書上河蠻的後裔，尚待作深入的研究。唯現在昆明附近各少數民族，他們的古代歷史與蠻書所紀遷至柘東的各民族有一定的關係，是可以肯定的。

蠻書所紀南詔方面生産技術的情形，好些是和漢族文化有關係的，也就是説受了漢族文化的影響。這些是研究少數民族歷史的重要材料。今略舉農業、手工業和建築方面的幾個例子，作爲説明。蠻書卷七紀載了唐代雲南「耕田用三尺犁，格長丈餘，兩牛相去七八尺。一個人前牽牛，一個人持按犁轅，一個人秉耒」。近代雲南耕田，還用這種二牛抬槓的辦法，只改三人爲二人而已。這種二牛抬槓式的耕田法就是采用中原地區的二牛三夫的耦犁式耕田法。所謂格，大概是駕於二牛頸上的那根横木。又説到「治山田殊爲精好」。山田即中原地區的梯田。蠻書同卷説到南詔養柘蠶織綾羅，這是從四川工匠學會的紡織技術。同卷又提到南詔煮鹽也是用的漢法。卷五紀陽苴哶城南詔大衙門大廳建築，重屋製如蛛網，架空無柱。這是六朝以來中原地區通行的一種無樑殿式建築，有相當高的技術水平。耕種屬於食，紡織技術屬於衣，鹽爲人民生活所不可缺，而無樑殿式建築又屬於住。這都説明南詔和當時的中原地區在衣、食、住方面有極其密切的聯繫。

自宋、元以至明初，蠻書流傳不絶。明洪武時，程本立在麗江通守張翥處見到樊綽的雲南志，雲南志是蠻書的又一别名。自此以後，便很少有人提到樊綽的書。像楊慎那樣淵博，也没有看到。清朝乾隆時編輯四庫全書，始從永樂大典裏把蠻書輯了出來。先用木活字排入武英殿聚珍版叢書之内（在校注中稱爲内聚珍本），隨後寫入四庫全書（校注用的是文津閣四庫全書，簡稱文津本）。蠻書湮沈了三百多年，至是始復顯於世。此後知不足齋鮑廷博又重刊蠻書（校注中稱爲鮑本）。這是清代蠻書最早的幾個本子。雲南備徵志（校注中稱爲備徵志本）、琳琅秘室叢書（校注中稱爲琳琅本）、漸西村舍叢書（校注中稱爲漸西本）所收蠻書，以及幾個翻刻的聚珍版叢書本（校注用的是閩刻，稱爲閩本），都是以内聚珍本或四庫本、鮑本爲根據的。有清一代蠻書版本流傳大致如此。

四庫館輯印蠻書時，曾作過初步整理，於大典本中的誤字錯簡有所訂正，舊本中注語有案字的都是四庫館臣的案語。其後盧文弨也對蠻書作過一些校勘工作。盧校本蠻書原本今存南京圖書館，校語另收入盧氏的羣書拾補。盧校雖只寥寥十數條，但在蠻書的整理上創始之功是不可没的。胡珽所刻琳琅秘室叢書本後附星華校記，星華不知何人，校記亦有可取之處。最後沈曾植有蠻書注，原稿尚在，未曾付刊，可惜没有見到，只從沈氏的海日樓文集和王蘧常編的沈氏年譜中見到蠻書注自序一篇。清代研究西北地理之風甚盛，作者如林，而對於西南却不甚注意，因而在蠻書的校勘和研究上，便不免有岑寂之感！

我於一九三九年至雲南，寓居昆明鄉間。村居寂寥，亟想知道一點雲南古代歷史，因從前中研院歷史語言研究所借了一部蠻書。後來索性把當時所能借到的琳琅本、備徵志本、漸西本和閩本一共四種本子的蠻書，合鈔成一個本子，置於案頭，以供自己隨時翻閲之用。在鈔録的時候，逐漸感覺到通行本的蠻書有些問題。問題大致有幾個方面：一是通行本彼此之間不大一致。一是蠻書本身誤字錯簡甚多，必須加以校勘。書中涉及的歷史事實、古今地理、名物制度，也應與以詮釋。看書時因將所見到的有關材料，隨時簽注在鈔本上。一九四二年將這些材料綜合起來寫成一個清本，是爲校注的最初草稿。那時候像内聚珍本、四庫本、知不足齋的鮑本，在昆明都看不到。一九四六年回到北京，始從北京圖書館得讀文津閣四庫全書中的蠻書。一九四七年在今南京博物院看到舊避暑山莊藏内聚珍本和今南京圖書館所藏盧文弨校本蠻書，以後又得到鮑本。前後大約經過二十年，蠻書的幾個重要本子纔都看到了。同時對於蠻書的校勘和注釋也積累了一些新的資料。最近有機會將蠻書校注重新寫定，是爲現在的初藁本。

通行本蠻書存在一些問題，四庫館臣和盧文弨的初步整理工作做得很不够，以致於誤字錯簡和其他錯誤，仍然層見迭出。其中有些當出於寫官之誤，特别是永樂大典中的錯誤。永樂大典是一部偉大的類書，但因爲是官書，又經過輾轉傳鈔，寫官粗心，校對草率，於是誤字錯簡不一而足。例如卷一紀石門路一段，原本有「閉石門路，量行館」一句，頗爲不解。韋臯是要開石門路，以便利袁滋諸人經此去羊苴咩城册封南詔異牟尋，爲甚麽又閉石門路呢？這裏一定有錯誤。後來看到豆沙關袁滋摩崖題名的拓本，題名末段有「韋臯遣巡官監察御史馬益，統行營兵馬，開路置驛」的一句話，始恍然大悟，知道蠻書上的「閉石門路，量行館」一句，原來應該作「開石門路，置行館」。開誤閉，置誤量，乃因字形相近，傳鈔致誤。這是誤字例。

又如蠻書卷八原本末了有一段紀述南詔出軍征役，兵士自帶糧秣等事。卷八講蠻夷風俗，卷九講南蠻條教；這一條與風俗關係少，與條教關係多。四庫館臣以爲這條是錯簡，應放在卷九。四庫館臣的意見是對的。這是錯簡例。

其次，蠻書本身也有錯誤之處。樊綽在安南作了細緻的調查研究工作，參考了袁滋諸人所寫有關雲南的著作，寫成這部蠻書。但是他本人究竟没有能到雲南去「目識親覽」，不免有傳聞異辭以至錯誤之處。今舉一事爲例。蠻書卷一紀從戎州入雲南的北路，説是從戎州南十日程至石門，上有隋開皇五年十月二十五日黄榮在這裏造偏梁橋閣通越析州等處的刊記，史萬歲進兵雲南即出於此。據蠻書所紀，是史萬歲用兵雲南，走的是從今四川宜賓南行入雲南的北路，一名石門路。但是隋書和通鑑都説史萬歲入自蜻蛉川，經弄凍，次小勃弄、大勃弄，至於南中。又度西二河入渠濫川。還至瀘水。蜻蛉川、弄凍（漢書地理志作弄棟），在今雲南大姚、姚安一帶，小勃弄、大勃弄在今雲南彌渡，西二河即今洱海，亦即指大理地區，渠濫川在今滇池附近，瀘水即今金沙江，特别指的自今會理渡金沙江入雲南的一段。所以史萬歲進兵雲南，往返都走蠻書卷一所紀的南路，即清溪關路，不應取道宜賓。清溪關路上也有石門，樊綽把南路的石門和北路的石門混淆了。黄榮在南路的石門造偏梁橋閣，其所造即是棧道。因爲在清溪關路上，所以可通越析州等處，以供史萬歲進軍之用。越析州在今賓川境内。開皇五年也應是十五年之誤。新唐書地理志戎州開邊縣注和韋皐傳都沿襲了蠻書之説。可以證明宋時蠻書即已如此，並非傳寫之誤。這是樊綽傳聞致誤之例。

因爲通行本蠻書有以上所舉的那些誤字、錯簡、原著者的傳聞致誤等等，必須儘可能地與以勘正，不然就不容易讀。又因爲蠻書裏涉及的一些歷史事實，有的比較簡單，須加以鈎稽補充，有的不免錯亂，須加以整理，所以應加注釋，使原書所述更爲清楚。蠻書是研究西南少數民族古代歷史，特别是雲南地區少數民族古代歷史的重要資料。清朝以來對於這部書所作的整理工作很不够，進行新的整理工作在今天是有必要的，也有比較好的條件。這一部蠻書校注，只算是對於蠻書研究的一個試探工作，在文字校勘和史實注釋方面，作一些初步整理，爲讀蠻書者提供一個新的比較可用的本子。原來的希望，不過如此。下面再分爲校勘和注釋兩項，將校注情形作一約略説明。

先説本子的校勘。校勘蠻書有一定的困難。宋以後的蠻書古本，一個也没有傳下來。明初程本立在麗江所見到的樊綽雲南志就是蠻書。但是據程氏巽隱文集卷二雲南西行記所紀，他所看到的「樊綽雲南志，字多謬誤，非善本也」。就連這個非善本的雲南志，我們今天也見不到。其次，通行本蠻書是從永樂大典輯出來的。我曾向幾位見到永樂大典最多的朋友請教，他們所見到的大典裏都没有蠻書。最近中華書局影印出版的永樂大典二十函中，也没有蠻書。用大典來校勘通行本蠻書，現在也不可能。因此要想知道通行本蠻書裏的一些誤字、錯簡和殘闕的本來面目，都很困難。校注用内聚珍本作底本，取其成書較早，校勘較爲仔細。校勘文字以及詞句，主要用以下的幾個辦法：一是用太平御覽和通鑑考異所引蠻書來校内聚珍本。御覽所收南夷志即蠻書别名，共有好幾十條。通鑑考異裏也經常引到蠻書。宋代蠻書的面目，從御覽和考異裏可以窺見一斑。這是校勘蠻書最珍貴的材料。御覽、考異而外，新唐書南蠻傳以蠻書爲主要史料，也可作爲校勘的依據。其次，用金石文字和唐人集子來校勘，上面所述袁滋題名就是一個例子。此外也試用本證法，即從本書的前後文、上下文中發現矛盾，求得正確的字句。如通行本卷五的龍口城閣羅鳳所築一條和蒙舍川一條，這兩條裏的龍口城全是龍尾城之誤，就兩條所述地理情形，可以證明。所謂錯簡，基本上也是用這種方法來判定的。校改的字句和整段，都在下面加注説明，改定的字句旁邊加上點號。經過這樣校勘的本子，比原來完整順暢，成爲比較可用之本。但是原本殘闕過甚，個人見聞淺陋，存在的問題仍然很多。於所不知，謹從蓋闕。

其次，關於蠻書的注釋問題。蠻書内容極其豐富，但也有不少問題。樊綽是唐朝的一位官員，他的政治思想、階級立場自然是站在唐朝統治者的一面。他認識到南詔問題對國防的重要，因而進行了系統的調查工作。他站在唐朝統治者的立場上，對於南詔以及雲南的事情，都是用的譴責語氣。同時他以上國人物的身分來看西南邊地的人民，自然有很濃厚的民族偏見，如説異牟尋江西卑賤；相信後漢書南蠻傳和王通明廣異記來説明盤瓠的起源，以及對於夜半國婦人的記載等等。「俗語不實，流爲丹青」，樊綽在這些地方表現得是很清楚的，注釋時不能一一駁正，謹在此指出，希望讀者用批判的態度，看待這些問題。

通行本蠻書輯自永樂大典，輾轉傳鈔，錯誤遺漏不一而足。上面已舉出誤字例，而尚待拾遺補闕之處，仍然不少。如卷三蒙舍詔條紀細奴邏以下世系，原本甚爲混亂。校注據通鑑考異加以改定，補入皮邏閣一代，於是新唐書南蠻傳的「蒙氏父子以名相屬」之説，纔可以講得通。校注認爲考異的説法是有根據的，因而大膽地改了。這究竟是樊綽原來錯了，新唐書繼承了下來，還只是新唐書之錯，與樊綽無關，現尚不敢斷言。校注這樣的改，不過是提出自己的意見，以供讀者參考而已。又如卷七提到南詔於唐文宗大和三年進攻四川，虜了一批工匠，從而促進了南詔織綾羅的手工業。校注根據唐人詩文，對大和三年南詔進攻四川之役以及後來所發生的事故，作了比較詳盡的注釋。這可以見出大和三年之役，在南詔的生產技術發展方面固然關係匪淺，在唐朝的政治上也曾引起了軒然大波，其重要可想而知。校注在這些方面的拾遺補闕工作，篇幅稍形冗長一些。原意是想把有關資料儘可能蒐集在一起，以省讀者翻檢之勞，因而也就聽其如此，不加删削了。

蠻書也是有關雲南古代民族和地理的一部大辭典。校注利用元史地理志來説明這兩方面的問題。元史地理志雲南行中書省一部分上承唐、宋，下啓明、清，借此爲橋梁來解釋雲南古代，特别是唐代的民族和地理上的問題，還是比較可靠的。此外近代學者如已故的袁嘉穀先生，現在的方國瑜先生，他們對於雲南古代歷史的研究都有過貢獻。最近幾年來，雲南在考古發掘方面如晉寧石寨山有「滇王之印」金印的墓葬羣之發現，以及大規模進行的民族調查工作，都很有助於雲南古代歷史，特别是蠻書的研究。校注盡可能採用了他們的研究成果。唯以限於見聞，掛漏之處在所不免。蠻書中有關雲南古代歷史、地理、民族以及制度風俗等等方面提出的問題甚多。例如南詔統一六詔以前，今大理地區，尤其是洱海東面大姚、姚安古稱姚州一帶的歷史，就不大清楚。校注於唐初自太宗至高宗、中宗時期如梁建方、趙孝祖、梁積壽、唐九徵諸人先後經營雲南的事蹟，作了一些蒐輯的工作。這也只能勉强繪出一個輪廓，許多地方還是不甚了了，仍有待於進一步的研究。其中有些問題如古代地理的比對證合，以及各民族古代歷史的推究闡明，前人可能已經有了結論，校注却因見聞不周而失收。凡此都希望將來能有機會與以補正。

蠻書卷七專志雲南管内物産，所記有關耕種、養蠶、紡織、製鹽、飲茶、果木、開採金銀、畜養馬、牛、象、豬、羊、家禽；鍛造兵器如鐸鞘、刀劍，更名聞遐邇；加上卷五所紀無樑殿式建築，這都是研究南詔時代生産發展、社會形態以及唐朝文化對於南詔所起作用的最重要的史料。校注蒐集了有關文獻作爲補充説明，因爲理論水平差，所以只叙述情況，不加論斷。

原本案語上有「案」字的是四庫館臣的案語，今照舊不動。今本校注的校勘和注釋，概於開始用「達案」二字，以區别於四庫館臣的案語。文字校勘附注於本文之下，注釋低一格置於本段之後。校注草藁用文言，此次寫定，仍保留原來形式，以免多所更動。

本書後面有一個附録，共分五個部分：附録一叙録，彙集唐以來藝文志讀書志著録各家所寫有關蠻書的紀載文字。附録二有關文獻，選録了駱賓王、張九齡、李德裕諸人文集與大和三年之役有關詩文以及輯佚、碑刻等等。這些文字自然是站在唐朝統治者這一邊的，立場很明確，因而思想觀點存在問題，乃是必然的。但也反映了當時人們的一些看法，可以從中窺見當時的若干形勢，讀者可以採取批判的態度來看待這些資料。附録三系表，包括南詔的世系、節度、諸瞼，劍南西川以及安南節度使表諸項。附録四漢唐間雲南南詔大事年表，主要依據資治通鑑，參考史記兩漢書以下華陽國志、兩唐書、册府元龜以及雲南古代金石製成。附録五參考書目，著録了曾經參考過的書籍目録，並附注各書版本。希望通過附録對於閲讀蠻書，研究唐代南詔歷史地理，能多少有點幫助。書末附簡明地圖三幅，可供讀本書者參考。

以上是寫定校注時在校勘和注釋方面如何進行的大概情形。但由於自己學識淺陋，理論水平低，校注中錯誤一定不少。歡迎讀者指教，以便改正。

初治蠻書是在二十多年前流寓滇南的時候，當時圖籍缺少，又無前人舊作可資憑藉，暗中摸索，不無困難。諸承姜亮夫、曾昭燏、李小緣以及本師柳翼謀諸位先生時時與以幫助鼓勵，纔敢於寫成初藁。終以他事牽纏，將近二十年，未能寫定清本。一直到最近，由於解放以後文化事業的飛躍發展，特别是黨對於整理文化遺産工作的關懷，使我能重新鼓起勇氣，整理舊稿，把它寫成現在的樣子。這部蠻書校注之能够出版以就教於廣大的讀者，首先應該向黨表示衷心的感激！同時也向上述諸師友表示謝意。其中如柳翼謀、李小緣兩先生且已作古人，因並藉此謹致弔唁之忱！

一九六一年二月向達謹記於北京西郊之海淀館舍。

追記

蠻書校注本文排好後，曾將校樣送請陰法魯、李希泌、汪籛諸位先生提意見。陰、李兩位先生回答得比較早，有些好的意見，已儘可能與以改正。汪先生指出校注中有好幾點不大妥當，最重要的是卷四（頁八五—八六）校注論兩爨之亂，原注説是唐用以夷制夷之策云云一段。汪先生指出原注缺乏階級分析，頗爲不妥。汪先生云：

唐、詔之衝突，根本原因在於雙方争奪爨部。章仇諸人挑撥爨部内部不和，只是服從於這一目的的措施之一。又對於蒙氏政權，亦不宜有所偏愛。此一政權爲奴隸主政權。滅爨部以後，徙二十餘萬户於永昌，而南詔城鎮所統之人民，實際全成奴隸，觀物産篇悉被城鎮（即設於被征服地區者）蠻將差蠻官逼令監守催促一段可知。案語謂卒之各族共起而反唐，以成蒙氏統一之業，則以夷制夷之必然結果也。顯然有所偏袒，而缺乏階級分析，似乎要考慮一下。

汪先生的話説得很好。只因收到遲一點，難於將校注排好的版挖改，因追記於此，以供讀者參考。並向陰、李、汪諸先生表示謝意。

一九六一年十二月廿四日向達補記於海淀勺園館舍。

四庫全書史部載記類蠻書提要

臣等謹案：蠻書十卷，唐安南從事樊綽撰。新唐書藝文志著於録。宋史藝文志則有綽所撰雲南志十卷，而不稱蠻書。達案：宋史藝文志於雲南志十卷而外另出南蠻記十卷，亦綽撰。疑即一書誤析爲二耳。永樂大典又題作雲南史記，名目錯異。今考司馬光通鑑考異、程大昌禹貢圖、蔡沈書集傳所引蠻書之文，並與是編相同，則新唐書志爲可信。惟志稱綽爲嶺南西道節度使蔡襲從事，而通鑑載襲實官安南經略使，與綽所記較合。是新書亦失考也。達案：直齋書録解題、郡齋讀書志稱綽爲安南宣慰使。綽成此書在懿宗咸通初，書中多自稱臣，又稱録六詔始末，纂成十卷，於安南郡州江口附張守忠進獻。蓋當時嘗以奏御者。交州境接南詔，綽爲幕僚，親見蠻事，故於六詔種族、風俗、山川、道里及前後措置始末，撰次極詳，實輿志中最古之本。宋祁作新史南蠻傳，司馬光通鑑載南詔事，多採用之。程大昌等復引所述蘭滄江，以證華陽黑水之説。蓋宋時甚重其書，而自明以來，流傳遂絶。雖以博雅如楊慎，亦稱綽所撰爲有録無書，則其亡軼固已久矣。今此本因録入永樂大典僅存，而達案：文津本無而字。文字已多斷爛，不達案：文津本不下有盡字。可讀。又世無別本可校。達案：文津本「世無别本可校」下，尚有「考洪武中程本立作雲南西行記稱麗江太守張翥出示樊綽雲南志，字多謬誤，則當時已然」凡三十六字，下始接謹以諸書參考旁證諸語。謹以諸書參考旁證，正其訛誤達案：誤，文津本作脱。而姑闕其不可通者，各加案語，疏於下方，釐爲十卷。仍依新唐書志，題曰蠻書，從其朔也。乾隆三十九年二月恭校上。達案：文溯本提要末年月作四十七年五月，文津本作四十九年八月，當指聚珍版叢書、文溯、文津兩閣書寫成年月而言，故年月各有不同。提要文字亦各本互異，文溯本與聚珍版同，文津本出入較鉅，「恭校上」後有「總纂官臣紀昀臣陸錫熊臣孫士毅總校官臣陸費墀」銜名二行，聚珍版本無。

達案：蠻書異名綦夥。新唐書藝文志作蠻書；宋史藝文志作雲南志，又作南蠻記；晁氏郡齋讀書志作雲南志；温公通鑑考異、程大昌禹貢圖、蔡沈書集傳、直齋書録解題作蠻書；蘇頌圖經本草引樊綽書作雲南記；太平御覽引作南夷志；永樂大典又作雲南史記。四庫館臣則依新唐書及温公、程大昌、蔡沈引謂應作蠻書。今人方國瑜滇南舊事七論樊綽雲南志又謂應依晁氏讀書志及宋史作雲南志。議論紛紛，莫衷一是。今案本書卷十末有云：「咸通五年六月左授夔州都督府長史，問蠻夷巴、夏四邑根源，悉以録之，寄安南諸大首領。詳録於此，爲蠻志一十卷事，庶知南蠻首末之序。」此所謂爲蠻志一十卷事云云，當即指本書而言。是樊氏此書原名或係蠻志，新書所紀差得其實。今録此册，書名仍循四庫之舊。又四庫館臣謂樊氏書自明以來流傳遂絶，雖以博雅如楊慎，亦稱綽所撰爲有録無書，則其亡軼，固已久矣云云。今案萬曆雲南通志卷二地理志大理府風俗引樊綽雲南志曰：「高山大川，鍾靈毓秀，代有人物。」又卷三楚雄府風俗引樊氏書曰：「土壤肥沃，士人務學，鹽井之利，贍乎列郡。故其人裕而畏法。」使萬曆志所引可據，則樊氏書在明代固未亡軼也。唯萬曆志引樊書，文辭頗類後世方志，不似唐人，又俱不見於今本蠻書。疑屬後人傅會，不足據爲典要也。

蠻書校注目録

附録

地　圖

蠻書校注卷一

雲南界内途程第一

安寧城，後漢元鼎二年伏波將軍馬援立銅柱定疆界之所。案：馬援定交阯爲後漢光武帝建武十九年事，元鼎乃西漢武帝紀年，後漢並無此號，蓋樊綽失於考據之誤。去交阯城池四十八日程。漢時城壁尚存，碑銘並在。

苴咩上音斜，下符差切。達案：清盧文弨校此云：「案咩當作哶，從楚姓之羋，其音似羊，當從其俗讀彌嗟切，不讀徐婢切也。注符差之差有數音，則不當以此爲標，疑本是嗟字，脱其偏旁耳。」唐薛能詩：「野色生肥芋，鄉儀搗散茶。梯航經杜宇，烽火徹苴咩。」董衝唐書釋音：苴，鉏加切。咩，彌遮切。皆讀平聲。城，從安南府城至蠻王見坐苴咩城水陸五十二日程，只計日，無里數。

達案：唐代漕運舊制，略見唐六典及唐會要。唐六典卷三：「度支郎中掌水陸道里之利。凡陸行之程，馬日七十里，步及驢五十里，車三十里。水行之程，舟之重者，泝河日三十里，江四十里，餘水四十五里。空舟泝河四十里，江五十里，餘水六十里。沿流之舟則輕重同制，河日一百五十里，江百里，餘水七十里。」注云：「其三峽、砥柱之類不拘此限。若遇風水淺不得行者，即於隨近官司申牒（闕）記聽以年功。」唐會要卷八十七漕運條所引舊制，即全同六典。唯六典注末有闕文，會要作「即於隨近官司申牒，檢印記，聽折半」。適可以補正六典訛脱。有唐一代計算水陸行程制度，大致如此。通鑑唐紀宣宗紀大中十二年正月去交阯半日程胡注，日知録卷十漕程條引山堂考索載唐漕制，皆出自唐六典，因不具引。樊氏所云從安南至苴咩城日程，核以賈耽之邊州入四夷道里，每日約爲八十里，視六典爲大，爲馬爲步，亦無可考。

從安南上水至峯州兩日，至登州兩日，至忠誠州三日，至多利州兩日，至奇富州兩日，至甘棠州兩日，至下步三日，至黎武賁栅四日，至賈勇步五日。已上二十五日程，並是水路。

達案：唐代紀述自安南入雲南道里者，尚有德宗貞元時宰相賈耽所記之邊州入四夷道里，在樊綽前約六七十年。新唐書卷四十三下地理志記賈耽之邊州入四夷道里，一共七道，六曰安南通天竺道，前段述自安南入雲南路程，文曰：「安南經交趾太平百餘里至峯州。又經南田百三十里至恩樓縣，乃水行四十里至忠城州。又二百里至多利州，又三百里至朱貴州，又四百里至丹棠州；皆生獠也。又四百五十里至古湧步。水路距安南凡千五百五十里。」忠城、丹棠、古湧步，當即蠻書之忠誠、甘棠及賈勇步。賈、樊二氏所紀之南田、恩樓、忠誠、多利、朱貴、下步、黎武賁栅、賈勇步諸地名，俱不見於他書。新唐書地理志紀安南都護府所屬四十一羈縻州中有甘棠州，又有哥富州，當即蠻書之奇富，哥、奇形近而訛耳。蠻書路程與賈耽所記地名多同，故應爲一道，蓋溯紅河而上以入雲南。天下郡國利病書卷一百十八紀永樂十七年四月壬午改交阯文振縣之甘棠驛隸文盤縣。文振、文盤，據李文鳳越嶠書卷一，俱隸歸化州，即在紅河南岸。甘棠驛當即古甘棠州，則唐代自安南入雲南道，水行溯紅河而上，於此可證也。兩處紀載俱始自安南都護府治之交州，即今越南河内。由此西北行第一程至峯州。峯州，各書謂即今越南山西省之白鶴縣。峯州以後，賈、樊二氏路程俱及忠誠州，賈作一百七十里，樊作五日。案越南北圻水道，紅河、黑水河、清水河匯於越池。越池舊名白鶴神廟三歧江，亦作三歧，吴承志唐賈耽邊州入四夷道里考實卷三安南至永昌地里考實謂三歧即唐代之忠城。據越嶠書及鄧鍾安南圖志，元、明時代雲南入交凡有二道，發自蒙自蓮花灘及河陽隘，入交以後分沿洮江即紅河左右兩岸下行，而會於白鶴神廟三歧，更由此至白鶴，以渡富良江。唐代水行，蓋亦先至白鶴，由白鶴至越池，然後溯紅河正流而上。吴氏三歧即忠城之説，確實可信。法國伯希和在其交廣印度兩道考謂應位置賈耽、樊綽之地名於紅河沿岸，亦有所見，以上所説可以證明也。賈勇步或古湧步，伯希和認爲即本書卷六之步頭，亦即今雲南臨安，本書後更有説，茲不贅。

大中初悉屬安南管係，其刺史並委首領勾當。大中八年，經略使苛暴，川洞離心，疆內首領，旋被蠻賊誘引，數處陷在賊中。

達案：此指唐宣宗時安南都護李涿爲政苛暴，致召南詔侵寇安南，詳見本書卷四。

從賈勇步登陸至矣符管一日。達案：盧文弨校管字云：「此是館驛之館，作管訛，下同。」又琳琅本續校云：「按本書凡地名及人姓名多用矣字在首。八卷三頁犀謂之矣，讀如咸，此矣字音義或與彼同。」從矣符管至曲烏館一日，至思下館一日，至沙隻館一日，至南場館一日，至曲江館一日，至通海城一日，至江川縣一日，至進寧館一日，至鄯闡柘東城一日。案：柘東，舊唐書及通鑑俱作拓東，胡三省云：「言開拓東境也。」新唐書作柘，從木，與此同。

達案：唐代自安南入雲南至蠻王見坐苴咩城，即今大理路程，可分三段：交州至賈勇步，即從安南水路入雲南境爲第一段。由賈勇步陸行北至柘東即今昆明爲第二段。由柘東西行以至苴咩城爲第三段。賈耽所記古湧步至柘東城路程，略與樊綽同，其文曰：「又百八十里經浮動山天井山，山上夾道皆天井，間不容跬者三十里。二日行至湯泉州。又五十里至祿索州，又十五里至龍武州，皆爨蠻安南境也。又八十三里至儻遲頓，又經八平城八十里至洞澡水，又經南亭百六十里至曲江，劍南地也。又經通海鎮百六十里渡海河利水至絳縣。又八十里至晉寧驛，戎州地也。又八十里至柘東城。」賈耽記古湧步至曲江里程爲五百六十八里，自曲江至柘東爲三百二十里。樊綽記賈勇步至曲江館日程爲六日，自曲江館至鄯闡柘東城爲四日。就曲江至柘東一段而言，兩人所紀每日行程合八十里，以此爲日行標準，從賈勇步至曲江，樊綽所記似少一日，應作七日，日程里程始能符合。如蠻書此處並無訛脱，則自賈勇步至曲江，賈、樊所紀當非一途。蠻書自矣符以下，曲烏、思下、沙雋、南場諸地名，既不見於他書，與賈耽所紀亦無一相合。賈耽之浮動山、天井山、湯泉州、禄索州、龍武州、儻遲頓、八平城、洞澡水、南亭諸地，其湯泉州見安南都護府所屬州，新唐書地理志稱之爲湯州湯泉郡，龍武州爲安南都護府所屬羈縻州之一，餘亦不見他書。吴承志考實於賈耽地名考釋用力甚勤，唯比傅過多，亦不盡可據也。曲江在今建水，通海今縣名尚存。海河、利水即今杞麓湖、星雲湖，絳縣即江川，今縣名猶作江川也。進寧即晉寧，自此北行至柘東。柘東即今昆明，築於南詔閣羅鳳之子鳳伽異時，爲六節度之一，後又稱善闡府，亦作鄯闡。南詔末季，大和、大釐、苴哶而外，東陲蓋以柘東爲重鎮云。

從柘東節度城至安寧館一日。達案：安寧原作寧寔。盧文弨云：「按下文云安寧館本是漢寧郡城也。則此寧寔當是安寧。」所説甚是，因據改。安寧館本是漢寧郡城也。

達案：安寧，漢爲連然縣屬益州郡，唐武德初改名安寧縣。此云漢寧郡城，疑原文有誤。漢無寧郡之名。據三國志蜀志卷三後主紀，後主建興三年改益州郡爲建寧郡，治味縣即今宜良。連然亦屬建寧，唯非郡城。此處之「安寧館本是漢寧郡城也」一語，或應作「安寧館本是漢建寧郡城也」，原本脱建字。漢指蜀漢而言。晉世又分南中四郡爲寧州，則此處之寧郡亦得指寧州而言。姑識所疑於此。

從安寧城至龍和館一日，至沙雌館一日，至曲館一日，至沙卻館一日。

達案：曲館，伯希和謂應在今楚雄府境。沙卻館即舊鎮南州，今名南華。鎮南昔名欠舍，爲撲落蠻居地，元世祖至元二十二年始置鎮南州。元史卷六十一地理志紀建置甚詳，可參看。滇繫所紀之沙追賧，或即此處之沙卻。

至求贈館一日，至雲南驛一日，至波大驛一日。

達案：光緒黄炳堃修雲南縣志卷三沿革云：又求贈館一日至雲南驛，一日至波大驛。謹案舊志，雲南城在今雲南城南八十里安南坡。今雲南縣城乃舊品甸，即今品澹賧，亦曰品賧賧，亦曰波州，亦曰波大驛，皆一地也。今案楊慎滇載記謂段思平逃匿，得奇戟於品甸波大村云云。疑樊氏所云之波大驛即在此。郭松年大理行記，自雲南州西行三十餘里至品甸。按唐史嘗置坡州，亦名清子川。蠻書卷六雲南城西隔山有品賧賧，亦名清字川，嘗爲波州云云。坡、波，子、字，傳寫之異而已。所謂品甸，準之地望及里程，皆與波大驛距雲南驛合，則波大驛必在品甸境内無疑。波大村當即其遺址也。

至白巖（達案：巖，聚珍本、鮑本俱作嚴，兹依餘本。）驛一日，至龍尾城一日。李謐伐蠻，於龍尾城誤陷軍二十萬衆，今爲萬人塚。

達案：李謐，舊唐書及南詔德化碑作李宓。新唐書卷七十二宰相世系表趙郡李氏西祖一房有李密，官益州司馬知留後，與此書之李謐當是一人，則又作密。疑以舊唐書及德化碑爲是。據德化碑，密於天寶初爲都督章仇兼瓊築安甯城，諸爨大亂；爨崇道害殺日進、歸王，皆李宓之謀。碑云：「李宓外形中正，佯假我郡兵；内蘊奸欺，妄陳我違背。賴節度郭虚己仁鑒，方表我無辜。李宓尋被貶流，崇道因而亡潰。」云云。章仇兼瓊築安甯城，諸爨大亂，李宓貶流，俱是天寶八載左右時事。九載張乾陁與閣羅鳳交惡。十載鮮于仲通發大兵攻南詔，卒有江口之敗，仲通僅以身免。十一載南詔遂北降吐蕃，改元贊普鍾元年。十三載，即南詔贊普鍾三年，唐乃起復李宓，率大軍七萬以擊雲南。德化碑紀此云：「三年，漢又命前雲南郡都督兼侍御史李宓、廣府節度何履光、中使薩道懸遜，總秦、隴英豪，兼安南子弟，頓營隴坪，廣布軍威。乃舟楫備修，擬水陸俱進。遂令軍將王樂寬等潛軍襲造船之師，伏屍遍毗舍之野。李宓猶不量力，進逼邆川。時神川都知兵馬使論綺里徐來救，已至巴蹻山。我命大軍將段附克等内外相應，競角競衝。彼弓不暇張，刃不及發，白日晦景，紅塵翳天，流血成川，積屍壅水，三軍潰衂，元帥沉江。詔曰：生雖禍之始，死乃怨之終。豈顧前非而亡大禮。遂收亡將等屍，祭而葬之，以存恩舊。」云云。此謂李宓沉江而死。舊唐書玄宗紀與此微異。其辭云：「天寶十三載六月乙丑朔，侍御史劍南留後李宓率兵擊雲南蠻於西洱河，糧盡軍旋，馬足陷橋，爲閣羅鳳所擒，舉軍皆没。」又舊唐書卷一百六楊國忠傳云：「國忠又使司馬李宓率軍七萬再討南蠻，宓渡瀘水，爲蠻所誘，至大和城，不戰而敗。李宓死於陣。國忠又隱其敗，以捷書上聞。自仲通、李宓再舉討蠻之軍，其徵發皆中國利兵，然於土風不便。沮洳之所陷，瘴疫之所傷，饋餉之所乏，物故者十八九。凡舉二十萬衆棄之死地。隻輪不返，人銜冤毒，無敢言者。」沉江、被擒、陣亡，爲説不一。疑仍以碑文爲可據也。

又案：天寶十三載之役，定謀當始於十一載。李宓率北路之師渡瀘而南，廣府節度使何履光則自安南北進。當時紀其事者尚有高適。高常侍集卷四有李雲南征蠻詩并序。其辭云：「天寶十一載有詔伐西南夷，右相楊公兼節制之寄。乃奏前雲南太守李宓涉海自交趾擊之。道路險艱，往復數萬里，蓋百王所未通也。十二載四月至於長安。君子是以知廟堂使能，而李公効節，適忝斯人之舊，因賦是詩：聖人赫斯怒，詔伐西南戎。肅穆廟堂上，深沉節制雄。遂令感激士，得見非常功。料死不料敵，顧恩寧顧終。鼓行天海外，轉戰蠻夷中。梯巘近高鳥，穿林經毒蟲。鬼門無歸客，北户多南風。蜂蠆隔萬里，雲雷隨九攻。長驅大浪破，急擊羣山空。餉道忽已遠，縣軍垂欲窮。精誠動白日，憤薄連蒼穹。野食掘田鼠，晡餐兼僰、僮。收兵列亭堠，拓地彌西東。臨事恥苟免，履危能飭躬。將星獨照耀，邊色何溟濛。瀘水夜可涉，交州今始通。歸來長安道，召見甘泉宫。廉、藺若未死，孫、吴知暗同。相逢論意氣，慷慨謝深衷。」常侍此詩，宋以來即多誤解。洪邁容齋隨筆卷四李宓伐南詔條論常侍此詩，末謂「宓蓋歸至長安，未嘗敗死，其年又非十三載也。味詩中掘鼠餐僮之語，則知糧盡危急，師非勝歸明甚」。萬曆雲南通志卷十四藝文著録常侍此詩，詩題竟作高適賀李宓伐蠻歸詩。實則常侍詩序明著天寶十二載四月，李宓至於長安。適與宓有舊，因賦詩壯其行。詩中天海、蠻夷、掘鼠、餐僮云云，皆是懸擬想像之辭。舊唐書、通鑑於天寶十三載李宓南征不返，紀述甚爲詳明，隨筆諸書云云，不足爲據也。

又案：萬曆雲南通志卷二地理志冢墓，唐天寶戰士冢注：「二所，一在龍尾關東，一在趙州治北。天寶時鮮于仲通及李宓擊南詔於西洱河，大敗績，死者二十餘萬。詔曰：生雖禍之始，死乃怨之終，豈顧前非而忘大禮。遂將卒骸骼祭而葬之。嘉靖二十九年府同知王璋、知州潘大武歲祭焉。」案：龍尾關即今大理白族自治州之下關市，唐天寶戰士冢在今州人民委員會附近，蓋經清光緒時岑毓英及民國時重修者。趙州亦有萬人冢，曾見照片。龍尾關尚有李宓廟。萬曆雲南通志卷二地理志大理府宮室混混亭注：「谷中有李將軍祠，云是唐臣死事，南詔廟之。」同上卷十二祠祀志大理府：「李將軍廟在府城南三十里龍尾關之西，祀唐李宓。」李宓廟今不知尚存否也。又據嘉慶重修一統志卷四七八雲南大理府古蹟唐城條：「在趙州南十九里，唐天寶中李宓征南詔時築。」凡此俱待調查也。

白巖驛即白巖城，亦即今紅巖，本書卷三，六詔另有考，茲不贅。

至陽（案：陽，新唐書作羊。）苴咩城一日。（蠻王從大和城移在苴咩城。　案：蠻王至苴咩城十一字，原本誤入正文，今改正。）

達案：陽苴咩城即今大理，考見本書卷五六瞼篇。賈耽路程，柘東後即爲安寧至羊苴咩，其辭云：「八十里至安寧故城。又四百八十里至靈南城。又八十里至白崖城。又七十里至蒙舍城，又八十里至龍尾城，又十里至太和城，又二十五里至羊苴咩城。」賈氏之靈南，顯係雲南之誤。至白崖後，賈氏路程尚取蒙舍，然後至龍尾城，以較本書，應多一日程。自龍尾至大和，自大和至陽苴咩，本書俱云十五里，賈氏作十里及二十五里，疑誤。又新唐書卷四十二戎州開邊縣下注紀有袁滋入雲南路程，見後北路條，此不贅。

自西川成都府至雲南蠻王府，州、縣、館、驛、江、嶺、關、（達案：關，各本俱作開。今據上下文義，似應作關，因爲臆改。）塞，並里數計二千七百二十里。（達案：自西川成都府以下三十一字，各本俱屬上段。細察文義，屬下爲是，因爲提行另起。）

從府城至雙流縣二江驛四十里，至蜀州新津縣三江驛四十里，至延貢驛四十里，至臨邛驛四十里，至順城驛五十里，至雅州百丈驛四十里，至名山縣順陽驛四十里，至嚴道縣（達案：嚴，內聚珍本作巖，餘本同，只鮑本作嚴。據兩唐書地理志、元和郡縣志，雅州屬縣有嚴道，乃秦漢以來舊縣，則此處之巖道必係嚴道之誤，因據鮑本正。）延化驛四十里。從延化驛六十里至管長賁關。從奉義驛至雅州界榮經縣南道驛七十五里，至漢昌六十里，（案：此句上有脱文。達案：此處疑有脱文，唯似在此句之下，而不在其上。）屬雅州，地名葛店。至皮店三十里，至黎州潘倉驛五十里，至黎武城六十里，至白土驛三十五里，（過漢源縣十里。）至通望縣木筤驛四十里，（去大渡十里。）至望星驛四十五里，至清溪關五十里，至大定城六十里，至達士驛五十里，（黎、巂二州分界。）至新安城三十里，至菁口驛六十里，至榮水驛八十里，至初裹驛三十五里，至臺登城平樂驛四十里，（古縣今廢。）至蘇祁驛四十里，（古縣。）至巂州三阜城四十里，（州城在三阜山上。）至沙也城（達案：沙也，新唐書卷四十二地理志巂州注作沙野。）八十里，（故巂州，大和年移在臺登。達案：大和，內聚珍本、閩本俱作太和，鮑本、漸西本作大和。清盧文弨校云：「按唐文宗年號乃大和，若太和是北魏孝文帝年號。此當屬唐，今改正。」盧校是也。故依鮑本等正。）至傸浪驛（達案：傸浪，新唐書地理志作羌浪。）八十里，至俄淮嶺七十里。下此嶺入雲南界。已上三十二驛，計一千八百八十里。（案：上文惟三十驛，計一千四百九十五里，與此數不符。達案：不符之故，當由於原文有脱誤。）並屬西川管，差官人軍將（達案：軍將，原本作將軍，盧校云：「將軍二字疑倒。」其言是也，因正。）專知驛務。

雲南蠻界：從巂州俄淮嶺七十里至菁口驛，三十里至芘驛，六十里至會川鎮，差蠻三人充鎮。五十里至目集館，七十里至會川，有蠻充刺史，稱會川都督。從目集驛至河子鎮七十里，瀘江乘皮船渡瀘水。從河子鎮至末栅館五十里，至伽毗館七十里，至清渠鋪八十里，渡繩橋雲南行記云渠桑驛。至藏傍館七十四里，至陽褒館六十里，過大嶺險峻極。從陽褒至弄棟城七十里，本是姚州，舊屬西川。天寶九載，爲姚州都督張乾案：乾，唐書作虔。陀附蠻所陷。

達案：舊唐書卷一百九十七南詔蠻傳云：「無何，鮮于仲通爲劍南節度使，張虔陀爲雲南太守。仲通褊急寡謀，虔陀矯詐，待之不以禮。舊事，南詔嘗與妻子謁見都督，虔陀皆私之。有所徵求，閣羅鳳多不應。虔陀遣人罵辱之。仍密奏其罪惡。閣羅鳳忿怨，因發兵反，攻圍虔陀，殺之。時天寶九年也。」新唐書卷二百二十二上南蠻傳南詔傳云：「故事南詔嘗與妻子謁都督，過雲南，太守張虔陀私之。多所求丐，閣羅鳳不應。虔陀數詬靳之，陰表其罪。由是忿怨反，發兵攻虔陀，殺之。取姚州及小夷州，凡三十二。」通鑑卷二百十六唐紀玄宗天寶九載條紀此亦云：「楊國忠德鮮于仲通，薦爲劍南節度使。仲通性褊急，失蠻夷心。故事，南詔常與妻子俱謁都督。過雲南，雲南太守張虔陀皆私之。又多所徵求。南詔王閣羅鳳不應。虔陀遣人詈辱之，仍密奏其罪。閣羅鳳忿怨，是歲發兵反，攻陷雲南，殺虔陀。取夷州三十二。」據此可知由於鮮于仲通張乾陀之不德，激怒閣羅鳳，一時姚州等三十二夷州，俱屬於南詔，張乾陀亦爲所殺。此言張乾陀附蠻云云，當由於傳聞致誤也。

從弄棟城至外彌蕩達案：外彌蕩，新唐書地理志巂州注作外沴蕩館。八十里，從外彌蕩至求贈館案：此句下有脫文。達案：自巂州至陽苴咩城道，至求贈館，遂與自安南府城至陽苴咩城道合。本書卷首安南道自沙卻至求贈一日，自求贈至雲南驛一日，則此處求贈館下所脫必爲「□□里，從求贈館」凡七字也。至雲南城七十里，至波大驛四十里，至渠藍趙館達案：琳琅本補校云：「渠藍趙，按二卷一頁、五卷三頁並作渠斂趙，斂與藍蓋一聲之轉。又按蠻夷文字，本無一定，是書類此者甚多，茲不具出。」四十里，至龍尾城三十里。從龍尾城至陽苴咩城五十里。以上一十九驛，計一千五百四十四里。案：十九驛共計一千六十九里，與此數亦不符。

達案：新唐書卷四十二地理志巂州姚州注，俱紀及自成都至陽苴咩道，與本書所紀可以參考。新書地理志巂州注云：「有清溪關，大和中節度使李德裕徙于中城。西南有昆明軍，其西有寧遠軍，有新安、三阜、沙野、蘇祁、保塞、羅山、西瀘、蛇勇、遏戎九城。自清溪關南經大定城百一十里至達仕城，西南經菁口百二十里至永安城，城當滇笮要衝。又南經水口西南渡木瓜嶺二百二十里至臺登城。又九十里至蘇祁縣，又南八十里至巂州。又經沙野二百六十里至羌浪驛。又經陽蓬嶺百餘里至俄準添館。陽蓬嶺北巂州境，其南南詔境。又經菁口會川四百三十里至河子鎮城，又三十里渡瀘水，又五百四十里至姚州，又南九十里至外沴蕩館。又百里至佉龍驛，與戎州往羊苴咩城路合。貞元十四年内侍劉希昂使南詔由此。」又姚州注云：「自巂州南至西瀘經陽蓬、鹿谷、菁口、會川，四百五十里至瀘州。乃南渡瀘水，經褒州、微州，三百五十里至姚州。西距羊苴咩城三百里，東南距安南水陸二千里。」輿地廣記卷三十姚州條全襲新唐書此文，唯刪去東南距安南水陸二千里一語而已。案唐代自成都至陽苴咩城道路，發自成都，經今雅州而南過大渡河，歷清溪關、嶲寧、西昌，然後渡金沙江入雲南境。自唐迄清，千餘年來，俱遵此路，與蠻書、新唐書所紀，大致不殊。今據天下郡國利病書、讀史方輿紀要、嘉慶重修一統志諸書，著其可考者，有所不知，謹從蓋闕。唐代此道，後世取成都、雅州、西昌入雲南者猶遵此路。新津三江驛當即今三江口，在新津縣北，自雙流直西至三江驛，故只四十里。新津，唐屬蜀州。更西至延貢驛，今地無可考。據新唐書卷四十二地理志雅州榮經注：「并置静寇軍，故延貢地也。」則延貢驛蓋在榮經縣境内。臨卭驛當在今卭崍縣。順城驛無考。雅州百丈驛，原爲百丈縣，據舊唐書卷四十一地理志，雅州：「百丈縣貞觀八年置，在漢臨卭南百二十里。」元和郡縣志卷三十三，雅州，謂百丈縣西南至州八十六里。明以後重置驛，嘉慶一統志謂在名山縣東北六十里。唐、明二驛疑不在一地也。順陽驛無考。嚴道，秦、漢以來舊縣，在今雅州。延化驛無考。管長賁關疑即元和志之長墳嶺，嘉慶一統志作長漬嶺，在雅安。元和郡縣志卷三十三雅州嚴道縣：「長墳嶺在縣西南二十七里，道至險惡。」名山、榮經，俱今縣。順陽、奉義、南道、漢昌、葛店、皮店，無考，應俱在雅州至清溪關間。黎州唐置，轄漢源、通望二縣，在今清溪縣境内。潘倉驛當即新唐書卷四十二地理志黎州注十一城中之潘倉城。嘉慶一統志卷四百二雅州府二古蹟潘倉城：「在清溪縣東北，唐太和中築。通鑑，五代梁乾化四年南詔寇黎州，蜀將王宗範擊之，敗之於潘倉嶂。又敗之於三口城，破其武侯嶺十三砦。又敗之於大渡河。路振九國志，潘倉在邛來關南山口，城又在潘倉之南。」黎武城、白土驛無考。通望唐縣，屬黎州，原注謂去大渡十里。元和郡縣志卷三十三黎州，通望縣，謂「隋開皇二十年於此置大渡鎮」，又云「大渡水經縣北二百步」，則縣已在大渡河南矣。木筤、望星二驛無考。過此即清溪關，爲此一道上最重要之關隘，唐與南詔百戰之場也。嘉慶一統志卷四百三雅州府關隘清溪關云：「在清溪縣南接越巂廳界，唐置。至德初，南詔閣羅鳳陷越巂會同軍，據清溪關。貞元初，吐蕃分兵寇清溪關及銅山。後韋皐復修關以通南詔，由黎州自此出邛部，逕姚州入雲南，號曰南詔。大和四年，李德裕帥西川，上命塞清溪關以斷南詔入寇之路。德裕上言清溪之傍大路有三，其餘小徑無數，皆東蠻臨時爲之開通。若言可塞，則是欺罔朝廷。須於大渡河北更築一城，迤邐接黎州，大兵守之方可。既而德裕徙關於中城，北去大定城一百十里。咸通十年，南詔寇巂州，攻清溪關。定邊鎮將安再榮退屯大渡河北。乾符二年，高駢帥西川，復戍清溪等關。五代時關没於蠻。明統志，關在大渡河外。舊志，在黎大所南一百三十五里，唐末嘗僑置寧州於此。其地連山帶谷，夾澗臨溪，倚險接關，恃爲控禦。又今越巂廳北一百二十五里有古隘堡。其南隘廣不盈丈，兩岸壁立千仞，峽内溪流淙淙，即古清溪關也。」大定城屬黎州漢源縣。元和郡縣志卷三十三漢源縣「大定城在州南二百三十里，乾元二年改和集鎮置」。又云：「以上五城並貞元元年韋臯置。」蓋亦在新唐書地理志黎州所紀十一城之内也。新唐書紀自清溪關至達仕城一百一十里，與本書同。唯大定、達仕所在俱無考。據新唐書，自達仕城即轉西南至菁口，由菁口至臺登。菁口以及本書之新安、滎水、初裏，新唐書之永安、水口，今地俱無可考。新唐書木瓜嶺或即今小相公嶺，過嶺即臺登。臺登唐屬嶲州。元和郡縣志卷三十三嶲州臺登縣，「本漢舊縣，屬越嶲郡。周武帝重開越嶲，於舊理立臺登縣。後遂因之」。據嘉慶一統志，「臺登即今冕寧縣。自臺登平樂驛至蘇祁四十里，新唐書作九十里。蘇祁唐屬嶲州，元和郡縣志卷三十三嶲州蘇祁縣，本漢舊縣，屬越嶲郡。後陷夷獠。周武帝重開越嶲，復立蘇祁縣，屬嚴州。隋開皇改屬嶲州，皇朝因之」。漢作蘇示，示讀如祇。又作蘇祇。天下郡國利病書卷六十八，四川四，建昌衛：「禮州千户所在衛北六十里，漢之蘇示縣也。唐末烏蠻、白蠻迭據其地，號龍麽城。元置禮州。」讀史方輿紀要卷七十四同。今猶存禮州之名，在西昌北。本書由蘇祁至嶲州三阜城四十里，新唐書作八十里，元和志作二十五里。據嘉慶一統志，唐嶲州即清寧遠府，今之西昌。自嶲州三阜城八十里至沙也城，又八十里至儉浪驛。新唐書沙也作沙野，儉浪作羌浪，又謂經沙野二百六十里至羌浪驛。據天下郡國利病書卷六十八，四川四，建昌衛：「又打衝河千户所在衛西百四十里，唐之沙野城，元瀘州之地。」又曰：「今沙平遞運所其舊址也。」所紀里程與本書新唐書俱不合，今地亦不可考。由儉浪驛七十里至俄淮嶺。本書云「下此嶺入雲南界」，新唐書云「陽蓬嶺北嶲州境，其南南詔境」。則俄淮、陽蓬或即一嶺異稱矣。俄淮與俄準添館亦疑爲一地，俄淮嶺下應有館舍，當即新唐書之俄準添館耳。俄淮嶺或陽蓬嶺在今西昌南百餘里，不知爲今何山也。以上自西川成都入雲南界路。

入雲南界後，據本書凡經菁口、芘，會川鎮、目集館，以至於會川都督所在之會川，爲程二百十五里。從目集館至會川七十里，自目集驛至河子鎮亦七十里，館驛疑俱一地。據新唐書嶲州注，經菁口會川四百三十里至河子鎮，又三十里渡瀘水。新唐書姚州注云自嶲州南至西瀘，經陽蓬、鹿谷、菁口、會川四百五十里至瀘州，乃南渡瀘水。三者所紀同爲一路，而里程紛岐如斯，不審何故。嶲州注自河子鎮又三十里渡瀘水，姚州注自瀘州渡瀘水，河子鎮與瀘州是否一地，俱無可考。會川都督所在之會川，據嘉慶一統志寧遠府，即今會理。瀘水即今金沙江。渡瀘後至姚州，新唐書嶲州注作五百四十里，姚州注作三百五十里。本書如自河子鎮起算至弄棟，只四百四里。都有不合。末栅、伽毗、清渠、藏傍諸地，俱無可考。新唐書姚州注渡瀘後經裒州、微州至姚州。裒州微州，據新唐書卷四十三下地理志，蓋俱武德七年所置，隸屬戎州之九十二蠻州也。本書陽褒館疑即是裒州。俱在姚州境内，今地無考。弄棟即姚州，漢以來舊縣，唐改姚州。舊唐書卷四十一地理志姚州云：「武德四年，安撫大使李英以此州内人多姓姚，故置姚州。麟德元年移姚州治於弄棟川。」自弄棟至外彌蕩，新唐書作外沴蕩，里程本書作八十，新唐書作九十。本書之求贈館疑即新唐書之佉龍驛，本書缺里數，新唐書作百里。至求贈後，七十里雲南城，今雲南驛，在祥雲縣境。波大驛見前，即品甸。渠藍趙即舊趙州，今名鳳儀。龍尾關今下關，陽苴咩今大理。里程古今不一，當由尺度有變遷，計算有殊異也。

南蠻因姚州之後，屬蠻管係。從邕州路至蠻苴咩城，從黔州路至蠻苴咩城，兩地途程，臣未諳委。達案：諳委二字閩本有校語云：「星華按：諳委疑係諳悉之誤。」今案諳委乃是唐人習語。唐律疏議卷十三户婚中諸許嫁女條疏議，「以其色目非一故云之類，皆謂宿相諳委，兩情具愜，私有契約」云云。又太平廣記卷三百四十八引唐鄭還古博異記李全質條有云，「水深而冰薄，素不諳委」。是唐人諳委即是諳悉，並非有誤也。伏乞下堂帖令分析。緣南蠻姦猾，攻刦在心，田桑之餘，便習鬬敵。若不四面征戰，凶惡難悛。所以録其城鎮川原，塵瀆宸扆。或冀破其蟻聚之衆，永清羌虜之夷。臣披瀝懇忱，無任隕越之至。案：此條乃附載陳説之詞，如後世著書之案語。原本誤連正文，遂令文義格礙。今低一格以別之，後仿此。達案：鮑本、閩本、琳琅本俱依内聚珍本原式，低一格低二格之處，悉仍其舊。備徵志及漸西本於此等處所一律頂格，並將此處館臣案語中原本以下二十二字全行删去，於是館臣校勘之意，不復可見。茲不取。

從石門外出魯望、昆州達案：昆州，備徵志、漸西本作昆川，非是。餘本不誤，茲從之。石門、魯望、昆州考見下。至雲南，謂之北路。從達案：原本無從字。琳琅本補校云：「黎州上當有從字，與上下文句法一例。」是也。因補從字。黎州清溪關出邛部，過會通至雲南，謂之南路。達案：邛部、會通考見後。從戎州南十日程至石門。達案：石門考見後。唐戎州即今宜賓。上有隋初刊記處云：「開皇五年十月二十五日，兼法曹黃榮領始、益二州石匠，鑿石四孔，各深一丈，造偏梁橋閣，通越析州、津州。」蓋史萬歲南征出於此也。越析州今西洱（達案：洱原本作河，據日本鈴木俊説改正。）河東一日程。越析州諂長故地也。津州未詳其處。天寶中鮮于仲通南溪下兵亦是此路。後遂閉絶。

達案：始、益二州俱今四川。隋書卷二十九地理志：「普安郡梁置南梁州，後改爲安州，西魏改爲始州。統縣七，普安、永歸、黃安、陰平、梓潼、武連、臨津。」又：「蜀郡，舊置益州，開皇初廢。統縣十三，成都、雙流、新津、晉原、清城、九隴、緜竹、郫、玄武、雒、陽安、平泉、金泉。」越析州，據本書卷三，「越析一詔也。亦謂之磨些詔。部落在賓居，舊越析州也。」賓居在今賓川境内。越析考見卷三。諂長疑詔長之誤，顧亦無據，兹謹存疑。津州不見唐人書。元於麗江路置巨津州，疑即其地。史萬歲，隋書卷五十三，北史卷七十三俱有傳。隋書萬歲傳云：「先是南寧夷爨翫來降，拜昆州刺史，既而復叛。遂以萬歲爲行軍總管，率衆擊之。入自蜻蛉川，經弄凍，次小勃弄大勃弄，至於南中。賊前後屯據要害，萬歲皆擊破之。行數百里，見諸葛亮紀功碑銘，其背曰『萬歲之後勝我者過此』。萬歲令左右倒其碑而進。度西二河，入渠濫川，行千餘里，破其三十餘部，虜獲男女二萬餘口。諸夷大懼，遣使請降，獻明珠徑寸。於是勒石頌美隋德。萬歲遣使馳奏請將翫入朝。詔許之。爨翫陰有二心，不欲詣闕，因賂萬歲以金寶。萬歲於是捨翫而還。蜀王時在益州，知其受賂，遣使索之。萬歲聞而悉以所得金寶沉之於江。索無所獲。明年爨翫復反。蜀王秀奏萬歲受賂縱賊，致生邊患，無大臣節。上令窮治其事。……萬歲曰，臣留爨翫者，恐其州有變，留以鎮撫。臣還至瀘水，詔書方到，由是不將入朝，實不受賂。」高祖以萬歲欺隱不實，將斬之，賴高熲等救而免。其後卒因楊素之譖，爲高祖所殺。萬歲傳不著南征歲月，隋書卷二高祖紀，開皇十七年春二月癸未，「太平公史萬歲擊西寧羌，平之。」北史卷十一隋本紀同，末作「伐西寧剋之」。所謂西寧，即指越巂而言。周書卷五武帝紀：「天和五年十二月癸巳，大將軍鄭恪率師平越巂，置西寧州。」隋書卷二十九地理志：「越巂郡後周置嚴州，開皇六年改曰西寧州，十八年又改曰巂州。」是開皇十七年史萬歲南征之役，蓋先剋巂州，然後由此南渡瀘水，入自蜻蛉川，經弄凍，渡西二河，入渠濫川，行千餘里，破三十餘砦。蜻蛉漢舊縣，作青蛉，屬越巂郡。據元史卷六十一地理志，大理路姚州條：「青蛉，夷名大姚堡，與栟棟川相接。」弄凍即弄棟，亦作栟棟。故萬歲渡瀘之後，自姚州境内以趣大理。西二河即西洱河，亦作西貳河，漢之楪榆澤，今名洱海。渠濫川，讀史方輿紀要卷一百十四昆陽州條謂在今昆陽。大小勃弄，據本書卷五，白崖謂之勃弄賧及白崖城在勃弄川之語，應在今彌渡一帶。大約縱横掃蕩於姚州大理以至滇池西南一帶。其歸途仍渡瀘北返，故自云還至瀘水也。開皇十七年史萬歲南征一役往返之可考者大致如此。疑樊氏此處所紀有誤。隋書卷四十五庶人秀傳（北史卷七十一隋宗室諸王傳庶人秀傳同）及卷五十三劉方傳後附楊武通傳（北史卷七十三劉方傳同）俱謂開皇十五、十六年之際，大將軍劉噲之上開府楊武通相繼進討西爨有功。值十六年党項反，調楊武通往鎮。史萬歲蓋繼劉噲之、楊武通用兵，以竟其未竟之業也。是黄榮所修偏梁橋閣，乃爲劉噲之、楊武通、史萬歲諸人南進而設。諸人渡瀘而南，則黄榮所修道，應在清溪關路即南路，不能在從戎州出石門之北路。據讀史方輿紀要卷二百十三雲南一，麗江府巨津州西百里有石門，顧祖禹以爲即史萬歲用兵之道。嘉慶重修一統志卷四百四川寧遠府關隘亦著録有石門關，在今西昌東五十里。黄榮所修偏梁橋閣，當在清溪關路上，故可通越析等地，而爲劉噲之、楊武通、史萬歲用兵開闢先路。樊氏蓋因北路南路俱有石門，偶爾不察，遂致訛誤耳。蠻書此處之開皇五年亦應作十五年，疑脱一十字。新唐書卷四十二地理志戎州開邊縣注及卷一百五十八韋臯傳俱循樊書之誤，以崔佐時所行之石門，即史萬歲南進之石門。由此可見宋代蠻書原本如此，並非後世傳刊之誤也。

又案：鮮于仲通進兵雲南敗於江口，事具見兩唐書及顔魯公所爲鮮于仲通神道碑，南詔德化碑所述尤爲詳盡。玆撮取諸書，著其大概。舊唐書卷一百九十七南詔傳：「無何，鮮于仲通爲劍南節度使，張虔陁爲雲南太守。仲通褊急寡謀，虔陁矯詐，待之不以禮。舊事，南詔常與妻子謁見都督，虔陁皆私之。有所徵求，閣羅鳳多不應。虔陁遣人駡辱之，仍密奏其罪惡。閣羅鳳忿怨，因發兵反攻，圍虔陁殺之，時天寶九年也。明年仲通率兵出戎、巂州。閣羅鳳遣使謝罪。仍與雲南録事參軍姜如芝俱來，請還其所虜掠。且言吐蕃大兵壓境，若不許，當歸命吐蕃，雲南之地非唐所有也。仲通不許，囚其使，進兵逼大和城，爲南詔所敗。自是閣羅鳳北臣吐蕃。吐蕃命閣羅鳳爲贊普鍾，號曰東帝，給以金印。蠻謂弟爲鍾。時天寶十一年也。」新唐書卷二百二十二上南詔傳紀張虔陁事約同舊書，其下云，「明年，仲通自將出戎、巂州，分二道，進次曲州、靖州。閣羅鳳遣使者謝罪，願還所虜得自新，且城姚州。如不聽，則歸命吐蕃，恐雲南非唐有。仲通怒，囚使者，進薄白崖城，大敗引還。閣羅鳳斂戰胔，築京觀。遂北臣吐蕃」。當時顔真卿魯公與仲通同官御史，代宗大曆二年爲鮮于公神道碑銘，乃不及仲通雲南之敗，僅云開元「二十七年長史張宥奏充劍南採訪支使。宥方謀拔安戎，獨與公計畫，幕中之事，一以咨公。司馬章仇兼瓊惡之。及代宥節度，乃移郡收公，月餘仍釋之。俄令攝判使事，監越巂兵馬，復奏充採訪支使，盡護卭南軍事。首尾二載，冒暑渡瀘者凡一十八度。公秉操堅忮，吏人望而畏之。改授新繁尉，充山南西道採訪支使。頃之，雲南蠻動，瓊請公往以便宜從事。公戮其尤害者數人，蠻夏慴服」云云。於天寶九載張虔陀之被殺，十載仲通白崖之大敗俱不之及。魯公與仲通同官御史，「既接通家之歡，載敦世親之好」，雖以魯公之賢，亦不免於隱諱。顧亦有不能盡諱者。碑末云：「有子六人。仲曰贈左金吾衛郎將昊，隨公陷於西二河，力戰而殁。」又云：「公弟晉字叔明，從其兄之討南蠻也，兩軍交戰，仗忠信而必使其間。」云云。仲通江口、白崖城之敗，於其仲子鮮于昊戰殁於西二河，可以識其大概矣。以上兩唐書及顔魯公集，俱唐朝方面紀載，隱約簡略，不及南詔德化碑所紀之詳。兹録德化碑有關文字如次。

德化碑紀鮮于仲通事云：「又越巂都督張虔陀嘗任雲南别駕。以其舊識風宜，表奏請爲都督，而反誑惑中禁，職起亂階。吐蕃是漢積讎，遂與陰謀，擬共滅我，一也。誠節王之庶弟，以其不忠不孝，貶在長沙，而被奏歸，擬令間我，二也。崇道蔑盟構逆，罪合誅夷，而却收録與宿，欲令讎我，三也。應與我惡者並受官榮，與我好者咸遭抑屈，務在下我，四也。築城收質，繕甲練兵，密欲襲我，五也。重科白直，倍税軍糧，徵求無度，務欲弊我，六也。於時馳表上陳，縷申冤枉。皇上照察，降中使賈奇俊詳覆。屬豎臣無政，事以賄成，一信虔陀，共掩天聽。惡奏我將叛。王乃仰天嘆曰：『嗟我無事，上蒼可鑑。九重天子，難承咫尺之顔；萬里忠臣，豈受奸邪之害？』即差軍將楊羅顛等連表控告。豈謂天高聽遠，蠅點成瑕。雖布腹心，不蒙矜察。管内酋渠等皆曰，主辱臣死，我實當之。自可齊心戮力，致命全人，安得知難不防，坐招傾敗。於此差大軍將王毗雙羅時牟苴等揚兵送檄，問罪府城。自秋畢冬，故延時序，尚佇王命，冀雪事由。豈意節度使鮮于仲通已統大軍取南谿路下，大軍將李暉從會同路進，安南都督王知進自步頭路入。既數道合勢，不可守株。乃宣號令，誡師徒，四面攻圍，三軍齊奮。先靈冥祐，神炬助威，天人協心，軍羣全拔。虔陀飲酖，寮庶出走。王以爲惡止虔陀，罪豈加衆，舉城移置，猶爲後圖。即便就安寧再申衷懇。城使王克昭執惑昧權，繼違拒請。遣大軍將李克鐸等帥師伐之。我直彼曲，城破將亡。而仲通大軍已至曲靖。又差首領楊子芬與雲南録事參軍姜如之齎狀披雪。往因張卿讒構，遂令蕃漢生猜，贊普今見觀釁浪穹，或以衆相威，或以利相導。倘如蚌鷸交守，恐爲漁父所擒。伏乞居存見亡，在得思失，二城復置，幸容自新。仲通殊不招承，勁至江口。我又切陳丹款，至於再三。仲通拂諫，棄親阻兵，安忍吐發，唯言屠戮。行使皆被詆訶。仍前差將軍王天運帥領驍雄，自點蒼山西，欲腹背交襲。於是具牲牢，設壇墠，叩首流血曰：『我自古及今，爲漢不侵不叛之臣。今節度背好貪功，欲致無上無君之討。敢昭告於皇天后土。』史祝盡詞，東北稽首，舉國痛切，山川黯然，至誠感神，風雨震霈。遂宣言曰：『彼若納我，猶吾君也。今不我納，即吾讐也。斷軍之機，疑事之賊。』乃召卒伍，搉然登陴，謂左右曰：『夫至忠不可以無主，至孝不可以無家。』即差首領楊利等於浪穹參吐蕃御史論若贊，御史通變察情，分師入救。時中丞大軍，出陳江口。王審孤虛，觀向背，縱兵親擊，大敗彼師。因命長男鳳伽異、大軍將段全葛等於邱遷和拒山後贊軍，王天運懸首轅門，中丞逃師夜遁。軍吏欲追之。詔曰：『止，君子不欲多上人，況敢凌天子乎。』既而合謀曰：『小能勝大禍之胎，親仁善鄰國之寶。』遂遣男鐸傳舊大酋望趙佺鄧、楊傳磨侔，及子弟六十人，齎重帛珍寶等物，西朝獻凱。屬贊普仁明，重酬我勳効。遂命宰相倚祥葉樂持金冠錦袍金寶帶金帳狀安扛傘鞍銀獸及器皿珂貝珠毯衣服馳馬牛鞍等，賜爲兄弟之國。天寶十一載正月一日，於鄧川册詔爲贊普鍾南國大詔。授長男鳳迦異大瑟瑟告身都知兵馬大將。凡在官寮，寵幸咸被。山河約誓，永固維城。改年爲贊普鍾元年。」從所録德化碑文字，可知：一、張虔陀兵敗服毒自殺。二、鮮于仲通南谿下兵，實分戎、嶲、安南三路。會通路即嶲州路，從此道進兵之大軍將李暉，應是大將軍，大軍將爲南詔官制，唐無此也。從步頭路入，即自安南進軍。大將軍李暉及安南都督王知進俱無可考。仲通自將南谿路，即戎州路，亦即石門路。自點蒼山西奇襲以拊南詔之背之王天運，當亦屬仲通一路。凡此皆可以補兩唐書及唐人紀載之所未備也。德化碑爲南詔閣羅鳳建國初期最重要之史料。章仇兼瓊、李宓、張虔陀、鮮于仲通諸人於天寶初在雲南各民族間之如何縱横捭闔、挑撥離間，可於此碑窺見梗概。全文附録本書之後，以資參考。

僅五十年來，貞元十年，南詔立功，歸化朝廷，發使册命。而邛部舊路方有兆吐蕃侵鈔隔關。達案：盧文弨校云：兆疑當作北，關疑當作閡。其年七月，西川節度韋臯乃遣巡官監察御史馬益開石門路，置行館。

達案：開石門路置行館二語，原本作閉石門量行館，與上文語意相違，殊不可曉。案今雲南大關縣之豆沙關有唐貞元十年袁滋摩崖題名。其文云：「大唐貞元十年□□□九月廿日，雲南宣慰使內給事俱文珍、判官劉幽巖、小使吐突承璀、持節册南詔使御史中丞袁滋、副使成都少尹龐頎、判官監察御史崔佐時，同奉恩命赴雲南，册蒙異牟尋爲南詔。其時節度使尚書右僕射成都尹兼御史大夫韋皐，署巡官監察御史馬益統行營兵馬，開路置驛。故刊石紀之。袁滋題。」全部題名八行，自左至右，真書，只袁滋題三字篆書。蓋專爲重開石門路而紀也。開路者開石門路也。置驛者置行館也。故本書之閉石門路量行館二語，以袁滋磨崖題名證之，必爲開石門路置行館之訛誤無疑，因爲改正。至於袁滋諸人册封南詔始末，具見本書卷四、卷十，以後當隨文詮釋，茲不贅。所謂卭部舊路即指清溪關路而言，釋見下。

石門東崖石壁，直上萬仞；下臨朱提江流，又下入地中數百尺，惟聞水聲，人不可到。西崖亦是石壁，傍崖亦有閣路；横闊一步，斜亘三十餘里，半壁架空，欹危虚險。其安梁石孔，即隋朝所鑿也。

達案：據新唐書地理志，石門舊縣隸戎州，貞觀八年併入開邊，仍存石門鎮，地在今慶符縣南十里。當以有石門山、石門江，因以名縣。秦常頞之開五尺道，漢唐蒙之通南中，皆取道於此，唐始稱石門路，自今四川宜賓南行，經慶符、筠連，入雲南之鹽津、大關、昭通，以至曲靖，至今爲川滇一通道。嘉慶一統志卷三百九十六、四川叙州府二古蹟石門廢縣條紀石門舊縣云，在慶符縣西南，唐初置。唐書地理志，貞觀四年以石門朱提二縣屬南通州，貞觀八年改置撫夷縣。又戎州有石門鎮。宋史地理志，慶符縣有石門砦。舊志，唐宋鎮砦皆置於故縣境，以石門路爲名。縣志，石門砦在今縣南十里。同上卷三百九十五、四川叙州府一山川石門山條云，在慶符縣南五里，即古石門道也。史記西南夷傳，秦時常頞略通五尺道，漢建元六年使唐蒙治道，自僰道指牂牁江。水經注，唐蒙鑿石開閣以通南中，迄於建寧，二千餘里。山道廣丈餘深三四尺，塹鑿之跡猶存。唐書韋皐傳，貞元九年皐遣幕府崔佐時由石門趨雲南，而南詔復通。石門者，隋史萬歲南征道也。天寶中鮮于仲通下兵南溪，道遂閉，至是皐治復之，號曰南道。唐書地理志，自開邊縣南七十里至曲州，又四百八十里至石門鎮。隋開皇五年率益漢二州兵所開。按樊氏以石門路爲隋代所開之誤，辨已見上。此處之安梁石孔，當是韋皐鎮蜀時，爲通南詔命巡官馬益開路置驛時所鑿，與隋代無涉。樊氏蓋對袁滋通南詔一事有所誤解耳。宋史地理志慶符縣有石門砦。明統志，石門山在慶符縣南，下瞰石門江，其林薄中多蘭，一名蘭山。同上卷三百九十五、四川叙州府一山川石門江條云，在宜賓縣南一百三十里，俗呼横江，又名小江。源出雲南昭通府界，東北逕慶符縣西，又東北至縣界，與馬湖江合，入大江。中有灘，其水常若鐘鳴，又名鐘灘。漢武時唐蒙鑿石以通南江，即此。所謂石門江、横江、小江，即本書之朱提江，石門山亦即水經注若水注之朱提山。漢書卷廿八上，犍爲郡，武帝建元六年開。領縣十二，一爲朱提。朱提，據蘇林音，朱音銖，提音時。北方人名匕曰匙。案昭通出建初八年洗，文曰建初八年朱槵造作。槵從木不從手。從木之槵集韻作常支切，音匙。是朱提本字應作朱槵，作朱提者後來之訛誤耳。

閣外至蒙夔嶺達案：蒙夔嶺原本作夔嶺，據本書下文及新唐書地理志戎州開邊注，俱應作蒙夔嶺，脱一蒙字，因補。七日程，直經朱提江，下上躋攀，傴身側足。又有黄蠅、飛蛭、毒蛇、短狐、沙虱之類。

達案：滇南雜志卷十四黄蠅條云：「元志烏蒙山峽多小黄蠅，生於毒蛇鱗甲中。囓人初無所苦，頃之漸癢，痛搔即爲瘡。被囓者切勿搔，以冷水沃之，擦鹽少許，即不爲瘡。後有人至郡城東南六十里名桑科者墾田，爲黄蠅所囓。問之土人，言此即深山中蛇糞中所出，非蛇鱗中所生。元志之説誤矣。」

石門外第三程至牛頭山，山有諸葛古城，館臨水，名馬安渡。達案：新唐書地理志戎州開邊注作馬鞍渡。上源從阿等路部落，達案：此處之阿等路部落與下文之阿竿路部落當是一地，等竿二者，必有一誤，以無可校，姑仍其舊。遶蒙夔山，又東折與朱提江合。第五程至生蠻阿旁達案：原本脱旁字，兹依新唐書地理志戎州開邊注補。部落。第七程至蒙夔嶺。嶺當大漏天，直上二十里，積陰凝閉，晝夜不分。

達案：水經注卷三十六若水注紀堂琅縣西北高山，疑即後來之蒙夔嶺。其文云：「朱提，山名也。應劭曰，在縣西南，縣以氏焉。犍爲，屬國也，在郡南千八百許里。建安二十年立朱提郡，郡治縣故城。郡西南二百里，得所绾堂琅縣。西北行上高山，羊腸繩屈，八十餘里。或攀木而升，或繩索相牽而上。緣陟者若將階天。故袁休明巴蜀志云：『高山嵯峨，巖石磊落。傾側縈迴，下臨峭壑。行者扳援，牽緣繩索。』三蜀之人及南中諸郡，以爲至險。」若水注又云，自朱提至僰道有水步道，有黑水、羊官水至嶮難，三津之岨，行者苦之。故俗謂之語曰：『楢溪赤木，盤蛇七曲。盤羊烏櫳，氣與天通。看都濩泚，住柱呼尹。庲降賈子，老僧七里。』又有牛叩頭、馬搏頰坂，其艱嶮如此也。」華陽國志卷四南中志南廣郡條亦及此，文字大同，故不贅。

從此嶺頭南下八九里，青松白草，川路漸平。第九程至魯望，即蠻漢兩界，舊曲、靖之地也。曲州、靖州廢城及邱墓碑闕皆在。依山有阿竿路部落。

達案：北路之魯望即魯望川。魯望元爲越州。元史卷六十一地理志雲南行中書省曲靖路越州條云：「越州在路之南，其川名魯望。普麽部蠻世居之。憲宗四年内附，六年立千户，隸末迷萬户。至元十二年改越州隸曲靖路。」嘉慶一統志卷四百八十四曲靖府古蹟越州古城條云：「在南寧縣東南十五里。（中略）通志，明洪武二十一年越州酋長龍阿資叛，傅友德擊敗之。洪武末廢州改置越州衛城。本朝康熙六年裁。今號其地爲南城村。」今曲靖陸良之間猶有地名越州。漢末經營雲南，置建寧郡，即在今曲靖。晉改寧州。隋置恭州、協州。唐武德初改恭州爲曲州，析協州爲靖州。並置南寧州，後改郎州；開元初復南寧州，隸戎州都督府。曲靖二州之廢，史無明文，蓋俱在天寶亂後。曲州曾一度徙置於戎州南七十里。嘉慶一統志論曲靖府形勢引通志云：「控制二爨，帶水環山，平疇廣野，爲全滇之鎖鑰，作迤西之門庭。城池高深，與烏川接壤。實西南之重鎮，視諸郡爲最衝。」至今曲靖當川、滇、黔三省交通樞紐，古今形勢，尚不甚殊也。據一統志，越州南寧諸廢城俱在今曲靖以南，治城北徙，疑始於元、明以後。所謂邱墓碑闕，大約指爨龍顔、寶子諸墓及碑而言，二爨墓在今陸良，俱舊曲、靖二州地，故云。阿竿路，前作阿等路，新唐書卷二百二十二下南蠻傳兩爨蠻傳又作阿芋路，不知孰是，兹謹存疑。

過魯望第七程至竹子嶺。嶺東有暴蠻部落，嶺西有盧鹿蠻部落。第六程至生蠻磨彌殿部落。此等部落，皆東爨烏蠻也。

達案：新唐書卷二百二十二下南蠻傳兩爨蠻傳紀烏蠻種類頗爲清楚，可作本書注脚。其文云：「烏蠻與南詔世昏姻。其種分七部落。一曰阿芋路，居曲州靖州故地。二曰阿猛，三曰夔山，四曰暴蠻，五曰盧鹿蠻，二部落分保竹子嶺。六曰磨彌斂，七曰勿鄧。土多牛馬，無布帛。男子髽髻，女人被髮，皆衣牛羊皮。俗尚巫鬼，無拜跪之節。其語四譯乃與中國通。大部落有大鬼主，百家則置小鬼主。」新書之磨彌斂，當即本書之磨彌殿。元史地理志作磨彌部，又作莫彌部，其實一也。元史地理志和曲州之獾蠻、蘭州之盧鹿蠻、里州之羅羅斯、姜州之羅落蠻、威龍普濟二州之獹魯蠻、黎溪州之羅羅蠻、栢興府之獾鹿、趙州之羅落蠻與盧鹿，皆屬一名之異稱也。

男則髮（達案：太平御覽卷七百八十九引南夷志暴蠻等部落條，此處無髮字。御覽引南夷志即本書別名。以下用御覽校。）髻，女則散髮。見人無禮節拜跪，三譯四譯，（達案：御覽引無四譯二字。）乃與華通。大部落則有大（達案：此大字原本無，據御覽引補。）鬼主。百家二百家小部落，亦有小鬼主。一切信使鬼巫，用相服制。土多（達案：自家小部落以下至土多凡二十一字，原本脱去，茲依御覽引補。）牛馬，（案：此句未詳。達案：本書此處有脱簡。茲依御覽所引補正，則俱可通矣。）無布帛，男女悉披牛羊皮。

達案：上引新唐書南蠻傳所紀與此可以參證。又云，「夷人尚鬼，謂主祭者爲鬼主。每歲户出一牛或一羊，就其家祭之。」又宋史卷四百九十六黎州諸蠻傳，「夷俗尚鬼，謂主祭者鬼主，故其酋長號都鬼主」。

第九程至制長館，於是始有門閣廨宇迎候供養之禮，皆漢地。凡從魯望行十二程，方始到柘東。

達案：本書所紀程途，自石門至蒙夔嶺七程。下蒙夔嶺以後第九程至魯望，是自蒙夔嶺兩程至魯望也。魯望以後，本書云第七程至竹子嶺，繼云第六程至生蠻磨彌殿部落，第九程至制長館。下又云從魯望行十二程方始到柘東。如過魯望至竹子嶺之第七程爲行七程，則以下第六程至生蠻磨彌殿部落一語或係錯簡，應爲先至生蠻磨彌殿部落，後至竹子嶺。據上引新唐書南蠻傳文，並非錯簡，則第六程當屬第八程之誤。然後第九程至制長館，更三程始至柘東也。又上文謂魯望爲蠻漢兩界，此處之制長館距魯望已有九程，猶是漢地，前後文意不符，不知何故。石門路上本書所紀之地名如蒙夔嶺、竹子嶺、制長館、牛頭山、馬安渡，部落如阿竿路、阿旁、暴蠻、磨彌殿等，皆無可考，謹從蓋闕。

又案：唐德宗貞元十年袁滋等使南詔，取石門路。新唐書卷四十二地理志戎州開邊縣注曾紀及袁滋等所行路程，蒙夔嶺以後至柘東經歷諸地與本書全異，其故尚不得而知。謹録新唐書文以供參考。其文曰：「自縣南七十里至曲州。又四百八十里至石門鎮，隋開皇五年率益漢二州兵所開。又經鄧枕山馬鞍渡二百二十五里至阿旁部落。又經蒙夔山百九十里至阿夔部落。又百八十里至諭官川。又經薄唪川百五十里至界江山下。又經荆溪谷濷溹池三百二十里至湯麻頓。又二百五十里至柘東城。又經安寧井三百九十里至曲水。又經石鼓二百二十里渡石門至佉龍驛。又六十里至雲南城。又八十里至白崖城。又八十里至龍尾城。又四十里至羊苴咩城。貞元十年詔祠部郎中袁滋與内給事劉貞諒使南詔由此。」案貞諒，新唐書卷二百七宦者傳上有傳，作貞亮，本名俱文珍。由袁滋題名，可知其易名在貞元十年使南詔以後也。

黎州南一百三十里有清溪峽，乾元二年置關。關外三十里即巂州界也。行三百五十里至邛部川，故邛部縣之地也。下南一百三十里至臺登，西南八十里至普安城，劍南西川節度使重兵大將鎮焉。臺登直北去保塞城八十里，吐蕃謂之北谷。天寶以前，巂州柳强鎮也。自入吐蕃更增修嶮，因城下有路，向曩恭地。谷東南一百三十里至羅山城，天寶以後吐蕃新築，非國家舊城。貞元十年十月，西川節度兵馬與雲南軍併力破保塞、大定，獻俘闕下。十一年正月，西川又拔羅山，置兵固守。邛南驛路由此遂通。

達案：清溪關路已見上述。黎州今漢源縣地。邛部川即邛部舊縣，今越巂縣地。由此一百三十里至臺登，即冕寧也。又西南八十里普安城，本書云劍南西川重兵大將鎮此。唯按唐史不見普安之名。新唐書卷四十二地理志巂州注云：「西南有昆明軍，其西有寧遠軍。有新安、三阜、沙野、蘇祁、保塞、羅山、西瀘、蛇勇、遏戎九城。」疑普安或係新安之誤。嘉慶一統志卷四百一寧遠府二古蹟新安城條謂城在西昌縣南。案新安在臺登西南八十里，今謂在西昌縣南，恐有未諦，應當於今冕寧一帶求之。唐與吐蕃爭奪巂州地區，率以臺登爲中心，貞元五年、十二年，韋臯兩次大敗吐蕃於臺登，而新安一城或正當防戰之衝，故重兵大將鎮此也。大定見上屬黎州，保塞、羅山俱隸巂州，緊扼清溪關路，入唐以後，故邛南驛路由此遂通耳。

臺登城直西有西望川。行一百五十里入曲羅。瀘水從北來，至曲羅縈迴三曲。每曲達案：原本脱曲字，據文義應有曲字始通，因補。中間皆有磨些部落，以其負阻深險，承上莫能攻討。案：承上，蠻官名，見後文。瀘水從曲羅南經劍山之西，又南至會同川。邊水左右，總謂之西蠻。

達案：瀘水說見本書卷二。曲羅又見水經注引益州記。水經注卷三十六若水注引益州記云：「瀘水源出曲羅巂下三百里曰瀘水。兩峯有殺氣，暑月舊不行，故武侯以夏渡爲艱。瀘水又下合諸水而總其目焉。故有瀘江之名矣。」案益州記三卷，隋書經籍志著録云李氏著。李氏即李膺，後漢書西南夷傳邛河注亦引李膺益州記。蓋亦魏、隋以前之舊籍矣。

邛部東南三百五十里至勿鄧部落，大鬼主夢衝地方闊千里。達案：御覽卷七百八十九勿鄧條引南夷志此處，宋本作地方千里。鮑本千里作十萬里。疑以宋本爲是也。邛部一姓，白蠻五姓，烏蠻初止五姓，在邛部臺登中間，皆烏蠻也。達案：初止以下十五字，御覽引南夷志無。又案新唐書卷二百二十二下南蠻傳兩爨蠻傳紀及勿鄧云：「勿鄧地方千里。有邛部六姓，一姓白蠻也，五姓烏蠻也。又有初裏五姓，皆烏蠻也。居邛部臺登之間。」文意與本書略異。本書紀邛部一姓，白蠻五姓，烏蠻初止五姓，即最初止有五姓烏蠻也。據新唐書，則邛部六姓以外，尚另有稱爲初裏之五姓烏蠻。兩說頗有出入。以無他證，謹志此存疑。烏蠻達案：原本脱「烏蠻」二字，茲據御覽引南夷志補。婦人以黑繒達案：御覽引此，宋本作白黑繒，鮑本作墨繒。疑兩本俱有訛誤，應依本書正之。爲衣，其長曳地；白蠻婦人以白繒爲衣，下不過膝。達案：白蠻婦人以下十三字原本脱去，茲據御覽引南夷志補。又東、欽兩姓在北谷，皆白蠻。三姓皆屬夢衝。內受恩賞於國，外私於吐蕃。貞元七年，節度使韋臯使嶲州刺史蘇隗殺夢衝，因別立大鬼主。

達案：唐貞元間韋臯收撫東蠻以通南詔事，略見兩唐書及册府元龜。茲剌取元龜所紀及新唐書韋臯傳以見一斑。册府元龜卷九百六十六外臣部二十褒異第三，德宗貞元四年五月賜宴東蠻鬼王驃傍苴夢衝苴烏星等於麟德殿，頒賜各有差。又卷九百六十五外臣部，貞元四年四月，封東蠻鬼王驃傍苴夢衝苴烏星等爲和義順政等郡王。驃傍等自陷嶲州，城於吐蕃，絶朝貢者二十餘年。及是劍南節度韋臯招誘之，始棄吐蕃，內附來朝，特封爲郡王，且衣以冠帶。仍給兩林勿鄧等部落印而遣之。又新唐書卷一百五十八韋臯傳紀東蠻叛服始末云：「初，東蠻地二千里，勝兵常數萬。南依閤羅鳳，西結吐蕃，徂勢彊弱爲患。臯能綏服之，故戰有功。詔以那時爲順政王，夢衝懷化王，驃傍和義王。刻兩林勿鄧等印以賜之。而夢衝復與吐蕃盟。臯遣別將蘇嵬召之，詰其叛，斬於琵琶川。立次鬼主樣棄等。蠻部震服。乃建安夷軍於資州，維制諸蠻，城龍谿於西山，保納降羌。」云云。新唐書之蘇嵬，當即本書之蘇隗也。

勿鄧南七十里有兩林部落。案：此下當有闕文。

達案：兩林部落原本作兩姓部落，新唐書兩爨蠻傳云：「勿鄧南七十里有兩林部落。」本書卷四豐巴蠻條亦作兩林。故此處之兩姓必爲兩林之誤，因爲改正。蠻書本處紀及卭部臺登間諸種落，誤文脱簡不一而足。其有可以依據御覽所引南夷志補正者，俱已隨文刊落。尚有文字脱落以至不可通者。如東欽兩姓在北谷皆白蠻下接三姓，即不可通。卷末兩林部落下，四庫館臣案語疑有闕文。今校以新唐書兩爨蠻傳，即可審本書脱誤，因録附卷末，以資參考。新唐書文云：「勿鄧地方千里。有卭部六姓，一姓白蠻也，五姓烏蠻也。又有初裹五姓，皆烏蠻也。居卭部臺登之間。婦人衣黑繒，其長曳地。又有東欽蠻二姓，皆白蠻也，居北谷，婦人衣白繒，長不過膝。又有粟蠻二姓，雷蠻二姓，夢蠻三姓，散處黎、㠰、戎數州之鄙，皆隸勿鄧。勿鄧南七十里有兩林部落，有十低三姓、阿屯三姓、虧望三姓隸焉。其南有豐琶部落，阿諾二姓隸焉。兩林地雖陿，而諸部推爲長，號都大鬼主。勿鄧、豐琶、兩林皆謂之東蠻。」

蠻書校注卷二

山川江源第二

金馬山在柘東城螺山南二十餘里，高百餘丈，與碧雞山東南西北相對。土俗傳云，昔有金馬，往往出見。山上亦有神祠。從漢界入蠻路出此山之下。

達案：金馬山在今昆明城東二十五里。正德雲南志卷二雲南府山川，「金馬山在府治東二十五里，西對碧雞山，中隔滇池。山不甚高，而綿亘西南數十里，麓有歸化佛寺，下有金馬關。相傳昔有金馬，隱見其上，故以名山。」今案金馬碧雞，傳説起於漢代。漢書卷六十四下王襃傳云：「方士言益州有金馬碧雞之寶，可祭祀致也。宣帝使襃往祀焉。襃於道病死，上閔惜之。」所謂金馬碧雞，相傳以爲出於蜻蛉縣之禺同山。漢書卷二十八地理志上，越嶲郡青蛉注，禺同山有金馬碧雞。後漢書卷三十三引劉昭郡國志，越嶲郡青蛉有禺同山，俗謂有金馬碧雞。是漢代謂金馬碧雞之寶出於青蛉縣禺同山也。傳説至水經注略備。水經注卷三十七淹水，東南至蜻蛉縣注：「縣有禺同山，其山神有金馬碧雞，光景倏忽，民多見之。漢宣帝遣諫大夫王褒祭之，欲置其雞馬。褒道病而卒，是不果焉。王褒碧雞頌曰：敬移金精神馬，縹碧之雞。故左太冲蜀都賦曰：金馬騁光而絶影，碧雞倏忽而耀儀。」青蛉縣漢屬越巂郡，隋唐以後改隸姚州，在金沙江南，即今大姚。禺同山當亦在境内。漢以來之金馬碧雞傳説，原只在姚州境内，出於禺同之山。至於分金馬碧雞爲二山，並移至今昆明附近，不知始於何時。疑南詔置柘東城後，滇西若干傳説遂逐漸東遷。金馬碧雞而外，昆明地名之東徙，亦其一例也。

螺山偏地悉是螺蛤，故以名焉。

達案：螺山在今昆明城内，名圓通山。嘉慶一統志卷四百七十六雲南府一山川，螺山在昆明縣城内東北隅，色深碧，旋如螺髻，故名。府志，元時山在北郭外一里許，明初擴城，始在城内。其巖曰盤坤，曰補陀羅。曲磴攀躋而上，有石兀然突出，曰明月石。山麓有二洞，曰幽谷，曰潮音，深邃莫測。又潮音洞口有盤瓠廟基。案所謂螺髻亦以其形似而言耳。唐以前亦名白蝟山。華陽國志卷四南中志滇池縣條又有白蝟山，山無石，惟有蝟也。白蝟山亦即螺山也。

碧雞山在昆池西岸上，與柘東城隔水相對。從東來者岡頭數十里已見此山。山勢特秀，池水清澹。水中有碧雞山，石山有洞庭樹，年月久遠，空有餘本。

達案：金馬碧雞辨已見上。正德雲南志卷二雲南府山川，「碧雞山在府治西南三十里。東瞰滇澤，蒼崖萬丈，緑水千尋，月映澄波，雲横絶頂，雲南一佳景也。相傳昔有碧鳳翔翥此山，後訛爲碧雞云。漢宣帝時方士言益州有金馬碧雞之神，可祭祀而致。遣王褒往祀，至蜀憚其路遠，望而祭之。顔師古謂金形如馬，碧形如雞，上多佛寺。」云云。洞庭樹不知何樹，無考。

玷蒼山。案：玷，唐書作點。達案：聞在宥云，以玷點互寫觀之，知唐時此字必有-m尾。南自石橋，北抵登川，長一百五十餘里，名爲玷蒼。直南北，亦不甚正。東向洱河，城郭邑居，棋布山底。西面陡絶，下臨平川。山頂高數千餘丈，石稜青蒼，不通人路。夏中有時墮雪。達案：夏中有時墮雪，原本作冬中有時墮雪。李榮陛黑水考證卷四云，冬當作夏。其說是也。因據改。

達案：玷蒼山或點蒼山，名不見唐以前書。後漢書卷三十三郡國志永昌郡雲南縣注引南中志云：「縣西高山相連有大泉水，周旋萬步，名馮河。縣西北百數十里有山，衆山之中特高大，狀如扶風太一，鬱然高峻，與雲氣相連結，因視之不見其山。固陰沍寒，雖五月盛暑不熱。」廣志曰：「五月霜雪皓然。」此或即指點蒼山而言。又楪榆縣注引廣志曰：「有弔鳥山，縣西北八十里，在阜山。衆鳥千百羣共會，鳴呼啁哳。每歲七月、八月晦望至，集六日則止。歲凡六至。雉雀來弔特悲。其方人夜然火伺取，無嗉不食者以爲義鳥，則不取也。俗言鳳凰死於此山，故衆鳥來弔。」案弔鳥山傳說，今猶流行於大理，地在上關之花甸壩。廣志所云之阜山，非點蒼山莫屬也。洱河即漢代之葉榆澤，一名葉榆河。漢以後始稱此爲洱河、西洱河或西貳河。頗疑葉榆、洱、貳皆是譯音。洱、貳中古音俱作ni，與摩些文魚字音同。則洱河者或是古代摩些族地名，意爲多魚之河耳。點蒼山下城郭邑居，就本書卷五、六瞼篇所紀，自南而北，百餘里間，便有龍尾、大和、陽苴咩、大釐、龍首五城，則所謂棋布山底，信非虚語矣。元郭松年大理行記云：「若夫點蒼之山，條岡南北，百有餘里。峯巒巖岫，縈雲戴雪，四時不消。上則高河竇海，泉源噴湧，水境澄徹，纖芥不容。佳木奇卉，垂光倒景。吹風嘘雲，神龍所宅，歲旱祈禱，靈貺昭著。派爲一十八溪，懸流飛瀑，瀉於羣峯之間。雷霆砰轟，烟霞晻靄，功利布散，皆可灌溉。」又曰：「沿山寺宇極多，不可殫紀。中峯之下有廟焉。是爲點蒼山神，亦號中嶽。」案唐貞元時，唐崔佐時袁滋先後使南詔，盟於點蒼山。所載誓書，其一藏神祠石室，應即指此。點蒼蓋南詔之鎮山也。閤羅鳳卒，孫異牟尋嗣位，曾效中原於境内封五嶽四瀆。蔣彬南詔源流紀要云：「代宗大曆十四年，羅鳳死，孫異牟尋襲，僞號孝桓王，有智略。邀吐蕃兵入寇。唐遣神策都將李晟等擊破之。牟尋懼，再徙羊苴咩城，即今府治。遂僭封五岳四瀆。以烏蒙山爲東嶽，以蒙樂山爲南岳，以高黎共山爲西岳，以玉龍山爲北岳，以點蒼山爲中岳。以浪滄江、金沙江、黑惠江、潞江爲四瀆。」蒙氏五嶽四瀆，楊慎滇載記所紀與此合。元郭松年稱點蒼爲中嶽，則蒙氏之封嶽瀆當實有其事也。東嶽烏蒙山在禄勸東三百里東川境内，一名絳雲露山，亦名江雲露松外龍山，又名雲龍山。蒙樂山在景東北，又名無量山。高黎共山在騰衝東。玉龍山即麗江雪山。以點蒼爲中嶽與元人所紀合。浪滄江即瀾滄江，潞江即怒江，黑惠江即漾備江，金沙江即今金沙江。蒙氏五嶽四瀆，偏在滇西，疑由於當時勢力所及而然耳。

囊葱山（達案：新唐書囊作曩。）在西洱河東隅，河流俯齧山根。土山無樹石。高處不過數十丈。面對賓居、越析。山下有路，從渠斂趙出登川。

高黎共山在永昌西，下臨怒江。左右平川，謂之穹賧，湯浪加萌所居也。草木不枯，有瘴氣。自永昌之越賧，途經此山，一驛在山之半，一驛在山之巔。朝濟怒江登山，暮方到山頂。冬中山上積雪苦寒，秋夏又苦穹賧、湯浪毒暑酷熱。河賧賈客在尋傳羈離未還者，爲之謠曰：「冬時欲歸來，高黎共上雪。秋夏欲歸來，無那穹賧熱。春時欲歸來，平中絡賂絶。」（絡賂，財之名也。）

達案：正德雲南志卷十三金齒軍民指揮使司山川：「高黎共山本名崑崙岡，夷語訛也。在永昌西騰衝東。蒙氏異牟尋封爲西嶽。東臨古穹甸江，即今潞江也。有瘴毒，夏秋不可行。西即麓川江。以蔴索爲橋。山上下各五七十里。山頂天霽時見吐蕃雪山。馬行者自晨至午纔到山頂，炊甜而下，徒步止宿於上。」又讀史方輿紀要卷一百十三雲南一高黎共山條：「高黎共山在永昌府騰越州東北一百二十里，一名崑崙岡，夷語謌爲高良公山（亦作高黎貢山）。東臨潞江，西臨龍川江。左右有平川，名爲灣甸（今山之東南即灣甸州也）。山上下東西各四十里，登之可望吐蕃雪山。草卉障翳，四時不凋，瘴氣最惡。冬雪春融，夏秋炎熾。山頂有泉，東入永昌，西入騰越，故又名分水嶺。蒙氏封爲西嶽。」又云：「一名磨盤山。滇行記，渡怒江二十里爲磨盤山，徑隘箐深，屈曲僅容單騎，爲西出騰越之要衝。即此山也。又滇附録云：渡怒江至八灣，度高黎共山，其高四十里。下山爲橄欖坡驛。左渡龍川江，其炎瘴同怒江。過龍川至騰衝衞，地稍涼。中國之西南界盡於此矣。」案本書之穹賧即紀要之灣甸。下高黎共山，過灣甸，渡麓川江，亦名龍川江，然後始至騰衝。又案：怒江亦名潞江。正德雲南志卷十三金齒軍民指揮使司山川：「潞江舊名怒江。源出雍望，經潞江安撫司之北。兩岸陡絶，瘴癘甚毒，夏秋不可行。蒙氏封爲四瀆之一。」又讀史方輿紀要卷一百十三雲南一潞江條：「潞江在永昌府潞江安撫司東北五十里。源出吐蕃雍望甸，南流經司北。兩岸陡絶，瘴癘甚毒，夏秋之間，人不敢渡。本名怒江，以波濤怒湧而名也。又東經永昌府南百里復東南流，經孟定芒市界，達木邦、緬甸，入於南海。蒙氏封爲四瀆之一。」

大雪山在永昌西北。從騰充過寶山城，又過金寶城以北大賧，周迴百餘里，悉皆達案：御覽卷七百八十九大賧條引南夷志，皆作是。野蠻，無君長也。達案：御覽引無也字。地有瘴毒，河賧人至彼達案：御覽引無彼字。中瘴者，十有八九死。達案：「十有八九死」一語，御覽引作「十死八九」。閣羅鳳嘗使領軍將於大賧中築城，達案：御覽引此語作閣羅鳳嘗遣使築城於彼。管制野蠻。不逾周達案：御覽引無周字。歲，死者過半。遂罷棄不復往來。達案：御覽引無不復往來四字。其山達案：御覽引無山字。土肥沃，種瓜達案：御覽引無瓜字。瓠長丈餘，冬瓜亦然，皆三尺圍。又多薏苡，無農桑，收此充糧。三面皆是達案：是原本作占，茲據御覽引改正。大達案：御覽引無大字。雪山，其高處達案：御覽引無處字。造天。往往有吐蕃至賧貨易，云此山有路，去贊普牙帳不遠。

達案：騰充、寶山、金寶諸城考見本書卷六雲南城鎮篇，茲不贅。

又有水，源出臺登山，南流過嶲州，西南至會州諸賧與東瀘水合。達案：原本無水合二字。琳琅本補校云，與東瀘下當有水合二字，句法見下文云云，因據補。古諸水也。源出吐達案：原本無吐字。琳琅本補校云，源出蕃中節度北，蕃上當有吐字，句法亦見下文。其說是也。因據補。蕃中節度北，謂之諸矣江，南郎部落。又東折流至尋傳部落，與磨些江合。源出吐蕃中節度西共籠川犛牛石下，故謂之犛牛河。環遶弄視川，南流過鐵橋上下磨些部落，即謂之磨些江。至尋傳與東瀘水合。東北過會同川，總名瀘水。

達案：蠻書此處蓋紀今安寧河、鴉礱江及金沙江三水合流情形。古今言西南水道者，自水經注以下於此率多聚訟，茲據陳澧水經注西南諸水考諸書，略述梗概。按安寧河即古孫水，鴉礱江即古若水，亦曰東瀘水，對金沙江之爲瀘水而言。金沙江源出犛牛石下，名犛牛河，至磨些部落爲磨些江，與東瀘水合後又總名瀘水。蠻書此處文句訛脱，致不可通。竊疑又有水源出臺登山句，又有下當脱一字，或即是孫字。古諸水也上應有東瀘水三字，與磨些江合下當重磨些江三字。故此段全文似宜爲：「又有孫水，源出臺登山，南流過巂州，西南至會州諸賧與東瀘水合。東瀘水古諸水也。源出吐蕃中節度北，謂之諸矣江。南郎部落。又東折流至尋傳部落，與磨些江合。磨些江源出吐蕃中節度西共籠川犛牛石下，故謂之犛牛河。環遶弄視川，南流過鐵橋上下磨些部落，即謂之磨些江。至尋傳與東瀘水合。東北過會同川，總名瀘水。」會州在今會理境。黑今彝語作諸，故諸賧疑即黑色民族地區之意。唐代此一地區爲東蠻地，東蠻亦烏蠻也。又彝族稱水爲yee，拿喜族作ibi，故諸水、諸矣江者，亦即黑水也。瀘、諸古同音字。諸水、諸矣江、瀘水，蓋義爲黑水之不同對音耳。

蜀忠武侯（達案：御覽卷七百八十九南瀘條引南夷志無「忠武侯」三字。）諸葛亮伐南蠻，五月渡瀘水（達案：御覽引無水字。）處，在弄棟城（達案：御覽卷一千萑葦條引此無城字。）北，今謂之南瀘。

達案：唐於姚州置瀘南縣。嘉慶一統志卷四百八十雲南楚雄府古蹟，「瀘南廢縣在姚州，唐置縣，以地在瀘水之南故名」。唐書地理志「瀘南本長城縣，垂拱元年置，屬姚州，天寶初更名。」又南蠻傳，「鮮于仲通討南詔，大敗於瀘南」。寰宇記，「瀘南縣在姚州北五里，後廢。又有長明縣亦唐置，屬姚州，天寶以後没於南詔。」案寰宇記謂瀘南在姚州北五里恐誤。又宋本御覽引此已作南瀘，則其誤已始於宋代矣。

兩岸葭葦。達案：原本無葦字。御覽卷七百八十九引葭葦二字俱脱，御覽卷一千引作葭葦，兹據補葦字。大如臂脛。達案：御覽卷七百八十九及卷一千引俱作大如臂，無脛字。川中氣候常熱，雖方達案：方原本作至，兹據御覽引改。冬行過者，皆袒衣流汗。又東北入戎州界，爲馬湖江。達案：原本無江字。輿地廣記卷三十巂州會川縣瀘水出曲羅，東下三百里，始曰瀘水。兩峯有殺氣，暑月舊不行。故諸葛亮表言五月渡瀘，深入不毛也。其水下合繩水、若水、孫水、淹水，逕馬湖，總曰馬湖江。東北至叙州與岷江合。是此處馬湖下當脱一江字，兹爲補入。至開邊縣門，達案：開邊原本作闕邊。據兩唐書地理志，戎州屬縣有開邊而無闕邊，則此處闕字必係開字之誤，因爲改正。

達案：嘉慶一統志卷三百九十六、四川叙州府二古蹟，開邊廢縣在宜賓縣西南。元和志，縣東北至戎州六十里，本漢僰道縣地，周爲外江縣地。隋開皇六年於此縣北一百三十里野客川置開邊縣，上元元年廢，永泰三年復置於今理。唐書地理志，貞觀四年以石門、開邊、朱提三縣置南通州，八年曰賢州，是年州廢，以開邊隸戎州。宋史地理志，乾德中廢開邊縣。寰宇記，廢縣在馬湖朱提兩江口。舊志，在府西南六十里，今爲開邊縣。案開邊縣址當在今宜賓之安邊場，地適當横江入金沙江處。横江即古朱提江也。

與朱提江合流，戎州南城入外江。達案：戎州原本作戎門，戎門南城入外江，文義不明。今宜賓即古戎州，金沙江流至宜賓城南與岷江合，今古形勢大致不殊。此句本意係與朱提江合流後，至戎州城南入外江。則原本戎門必係戎州之誤，因爲改正。

達案：此云入外江，即入岷江也。岷江古亦名外水或外江。水經注卷三十三江水注：「江水自武陽東至彭亡聚，謂之平模水，亦曰外水。」古武陽在今彭山、眉山一帶。讀史方輿紀要卷六十六四川一岷江：「志云，岷江亦曰汶江，亦曰都江，亦曰外水。其在州郡城邑間者，往往隨地立名，而都江外水，則岷江之通稱也。」杜工部寄岑嘉州詩有句云：「外江三峽且相接，斗酒新詩終自疎。」詩題下工部自注云：「州據蜀江外。」岑參亦有下外江舟中懷終南舊居詩，有句云：「杉冷曉猿悲，楚客心欲絶。孤舟巴山雨，萬里陽臺月。」岑參時爲嘉州刺史，則二人詩中之外江必指岷江而言無疑矣。隋書卷二十九地理志犍爲郡僰道縣注：「後周置曰外江，大業初改曰僰道，置犍爲郡。」僰道在今宜賓。縣名外江，當因水而得名，故外江之又爲岷江別稱，更信而有徵矣。至於李義山武侯廟古柏詩「陰成外江畔」，則是指内外江對舉之成都外江而言，以廟即在江畔也。與杜、岑詩中之外江，不可混爲一談。

昆池在柘東城西，南北百餘里，東西四十五里。案：此四字疑衍文。達案：方國瑜云，某君校此，以爲全句應是昆池在柘東城西，南北百餘里，東西四十五里。原本脱去北及東西諸字，致不可通，非有衍文也。其説甚是，因據補北及東西三字。水源從金馬山東北來。柘東城北十數餘里官路有橋渡此。水闊二丈餘，清深迅急，至碧雞山下，爲昆州，因水爲名也。土蠻亦呼名滇池。案今晉甯川中，自有大池在東南，當是滇池。水不可呼池，乃蠻不能別。滇池水亦名東昆池。西南遶山，又西北池流爲河，過安甯城下。亘水東西有橋三十，一闊長三百餘步。徒行七日程，與瀘水合。

達案：雲南地名最先著録於漢文史籍者即爲滇池。史記卷一百十六西南夷傳：「始楚威王時，使將軍莊蹻將兵循江上略巴、蜀、黔中以西。莊蹻者，故楚莊王苗裔也。蹻至滇池，地方三百里。旁平地肥饒數千里，以兵威定屬楚。」正義引括地志云：「滇池澤在昆州晉寧縣西南三十里。其水源深廣而更淺狹，有似倒流，故謂滇池。」後漢書卷一百十六西南夷傳：「此郡有池，周迴二百餘里。水源深廣而更淺狹，有似倒流，故謂之滇池。」又相傳在滇池有黑水神祠。漢書卷二十八上地理志益州郡滇池，顔師古注大澤在西，滇池澤在西北，有黑水祠。後漢書卷三十三郡國志益州郡滇池出鐵，有池澤，北有黑水祠。注引南中志曰，池周二百五十里。華陽國志卷四晉寧郡滇池縣有澤水，週迴二百里，所出深廣，下流淺狹，狀如倒流，故曰滇池。長老傳言池中有神馬，或交焉即生駿駒，俗稱之曰滇池駒，日行五百里。有黑水神祠。漢黑水祠，阮元以爲在今昆明黑龍潭。阮氏在揅經室續集卷一雲南黑水圖考中云，「又滇省城東北十餘里有黑龍潭，潭上有龍王廟。此潭廟甚古，莫知其始。漢書地理志滇池縣有黑水祠。余謂今滇池上之黑龍潭廟，非即古華陽黑水之黑水祠歟？或者潭東唐梅宋柏間，今之三清道宮即漢祠故址，而潭北龍王廟，即神祠所遷降者歟？滇池與南盤江禮社江切近百里，前漢有黑水祠，禮亦宜之。」

又案：今滇池西南流經海口縈迴安寧，是爲螳螂川。北流過富民、武定、禄勸，爲普渡河，以注於金沙江。本書所云徒行七日程與瀘水合，指此而言也。橋無考。

又量水川在滇池南兩日程，達案：御覽卷七百八十九量水川條引南夷志程作行。漢舊黎州也。達案：御覽引也作地。川中有大達案：御覽引大作天。池，其水東達案：御覽引東作南。洩。達案：御覽引洩作流。流處達案：御覽引無流處二字。出一石竇中，水流達案：原本作流水，茲據御覽引乙正。甚廣，石竇甚狹。土蠻達案：御覽引云誤倒作蠻土。云，此竇達案：原本脱此竇二字，茲據御覽引補入。忽窒達案：窒原本作竇，茲據御覽引改正。空，則達案：原本無則字，茲據御覽引補。百姓憂溺。新豐川亦有大池，甚廣。

達案：量水、新豐，俱見本書卷六雲南城鎮篇。四庫館臣謂量水即舊唐書地理志黎州之梁水，其言是也。據舊唐書卷四十一地理志，武德七年於戎州都督府屬之南寧州析置西寧州，貞觀八年改爲黎州，領梁水、絳二縣。北與昆州接。絳縣見賈耽所紀之安南通天竺道，亦即本書卷一之江川。自絳或江川至柘東正爲二日程，與此處之量水川在滇池南兩日程合。黎州治所，據嘉慶一統志卷四百七十九臨安府，在今華寧。故量水川當即指今江川華寧一帶之壩子而言也。川中大池其水東洩，即今撫仙湖，撫仙湖水今東流入南溪河也。新豐屬南寧州，據本書卷六，在石城南，當即今曲靖附近。今曲靖南五里有東海子，廣輪五十里，疑即新豐川大池。

蘭滄江源出吐蕃中大雪山下莎川。東南過聿齎城西，謂之瀨水河。又過順蠻部落。南流過劍川大山之西。蘭滄江南流入海。

達案：蘭滄江爲蒙氏四瀆之一。讀史方輿紀要卷一百十三雲南一瀾滄江條：「瀾滄江出吐蕃嵯和哥甸鹿石山，一名鹿滄江，亦曰浪滄江，亦作蘭倉水。流入麗江府蘭州境。南歷大理府雲龍州西，又南經永昌府東北八十五里羅岷山下。兩崖壁峙，截若垣墉，纜鐵飛橋，懸跨千尺。亦曰博南津。後漢書永平十二年得哀牢地，始通博南山，度蘭倉水。行者苦之，歌曰『漢德廣，開不賓。度博南，越蘭津。度蘭倉，爲他人』，指此也。」李榮陛黑水考證卷四蘭滄江篇釋樊書此條云：「考今圖瀾滄源雜楚河北岸阿瑪珉喀擦穆山下，有城名蘇爾莽，東南半度有地名拉集，意即古之聿齎也。弄視川尚在其上。別條云，犛牛河環遶弄視川，犛牛即金沙江源，弄視川蓋據二水之間。蘭滄水由莎川東南，左抱弄視川，過聿賨城、斂尋城、鹽井、彌潛城、郎共城、羅眉川、鐵橋城西，乃入雲南，過劍川大山西博南山西，穿竹索橋而東南，流逕交阯入海也。知其入海者自綽書始。」案蘭滄江出雲南後，流經老撾、柬埔寨、越南以入南海，曰湄公河、九龍江。

龍尾城西第七驛有橋，即永昌也。兩崖高險，水迅激。横亘大竹索爲梁，上布簣，簣上實板，仍通以竹屋蓋橋。其穿索石孔，孔明所鑿也。

達案：自龍尾城七驛至永昌，中經漢博南縣，即今永平。由此西度博南山，今名丁當丁山。下山度蘭津，即瀾滄江橋。過橋爲羅岷山，博南羅岷夾峙江上，所謂兩崖高險者是也。過羅岷西南八十里至永昌。唐宋以前俱用竹索爲橋，元更木構，明清改爲鐵索，有西南第一橋之稱。滇南雜志卷七霽虹橋條紀此較詳。其文曰：「在永昌府城北八十里，跨瀾滄江。古以舟渡，狹隘湍急，行者憂之。後以篾繩爲橋，攀援而渡。武侯南征，架木橋以濟師。元也先不花西征，始更以巨木，題曰霽虹。後圮，復以舟渡。明洪武間，鎮撫華岳鑄二鐵柱於石以維舟。後架木橋，尋燬。成化中，僧了然者乃募建飛橋，以木爲柱，而以鐵索横牽兩岸。下無所憑，上無所倚，飄然懸空。橋之上復爲亭二十三楹，兩岸各爲一房。副使吴鵬題於石壁曰西南第一橋。岸北設官廳，以駐使節。歲以民兵三十人更番戍守。然橋摇動無甯晷，鐵纜恆蝕。明季復燬。本朝克滇復建。兩端繫鐵纜十六，覆板於纜上。又爲板屋三十二楹，長三百六十丈，南北爲關樓四，宏敞堅緻，視昔有加。後燬於兵。康熙初年重建，吴逆亂又燬。二十年重建。二十七年增置兩亭於南北岸，橋旁翼以欄杆。日久損蝕，橋復摇動，又重修之。乾隆十五年，水發橋斷，復修之。楊升庵有霽虹橋詩云：『織鐵懸梯飛步驚，獨立縹緲青霄平。騰蛇遊霧瘴氣惡，孔雀飲江煙瀨清。蘭津南渡哀牢國，蒲塞西連諸葛營。中原回首逾萬里，懷古思歸何限情。』讀此可以知其險矣。」

昔諸葛征永昌，於此築城。今江西山上有廢城遺跡及古碑猶存，亦有神祠廟存焉。

達案：滇西武侯遺蹟甚多。即以永昌一郡而言，諸葛堰、諸葛營、諸葛寨、諸葛井、諸葛糧堆，比比皆是。皆俗語之流爲丹青者耳。武侯南征，初未嘗至永昌也。

又麗水一名禄卑江，案：𣅀字字書不載。達案：禄卑原本作禄𣅀，𣅀字乃卑字之誤，因爲改正。説見下。

達案：禄𣅀，李榮陛黑水考證卷一彌諾江篇作禄裨，其説云：「禄裨江，蠻書校本從永樂大典作禄𣅀，云𣅀字字書不載。愚按宋程氏易氏引蠻書並作禄裨，今據以改之。又考南詔德化碑刻云，西開尋傳，禄郫出麗水之金，是字本作郫。禄郫蓋尋傳之地，麗水逕其間，因地而變名耳。」今案蠻書之麗水，即今伊洛瓦底江。伯希和交廣印度兩道考十七麗水及驃國篇云：「麗水在賈耽路程及蠻書之中，則指伊洛瓦底江。七六六年碑文禄郫出麗水之金一語中之禄郫，似亦指此江。緣蠻書卷二云，麗水一名禄𣅀江，此𣅀字疑爲卑字之訛，茲改正爲禄卑，是亦碑文之禄郫也。」據李榮陛説，則宋時固作禄裨，尚未甚誤也。禄卑之名，至明尚存。正德雲南志卷四臨安府山川禄卑江在河西縣西五十里，一名沾夷江。源自新興，流經縣境，東入於曲江云云。臨安之禄卑江與一名麗水之禄卑江自是二水，偶爾同名。然由此可見禄卑一名，明時尚存其正字，固作卑不作𣅀也。諸家之説確然可據，因據改。

源自邏些城三危山下。

達案：交廣印度兩道考十七麗水及驃國篇云：「邏些一作邏娑，即今西藏都會之拉薩。則中國人誤以怒江之上流爲禄鄖江之上流。此種誤會，在十九世紀之歐洲人地圖中，亦見有之。」

南流過麗水城西。又南至蒼望。又東南過道雙王道勿川西，過彌諾道立柵。

達案：交廣印度兩道考十七云：「考新唐書卷二百二十二下驃國傳驃國部落二百九十八，以名見者三十二，其中即有道雙道勿之名，然爲兩部落也。」又云：「彌諾道立爲新唐書中驃國九鎮城之一名，此城似在彌諾江與禄鄖江匯流處之北。」

又西與彌諾江合流。

達案：交廣印度兩道考十七云：「彌諾江衹能爲Chindwin。考緬甸地志，有Myit-nge一名，此言小江，乃對大江Myit-gi而言，大江指禄鄖江。然余尚未見有用小江之名以名Chindwin之例。」

過驃國，

達案：交廣印度兩道考十七云：「此處所指者，顯爲國王都城，與賈耽路程所誌同也。」

南入於海。水中有蛟龍、鰐魚、烏鰂魚。又有水獸似牛，游泳則波濤沸湧，狀如海潮。禹貢導黑水至于三危，蓋此是也。或云源當是大月河，恐非也。

達案：黑水考證卷一彌諾江篇引樊氏書，大月河作大月氏，並謂或説非無據。大抵彌諾江源於大勃律西小月氏境内之大山，即阿耨達大山也云云。其説過於枝蔓，故不取。今案新唐書卷四十地理志鄯州鄯城注紀自河源軍至吐蕃程途，其中曾渡大月河。以此爲即蠻書所云，似較李氏之説爲稍近也。復次，黑水之説見於禹貢，一則曰華陽黑水惟梁州，一則曰黑水西河惟雍州，一則曰導黑水至於三危，入於南海。古今來注禹貢者於黑水議論紛紛，要之以禹貢爲聖人之言，不敢破經，於是傅會牽強，以求解釋。知其不可通也，則創伏流之説以通之，而不知地理之實際情況。入南海之黑水，黑水考證裒集諸家之説甚備，讀者可以參閲，茲不贅。

又彌諾江在麗水西，源出西北小婆羅門國，南流過湄睒苴川。又東南至兜彌伽木栅。分流遶栅，居沙灘南北一百里，東西六十里。合流正東，過彌臣國，南入於海。

達案：湄字音田。郭璞江賦：「溟漭渺沔，汗汗湄湄。」李善曰：「皆廣大無際之貌。」又交廣印度兩道考十七云：「按彌臣國名見新唐書卷二二二下，並見蠻書卷十。顧蠻書此卷中諸蕃夷國名，幾盡爲太平御覽卷七八九所轉録，惟不名蠻書而名曰南夷志。檢册府元龜卷九七二志有八〇四年彌臣國遣使入貢之事。又卷九六五及太平寰宇記卷一七七志有八〇五年册封彌臣國王之事。兩唐書本紀列傳所輯南方諸國及其貢使之事頗不完全，此外且有錯誤。應將散見於唐會要、册府元龜、太平寰宇記、通典、太平御覽等書，關係各國之史料，完全搜集，否則不能在此處討論也。余意以爲其國似在禄郫江口。」

蠻書校注卷三

六詔第三

六詔並烏蠻又稱八詔。蓋白崖城達案：白崖城原本作白巖城，閩本白誤作自。琳琅本校譌以本書卷四作白巖，而卷三此下，卷五、卷七、卷十又俱作白崖，因云：「詳玩三卷首頁文義，白巖、白崖，均爲時傍所居，未識一地存二名，抑白巖均當作白崖否，謹附識於此以俟考。」鈴木俊則據兩唐書高麗傳中之白崖城在通鑑唐紀中俱作白巖城，因謂蠻書之白巖、白崖，實即一地云云。因改爲白崖，以歸一律。時傍及劍川矣羅識二詔之後，開元元年中，蒙歸義攻石橋城，閣羅鳳攻石和，亦八詔之數也。

達案：白崖城時傍及劍川矣羅識之亦爲二詔，見下。蒙歸義攻石橋，閣羅鳳攻石和，此云在開元元年中，疑衍一元字，蓋在開元年中，以無他證，姑仍其舊。石和城，據後施浪詔條及新唐書卷二百二十二下施浪詔傳，閣羅鳳攻石和城，俘施各皮。是石和城即施浪詔，地在渠斂趙。石橋城即龍尾城，由本書卷二玷蒼山條可見。蒙舍詔條之石橋城係石和之誤，説見下。六詔之名，新唐書卷二百二十二上南詔傳作蒙巂詔、越析詔、浪穹詔、邆賧詔、施浪詔、蒙舍詔，蓋全據本書。通鑑卷二百十四玄宗紀：「開元二十六年九月戊午冊南詔蒙歸義爲雲南王。歸義之先本哀牢夷。地居姚州之西，東南接交阯，西北接吐蕃。蠻語謂王曰詔，先有六詔，曰蒙舍、曰蒙越、曰越析、曰浪穹、曰樣備、曰越澹。」考異卷十一云：「新書六詔曰蒙巂、越析、浪穹、邆賧、施浪、蒙舍。今從竇滂雲南别録。」今按蒙舍、越析、浪穹三詔，蠻書與雲南别録同，所不同者蠻書有蒙巂、邆賧、施浪三詔，而雲南别録代之以蒙越、樣備、越澹三詔。鈴木俊謂雲南别録之樣備詔，當因樣濞江得名，從地望言即是邆賧詔之别名。蒙越與蒙巂當即一地。所餘之越澹，疑即施浪詔之别名云云。鈴木所云樣備即邆賧，蒙越與蒙巂爲一地異稱，大致可信。惟越澹之爲施浪，尚有可疑。越澹之名不見他書。如以越澹爲即越賧，據元史卷六十一地理志，則越賧爲騰衝府地，異牟尋始取越賧置軟化府。而施浪詔故地原在渠斂趙之石和城，後爲蒙氏所迫，一部西走永昌，一部北投吐蕃，歸居劍川。既未嘗渡怒江而西，而施浪之爲越澹，又無他證，則竇滂之説，疑不盡可據也。

時傍母，蒙歸義之女，其女復妻閤羅鳳。（案：新唐書南詔傳云，時傍母歸義女，其女復妻閤羅鳳。據其文則此妻字上應有其女復三字，蓋原本脱誤。達案：其女復三字原本無，茲依四庫館臣校語補。）初，咩羅皮既敗，時傍入居邆川，（達案：邆川原本作邆州，據本書卷五應是邆川之誤，因爲改正。）招誘上浪，得數千户。後爲閤羅鳳所猜，遂遷居白崖城。及劍川矣（達案：原本無矣字，據上文劍川矣羅識之例，則此處應脱矣字，因爲補入。）羅識與神川都督言語交通，（案：原本川都督上脱神字，今據新唐書補入。）時傍與其謀，俱求立爲詔。謀洩，時傍被殺害。矣（達案：原本無矣字，依上例補入。）羅識北走神川，神川都督送之（達案：原本無之字，據新唐書南詔傳補入。）羅些（達案：原本些下有二字，茲依新唐書南詔傳删。）城。（案：此條雖不標詔名，據上文則時傍及羅識亦在詔數也。）

達案：館臣案語中之羅識亦應作矣羅識。

達案：新唐書卷二百二十二中南蠻傳紀此云：「先是有時傍矣川羅識二族，通號八詔。時傍母，歸義女也。其女復妻閣羅鳳。初咩羅皮之敗，時傍入居邆川州，誘上浪千餘，勢稍張。爲閣羅鳳所猜，徙置白厓城。後與矣川羅識詣神川都督，求自立爲詔。謀洩被殺，矣川羅識奔神川，都督送之羅些城。」今案爲閣羅鳳所猜，宋本、殿本、新唐書俱脱鳳字，茲爲補入。白厓城，宋本城作誠，殿本不誤。劍川矣羅識，新唐書作矣川羅識，矣川當是涉上文劍川而衍一川字耳。咩羅皮爲邆賧詔，敗於蒙歸義之後，退居野共川。時傍於咩羅皮敗走後，入居邆川。

蒙巂一詔最大。初巂輔首卒，案：輔原本作轉，今從新唐書南詔傳改正。無子。源羅子年弱，及照源在南詔，蒙歸義密有兼吞之意，推恩啗利，源衆歸焉。居數月，俘照源及源羅子，遂并其地。

達案：原本此處訛脱過多，遂不可解。新唐書卷二百二十二中南蠻傳蒙巂詔傳語意較明，其文云：「蒙巂詔最大。其王巂輔首死，無子，弟佉陽照立。佉陽照死，子照原立，喪明。子原羅質南詔，歸義欲并國，故歸其子原羅。衆果立之。居數月，使人殺照原，逐原羅，遂有其地。」由新唐書文，可知本篇脱落甚多。據本書卷五，蒙巂在蒙舍北即楊瓜州，即白崖城地，蓋今之彌渡壩子也。

三，越析，一詔也。亦謂之磨些詔。部落在賓居，舊越析州也。去囊葱山一日程。

達案：賓居在今賓川境内。此云舊越析州，蓋後來越析北徙至今麗江一帶也。越析詔亦曰磨些詔，磨蠻、些蠻或磨些蠻俱在詔内。磨蠻或磨些蠻住地在金沙江上下，故唐代稱金沙江亦曰磨些江。越析詔逐漸北徙之迹，於此約略可見。元史卷六十一地理志鶴慶路、麗江路，正德雲南志卷十鶴慶軍民府、卷十一麗江軍民府，所志俱越析詔故地。正德志後出轉詳，因録之以資參考。正德雲南志卷十鶴慶軍民府建置沿革：「東漢爲永昌郡西北之境，唐時爲越析詔之地，夷名鶴川、樣共川，俱無城邑。開元末閣羅鳳合六詔爲一，稱南詔，始於樣共置謀統郡。段氏改謀統府，即八府之一也。元憲宗三年内附，置鶴州。尋置二千户，仍稱謀統，屬大理上萬户。至元十一年，復爲鶴州，爲燕王分地。後陞鶴慶府，尋改爲鶴慶路。本朝十五年克大理，總管高隆降，病卒。未幾，普顔都高叛，王師討之。隆子仲率衆歸附，改路爲府，後改爲鶴慶軍民府。」同上卷十一麗江軍民府建置沿革：「漢爲越巂益州二郡地，東漢兼屬永昌，隋屬巂州，唐因之。太和以後没於蠻，爲越析詔。貞元中屬南詔，於此置麗水節度。宋時爲麽些蠻酋蒙醋醋所據，段氏莫能有。元憲宗三年征大理，從金沙濟江，麽些負固不服。四年春平之，置茶罕章宣慰使司。至元十三年改置麗江路軍民總管府，二十二年罷置宣撫司。本朝洪武十五年改麗江府，後改麗江軍民府，領州四縣一。」同上通安城：「附郭古筰國地名三賧，蠻云樣渠頭。漢置定筰縣，屬越巂郡。唐改定筰曰昆明，屬巂州，又陞爲昆明軍。太和後爲越析麽些詔地，後併於南詔。宋時濮繲蠻居之，其後麽些蠻又據之。世屬大理。元初置三睒管民官。至元中置通安州，本朝因之。」同上寶山州：「在府東二百四十五里。漢爲益州郡邪龍縣境，東漢屬永昌郡。唐時爲麽些蠻所據。元初内附，名其寨曰察罕忽魯罕。至元間置寶山縣。尋陞爲州，屬麗江路。本朝因之。」

有豪族張尋求，案：張原本作帳，今從新唐書南詔傳改正。白蠻也。貞元中通詔主波衝之妻，遂陰害波衝。劍南節度巡邊至姚州，使召尋求笞殺之。遂移其諸部落，以地并於南詔。波衝兄子于贈提攜家衆出走，天降鐸鞘。案：鐸鞘乃兵器，據後物産篇内有越析詔于贈天降鐸鞘云云。疑此走字上當有出字，降字上當有天字。達案：原本作走降鐸鞘，茲依四庫館臣校語，補入出字天字。東北渡瀘，邑龍佉沙，達案：新唐書卷二百二十二中南蠻傳越析詔傳作龍佉河。方一百二十里，達案：方一百二十里，新唐書越析詔傳作纔百里。周迴石岸，其地總謂之雙舍。于贈部落亦名楊墮，居河之東北。後蒙歸義隔瀘城臨逼于贈，再戰皆敗。長男閣羅鳳自請將兵，乃擊破楊墮，于贈投瀘水死。數日始獲其屍，并得鐸鞘。

達案：新唐書卷二百二十二中南蠻傳越析詔傳云：「越析詔或謂磨些詔，居故越析州西，距囊葱山一日行。貞元中有豪酋張尋求烝其王波衝妻，因殺波衝。劍南節度使召尋求至姚州殺之。部落無長，以地歸南詔。波衝兄子于贈持王所寶鐸鞘東北渡瀘，邑于龍佉河，纔百里，號雙舍，使部酋楊墮居河東北。歸義樹壁侵于贈，不克。閣羅鳳自請往擊楊墮，破之。于贈投瀘死，得鐸鞘。故王出軍，必雙執之。」閣羅鳳平定于贈，蠻書新唐書俱不著在何時，據南詔德化碑，似在開元二十六年南詔併吞其他五詔以後，于贈蓋越析詔負隅不服之餘波耳。德化碑云：「三河既宅，五詔已平，南國止戈，北朝分政。而越析詔餘孽于贈恃鐸鞘驅瀘江。結彼兇渠，擾我邊鄙。飛書遣將，皆輒拒違。詔弱冠之年，已負英斷，恨茲殘醜，敢逆大隊。因請自征，志在掃平。梟于贈之頭，傾伏藏之穴。鐸鞘盡獲，寶物並歸。解君父之憂，静邊隅之祲。制使奏聞，酬上柱國。」碑文於征討于贈，隱約其辭。然如飛書遣將，皆輒拒違云云，是南詔初討于贈，曾遭敗績，當即指歸義之臨逼而言耳。所謂餘孽于贈，恨茲殘醜云云，于贈於國破家亡之際誓死反抗之情，尚躍然可見。南詔野史卷上皮邏閣篇記皮邏閣合六詔爲一，謂四詔聽命，惟越析詔波衝之兄子于贈遠不赴會云云。即指此也。此處之雙舍爲地名，即龍佉沙或龍佉河地方。通鑑卷一百九十九唐紀貞觀二十二年四月：「梁建方發巴蜀十三州兵討松外諸蠻，蠻酋雙舍帥衆拒戰，建方擊敗之。」松外，新唐書地理志嶲州謂在昌明縣徼外，似指今安寧河以東而言。本書云東北渡瀘邑龍佉沙，瀘水指金沙江，由賓川東北渡金沙江，其地望與松外不甚相遠，故疑建方所敗者，即雙舍之地耳。張尋求事除新唐書越析詔傳外，不見他書。案越析併於南詔在開元二十六年，于贈出走渡瀘即在此時。波衝之死當在其前。如爲貞元，距六詔統一將七十年，則頗難於索解矣。如云貞元爲開元之誤，則其事固甚爲明矣。關於張尋求事，在年代方面頗多可議之處，姑識所疑於此。鐸鞘另見本書卷七。

四，浪穹，一詔也。詔主豐時、豐咩兄弟，俱在浪穹。後豐咩襲澄賧居之，由是各爲一詔。豐時（達案：豐時，據張曲江文集作郍傍時。曲江文見下注。）卒，子時羅鐸（達案：時羅鐸原本作羅鐸。琳琅本補校云：「按下條豐咩之子名咩羅皮，此條豐時之子，亦當名時羅鐸，説見後。」其説甚是，因補時字。）立。時羅鐸卒，子鐸邏望立，爲浪穹州刺史。

達案：張曲江文集卷十三有敕蠻首領鐸羅望書。書云：「敕故姚州管内大酋長郍傍時嫡孫將軍鐸羅望。卿之先祖，輸忠奉國，遽聞徂逝，深愴于懷。言念邊人，必藉綏撫，又逼蕃界，兼資鎮遏。卿宜纘承先業，以副朕心。故遣宿衛首領王白于姚州都督達奚守珪計會，就彼吊慰。便授卿襲浪穹州刺史，并賜綾綵三百疋，至宜領取。秋中已涼，卿及首領已下，並平安好。遣書指不多及。」案九齡起復召爲祕書侍郎同中書門下平章事，據舊唐書玄宗紀，似俱在開元二十一年。則敕鐸邏望書，亦應草於是時也。郍傍時即豐時，亦即傍時昔。通鑑卷二百四唐紀：「則天永昌元年五月，浪穹州蠻酋傍時昔等二十五部，先附吐蕃，至時來降。以傍時昔爲浪穹州刺史，令統其衆。」此處之傍時昔疑即曲江集中之郍傍時，昔字係衍文。自永昌元年至開元二十年左右，凡四十餘年。郍傍時亦可謂老壽矣。據本書，豐時卒後，時羅鐸立，時羅鐸卒，始爲鐸邏望。而據曲江集，豐時卒後，由鐸邏望襲浪穹州刺史，即在六詔統一前數年。故疑時羅鐸嗣立，或竟無其事也。

與南詔戰敗，以部落退保劍川，故盛稱劍浪。卒，子望偏立。望偏卒，子偏羅矣立。偏羅矣卒，子矣羅君立。案：新唐書南詔傳，望偏死，子偏羅矣立，偏羅矣死，子羅君立，與此不同。疑此文有脱誤。達案：琳琅本補校云：「按本書所載六詔之君，大率連三字爲名，中間皆用羅字。其第三字與第一字累世祖承遞嬗。以此推之，豐時之子，當名時羅鐸，鐸子名鐸羅望，望子名望羅偏，偏子名偏羅矣，矣子名矣羅君。此條與新唐書並有脱譌，當互訂。」云云。其説信而有徵。原本望偏卒下即作羅矣羅君立，顯有脱誤。因據琳琅本校語及新唐書浪穹詔傳，參互訂正，於望偏卒及矣羅君立之間補入「子偏羅矣立偏羅矣卒子」共十字。貞元十年，南詔擊破劍川，俘矣羅君，徙永昌。凡浪穹、邆賧、施浪，總謂之浪人，故云三浪詔也。

達案：新唐書卷二百二十二中南蠻傳浪穹詔傳：「浪穹詔其王豐時死，子羅鐸立。羅鐸死，子鐸羅望立，爲浪穹州刺史。與南詔戰不勝，挈其部保劍川，更稱劍浪。死，子望偏立。望偏死，子偏羅矣立。偏羅矣死，子羅君立。貞元中，南詔擊破劍川，虜羅君徙永昌。凡浪穹、邆賧、施浪，總謂之浪人，亦稱三浪。」

五，邆賧，一詔也。主豐咩，初襲邆賧，御史李知古案：李原本作爲，今據新唐書改正。領詔出問罪，即日伏辜。

達案：新唐書卷七十二宰相世系表遼東李氏房有李知古，官右臺監察裏行，爲李密字玄邃之子，疑與此處之李知古非一人也。李知古擊姚州事，新舊唐書及通鑑俱紀之。因知古之兇虐無道，姚州諸部相率叛變，知古被殺，以屍祭天。新唐書以唐九徵之擊姚州即次於知古被殺之後，而通鑑則置九徵事於中宗神龍三年，知古事於睿宗景雲元年。今先引通鑑之言如次。通鑑卷二百八唐紀中宗景龍元年六月：「姚巂道討擊使監察御史唐九徵擊姚州叛蠻，破之，斬獲三千餘人。」是言唐九徵之擊姚州在景龍元年即神龍三年也。同書卷二百十唐紀睿宗景雲元年：「姚州羣蠻先附吐蕃。攝監察御史李知古請發兵擊之。既降，又請築城，列置郡縣，重稅之。黄門侍郎徐堅以爲不可，不從。知古發劍南兵築城，因欲誅其豪傑，掠子女爲奴婢。羣蠻怨怒。蠻酋傍名引吐蕃攻知古殺之，以其尸祭天。由是姚巂路絶，連年不通。」是言李知古之身死在景雲元年也。後於唐九徵者凡三年，事固甚明。新唐書卷七中宗紀卷一百九十六上吐蕃傳與通鑑同。新唐書卷二百十六上吐蕃傳紀此，則次九徵之事於知古後。其文曰：「明年會監察御史李知古討姚州蠻，削吐蕃鄉導，詔發劍南募士擊之。蠻酋以情輸虜，殺知古，尸以祭天。進攻蜀漢。詔靈武監軍右臺御史唐九徵爲姚巂道討擊使，率兵擊之。虜以鐵絙梁漾、濞二水，二水通西洱，蠻築城戍之。九徵毁絙夷城，建鐵柱於滇池以勒功。」此事新唐書卷四中宗紀置於景龍元年。唐九徵擊姚州在景龍元年，諸書無異辭，唯以李知古事置於唐九徵前，僅見新唐書吐蕃傳。兩説不知孰是，謹識疑惑於此。新唐書謂九徵建鐵柱於滇池以勒功，舊唐書中宗紀作遂於其處勒石紀功。一云鐵柱，一云勒石，一云滇池，一云其處。九徵所建鐵柱，在當時西南爲一大事。曲江集卷十一有敕吐蕃贊普書兩通，俱及九徵鐵柱。

一則曰：「鐵柱書唐九徵所作，百姓咸知。」再則曰：「至如彼中鐵柱、州圖、地記，是唐九徵所記之地，誠有故事，朕豈妄言。」據此可知鐵柱上勒有文字，所記必爲疆域地界。吐蕃不承認姚州地區屬唐，屢以鐵柱爲言。敕書所云「且西南羣蠻別是一物。既不定於我，亦不專於吐蕃。去即不追，來亦不拒。乃是兩界所有，只合任其所歸。」即答復吐蕃之辭耳。又敕書只言鐵柱，不及勒石。鐵柱所在，疑應爲姚州地區，不當遠至滇池也。

其子咩羅皮，後爲邆賧州刺史，與蒙歸義同伐河蠻。達案：河蠻原本作静河蠻。據本書卷四河蠻條、卷五大和城條，當時蒙歸義咩羅皮所伐者實爲河蠻。則此處静河蠻之静字必屬衍文，因爲删去。遂分據大釐城。咩羅皮乃歸義之甥也。弱而無謀，歸義襲其城奪之。咩羅皮復入邆賧，即與浪穹、施浪兩詔援兵伐歸義。歸義達案：原本作于時既剋大釐築龍口城，歸義聞三浪兵至，率衆拒戰云云。據上下文及事實，應作歸義于時既剋大釐，築龍口城，聞三浪兵至，率衆拒戰。始與文義事實俱不相違。不知如何歸義二字錯入聞三浪兵至之上。兹將歸義二字移上。于時既剋大釐，築龍口城，聞三浪兵至，率衆拒戰。三浪大敗，追奔過邆賧，敗卒多陷死于泥沙之中。咩羅皮從此退居野共川。咩羅皮卒，子皮羅邆立。皮羅邆卒，子邆羅顛立。邆羅顛卒，子顛之託立。案：顛之託，新唐書作顛文託。南詔既破劍川，收野共，俘顛之託，達案：此一託字，原本作托，兹依上文及新唐書，改作託。徙永昌。

達案：新唐書卷二百二十二中邆賧詔傳：「邆賧詔其王豐咩，初據邆賧，爲御史李知古所殺。子咩羅皮自爲邆川州刺史，治大釐城。歸義襲敗之，復入邆賧，與浪穹施浪合拒歸義。既戰大敗，歸義奪澄睒。咩羅皮走保野共川。死，子皮羅鄧立，皮羅鄧死，子鄧羅顛立，鄧羅顛死，子顛文託立。南詔破劍川。虜之，徙永昌。」今案新唐書卷四十三下地理志：「姚州都督府所隸諸蠻州凡十三州，俱置於唐高祖武德四年。以古滇王國民多姚姓，因置姚州都督府，並置州十三。」十三州中有野共州，當即本書之野共川。本書卷四弄棟順蠻諸條屢及劍、共，劍即劍川，共即野共川。本條紀澄睒詔於澄睒破滅後，始云走保野共川，末又謂南詔破劍川云云。是劍川與野共川當屬毗連之地，言劍川則包野共，言野共即有劍川。故屢言劍共諸川。而南詔最後破劍川，澄睒詔即因之滅亡云。

六，施浪，一詔也。詔主施望欠。初閤羅鳳據石和城，俘施各皮，而望欠援絶。後與豐咩子咩羅皮（達案：原本作豐咩咩羅皮，無子字。豐咩襲澄睒時，即爲李知古所誅死，不應此時尚在，與望欠同伐歸義也。新唐書施浪詔傳只云與咩羅皮合攻歸義，不及豐咩，可爲證明。故此處豐咩下當脱一子字，因爲補入。）同伐蒙歸義，又皆敗潰，退保矣苴和城。歸義稍從江口進兵，脅其部落。無幾施望欠衆潰，僅以家族之半，西走永昌。初聞歸義又軍於蘭滄江東，去必取永昌，不能容。望欠計無所出，有女名遺南，以色稱。卻遣使求致遺南於歸義，許之。望欠遂渡蘭滄江，終於蒙舍。

達案：新唐書卷二百二十二中施浪詔傳：「施浪詔，其王施望欠居矣苴和城。有施各皮者亦八詔之裔，據石和城。閤羅鳳攻虜之，而施望欠孤立，故與咩羅皮合攻歸義，不勝。歸義以兵脅降其部。施望欠以族走永昌，獻其女遺南詔丐和。歸義許之，渡蘭江死。」新唐書所紀與本書可以互相補正。

施各皮據守石和城，由新唐書可以知之。而新唐書謂施望欠以女遺南詔丐和云云，證以本書，可知詔字蓋是衍文也。

望欠弟望千，當矣苴和城初敗之時，北走吐蕃。吐蕃立爲詔，歸於劍川，爲衆數萬。望千生千傍，千傍生傍羅顛。達案：千傍生傍羅顛，原本作傍生傍羅顛。盧文弨校云：「按上云望千生千傍，則此句上當有千字。」其説是也。因據補千字。南詔既破劍川，盡獲施浪部落。傍羅顛脱身走瀘北。今三浪悉平，惟傍羅顛、矣羅識案：矣識即前所稱劍川矣羅識也。達案：原本作矣識，今據補羅字。子孫在蕃中。案：望千雖不標詔名，而列於六詔八詔之間，則以當第七詔也。

達案：新唐書卷二百二十二中施浪詔傳後紀望千云：「弟望千走吐蕃，吐蕃立爲詔，納之劍川，衆數萬。望千死，子千旁羅顛立。南詔破劍川，千旁羅顛走瀘北，三浪悉滅。唯千旁羅顛及矣川羅識子孫在吐蕃。」據本書，望千子千傍，千傍子傍羅顛。新唐書以千傍傍羅顛合成爲千傍羅顛，應依本書校正。矣川羅識爲矣羅識，此承前而誤也。浪穹、施浪諸詔俱在今浪穹縣境。讀史方輿紀要卷一百十七雲南五大理府浪穹縣條：「漢葉榆縣地，蠻名彌次，即浪穹詔所居。唐武后永昌初浪穹州蠻傍時昔等二十五部先附吐蕃，至是來降。詔以傍時昔爲浪穹州刺史，統其衆。開元初，其王鐸羅望與南詔戰不勝，移保劍川，更稱浪劍。貞元中，爲南詔所破。亦置浪穹州於此，統浪穹、施浪、鄧賧之地。段氏因之。元初改置浪穹千户所，至元十一年改爲縣，屬鄧川州。」施浪詔所居即在浪穹之蒙次和山。萬曆雲南通志卷二地理大理府山川衆山：「蒙次和山在（浪穹）縣治東北四十里，三面險峻。一面臨河。六詔時施浪詔居焉。望欠遺蹟尚在。」萬曆雲南通志卷二地理大理府古蹟：「鳳凰臺注在（浪穹）縣治北二百步，施望欠築。白沙井注在鳳凰臺下，泉味甚甘，亦望欠鑿。」

八，蒙舍，一詔也。居蒙舍川，在諸部落之南，故稱南詔也。姓蒙。

達案：琳瑯本續校云：「蒙舍川即蒙舍州，又見卷五。」蒙舍爲南詔發祥之地，後稱蒙化，今名巍山。其地有關南詔初期傳説甚多。正德雲南志卷六蒙化府建置沿革：「哀牢夷世居，戰國時爲滇國地，漢爲益州郡地，東漢屬永昌郡，唐屬姚州都督府。初張仁果據此號雲南國詔，傳三十六代曰樂進求。樂進求時有細奴邏者，亦哀牢之裔，耕於蒙認巍山之下，因號蒙氏，部屬漸盛。細奴邏生有異徵，樂進求妻之，而以位讓細奴邏。遂代張氏爲詔，號蒙舍詔，改稱南詔。後徙大和城，蒙舍爲舊都。永泰初改蒙舍城爲陽瓜州。宋時段氏改開南縣。元憲宗七年，置蒙舍千户所，至元十一年立蒙化府，十四年陞爲路，二十年復降爲州，屬大理路。本朝仍爲州，屬大理府。正統間復陞爲府。」同上山川：「甸尾山在府城南，下有温泉。相傳蒙細奴邏母病，浴此泉遂愈。巍寶山在府城東南二十里，峯巒高聳，冠於羣山。即細奴邏微時耕牧之地。龍宇圖山在府城西北三十五里。蒙氏龍伽獨自哀牢將其子細奴邏居其上，築龍宇圖城，自立爲奇王，號蒙舍詔。今上有浮圖及雲隱寺。」同上古蹟：「龍宇圖城在龍宇圖山上，周圍四百餘丈。昔細奴邏築此以自居。今遺址尚存。盟石在府城北三十五里平川中。昔蒙細奴邏與張進求以位相讓。細奴邏曰，如我當爲詔，劍入此石。拔劍斫之，果入三寸。至今形如鋸焉。」

貞元年中，獻書於劍南節度使韋皋，自言本永昌沙壺之源也。達案：沙壺，華陽國志卷四永昌郡條同。後漢書卷百十六哀牢夷傳作沙壹。

南詔八代祖舍龍，生龍獨羅，亦名細奴邏。

達案：舊唐書卷一百九十七南詔傳云：「國初有蒙舍龍生迦獨龐，迦獨生細奴邏。」新唐書卷二百二十二上南詔傳云：「蒙氏父子以名相屬，自舍龍以來，有譜次可考。舍龍生獨邏，亦曰細奴邏。」云云。新、舊唐書及本書所紀俱不同，説別見下。

當高宗時，遣首領數詣京師朝參，皆得召見，賞錦袍錦袖紫袍。細奴邏生邏盛，邏盛生盛邏皮，盛邏皮生皮邏閣，皮邏閣生閣羅鳳。案：唐書盛邏皮下尚有皮邏閣一代，此本蓋有脱文。

達案：細奴邏以下，原本作細奴邏生邏盛炎，炎生盛邏皮，盛邏皮生閣羅鳳。盛邏皮以下直接閣羅鳳，而闕皮邏閣一代。通鑑卷二百十四唐紀：「玄宗開元二十六年九月戊午，册南詔蒙歸義爲雲南王，謂高宗時蒙舍細奴邏初入朝。細奴邏生邏盛，邏盛生盛邏皮，盛邏皮生皮邏閣。唐賜皮邏閣名爲歸義。」考異卷十三云：「新傳云，蒙氏父子以名相屬。細奴邏生邏盛炎，邏盛炎生炎閣。武后時邏盛炎身入朝，妻方娠，生盛邏皮，喜曰，我又有子，雖死唐地足矣。炎閣立，死。開元時弟盛邏皮立，生皮邏閣，授特進，封臺登郡王。炎閣未有子時，以閣羅鳳爲嗣。及生子，還其宗而名承閣遂不改。按邏盛炎之子盛邏皮，豈得云以名相屬？既有炎閣，豈得云我又有子，雖死唐地足矣？今從舊南詔傳及楊國忠傳、雲南别録。」案以名相屬，今名父子連名制，即以父名末一字爲子名首一字。今西南民族中彝族、納西族俱有此俗。四川西部涼山曲尼族，雲南麗江木氏歷代宗譜碑之所紀載，以及貴州水西安氏世系皆是如此。蒙舍詔既以名相屬，則邏盛炎生盛邏皮，盛邏皮生閣羅鳳，不能謂爲以名相屬。如新唐書所説，則邏盛炎生二子，長名炎閣，次名盛邏皮，炎閣尚可云以名相屬，盛邏皮則不見相屬之迹。至於盛邏皮生子皮邏閣，皮邏閣生子閣羅鳳，以閣羅鳳嗣炎閣。閣羅鳳於炎閣爲孫輩，豈可爲嗣？又閣羅鳳自承其父皮羅閣之名，豈得云名承炎閣？新唐書於南詔世系多承蠻書之説，是以兩書乖謬之處相同，而俱無以自解。其癥結俱在邏盛炎一代。後來爲調停之論者如南詔野史則以爲邏盛炎又名邏晟，於是以下之盛邏皮或晟邏皮俱可以豁然貫通矣。通鑑出邏盛之名，置邏盛炎、炎閣於不論，下接盛邏皮、皮邏閣。揆之以名相屬之例，似更合理。温公於樊綽書外，袁滋、韋齊休、竇滂、徐雲虔諸人紀述雲南之書俱曾寓目，則其所勘定，必非漫無依據。因據其言改定樊氏所述細奴邏以下譜系。於邏盛炎删炎字，盛邏皮生四字下閣羅鳳三字上補皮邏閣皮邏閣生七字。

當天后時，邏盛入朝，其妻方娠，行次姚州，生盛邏皮。邏盛（達案：原本作邏盛炎，據上文刪炎字。）聞而喜曰：「吾且有子承繼，身到漢地，死無憾矣！」既至謁見，大蒙恩奬，敕鴻臚安置，賜錦袍金帶，繒綵數百疋，歸本國。開元初卒。其子盛邏皮立。盛邏皮卒，子皮邏閣立。朝廷授特進臺登郡王，知沙壺州刺史，賜名歸義。

達案：盧校云，按唐書與此多不合。以此書前後文求之，細奴邏當生邏盛，又生炎閣。其邏盛生盛邏炎，盛邏皮生閣羅鳳，此書是而唐書非也。觀後云初炎閣未有子，養閣羅鳳爲子，故名承炎閣，後亦不改。蓋南詔父子以名相屬，閣羅鳳實盛邏皮之子，不承皮而承閣，故有此釋也。若是皮邏閣之子，則此語爲無當矣。下文邏盛又稱邏盛炎，炎字衍文。而此處兩炎字則有脱文也。今案盧校於南詔譜系更增枝蔓，以炎閣爲細奴邏子，與邏盛爲兄弟行。又另出盛邏炎一代，爲邏盛之子，盛邏皮之兄。不言其何所根據。而以閣羅鳳嗣炎閣，中隔一代，未言何故。總之，曲循蠻書輯本脱去皮邏閣一代之文而妄爲之解耳。今不取。又原本無盛邏皮卒子皮邏閣立及賜名歸義共十三字。是以閣羅鳳直承盛邏皮，並以唐所封之雲南王賜名蒙歸義俱屬之盛邏皮矣。與新唐書諸書記載俱不合。雲南王蒙歸義爲皮邏閣，新唐書通鑑所説信而有徵。此闕皮邏閣一代，因補盛邏皮卒子皮邏閣立九字，然後文義史實俱可貫通。又原本亦無賜名歸義四字。新唐書卷二百二十二上南詔傳云，天子詔賜皮邏閣名歸義，而本書下文亦云七載蒙歸義卒。顧上文於歸義一名並無交代，七載蒙歸義卒一語突然出現，殊爲不典，並似歸義乃盛邏皮之賜名者。因據新唐書南詔傳補入賜名歸義四字。舊唐書卷一百九十七南詔蠻傳云，開元初邏盛死，子盛邏皮立。盛邏皮死，子皮邏閣立，二十六年詔授特進，封越國公，賜名曰歸義。其後破洱河蠻，以功策授雲南王。新唐書南詔傳紀此只云在開元末。册府元龜卷九百六十四外臣部備識其事，其文云：「開元二十六年九月封西南大酋帥蒙歸義爲雲南王，制曰，古之封建，誓以山河，義在疇庸，故無虚授。西南蠻都大酋帥特進越國公賜紫袍金鈿帶七事歸義，挺秀西南是稱酋傑。仁而有勇，孝乃兼忠。懷馭衆之長材，秉事君之勁節。瞻言諸部，或有姦人，潛通犬戎，敢肆蜂蠆。遂能躬擐甲胄，總率驍雄。深入長驅，左縈右拂。凡厥醜類，應時誅翦。戎功若此，朝寵宜加。俾膺胙土之榮，以勵扞城之士。復遣中使李思敬齎册書往册焉。」南詔德化碑記蒙歸義官勳作大唐特進雲南王越國公開府儀同三司，與諸書所紀合。

長男閣羅鳳授特進兼楊瓜州刺史。

達案：楊瓜州，南詔德化碑新唐書南詔傳楊俱作陽。德化碑紀閣羅鳳官勳作唐朝授右領軍衛大將軍兼陽瓜州刺史加左領軍衛大將軍，尋拜特進都知兵馬大將，酬上柱國。又正德雲南志卷六蒙化府古蹟，蒙舍城在府城北一十里，唐改此城爲陽瓜州。天寶間閣羅鳳以其子鳳伽異爲州刺史，今遺址尚存。前引同志同卷建置沿革，謂永泰初改蒙舍城爲陽瓜州云云，當是沿誤，不可爲據。

次男誠節，蒙舍州刺史。

達案：原本作次男成節度蒙舍州刺史。今案本書卷五謂白崖城南二十里有蠻子城，閣羅鳳庶弟誠節母子舊居也。南詔德化碑云：「誠節王之庶弟，以其不忠不孝，貶在長沙，而彼奏歸，擬令間我。二也。」則閣羅鳳之庶弟原名誠節，當即官蒙舍州刺史之人。原本成字爲誠字之訛誤，度字乃因上文節字而誤衍。因爲删正如此。

次男崇，江東刺史，次男成進，雙祝州刺史。

達案：崇、成進俱無考。江東疑即河東州，雙祝州無考。

初，炎閣未有子，案：唐書炎閣爲邏盛炎長子，盛邏皮之兄。養閣羅鳳爲子。閣羅鳳復歸蒙咩，故名承炎閣，後亦不改。

達案：名承炎閣一語之無據，温公通鑑考異已詳言之矣。本書蒙舍詔一篇前未及炎閣之名，今忽出此，令人有突然之感。南詔譜系見於本書者舍龍、細奴邏、邏盛或邏盛炎、盛邏皮、炎閣、閣羅鳳、鳳伽異、異牟尋、尋夢湊一名尋閣勸、世隆本書作酋龍。除舍龍、鳳伽異外，自細奴邏至舜化貞十三代。新舊唐書、通鑑有皮邏閣而無炎閣。兹取兩唐書及通鑑之説。

天寶四載，閣羅鳳長男鳳伽異入朝宿衛，授鴻臚少卿。七載，蒙歸義卒，案：唐書蒙歸義即皮邏閣，乃唐所賜名也。閣羅鳳立，朝廷册襲雲南王。以達案：以，聚珍本、鮑本、閩本、「琳琅本」俱作矣，兹依備徵志本、漸西本作以。伽異大卿，兼楊瓜州刺史。

達案：南詔德化碑紀鳳伽異於閣羅鳳册襲雲南王後，又加授上卿兼陽瓜州刺史，都知兵馬大將。唯據舊唐書卷四十四職官志，新唐書卷四十八百官志，及唐六典卷十八，鴻臚寺卿一人，少卿二人，並無大卿、上卿之目。疑本書及德化碑所紀有誤。

閣羅鳳攻石和城，達案：石和城原本作石橋城。本卷卷首云開元年中蒙歸義攻石橋城，閣羅鳳攻石和，亦八詔之數也。又第六施浪詔條云，初，閣羅鳳據石和城。南詔德化碑紀此謂洎先詔與御史嚴正誨謀静邊寇。先王統軍打石橋城，差詔與嚴正誨攻石和子。父子分師，兩殄兇醜云云。則閣羅鳳之所攻者實是石和城，原本作石橋城非是。又石橋城即龍尾城，與施浪詔之施各皮亦無關。故此處之石橋城必爲石和城之誤無疑。因爲改正。擒施各皮，達案：施各皮原本作施谷皮，兹依本卷第六施浪詔條及新唐書卷二百二十二中施浪詔傳改正。討越析梟于贈，西開尋傳，南通驃國。及張乾陀陷姚州，鮮于仲通戰江口，遂與中原隔絶。閣羅鳳嘗謂後嗣悦歸皇化，但指大和城碑及表疏舊本，呈示漢使，足以雪吾前過也。

達案：討越析梟于贈，已見前第三越析詔條。關於閣羅鳳討平諸部，具見南詔德化碑，即所謂大和城碑也。德化碑全文見本書附録，又略見本書卷五大和城條附注中，兹不贅。

鳳伽異先死。大曆十四年，達案：十四年原本作四年。據新唐書、通鑑、滇載記、南詔野史，閣羅鳳之卒在大曆十四年，諸書無異辭。本書卷五亦云大曆七年閣羅鳳築白崖新城。則此處「四」字上必脱一「十」字，因爲補入。閣羅鳳卒，伽異長男異牟尋繼立，生尋夢湊，一名閣勸。

達案：鳳伽異先閣羅鳳死，兩唐書、通鑑諸書無異辭。僅元李京雲南志略謂閣羅鳳在位二十年，禪其子鳳伽異，自號主父，居大和城。伽異徙都鄯闡，在位十一年，子異牟尋立云云。以其説與諸書俱不合，茲不取。

異牟尋每歎地卑夷雜，禮義不通，隔越中華，杜絶聲教。遂獻書檄，寄西川節度使韋臯。

達案：韋臯於德宗貞元元年代張延賞鎮西川。南詔自閣羅鳳北臣吐蕃以後，西川爲之寢食不寧，而南詔自身亦苦於吐蕃之侵凌徵發。南詔思與唐恢復舊好，以免吐蕃之侵凌，唐亦欲得南詔，庶可以斷吐蕃之右臂。貞元初韋臯至西川，即先事招納東蠻，由此以示意南詔。正式通使則在貞元九年。諸書論此，率多出入，而以通鑑所紀爲得其實。通鑑考異卷十九於貞元十年異牟尋斬吐蕃使歸唐下引西南夷事狀謂四年臯微聞異牟尋之意，始因諸蠻寓書於牟尋。自是比年招諭，至九年牟尋始遣使分臯書以來。舊唐書卷一百四十韋臯傳謂韋臯於貞元四年遣崔佐時入南詔，爲時太早。唯兩唐書南詔傳以異牟尋獻書崔佐時入南詔置於貞元九年，爲與西南夷事狀合。新唐書卷二百二十二上南詔傳云：「然吐蕃責賦重數，悉奪其險，立營候，歲索兵助防。異牟尋稍苦之。故西瀘令鄭回者，唐官也。往巂州破，爲所虜。閣羅鳳重其惇儒，號蠻利，俾教子弟，得箠撻。故國中無不憚。後以爲清平官。説異牟尋曰：『中國有禮義，少求責，非若吐蕃惏刻無極也。今棄之復歸唐，無遠戍勞，利莫大此。』異牟尋善之，稍謀内附，然未敢發。亦會節度使韋臯撫諸蠻有威惠，諸蠻頗得異牟尋語白於臯。時貞元四年也。臯乃遣諜者遺書，吐蕃疑之，因責大臣子爲質。異牟尋愈怨。後五年，乃決策遣使者三人異道趨成都，遺臯帛書曰：「異牟尋世爲唐臣。曩緣張虔陀志在吞侮，中使者至，不爲澄雪，舉部惶窘，得生異計。鮮于仲通比年舉兵，故自新無繇，代祖棄背。吐蕃欺孤背約，神川都督論訥舌使浪人利羅式眩惑部姓，發兵無時。今十二年。此一忍也。天禍蕃廷，降釁蕭牆，太子弟兄流竄，近臣横汙，皆尚結贊陰計，以行屠害，平日功臣，無一二在。訥舌等皆册封王，小國奏請，不令上達。此二忍也。又遣訥舌逼城于鄙，敝邑不堪。利羅式私取重賞，部落皆驚。此三忍也。又利羅式罵使者曰，滅子之將，非我其誰？子所富當爲我有！此四忍也。今吐蕃委利羅式甲士六十侍衛，因知懷惡不謬。此一難忍也。吐蕃陰毒野心，輒懷搏噬。有如媮生，實汙辱先人，辜負部落。此二難忍也。往退渾王爲吐蕃所害，孤遺受欺。西山女王見奪其位。拓拔首領並蒙誅刈。僕固志忠身亦喪亡。每慮一朝亦被此禍。此三難忍也。往朝廷降使招撫，情心無二，詔函信節，皆送蕃廷。雖知中夏至仁，業爲蕃臣，吞聲無訴。此四難忍也。曾祖有寵先帝，後嗣率蒙襲王。人知禮樂，本唐風化。吐蕃詐紿百情，懷惡相戚。異牟尋願竭誠日新，歸款天子。請加戍劍南、西山、涇原等州，安西鎮守，揚兵四臨，委回鶻諸國所在侵掠。使吐蕃勢分力散，不能爲彊。此西南隅不煩天兵，可以立功云。」此異牟尋最初致韋臯書也。按西南夷事狀、新唐書、通鑑諸書，韋臯貞元初移節西川，即力圖爭取南詔，至貞元九年始有牟尋此書。以後崔佐時入南詔，牟尋分裂臯書，三路奉使，於是唐與南詔恢復舊好，始漸底於成矣。如樊氏本書語意，似牟尋先獻書檄，韋臯復書，申以朝廷恩命。於是牟尋始三路奉使，一心向化，乃有崔佐時之使雲南，與諸書俱微有不合。應分別觀之也。

韋臯答牟尋書，申以朝廷之命。牟尋不謀於下，陰決大計。遂三路奉使，冀有一達：一使出安南，一使出西川，一使由黔中。案：此五字原本脫，據唐書補入。貞元十年，三使悉至闕下。朝廷納其誠款，許其歸化。

達案：牟尋之三路奉使，通鑑置於貞元九年五月後七月前。通鑑卷二百三十四唐紀德宗貞元九年五月，「雲南王異牟尋遣使者三輩，一出戎州，一出黔州，一出安南。各齎生金丹砂詣韋臯。金以示堅，丹砂以示赤心。三分臯所與書爲信，皆達成都。異牟尋上表請棄吐蕃歸唐，并遺臯帛書，自稱唐雲南王孫吐蕃贊普義弟日東王。臯遣其使者詣長安，并上表賀。上賜異牟尋詔書，令臯遣使慰撫之。」據本書卷十附牟尋誓文，三路奉使在貞元九年四月十三日。三路所取道，趙昌奏狀謂一道出石門從戎州路入，一道出牂牁，從黔府路入，一道出夷獠，從安南路入。趙昌奏狀並謂出安南路之和使爲楊傳盛。牟尋誓文亦謂差趙莫羅眉、楊大和眉等賫僕射來書，三路奉表願歸清化，誓爲漢臣云云。趙莫羅眉、楊大和眉二人當是取道西川、黔中二路之和使也。

節度恭承詔旨，專遣西川巡官案：唐書作巡官。達案：巡官原本作判官。後附牟尋誓文亦作巡官。本書卷一注著錄貞元十年九月袁滋等入雲南册封南詔摩崖題名，崔佐時亦參預使節，其時官勳爲判官監察御史。通鑑卷二百三十四唐紀德宗貞元九年冬十月，韋臯遣其節度巡官崔佐時齎詔書詣雲南，并自爲帛書答之。胡三省注云，節度巡官在判官推官之下，衙推之上。故疑貞元九年，佐時初奉使至雲南尚是節度巡官。其明年隨袁滋入雲南册封南詔時，則已陞判官並帶監察御史矣。此處所紀尚是貞元九年事，應是巡官，因爲改正。崔佐時親信數人，越雲南與牟尋盟於玷蒼山下。誓文四本：內一本進獻，一本異牟尋置於玷蒼山下神祠石函內，一本納於祖父等廟，一本置府庫中，以示子孫，不令背逆，不令侵掠。

達案：新唐書卷二百二十二上南詔傳紀韋臯初使崔佐時至南詔事云：「臯令其屬崔佐時至羊苴咩城。時吐蕃使者多在，陰戒佐時衣牂柯使者服以入。佐時曰：『我乃唐使者，安得從小夷服。』異牟尋夜迎之，設位陳燎。佐時即宣天子意。異牟尋內畏吐蕃，顧左右失色，流涕再拜受命。使其子閤勸及清平官與佐時盟點蒼山。載書四：一藏神祠石室，一沈西洱水，一置祖廟，一以進天子。乃發兵攻吐蕃使者，殺之。刻金契以獻。遣曹長段南羅趙迦寬隨佐時入朝。」新唐書下紀袁滋册封南詔爲明年夏六月，是以佐時之初使，概歸之於貞元九年也。通鑑置佐時出發於九年冬十月，盟於點蒼山在十年正月。通鑑卷二百三十四唐紀德宗貞元十年正月，「崔佐時至雲南所都羊苴咩城。吐蕃使者數百人先在其國。雲南王異牟尋尚不欲吐蕃知之，令佐時衣牂柯服而入。佐時不可曰：『我大唐使者，豈得衣小夷之服。』異牟尋不得已，夜迎之。佐時大宣詔書。異牟尋恐懼，顧左右失色。業已歸唐，乃歔欷流涕，俯伏受詔。鄭回密見佐時教之，故佐時盡得其情。因勸異牟尋悉斬吐蕃使者，去吐蕃所立之號，獻其金印，復南詔舊名。異牟尋皆從之。仍刻金契以獻。異牟尋帥其子尋夢湊等與佐時盟於點蒼山神祠。」案異牟尋與崔佐時盟誓誓文附見本書卷十末。誓文首云貞元十年歲次甲戌正月乙亥朔越五日己卯云云。通鑑置於貞元十年正月，是也。餘見卷十末，茲不贅。

貞元十年，以尚書祠部郎中兼御史中丞袁滋、内給事俱文珍、劉幽巖入雲南，持節册南詔異牟尋爲雲南王，爲西南之藩屏。牟尋男閣勸已後繼爲王。案：貞元十年以尚書云云，至後繼爲王五十八字，與獨錦蠻事不相涉。以文義推之，疑爲六詔篇蒙舍條下之文，當在不令侵掠句後，錯簡於此。

達案：貞元十年以下五十八字，原本在本書卷四獨錦蠻一條之末，茲依四庫館臣所校，移置於此。貞元十年册封南詔之役，南行諸人爲雲南宣慰使内給事俱文珍，判官劉幽巖、小使吐突承璀，持節册南詔使御史中丞袁滋、副使成都少尹龐頎，判官監察御史崔佐時，具見本書卷一石門路校注所引袁滋豆沙關摩崖題名。俱文珍後從義父姓改名劉貞亮，與吐突承璀傳俱見舊唐書卷一百八十四、新唐書卷二百七。劉幽巖無考，疑亦是中官之流也。龐頎、崔佐時之名俱見新唐書南詔傳。權載之文集卷四十五中書門下賀南詔異牟尋授册禮畢表謂劍南西川節度使某乙奏得册南詔副使寵頎狀云云，寵頎即龐頎之訛誤也。持節册南詔使袁滋傳見舊唐書卷一百八十五，新唐書卷一百五十一。當時西南遐遠，人多畏憚，史稱滋奉命獨不辭。當時士大夫爲文爲詩以壯其行者必不乏。權德輿權載之文集卷四有送袁中丞持節册南詔五韻一首，詩云：「西南使星去，遠徼通朝聘。烟雨僰道深，麾幢漢儀盛。途輕五尺嶮，水愛雙流浄。上國洽恩波，外臣遵禮命。離堂駐騶馭，且盡罇中聖。」因袁滋一行入雲南取石門路，石門路即秦漢以來之五尺道，故詩云途輕五尺嶮也。石門路起自戎州，僰道、雙流，皆指戎州而言。又同書卷三十六有送袁中丞持節迴鶻序一首，文曰：「國家用文教明德，懷徠外區。今年春，迴鶻君長納忠内附。譯吉語于象胥，復古地於職方。方帥條其功實，聞于天子。乃擇才臣以宣皇仁，於是詔工部郎袁君加中憲之重，被命服之貴。將行，又拜祠部郎中。有司具儀法，持節册命，所以新其號而厚其禮也。中丞端淳而清，文敏而誠，才以周物，智以達變。識柔遠之五利，能專對于四方。攝衣登車，不問夷險。朝賢縉紳是以壯其志而嘉其忠。且滇池昆明爲西南雄部。嘗樂聲教，是焉纂修，奇功自効，願爲保障。方今規摹宏大，八表一家。然則俛首以帥化者，吾君受之而不阻，勤人於遠略者，吾君薄之而不務。彼唐蒙開地，爲好事之臣，諸葛渡瀘，蓋一方之利。況今文武吉甫，鎮安蜀都。而中丞持大君之禮命，因殊鄰之職約。德行言語，實在是行。使邊人緩帶安枕，無煙火之警。酌古經遠，才者能之。金章瑞節，光耀原隰，近臣主文，乃類歌詩。鄙人不腆，忝記言之職。故西南之册命，使臣之優詔，皆得書之，授于史官。又嘗與中丞同爲江西從事，辱命内引，所不敢辭。」云云。今案載之此文題曰册迴鶻，又曰今年春迴鶻君長納忠内附。然以下所述全爲滇池昆明之事，並明提滇池昆明，以及文武吉甫鎮安蜀都，又云故西南之册命使臣之優詔皆得書之，授于史官。是又明云袁氏奉命册封者之爲西南夷矣。故載之此文必爲送袁滋册封南詔而作，不知後來編刊文集者何以誤南詔爲迴鶻也。袁滋册封南詔始末，具見新唐書南詔傳、通鑑及册府元龜諸書。通鑑卷二百三十五唐紀德宗貞元十年六月：「雲南王異牟尋遣其弟湊羅棟獻地圖土貢及吐蕃所給金印，請復號南詔。癸丑，以祠部郎中袁滋爲册南詔使，賜銀窠金印，文曰貞元册南詔印。滋至其國，異牟尋北面跪受册印，稽首再拜。因與使者宴。出玄宗所賜銀平脱馬頭盤二以示滋。又指老笛工歌女曰，皇帝所賜龜兹樂，惟二人在耳。滋曰，南詔當深思，祖考子子孫孫盡忠於唐。異牟尋拜曰，敢不謹承使者之命。」新唐書卷二百二十二上南詔傳云：「明年夏六月，册異牟尋爲南詔王。以祠部郎中袁滋持節領使，成都少尹龐頎副之，崔佐時爲判官，俱文珍爲宣慰使，劉幽巖爲判官。賜黃金印，文曰貞元册南詔印。」册府元龜卷九百六十五外臣部封册第三：「貞元十年五月。是月加工部員外郎袁滋兼御史中丞賜紫金魚袋持節册南詔使。南詔異牟尋即雲南王閣羅鳳之孫。天寶中閣羅鳳北臣吐蕃，命爲贊普鍾日東帝，給以金印。大曆十四年卒，異牟尋嗣立。至是乃去吐蕃所立帝號，請復南詔舊名。帝嘉之，賜以金印銀窠，其文曰貞元册南詔印。」

臣咸通四年正月，奉本使尚書蔡襲意旨，令書吏寫蠻王異牟尋誓文數本，並書牒繫於車弩上，飛入賊營。臣切覽牟尋誓文，立盟極切。今南蠻子孫，違負前誓，伏料天道必誅，容臣親達案：親原本作視，茲依知不足齋本。於江源訪覓其誓文，續俟寫録真本進上。案：異牟尋誓文今附卷末，而此云待訪覓續寫者，蓋其初作此篇時尚未得誓文，故所言如此。其後訪覓附入，而此本未及刊削，遂前後互異其説耳。達案：原本此段頗有矛楯。既云令書吏寫蠻王異牟尋誓文數本繫於車弩上飛入賊營矣，而後又云容臣親於江源訪覓其誓文云云。是原本脱誤，尚不止此也。

蠻書校注卷四

名類第四

西爨，白蠻也。東爨，烏蠻也。當天寶中，東北自曲靖州，西南至宣城，邑落相望，牛馬被野。在石城、昆川、達案：昆川，原本作昆州。盧校云，此當從新唐書作昆川，是地名。下亦云行次昆川，又云昆川城使。其昆州乃隋開皇時置，今改正。盧校是也。今據改。曲軛、晉寧、喻獻、安寧至龍和城，謂之西爨。在曲靖州、彌鹿川、升麻川、南至步頭，謂之東爨，風俗名爨也。

達案：唐天寶中雲南東部民族分佈，以蠻書此一段紀録爲最重要文獻。樊氏紀此以曲靖爲起點。曲靖即今地，宣城無可考。以下自曲靖至步頭爲東區。彌鹿川當即今師宗、彌勒一帶。據元史卷六十一地理志，廣西路領師宗、彌勒二州，東爨烏蠻彌鹿等部所居。彌鹿川當因彌鹿部得名也。升麻川由升麻得名，華陽國志作升麻，郡國志作牧靡，晉書地理志作牧麻。錢坫徐松新斠注地理志集釋卷十一益州郡牧靡條云，應今曲靖府尋甸州也。步頭即建水。元史卷六十一地理志臨安路建水州在本路之南，近接交趾，爲雲南極邊治。故建水城唐元和間蒙氏所築，古稱步頭。步頭説另見本書卷六。自今曲靖，曲靖之尋甸，然後南經師宗、彌勒以至建水，此一地區俱爲唐代東爨烏蠻所居也。由石城昆川至龍和城爲西區。石城舊南甯縣，今霑益。昆川今昆明。曲軛，據本書卷六升麻川條，在升麻川西南兩方，應爲今嵩明至昆明地區。喻獻無考。晉寧、安寧即今地。龍和城在本書卷一作龍和館，安寧西去一日程。袁嘉穀滇繹卷二爨世家考謂即老鴉關。蓋爲兩爨與滇西姚州大理諸部落之分界處也。自今霑益西南嵩明、昆明遶滇池南晉寧復西北至安寧，由安寧西行一日程至老鴉關，此一地區俱爲唐代西爨白蠻所居。唯升麻川如爲尋甸，適介乎東西兩爨之間，不知如何劃分耳。

初，爨歸王爲南甯州都督，理石城，襲殺孟聘孟啓父子，案：原本訛作孟軻孟啓，今據新唐書改正。達案：孟聘、孟啓，四庫館臣據新唐書卷二百二十二下兩爨蠻傳改作蓋聘蓋啓。盧校又謂新唐書作蓋騁，此聘字誤，應改正。今案張曲江文集卷十二有敕安南首領爨仁哲書，所舉有昇麻縣令孟聘，又有和蠻大鬼主孟谷悞，文苑英華收曲江此文，亦作孟聘、孟谷悞。孟爲南中著姓，則原本作孟，本自不誤，只孟聘誤爲孟軻耳。四庫館臣不察，據新唐書之誤，改是成非，茲爲改正。曲江文具見下注。遂有升麻川。歸王兄摩湴。湴生崇道，理曲軛川爲兩爨大鬼主。崇道弟日進、日用在安甯城。及章仇兼瓊開步頭路，方於安甯築城，羣蠻騷動，陷殺築城使者。玄宗達案：玄宗原本作元宗，避清諱，今爲改正。遣使敕雲南王蒙歸義討之。歸義師次波州，而歸王及崇道兄弟爨彥璋等千餘人詣軍門拜謝，請奏雪前事。歸義露章上聞，往返二十五日，詔書下，一切釋罪。無何，崇道殺日進，又陰害歸王。歸王妻阿姹，烏蠻女也，走投父母，稱兵相持。諸爨豪亂。

達案：章仇兼瓊開步頭路，築城安甯，諸爨騷亂，南詔德化碑紀其事云：「初，節度章仇兼瓊不量成敗，妄奏是非。遣越嶲都督竹靈倩置府東爨，通路安南，賦重役繁，政苛人弊。被南寧州都督爨歸王、昆州刺史爨日進、梨州刺史爨祺、求州爨守懿、螺山大鬼主爨彦昌、南甯州大鬼主爨崇道等，陷煞竹倩，兼破安甯。天恩降中使孫希莊、御史韓洽、都督李宓等，委先詔招討，諸爨畏威懷德，再置安甯。」云云。碑文中之爨彦昌當即本書之爨彦璋也。又曲江文集卷十二敕安南首領爨仁哲書疑即作於竹靈倩被煞以後諸爨大亂之時。書曰：「敕安南首領𡸁州刺史爨仁哲、潘州刺史潘明威、獠子首領阿迍、和蠻大鬼主孟谷悮、姚州首領左威衛將軍爨彦徵、將軍昆州刺史爨嗣紹、黎州刺史爨曾、戎州首領右監門衛大將軍南甯州刺史爨歸王、南甯州司馬威州刺史都大鬼主爨崇道、昇麻縣令孟聘。卿等雖在僻遠，各有部落。俱屬國家，並識王化。比者時有背叛，似是生梗。及其審察，亦有事由。或都府不平，處置有失，或朋讎相嫌，經營損害。既無控告，自不安寧。兵戈相防，亦不足深怪也。然則既漸風化，亦當頗革蠻俗。有須陳請，何不奏聞？蕃中事宜，可具言也。今故遣掖庭令安道訓往彼宣問，並令口具。有不穩便，可一一奏聞。秋中已涼，卿及百姓已下並平安好？遺書指不多及。」云云。據新唐書卷四十三下地理志，𧶜州爲隸屬安南都護府羈縻州之一，爨仁哲爲𧶜州刺史，故云安南首領也。潘州、威州無考。德化碑之梨州即黎州，即今江川一帶。求州爲貞觀二十三年所立之傍、望、求、丘、覽五州之一，新唐書地理志謂諸蠻末徒莫柢儉望二種落内附，因置五州。讀史方輿紀要卷一百十六楚雄府條謂傍、望、覽、丘四州俱在府境，只求州在澂江新興州内。德化碑紀求州爨守懿，則亦二爨之類也。昆州刺史，碑作爨日進，曲江文作爨嗣紹。爨歸王官階，蠻書與新唐書、德化碑合，曲江文作刺史。爨崇道，碑作南寧州大鬼主，曲江文作都大鬼主。新唐書作兩爨大鬼主，似與曲江文合。

阿姹私遣使詣蒙舍川（達案：蒙舍川原本作烏蒙舍川。阿姹投蒙歸義求援，應是走蒙舍川。烏蒙舍川無此地，烏字當是因烏蒙地名誤衍，因删烏字。）求投，歸義即日抗疏奏聞。阿姹男守偶（案：守偶，新唐書作守隅。）遂代歸王爲南甯州都督，歸義仍以女妻之。又以一女妻崇道男輔朝。崇道内懷忿惋，外示和平，猶與守偶母子日相攻伐。阿姹又訴於歸義，興師問罪。行次昆川信宿而曲軛川潰散，崇道南走黎州。（達案：黎州原本作黎川。曲軛川南有梁水川，爲舊黎州，崇道南走必係至此，因爲改正。）歸義盡俘其家族羽黨，并殺輔朝而取其女。崇道俄亦被殺。諸爨由是離弱。

達案：兩爨地區自天寶以來，即變亂頻仍。始則章仇兼瓊命竹靈倩築城安甯，開步頭路。於是羣蠻騷動，陷殺築城使者。繼則諸爨豪亂，互相殺伐。德化碑論此，以爲俱唐章仇兼瓊李宓諸人煽亂所致。安甯之亂，事已見上。德化碑紀諸爨之亂云：「其李宓忘國家大計，躡章仇詭蹤，務求進官榮，阻扇東爨。遂激崇道，令煞歸王。議者紛紜，人各有志。王務遏亂萌，思紹先續。乃命大軍將段忠國等，與中使黎敬義、都督李宓又赴安甯，再和諸爨。而李宓矯僞居心，尚行反間。更令崇道謀煞日進。東爨諸酋，並皆驚恐曰，歸王，崇道叔也，日進，弟也。信彼讒構，煞戮至親，骨肉既自相屠，天地之所不祐。乃各興師，召我同討。李宓外形中正，佯假我郡兵，內蘊奸欺，妄陳我違背。賴節度郭虛己仁鑒，方表我無辜。李宓尋被貶流，崇道因而亡潰。」云云。今案唐章仇諸人在雲南施行「以夷制夷」之策，以致諸爨大亂。然卒之各族共起而反唐，以成蒙氏統一之業，則以夷制夷之必然結果也。

及歸義卒，子閣羅鳳立，守偶并妻歸河賧，案：河賧原本作阿體，今從唐書改正。從此與皇化隔絕。阿姹自爲烏蠻部落王，從京師朝參，大蒙恩賞。閣羅鳳遣昆川城使楊牟利以兵圍脅西爨，徙二十餘萬户於永昌城。烏蠻以言語不通，多散林谷，故得不徙。是後自曲靖州、石城、升麻川、昆川南至龍和以來，蕩然兵荒矣。日用子孫，今並達案：並原本作立，就下文觀之，當是並字之訛，因爲改正。在永昌城界內。烏蠻種類稍稍復振，後徙居西爨故地。今與南詔爲婚姻之家。

南蠻去安南峯州林西原界二十二日程。

達案：安南峯州林西原原本作安峯州林西原。峯州、林西原皆安南管係之地。新唐書卷四十三上地理志，安南中都護府所屬有峯州承化郡下都督府，武德四年以交趾郡之嘉甯置。縣五，嘉甯、承化、新昌、高山、珠緑。同上安南都護府所屬諸羈縻州中有林西州。此處之峯州、林西原當即新唐書地理志之峯州、林西州，故原本安下疑脱一南字，兹爲補入。

自大中八年，安南都護擅罷達案：罷，文津本誤作羅。林西原防冬戍卒，洞主李由獨等七綰首領被蠻誘引，復爲親情。日往月來，漸遭侵軼。罪達案：罪，文津本誤作羅。在都護失招討之職，乖經略之任。臣於咸通三年春三月四日，奉本使尚書蔡襲手示，密委臣單騎及健步二十以下人，深入賊帥朱道古營寨。三月八日，入賊重圍之中。蠻賊將楊秉忠達案：琳琅本補校云，揚當作楊，與下文兩楊姓同。十卷八頁十行作楊忠義，當是一人。今案内聚珍本、文津本、知不足齋本原俱作楊，琳琅本不足據。大羌楊阿觸、楊酋盛悉是烏蠻，賊人同迎，言辭狡詐。臣却迴一一白於都護王寬。寬自是不明，都無遠慮，領得臣書牒，全無指揮。蔡京達案：原本脱蔡京二字，兹依通鑑考異校語補入。考異文見下。擅放軍迴，苟求朝獎，致令臣本使蔡襲枉傷矢石，陷失城池。徵之其由，莫非蔡京達案：原本連上蔡京二字俱脱去，通鑑考異卷二十三引蠻書有此，四庫館臣失校，因爲補入。王寬之過。案：此條原本文多訛脱，今據通鑑考異所引蠻書原文訂正。考異又云，蔡襲將兵代寬。寬爲已替之人，安能擅放軍回，令襲陷没。疑蠻書擅放軍回上少蔡京二字。蓋蔡京時爲嶺南西道節度，貪懦敗事，故考異云然。達案：盧校云：「案通鑑考異疑蠻書擅放軍回上少蔡京二字。今案綽語意專咎王寬，似考異之語非也。然考異所引此句作莫非蔡京王寬之過。若本書原有蔡京二字，則考異之語可信矣。又原案語中將兵代寬，誤作伐寬，今改正。」云云。兩蔡京及代字，兹俱依考異及盧校改正。

達案：關於安南都護府及都護，略見本書附録三。憲宗元和中都護李象古以苛酷爲安南所殺。宣宗大中初李涿又復貪殘頗甚，溪洞懷怨。本書所云大中八年安南都護擅罷林西原防冬戍卒者，即李涿也。涿事，下桃花人條尚須詳説。涿後朱涯、王式，式後李鄠。鄠爲都護在大中末咸通初。咸通元年十二月安南土蠻引南詔兵乘虚攻陷交趾，即在鄠時。咸通二年，遂以鹽州防禦使王寬代鄠。三年以蔡京爲嶺南西道節度使，前湖南觀察使蔡襲爲安南經略使代王寬。通鑑卷二百五十唐紀懿宗咸通三年五月紀蔡京奏請分嶺南爲兩道節度，京爲嶺南西道節度使，忌襲罷戍經過云：「嶺南舊分五管，廣、桂、邕、容、安南皆隸嶺南節度使。蔡京奏請分嶺南爲兩道節度，從之。五月，敕以廣州爲東道，邕州爲西道，又割桂管龔、象二州容管籐、巖二州隸邕管。尋以嶺南節度使韋宙爲東道節度使，以蔡京爲西道節度使。蔡襲將諸道兵在安南，蔡京忌之，恐其立功。奏稱南蠻遠遁，邊徼無虞。武夫邀功，妄占戍兵，虚費餽運。蓋以荒陬路遠，難於覆驗，故得肆其姦詐。請罷戍兵，各還本道。朝廷從之。襲累奏羣蠻伺隙日久，不可無備。乞留戍兵五千人。不聽。襲以蠻寇必至交趾，兵食皆闕，謀力兩窮，作十必死狀申中書。時相信京之言，終不之省。」云云。此處所云蔡京擅放軍迴云云，當即指罷戍而言。惜襲所作十必死狀，温公通鑑及胡身之注俱未著明，致讀史者倍增悵惘耳。

獨錦蠻者，達案：原本無者字，兹依御覽卷七百八十九獨錦蠻條引南夷志補。烏蠻之達案：原本無之字，兹依御覽引南夷志補。苗裔也。在秦藏川達案：原本無川字，新唐書南詔傳作在秦藏川南，因據補川字。又漢書地理志、續漢書郡國志益州郡以及華陽國志南中志晉甯郡領縣俱有秦臧，藏作臧。南，去安甯兩日程。天寶中命其長爲嶲州刺史。案：嶲州原本作巂州，今據新唐書改正。達案：原本無命其長三字，兹據新唐書南詔傳補入。又原本作巂州本不誤，本卷上引曲江集敕安南首領爨仁哲書及新唐書地理志可以證明。此四庫館臣失考，因仍爲改回。其族多姓李。異牟尋母，獨錦蠻之女也。牟尋之姑，亦嫁獨錦蠻。獨錦蠻之女爲牟尋妻。有李負藍，達案：李負藍原本作子委負監，御覽引南夷志作季負藍。獨錦蠻多姓李，御覽之季負藍必是李負藍之誤無疑。李一訛爲季，再訛而成子委，則去原形愈遠矣。下引長慶集與南詔清平官書有李附覽，本書卷十袁滋至白崖城有李鳳嵐。李附覽、李鳳嵐、李負藍當俱是一人。原本監字應依御覽改作藍字。今俱爲改正。貞元十年爲大軍將，達案：原本作大將軍。南詔官制有大軍將，無大將軍，又本書卷十所見之李鳳嵐亦是大軍將。此處必是誤倒，故爲乙正。在勃弄川達案：勃弄川原本作勃弄棟川。南詔所屬只有勃弄川，無勃弄棟川。李鳳嵐所駐之白崖城即勃弄川。此處之棟字必因弄棟而誤衍，因爲删去。又爲城使等。達案：原本無使等二字，兹依御覽引南夷志補。又原本此下尚有貞元十年以尚書祠部郎中兼御史中丞袁滋内給事俱文珍劉幽巖入雲南，持節册南詔異牟尋爲雲南王，爲西南之藩屏。牟尋男閣勸已後繼爲王。凡五十八字。四庫館臣校謂是本書卷三六詔篇蒙舍條下之文，當在不令侵掠句後，錯簡於此云云。其説甚是，因爲移置前卷。

達案：異牟尋卒於憲宗元和三年。舊唐書卷十四憲宗本紀：「元和三年十二月甲子，南詔異牟尋卒。辛未，以諫議大夫段平仲使南詔弔祭，仍立其子驃信苴蒙閣勸等爲王。」新唐書南詔傳云：「驃信夷語君也。」舊唐書不審此義，致云驃信苴蒙閣勸等爲王，誤爲多人。白氏長慶集卷四十有與南詔清平官書，即作於牟尋卒時。書曰：「敕南詔清平官段諸突、李附覽、爨何棟、尹輔首、段谷普、李異傍、鄭蠻利等。段史倚至，知異牟尋喪逝，朕以義重君臣，情深軫悼。卿等哀慕加切，當何可任。又知閣勸繼業撫人，輸誠奉教，蒸黎咸乂，封部獲安。皆是卿等同竭忠謀，佐成休績。永言及此，嘉慰良深，勉終令圖，以副遐矚。今遣諫議大夫兼御史中丞段平仲持節册命閣勸，想當悉之。卿等各有少信物，具如別録，至宜領也。春寒，卿等各得平安好。遣書指不多及。」云云。書中及清平官李附覽之名。又本書卷十紀袁滋於貞元十年入雲南册封異牟尋爲雲南王，至白崖城，遇城使尹瑳及大軍將李鳳嵐。李附覽、李鳳嵐、李負藍，俱是一人。本書謂李負藍於貞元十年尚是大軍將，爲白崖城使。據新唐書南詔傳及本書卷九，南詔官制大軍將一轉即爲清平官。李負藍貞元以後至元和時當已除授爲清平官，故敕書結銜云爾。又德化碑碑陰題名有□軍將兼白崖城大軍將大金告身賞二色綾袍金帶李□□，頗疑此即是李負藍，全部題名應是詔親大軍將兼白崖城大軍將大金告身賞二色綾袍金帶李附覽。謹識此以俟續考。至秦藏川，據嘉慶一統志卷四百七十六雲南府一，即今富民縣。

弄棟蠻，（達案：御覽卷七百八十九弄揀蠻條引南夷志，棟誤作揀。）則白蠻苗裔也。本姚州弄棟縣部落。其地舊爲褒州。

達案：舊唐書卷四十一地理志，戎州中都督府羈縻州三十州，州一曰「裒州，下，武德四年置。領縣二，與州同置，揚彼、強樂，領户六千四百七十。在京師西南四千九百七十里，南接姚州」。太平寰宇記劍南西道所紀與舊唐書同。唯新唐書卷四十三下地理志隸戎州都督府諸蠻州，裒州注謂置在武德七年，不知孰是。嘉慶一統志卷四百八十楚雄府古蹟謂廢裒州在姚州北。

嘗有部落首領爲刺史。達案：御覽引此，無爲刺史三字。有誤毆殺司户者，達案：御覽引作誤殺司户。爲府丞論罪，達案：原本作爲府城論罪，御覽引只作懼罪。府城二字不知何義。今案唐制上州有司户參軍事二人，從七品下。丞一人從九品下。縣無論上中下俱有丞一二人不等。畿縣有司户佐，上縣有司户而已。則此處之爲府城論罪，城字必是丞字之誤，因爲改正。遂率衆北奔。案：新唐書南詔傳云：「有爲刺史者誤殺其參軍率族北走。」據其文，則此卒字當作率字，家衆下當有北走二字，蓋原本脱誤。達案：遂率衆北奔，原本作遂卒家衆，御覽引作率衆北奔，茲參酌御覽改正。後分散在磨些江側，並劍、共諸川悉有之，餘部落不去。當天寶中，姚州刺史張乾陁守城拒戰，陷死殆盡。貞元十年，南詔異牟尋破掠吐蕃城邑，收獲弄棟城，遷於永昌之地。達案：地，原本作城，茲據御覽引改正。

達案：新唐書卷二百二十二上南蠻傳弄棟蠻傳，「弄棟蠻，白蠻種也。其部本居弄棟縣鄙，地昔爲裒州。有首領爲刺史，誤殺其參軍，挈族北走。後散居磨些江側。故劍、共諸川亦有之。」

青蛉蠻，亦白蠻苗裔也。本青蛉縣達案：漢書地理志、續漢書郡國志俱云越巂郡有青蛉縣。御覽卷七百八十九清蛉蠻條引南夷志青作清，疑誤。部落。天寶中巂州初陷，有首領尹氏父兄子弟相率南奔河賧。閣羅鳳厚待之。貞元年中南詔清平官尹輔酋、尹寬求，案：唐書作尹仇寬。達案：御覽引脱此三字。皆其人也。衣服言語與蒙舍略同。

達案：前引白氏長慶集與南詔清平官書中之尹輔首，當即此處之尹輔酋，首蓋酋字之訛誤。德化碑碑陰題名有尹附酋，亦即此處之尹輔酋。其所帶官勳只殘餘身賞二色綾袍金帶尹附酋，上闕。準諸前後諸人，其上所殘去者疑是大軍將小金告身，全銜當爲大軍將小金告身賞二色綾袍金帶尹附酋也。碑陰又有尹求寬題名，只殘餘紫袍金帶尹求寬諸字，疑其全銜當爲軍將賞紫袍金袍金帶尹求寬諸字。此處之尹寬求，按諸新唐書及德化碑碑陰題名，應作尹求寬。在大曆立德化碑時，尹輔酋、尹求寬尚是大軍將、軍將，到貞元時二人俱已陞爲清平官矣。又據碑陰題名，尹氏共有尹瑳遷、尹附酋、尹求寬三人。尹瑳遷之官勳爲大軍將賞二色綾袍金帶，亦頗顯赫。三人者當俱青蛉蠻也。

裳人，本漢人也。部落在鐵橋北，不知遷徙達案：徙，内聚珍本、閩本，諸本作徒，兹據鮑本。年月。初襲漢服，後稍參諸戎風俗，迄今但朝霞纏頭，其餘無異。達案：裳人，新唐書作漢裳蠻。新唐書卷二百二十二上南蠻傳漢裳蠻傳云，漢裳蠻本漢人。部種在鐵橋。惟以明霞纏頭，餘尚同漢服。貞元十年，南詔異牟尋領兵攻破吐蕃鐵橋節度城，獲裳人數千户，悉移於雲南東北諸川。今鐵橋城爲南蠻所據，差大軍將達案：原本作大將軍，當亦是大軍將之誤，因爲乙正。爲城使。

長褌蠻，本烏蠻之後，部落在劍川，屬浪詔。其本俗皆衣長褌曳地，更無衣服，惟披達案：原本無披字，兹依御覽卷七百八十九長褌蠻條引南夷志文補入。牛羊皮。南詔既破劍浪，遂遷其部落，與施、順諸蠻居，養給之。

河蠻，本西洱河人，今呼爲河蠻，故地當六詔皆在，而河蠻自固洱河城邑。開元已前，嘗有首領入朝本州刺史，受賞而歸者。及南詔蒙歸義攻拔大釐城，達案：大釐城原本作大城。此處所指即本書卷三遝賧詔條所記歸義與遝賧詔咩羅皮同伐河蠻，歸義卒襲奪大釐城一事，則原本之大城，當是大釐城之訛誤，中奪釐字，因爲補入。河蠻遂並遷北，皆羈制於浪詔。達案：遂並遷北，原本作遂进遷化。盧校云化疑當作北。今案河蠻原居洱河城邑，爲南詔所破後，遂依附浪詔。當是北徙，豈可云遷化。进字作並始可通，因爲改正。貞元十年，浪詔破敗，復徙於雲南東北柘東以居。柘東城去安南三十九日程。咸通三年十二月二十七日，蠻賊逼交州城池，案：逼原本作通，今據通鑑考異所引蠻書文改正。達案：城池原本作池城，考異卷二十三引蠻書此文作蠻賊逼交州城，則原文以作城池爲是，因爲改正。河蠻在蘇歷舊城置營，案：蘇歷原本作蘇厝，今從通鑑考異改正。及分布賊衆在牌筏上，達案：置營下原本小注中原本二字誤作本原，今爲改正。又上字原本作士，據文義應是上字，因爲改正。僅二千餘人。

達案：隋文帝開皇十七年史萬歲擊爨翫，曾度西洱河，入渠濫川。其後唐高祖武德七年韋仁壽、太宗貞觀二十二年梁建方，俱曾至西洱河。貞觀二十二年之役，降其帥楊盛。高宗顯慶元年，史紀西洱蠻酋長楊棟附顯、和蠻酋長王郎祁、郎昆、梨、盤四州酋長王伽衝等帥衆内附。楊盛、西洱蠻等，應俱是河蠻，蓋開元前之舊稱耳。洱河西之大和、大釐、陽苴咩諸城，皆河蠻故地，據本書卷五，至開元二十五年，悉爲南詔蒙歸義所奪。而河蠻乃北走劍川，羈屬浪詔。至貞元十年，三浪悉平，遂爲南詔所徙，居於柘東一帶。貞觀時河蠻地有楊、李、趙、董等數十姓，疑皆屬白蠻苗裔也。柘東城去安南路程，據本書卷一，自安南至賈勇步二十五日，自賈勇步至柘東城十日，共三十五日，與此處所紀不符，必有一誤。又唐安南都護府治交州。舊交州城應在蘇歷江南，爲張伯儀、趙昌、張舟所相繼興築者。唐會要卷七十三安南都護府條謂敬宗寶曆元年五月，安南都護李元善奏，移都護府於江北岸。江北岸即蘇歷江北岸。李元善所築，甚爲簡陋，至高駢重加修築，所謂大羅城是也。伯希和交廣印度兩道考謂現於河内城之西北角新賽馬廠方面，尚可見其遺趾。此云河蠻在蘇歷舊城置營，明其非李元善等所築之新城也。

施蠻，本烏蠻種族也。鐵橋西北大施睒、小施睒、劍尋睒（達案：大施睒、小施睒、劍尋睒，原本作大施體施睒斂尋，茲依御覽卷七百八十九施蠻條引南夷志文改正。）皆其所居之地。（案：新唐書南詔傳作施蠻居大施睒、斂尋睒，此文疑有誤。）男以繒布爲縵襠袴。婦人從頂横分其髮，當額并頂後各爲一髻。男女終（達案：終原本作絡，茲依御覽引改正。）身并跣足披羊皮。部落主承上，皆吐蕃僞封爲王。

達案：關於承上一辭之解釋，本書卷一有承上莫能攻討之語，四庫館臣校語云，案承上蠻官名，見後文。見後文即指卷四此處也。盧文弨在卷一校云，按承上乃相承以來之意，非官名。後第四卷中部落主承上皆以吐蕃僞封爲王，亦謂歷來相承如此耳。考南詔傳歷叙官名，並無承上。若使部落主至與其官皆封王，亦決無此理。在此處盧校又云，若以承上爲官名，豈可云吐蕃封其首領及其臣並爲王邪？盧氏於承上一辭始終不認其爲官名。然如所説爲相承以來之意，則亦頗爲費解。疑仍以館臣所釋爲較近也。

貞元十年（案：原本祇作貞元年，據新唐書乃貞元十年事，今補入。）南詔攻城邑，虜其王尋羅并宗族置於蒙舍城，養給之。

達案：貞元前施蠻本居鐵橋西北，貞元時爲南詔異牟尋所滅。施蠻王尋羅及其宗族徙居蒙舍城，而其部落則遷至舊北勝州，今永北一帶。元史卷六十一地理志麗江路軍民宣撫司北勝府在麗江之東。唐南詔時鐵橋西北有施蠻者貞元中爲異牟尋所破，遷其種居之，號劍羌。名其地曰成偈睒，又改名善巨郡。蒙氏終段氏時，高智昇使其孫高大惠鎮此郡。後隸大理。元憲宗三年，其酋高俊内附。至元十五年立爲施州，十七年改爲北勝州，二十年升爲府。又正德雲南志卷十二北勝州建置沿革，唐南詔時鐵橋西北有施蠻者，貞元中異牟尋始開其地，名北方睒，徙瀰河白蠻及羅落麽些諸蠻以實其地，號劍羌。名其地曰成偈睒，又改名善巨郡。宋時大理段氏以高大惠治此郡，改爲成紀鎮。元憲宗三年其酋高俊内附。至元十五年立爲施州，十七年改北勝州，二十年陞爲府，屬麗江路軍民宣撫司。本朝洪武十五年改爲州，屬鶴慶軍民府，二十九年改隸瀾滄衛，正統六年，改直隸雲南布政司。

順蠻，本烏蠻種類，初與施蠻部落參居劍、共諸川。咩羅皮、鐸羅望既失邆川浪穹，退而逼奪劍、共，由是遷居鐵橋已上，其地名劍羌。在劍（達案：劍原本作斂，依上文例改。）尋睒西北四百里，男女風俗，與施蠻略同。其部落主吐蕃亦封王。貞元十年，南詔異牟尋虜其王傍彌潛宗族，置於雲南白岩，（達案：岩原本作巖，茲依卷三例改歸一律。）養給之。其施蠻部落百姓，則散隸東北諸川。

達案：施蠻、順蠻破滅後，南詔以之散隸東北諸川，而其一部分當仍居麗江附近，施蠻之爲北勝是也。元史卷六十一地理志麗江路軍民宣撫司，順州在麗江之東，俗名牛睒。昔順蠻種居劍、共川，唐貞元間南詔異牟尋破之，徙居鐵橋、大婆、小婆、三探覽等川。其酋成斗族漸，自爲一部，遷於牛睒。至十三世孫自瞠猶隸大理。元憲宗三年内附。至元十五年改牛睒爲順州。

磨蠻，亦烏蠻種類也。鐵橋上下及大婆、小婆、三探覽、達案：大婆、小婆、三探覽，原本作大婆、二婆、三探覽。盧校云：「按新唐書作大婆、小婆，此書第六卷中亦作大婆、小婆。知此二字當作小。」今案本書卷六昆明城條有大婆、小婆、三探覽之目。御覽卷七百八十九磨些蠻條引南夷志作大婆、小婆、三婆探覽，則二婆應作小婆無疑。原本實是大婆、小婆、三探覽，御覽之三婆探覽，則因上大婆小婆而衍，因爲改正。昆池等川，皆其所居之地也。

達案：閩在宥云，鐵橋麗江屬之巨甸里，大婆、小婆今麗江地。三探覽即元史三睒，今麗江也。藏語稱麗江曰三睒，音似爲 Sadam。昆池今四川鹽源，昆川今昆明。又云麗江人即曰 Sadamwa 三睒娃，西藏人稱磨些族也。

土多牛羊，一家即有羊羣。終身不洗手面，男女皆披羊皮。俗好飲酒歌舞。此種本姚州部落百姓也。南詔既襲破鐵橋及昆池等諸城，凡虜獲萬户，盡分隸昆川左右，及西爨故地。

達案：昆川，内聚珍本作昆州，知不足齋本作昆川，茲依盧校改作昆川。

磨些蠻，在施蠻外，與南詔爲婚姻家，又與越析詔姻婭。

撲子蠻，勇悍趫捷，達案：趫捷原本作矯捷，茲依御覽卷七百八十九樸子蠻條引南夷志改正。又撲子蠻御覽作樸子蠻，茲從新唐書南詔蠻傳。以青婆羅段爲通身袴。善用泊箕竹弓，達案：泊箕竹弓原本作白箕竹，茲依御覽引補正。深林間射飛鼠，發無不中。部落首領謂酋爲上。達案：御覽引此句作部落首領謂之酋在上，不知何義，故仍依原本不改。土無食器，達案：土無食器，原本作無食器，茲依御覽卷九百七十五甘蕉引南夷志補土字。以芭蕉葉藉之。開南、銀生、永昌、尋傳四處皆有。鐵橋西北邊延蘭滄江亦有部落。臣本使蔡襲咸通四年正月三日陣面上生擒得撲子蠻，拷問之並不語，截其腕亦不聲。安南子城虞候梁軻云是撲子蠻。今梁軻見在賊中，僭稱朱鳶縣令。其梁軻始由再賓任使案：再賓二字未詳。前後三度到蠻王處通好，結搆禍胎。

達案：李京雲南志略諸夷風俗條：「蒲蠻一名撲子蠻，在瀾滄江迤西。性勇健，專爲盜賊。騎馬不用鞍，跣足衣短甲，膝頸皆露。善用槍弩。首插雉尾，馳突若飛。」云云。又朱鳶縣爲唐交州八縣之一。新唐書地理志謂武德四年置鳶州，貞觀元年州廢，以朱鳶縣屬交州。即今越南山西省永祥府。

尋傳蠻，閣羅鳳所討定也。俗無絲緜布帛，披娑羅籠。達案：娑羅籠原本作波羅皮，茲依御覽卷七百八十九尋傳蠻條引南夷志文改正。跣足可以踐履榛棘。持弓挾矢，射豪猪，案：豪字原本作蒙，今據新唐書南詔傳改正。達案：御覽引本作豪。生食其肉，取其兩牙雙插頂，達案：頂原本作髻，茲依御覽引改。傍爲飾，又條其達案：其原本作猪，茲依御覽引改。皮以繫腰。每戰鬬，即以籠子籠頭如兜鍪狀。臣本使蔡襲咸通三年十二月二十七日以小槍鏢得一百餘人。臣本使蔡襲問梁軻見有竹籠頭猪皮繫腰，遂説尋傳蠻本末。江西（達案：江西，漸西本誤作江南，非是。）將軍士取此蠻肉爲炙。

達案：南詔德化碑紀閣羅鳳之討定尋傳云：「爰有尋傳疇壤沃饒，人物殷湊。南通北海，西近大秦。開闢以來，聲教所不及，羲皇之後，兵甲所不加。詔欲革之以衣冠，化之以義禮。十一年冬親與僚佐，兼總師徒，刊木通道，造舟爲梁。耀以威武，喻以文辭。款降者撫慰安居，抵捍者繫頸盈貫。於愚解縛，擇勝置城。裸形不討自來，祁鮮望風而至。」云云。閣羅鳳於天寶十一載北臣吐蕃改元贊普鍾元年，其十一年蓋唐肅宗之寶應元年也。尋傳蠻世以爲即蛾昌蠻，一名阿昌蠻。正德雲南志卷十二北勝州風俗引郡志，七種雜處，氣習朴野，七種蓋瀾河、白蠻、羅羅、麽些、冬門、尋丁、俄昌諸蠻也。又卷三大理府風俗，舊志雲南州境内多蛾昌蠻，即尋傳蠻，似蒲而別種，散居山谷間。男子頂髻戴竹兜鍪，飾以毛熊皮猪牙雉尾，衣無領袖，兵不離身。以孳畜佃種爲生。好食蛇，赤手捕之，置之於器，負而賣之，不畏其嚙。蓋其氣有以勝之也。又曰，蛾昌與蒲蠻雜處，而凡婚娶，必求同類，不通別種。其聘禮用牛馬，貧富有差。宴待必殺狗。川無賦税，惟歲辦小白布而已。又雲南州在府城西六百里，舊雲龍甸。元至元末，立雲龍甸軍民總管府，本朝改雲龍州。又卷十三騰衝軍民指揮使司風俗，境内蛾昌蠻即尋傳蠻也。似蒲而別種，居山野間，狀類漢人。性怯弱。男子頂髻，戴竹兜鍪。飾以毛熊皮、猪牙、雉尾。衣無領袖。善孳畜佃種。又善商賈。婦人以五采帛裹其髻爲飾。有産不令人知，三日乃浴其子於江，治生如常。種秫爲酒，歌舞而飲，以糟粕爲餅，曬之以代。比之諸夷之強，則此類爲易治也。是雲南地志認蛾昌爲即古代之尋傳，住於雲龍騰衝一帶。英國戴維斯著雲南論雲南各民族，謂蛾昌或阿昌住於北緯二十四度三十分東經九十七度五十五分地帶，即蠻允瑞麗地方，正當大盈江與龍川江之間。其説與雲南地志不甚相遠。伯希和在其交廣印度兩道考十三中又謂尋傳蠻在伊洛瓦底江上流。凡此皆位置尋傳於今滇西也。唯本書卷二記東瀘水，謂諸矣江自蕃中流出至尋傳部落與磨些江合云云。是又以尋傳爲在金沙江上游也。茲並識諸説，以待續考。

裸達案：裸原本作裸，茲依盧校改作裸。形蠻，在尋傳城西三百里爲窠穴，達案：窠穴，御覽卷七百八十九裸形蠻條引南夷志作巢穴。謂之爲達案：御覽引無爲字。野蠻。閣羅鳳既定尋傳而令達案：御覽引無令字。野蠻散居山谷。其蠻不戰自調伏達案：御覽引無其蠻以下七字。集，戰即達案：即原本作自，茲依御覽引改正。召之。案：二語文義未明，疑有脱誤。其男女遍滿山野。達案：御覽引無其男女以下七字。亦無君長。作擖欄舍屋。案：擖，説文集韻並音劼，音臈。架也，撻也。達案：案語中架字，鮑本作剎。御覽引無作擖欄舍屋五字。

達案：擖欄，他書作干蘭，干闌、干欄或杆欄，其音其義，一也。梁書卷五十四林邑傳：「其國俗居處爲閣，名曰于闌。門户皆北向。」梁書之于闌，應作干闌。北史卷九十五蠻獠傳：「獠者蓋南蠻之別種，自漢中達于邛、笮，川洞之間所在皆有。種類甚多，散居山谷。依樹積木以居其上，名曰干蘭。干蘭大小，隨其家口之數。」新唐書卷二百二十二下南平獠傳：「南平獠東距智州，南屬渝州，西接南州，北涪州。户四千餘。多瘴癘。山有毒草、沙虱、蝮蛇。人樓居，梯而上，名爲干欄。」慧琳一切經音義卷一百慧超往五天竺國傳上卷音義：「杆欄，上音干下音闌。以木橫圍住處，防禽獸等，名曰杆欄也。」凡此當與深廣一帶之巢居類似。周去非嶺外代答卷四巢居條：「深廣之民結栅以居。上設茅屋，下豢牛栅。栅上編竹爲棧，不施椅桌牀榻。唯有一牛皮爲裀席，寢食於斯。考其所以然，蓋地多虎狼，不如是則人畜皆不得安。無乃上古巢居之意歟！」諸書之干闌等等以及蠻書之擖欄，蓋即代答所云之巢居也。今緬甸之Palaung人謂屋爲ka-ng亦曰ka-lep，擖欄、干闌，疑即ka-lep一辭之譯音也。或謂彝語樓音如kuo lo，乃擖欄之所從出云云。實則kuo lo即漢語閣樓對音，與擖欄無涉也。

多女少男。無農田，無衣服，惟取木皮以蔽形。（達案：御覽引此作女多男少，無農桑衣服，唯有木皮以蔽形。）或五妻十妻共養（達案：養字原本無，茲依御覽引補。）一丈夫，盡日持弓，不下（達案：御覽引脱不字。）擖欄。有外來侵暴（達案：暴，御覽引作害。）者則射之。其妻入山林，採拾蟲魚菜螺蜆等歸啖食之。去咸通三年十二月二十一日，亦爲羣隊，當陣面上。如有不前衝者，（達案：者原本作前，義不可通。疑是者字之訛，因爲臆改。）監陣正蠻旋刃其後。

望苴子蠻，（達案：御覽卷七百八十九苴望子蠻條引南夷志作苴望子蠻，顧新唐書南詔傳亦作望苴蠻，與蠻書同，因仍舊本。）在蘭滄（達案：御覽及新唐書滄俱作蒼。）江以西，是盛羅皮所討定也。其人勇捷，達案：其人勇捷，原本作矯捷，茲依御覽引改正。善於馬上用槍。所乘馬不用鞍。達案：善於馬上用槍所乘馬不用鞍，原本作善於馬上用槍鏟騎馬不用鞍，茲依御覽引改正。跣足衣短甲，纔蔽胸腹而已。股膝皆露。兜鍪上插犛達案：新唐書犛作貓。牛尾，馳突若飛。達案：飛，新唐書作神。其婦人亦如此。南詔及諸城鎮大將出兵，則望苴子爲前驅。咸通四年正月二十三日，蔡襲城上以車弩射得望苴子二百人，馬三十餘匹。二月七日城陷，及臣本使蔡襲在左膊中箭，元從已盡。臣右腕中箭，擕印浮水渡江。荆南、江西、鄂、岳、襄州將健約四百餘人，案：此句原脱荆南二字，又岳字訛作兵字，今從通鑑改正。擕陌刀騎馬，突到城東水際。荆南都虞候元惟德，管都頭譚可言，江西軍判官傳門謂將士曰：「諸兒郎等！水次無船，入水必死。與諸兄弟每一箇人殺得兩蠻賊，我輩亦得便宜！」遂相率入東羅城，擁門裏，一邊排長刀，一邊排長馬。突其蠻賊從城外水次騎馬入門，悉無備敵。臣見僧無碍説云。案：此句原本作臣見僧元得。今考通鑑考異有引樊綽所説僧無碍之文，知得碍字形相近，而無又訛爲元耳。謹改正。此日午前旋殺賊并馬，僅二三千賊，馬三百來疋。蠻賊楊思縉案：唐書作思僭，誤。在子城内一更時始知出救。翌日以馬肉分俵十二營賊衆。

達案：通鑑卷二百五十唐紀懿宗紀紀此云：「咸通四年春正月庚午，是日南詔陷交阯。蔡襲左右皆盡，徒步力戰，身集十矢。欲趣監軍船，船已離岸，遂溺海死。幕僚樊綽擕其印浮渡江。荆南、江西、鄂、岳、襄州將士四百餘人走至城東水際。荆南虞候元惟德等謂衆曰：『吾輩無船，入水則死。不若還向城與蠻鬥。人以一身易二蠻，亦爲有利。』遂還向城，入東羅門。蠻不爲備，惟德等縱兵殺蠻二千餘人。逮夜，蠻將楊思縉始自子城出救之。惟德等皆死。」考異曰，實録，「二月安南經略使蔡襲奏，蠻賊楊思僭、羅扶州扶耶縣令麻光高，部領其衆五六千人，於城西角下營。嶺南東道節度使韋宙奏，蠻賊去十二月二十七日逼安南城池。經略使檢校工部尚書蔡襲出兵格鬥，殺傷相當。正月三日，賊衆圍城，進攻甚急。襲城上以車弩射之。至七日城陷。襲左髆中弩箭死，家口并元從七十餘人悉隕於賊。從事樊綽攜印渡江。其荆南、江西、鄂、岳、襄州兵突到城東水際，無船却回，相率入東羅門，殺蠻僅一二千人。至夜賊救兵至，遂屠其城。按此二奏，似後人采集蠻書爲之，其中又多差舛。如楊思縉，蠻書中兩處有之，皆作楊思縉。蓋草書誤爲僭耳。彼雖蠻夷，豈肯名思僭也。張彭錦里耆舊傳載高駢與雲南牒，亦云楊思縉，善闡節度使。新唐書亦承此誤爲僭。又蠻書所云思縉光高部領者，桃花蠻五六千人耳。非謂盡將羣蠻也。補國史云蠻衆五萬攻安南，非止五六千人也。又十二月二十一日裸形蠻、茫蠻、桃花人已在城下，豈至二十七日始逼安南也。蠻書言二十七日逼城者但記見河蠻尋傳蠻之日耳。又書正月二日三日者，但記以車弩射得苴子之日耳。非其日始圍城也。且城陷奔迸之際，非樊綽身在其間，豈知其詳。然四道兵入城所殺人數，猶因僧無碍説，始知之。韋宙身在廣州，何得所奏一如樊綽之書？其僞明矣。新傳曰，是夜蠻遂屠城，亦承實録而誤。

望蠻外喻部落，在永昌西北。其人長大，負排持槊，（達案：其人長大負排持槊，原本作其人長排持稍，兹依御覽卷七百八十九望蠻條引南夷志補正。）前往無敵。（達案：前往無敵，御覽引作前無强敵。）又能用木弓短箭。箭鏃（達案：御覽引無箭鏃二字。）傅毒藥，所（達案：御覽引無所字。）中人立斃。婦人亦（達案：御覽引無亦字。）跣足，以青布爲衫裳，（達案：衫裳，御覽引作衣。）聯貫（達案：御覽引無貫字。）珂貝巴齒真珠，斜絡其身數十道。（達案：御覽引無數十道三字。）有夫者豎分髮爲（達案：髮爲二字原本無，兹依御覽引補入。）兩髻，無夫者頂後爲一髻垂之。（達案：頂後爲一髻垂之，原本作頂爲一髻，兹依御覽引補入。）其（達案：御覽引無其字。）地宜沙牛，亦大於諸處牛，（達案：亦大於諸處牛六字御覽引無。）角長四尺已（達案：已，御覽引作以。）來。婦人惟（達案：御覽引無惟字。）嗜乳酪，肥白，俗好遨遊。（達案：肥白俗好遨遊六字，御覽引無。）

黑齒蠻、金齒蠻、銀齒蠻、繡脚蠻、繡面蠻，並在永昌、開南，（案：開南，新唐書作關南，與此異。達案：開南與柘東、鎮西、甯北之義同。本書卷五卷六俱作開南。新唐書作關南，非也。）雜類種也。黑齒蠻以漆漆其齒，金齒蠻以金鏤片裹其齒，銀齒以銀。（達案：銀齒以銀四字原本脱去，兹依御覽卷七百八十九黑齒、金齒、銀齒、繡脚條引南夷志補。）有事出見人則以此爲飾，寢（達案：原本無寢字，兹依御覽引補入。）食則去之。皆當頂上（達案：原本無上字，兹依御覽引補入。）爲一髻。以青布爲通身袴，又斜披青布條。（案：此處脱銀齒蠻一條。達案：銀齒蠻一條已依御覽引補入。）繡脚蠻則于踝上腓（達案：腓原本作排，兹依御覽引改正。）下，周匝刻其膚爲文彩。衣以緋布，以青色爲飾。繡面蠻初生後出月，（達案：初生後出月，御覽卷七百八十九繡面蠻條引南夷志作生一月。）以針刺面上，（達案：御覽引作則以針刺面。）以青黛塗之，如繡狀。（達案：以青黛塗之如繡狀，原本作以青黛傳之，兹依御覽引補正。）僧耆（案：僧耆亦蠻部之名，此下當有脱文。）悉屬西安城。（達案：據本書卷六卷十，南詔只有安西城，無西安城。此處之西安城疑是安西城之誤。又據本書卷六，金齒、漆齒、繡脚、繡面、彫題、僧耆等十餘部落，皆隸摩零都督城，而摩零都督城屬於鎮西節度，則此處之西安亦得爲鎮西之誤。姑識於此，以待續考。皆爲南詔總之，攻戰亦召之。

穿鼻蠻、長鬃蠻、棟峯蠻，其蠻並在柘東，南生雜類也。穿鼻蠻部落以徑尺金環穿鼻中隔，下垂過頤。達案：頤原本作領，茲依御覽卷七百八十九穿鼻蠻條引南夷志改正。新唐書卷二百二十二下南蠻傳亦作頤。若是君長，即以絲繩繫其環，達案：御覽引無若是及其環四字。使人牽起乃行。其次者以達案：御覽引無以字。花頭金釘兩枚，從鼻兩邊穿令透出鼻孔中。達案：穿令透出鼻孔中，御覽引作穿令透下。長鬃蠻部落、棟峯蠻部落鬃黑而長。達案：鬃黑而長原本作髮黑而長，茲依御覽卷七百八十九長鬃、揀鋒條引南夷志改正。又棟峯御覽作揀鋒，新唐書作棟鋒。茲依舊本不改。當額前爲一長鬃，達案：原本無鬃字，茲依御覽引補入。髻下過臍。每行即以物撐起。若是達案：御覽引無若是二字。君長，即使兩女人前達案：御覽引作即使兩女在前。各持一物，兩邊撐其髻乃行。達案：兩邊撐其髻乃行，御覽引作撐之。今亦爲南詔所總，攻戰即點之。

茫蠻部落，並是達案：御覽卷七百八十九茫蠻條引南夷志無是字。開南雜種也。茫是其君之號，蠻達案：蠻，御覽引作亦。呼茫詔。從永昌城南，先過唐封，以至達案：以至，御覽引作次。鳳藍苴。達案：苴原本作茸，茲依御覽引改正。以次達案：以次御覽引無以字，下同。茫天連，以次茫吐薅。又有大達案：大，新唐書亦作大，御覽作火。賧、茫昌、茫盛恐、達案：御覽引作盛恐他，新唐書無此名，茲一仍原本之舊。茫鮓、案：蘚，新唐書作鮓。達案：鮓原本作蘚，茲依御覽引及新唐書改正。又館臣案語中鮓字，漸西本誤作鮮。茫施，達案：原本施下尚有茫字，如漸西本自大賧下俱以茫字斷句。而御覽引及新唐書俱作茫施，下並無茫字，因據删茫字。且疑應依茫天連茫吐薅例，斷句時茫字屬上不屬下也。皆其類也。樓居，無城郭。或漆齒。皆達案：御覽引無皆字。衣青布袴，藤篾纏腰，紅繒布纏髻，出其餘垂後爲飾。婦人披五色娑羅籠。

達案：娑羅籠當即今馬來亞、爪哇一帶土人所著之沙籠，音義俱同。Hobson-Jobson七九六頁Sarong條謂沙籠馬來語作Sārung，錫蘭語作Saran，皆自梵文之Sāranga一辭引伸而出，義爲衣服也。

孔雀巢人家樹上。象大（達案：御覽引脱大字。）如水牛。土（達案：御覽引脱土字。）俗養象（達案：御覽引脱象字。）以耕田，仍燒其糞。貞元十年南詔異牟尋攻其族類。咸通三年十二月二十一日，亦有此茫蠻，於安南蘇歷江岸聚二三千人隊。

達案：唐代茫蠻等部落所居，即在今芒市一帶。元史卷六十一地理志茫施路在柔遠路之南，瀘江之西。其地曰怒謀，曰大枯賧，曰小枯賧，即唐史所謂茫施蠻也。正德雲南志卷十四芒市長官司建置沿革所述前半同元史，後云，元中統初内附。至元十三年立茫施路軍民總管府，領二甸。本朝洪武十五年置茫施府，正統九年改置芒市長官司。是在元明以來，俱以芒市爲即古茫施蠻或茫蠻所在也。元史瀘江蓋指怒江而言，非金沙江之瀘江也。

粟粟兩姓蠻、（達案：粟粟，内聚珍本四庫本諸本俱作栗栗，只備徵志漸西本誤作栗粟。）雷蠻、夢蠻，皆在茫部臺登城，東西散居，皆烏蠻、白蠻之種族。丈夫婦人以黑繒爲衣，其長曳地。又東有白蠻，丈夫婦人以白繒爲衣，下不過膝。夢蠻主苴夢衝，（案：苴原本作首，今從唐書改正。達案：一九四〇年，前中央博物院吴金鼎曾昭燏在大理大和村五華樓一帶發掘所得南詔帶字殘瓦中有苴成造、苴軍、官苴諸片，所紀爲造瓦人姓名。是當時苜姓固甚盛也。竊疑夢蠻主苴夢衝之姓亦應作苜，苴乃沿襲致誤。永樂大典苴猶作苜，原來痕跡，尚可概見。以無他證，姑識所疑於此。吳、曾諸君在大理所得帶字殘瓦，具見其所撰報告書中，茲不贅。開元末，嘗受恩賜於國，而暮年又私於吐蕃。貞元七年，西川節度使韋臯遣嶲州刺史蘇隗案：唐書作蘇峗。就殺夢衝。因別立鬼主，以總其部落，共推爲蠻長。貞元中船持爲都大鬼主，其時夢衝及驃傍皆卑事之。亦呼爲東蠻。

達案：韋臯殺苴夢衝始末，具見册府元龜、新唐書及通鑑。本書卷一末校注已綜述大概，可以參閲。蘇隗即蘇峗，此作嶲州刺史，通鑑作三部落總管，胡注云，三部落兩林、勿鄧、豐琶也。

豐巴蠻，案：豐巴，唐書作豐琶。本出嶲州百姓，兩林南二百里而居焉。豐巴部落，貞元中大鬼主驃傍阿諾兩姓及達案：及原本作乃，盧校作及，是也。因據改。諸蠻部落，皆爲豐巴部落。心長向國。案：此一段文有脱誤。

達案：心長向國一語不可解，盧校釋之云：「以其本嶲州百姓，故長歸向中國也。」云云。亦無所據，謹著以資參考而已。關於粟粟兩姓蠻、雷蠻、夢蠻以及豐巴蠻諸部落，本書所紀簡略，並有脱誤。在本書卷一校注中，已根據元龜、新唐書諸書，爲之注明矣。新唐書卷二百二十二下南蠻傳尚有可以補充説明者，茲摘録如次：「勿鄧、豐琶、兩林皆謂之東蠻。天寶中皆受封爵。及南詔陷嶲州，遂羈屬吐蕃。貞元中復通款。以勿鄧大鬼主苴嵩兼邛部團練使，封長川郡公。及死，子苴驃離幼，以苴夢衝爲大鬼主。數爲吐蕃侵獵，兩林都大鬼主苴那時遺韋臯書，乞兵攻吐蕃。臯遣將劉朝彩出銅山道，吴鳴鶴出清溪關道，鄧英俊出定蕃栅道，進逼臺登城。吐蕃退壁西貢川，據高爲營。苴那時戰甚力，分兵大破吐蕃青海、臘城二節度軍於北谷。青海大兵馬使乞藏遮遮、臘城兵馬使悉多楊朱、節度論東柴、大將論結突梨等皆戰死。執籠官四十五人，鎧仗一萬，牛馬稱是。進拔于葱栅。詔封苴那時爲順政郡王，苴夢衝爲懷化郡王，豐琶部落大鬼主驃傍爲和義郡王，給印章袍帶。三王皆入朝，宴麟德殿，賞賚加等。歲給其部禄鹽衣綵，黎、嶲二州更就賜之。以山阻多爲盜侵，亡失所賜。皐令二州爲築館，有賜，約酋長自至，授賜而遣之。然苴夢衝内附吐蕃，斷南詔使路。皐遣嶲州總管蘇峗以兵二百召夢衝至琵琶川，聲其罪斬之。披其族爲六部，以樣棄主之。及苴驃離長，乃命爲大鬼主。驃傍年少驍敢，數出兵攻吐蕃。吐蕃間道焚其居室部落，亡所賜印章，皐爲請，復得印。」

崇魔蠻，去安南管内林西原十二日程。溪洞而居，俗養牛馬。比年與漢博易。自大中八年經略使苛暴，令人將鹽往林西原博牛馬，每一頭匹只許鹽一斗。因此隔絶，不將牛馬來。

達案：崇魔蠻去安南管内林西原十二日程，其今地不可考。御覽卷七百八十九棠魔蠻條引南夷志即此。唯崇魔作棠魔，又文字亦殊省略，兹録如次，以資參考。御覽文云：「棠魔蠻去安南林西原十二程。俗養牛馬。與漢人博易。大中八年經略使苛暴，人將鹽一斗博牛或馬一疋。因兹隔絶不來。」此所云經略使，即指李涿，詳見下桃花人條。

桃花人，本屬達案：屬原本作管，通鑑考異及鮑本俱作屬。盧校云：「按本管當依通鑑考異作本屬，方與下管轄字不複。其五綰亦當作七綰，下文不誤，今改正。」云云。盧校是也。今據改。安南林西原七達案：七原本作五，鮑本及餘本俱作七，盧校亦云應作七。今據改。綰洞主大首領李由獨管轄。亦爲境上戍卒，每年亦納賦稅。自大中八年被峯州知州官申文狀與李涿，請罷防冬將健六千人，案：與李涿三字原本作與涿，今據通鑑考異所引蠻書文改正。達案：六千人閩本誤作六十人。不要味、真、登州界上防遏。案：味原本作來，今據通鑑考異所引蠻書文改正。達案：界上防遏，原本界作境，茲依考異引蠻書文改正。其由獨兄弟力達案：力原本作所，茲依考異引蠻書文改正。不禁，被蠻柘東節度達案：原本脫度字，茲依考異引蠻書文補入。使與書信，案：書信原本作善信，今據通鑑考異所引蠻書文改正。將外甥嫁與李由獨小男，補柘東押衙。自此之後，七綰洞悉爲蠻收管。臣於咸通三年三月八日入賊重圍，因見柘東蠻判官楊忠義背後領八箇蠻持弓槍，臣因問賊帥朱道古根源。切以桃花人今亦呼桃花蠻也。本安南林西原七綰洞左右側居。人披羊皮或披氈。前梳髻。雖拘於蠻，心皆向唐化。咸通三年三月二十一日，僅五六千人，安南城西角下營。蠻賊楊思縉委羅伏州扶邪縣令麻光高部領之。案：光高原本作先高，今據通鑑考異有引蠻書思縉光高部領之文，知先字當作光字，謹改正。

達案：據新唐書卷四十三下地理志，羅伏州爲屬於安南都護府諸羈縻州之一。又嘉慶重修一統志卷四百七十六雲南府一古蹟，扶邪城在羅次縣境。縣志南詔有扶邪都統。實録云，南詔於羅次州置扶邪縣。是扶邪縣當在今昆明西北也。而按此處文意，則扶邪縣又屬於安南管內之羅伏州矣。

疑此所云扶邪，乃爲安南管内羅伏州屬之縣，與南詔所置或是同名而已。謹識以待續考。又通鑑考異卷二十二紀桃花蠻事云，實録無涿除安南年月。蠻書云大中八年安南都護擅罷林西原防冬戍卒，洞主李由獨等七綰首領被蠻誘引。復爲親情，日往月來，漸遭侵軼。又云，桃花蠻本屬由獨管轄。亦爲界上戍卒，自大中八年被峯州知州官申文狀與李涿，請罷防冬將健六千人，不要味、真、登等州界上防遏。其由獨兄弟力不禁，被蠻柘東節度使與書信，將外甥嫁與由獨小男，補柘東押衙。自此後七綰洞悉爲蠻收管。舊紀咸通四年十一月劉蜕等言，令狐綯受李琢賄除安南，生蠻寇。實録，咸通二年六月詔，如聞李琢在安南日，殺害杜存誠，貪殘頗甚，致令溪洞懷怨。據此則本因李涿貪暴無謀，以致蠻寇明矣。然則大中八年至十一年，舊紀實録不言蠻爲邊患，蓋但時於邊境小有鈔盜，未敢犯州縣，至此寇安南而舊紀實録始載之。又不知此寇安南，即鄭言平剡録所謂至錦田步時非也。今案新唐書卷二百二十二下南詔傳云：「大中時李琢爲安南經略使，苛墨自私，以斗鹽易一牛，夷人不堪，結南詔將段酋遷陷安南都護府，號白衣没命軍。南詔發朱弩佉苴三千助守。」又舊唐書卷十九上懿宗紀於咸通四年曾及李琢事。其文云：「初，大中末，安南都護李琢貪暴，侵刻獠民。羣獠引林邑蠻攻安南府。三年大徵兵赴援，天下騷動。其年冬，蠻竟陷交州。赴安南諸軍，並令抽退，分保嶺南東西道。十一月，長安縣尉集賢校理令狐滈爲左拾遺。制出，左拾遺劉蜕、起居郎張雲上疏，論滈父絢秉權之日，廣納賂遺，受李琢賄除安南，致生蠻寇。滈不宜居諫諍之列。時絢在淮南，乃上表論訴。乃貶雲興元少尹，蜕華陰令，滈改詹事司直。」云云。大中末攻安南都護府者，自是南詔。舊唐書卷十八下宣宗紀大中十二年六月南蠻攻安南府之紀事本不誤，而懿宗紀既云羣獠引林邑蠻攻安南府，在咸通六年五月，又云安南都護高駢奏於邕管大敗林邑蠻。新唐書南詔傳亦云高駢以選士五千渡江敗林邑兵於邕州。俱云林邑。其所以致誤之由何在，則不得而知矣。舊紀謂李琢貪暴，侵刻獠民，貪暴云云當即指本書崇魔蠻條所紀而言，侵刻獠民則與殺害杜存誠不無關係。李涿殺杜存誠，通鑑考異卷二十三曾紀其事。通鑑卷二百五十懿宗咸通二年六月王寬爲安南經略使，李鄠貶儋州司户下考異云：「實録，又賜寬手詔云云，如聞：李琢在安南日殺害杜存誠，李鄠又處置其子守澄，使誘導羣蠻，陷没城邑。卿到鎮日於李鄠處索取前後敕詔，一一參詳。初李琢在鎮，蠻首領愛州刺史兼土軍兵馬使杜存誠密誘溪洞夷獠爲之鄉導。涿察其不忠，戮死焉。及李鄠至鎮，蠻陷安南，鄠走武州，召土軍收復城邑。而存誠家兵甚衆，朝廷務姑息，乃贈存誠金吾將軍。鄠以失備，貶儋州。補國史，蠻陷安南，李鄠投武州，召土軍收復，頗有功績。殺首領杜存誠，以捍禦盤桓，不戮力盡敵，兼洞夷獠爲鄉導之罪也。鄠貶儋州後，以存誠溪洞強獷，家兵數多，子弟繼總軍旅，皆輸忠勇。軍府依賴方甚，朝廷亦加姑息。乃再舉憲章，長流鄠崖州。

贈存誠金吾將軍，以誘其竭力。命鹽州刺史王宙爲都護。按鄠所殺存誠之子守澄，已爲王式所逐，鄠至旬日殺之。非因捍禦不戮力也。代鄠者乃王寬，非王宙，補國史誤也。今獨取鄠克復安南一事，餘皆從平剡録、實録。」以上爲考異之辭。今案殺杜存誠者爲李涿，殺存誠之子守澄者爲李鄠。補國史謂鄠殺存誠，非也。通鑑卷二百四十九大中十二年七月條，卷二百五十咸通元年六月條，言之甚明。胡身之注於大中十二年七月條誤信補國史之説，以存誠爲李鄠所殺，皆非也。

又案：咸通四年正月，南詔攻陷交阯，蔡襲諸人敗死後，據通鑑卷二百五十咸通七年六月條所紀，南詔即以段酋遷爲安南節度使守交阯，以范昵些爲安南都統，趙諾眉爲扶邪都統。又使善闡節度使楊緝思助之。咸通六年，唐以高駢代張茵爲安南都護進取安南。七年十月，駢攻克交阯，殺段酋遷及爲南詔鄉導之朱道古等人。南詔死者數萬人，餘衆遁去。考異紀高駢收復安南事甚悉，今録如下，以資參考。考異卷二十三咸通六年九月高駢大破蠻衆，曰：「舊紀、實録皆云五月駢奏於邕管大敗林邑蠻。按林邑在海南，自至德後號環王，與中國久絶。劉昫但見南蠻則謂之林邑，誤也。新南詔傳亦云駢以選士五千渡江，敗林邑兵於邕州，亦承此而誤也。舊紀又云，是歲秋高駢自海門進軍，破蠻軍，收復安南府。蓋因駢今秋發海門，遂云復安南耳。復安南實在明年也。補國史云五年九月，高公力戰，破峯州蠻於南定縣。按張茵以五年正月句當交州，受詔收復安南。補國史云經年不進軍，乃以駢代之。則駢豈得以其年九月已破峯州蠻乎？補國史又云，駢破峯州蠻後，近四月餘日，表報不至，朝廷以王晏權代之。六月，高公進軍收復安南，亦不云幾年六月。蓋駢以六年九月破峯州蠻，七年六月破安南耳。實録又云，九月駢奏破蠻龍州營寨，并燒食糧等事。詔駢令於當界守備，緣近有赦文，已許恩宥，伺其悛改，亦未更要深加討逐。按赦在明年十一月，此詔必在駢已平安南後，實録誤也。新傳又云，駢擊南詔龍州屯，蠻酋燒貲畜走。龍州即安南所管龍編縣也。」又考異卷二十三咸通七年十月，高駢克安南，曰：「舊紀十月駢奏蠻寇悉平。實録九月駢奏殺戮都蠻統皈首遷朱道古及斬首三千餘級。十月丙申日下又云，駢奏收復安南，蠻寇遁散。又云敗楊緝思段酋遷朱道古，殺戮三萬餘級。新紀十月高駢克安南。按皈首遷即段酋遷，字之誤也。補國史收城與敗緝思等共是一事，實録分在兩月，不知其何所據也。新南詔傳云七年六月，駢次交州，戰數勝，士酣鬥，斬其將張詮、李溠龍，舉衆萬人降。拔波風三壁。緝思出戰敗，還走城。士乘之，超堞入，斬酋遷、昵些、諸眉，上首三萬級。安南平。蓋因駢以六月至安南，終言之耳。安南實不以六月平也。今從新、舊紀。」今案咸通七年冬安南平，九年徙駢爲天平軍節度使。同年，唐從鳳翔少尹李師望請，分劍南西川另置定邊軍。十年冬，南詔攻嶲州，十一年春進抵成都城下，西川大震。僖宗乾符元年，遂以駢詣西川，二年以駢爲西川節度使。是時南詔酋龍親率軍攻蜀，龍即咸通初攻安南之人也。駢既至蜀，有回雲南牒，歷述咸通六、七年駢在安南戰績，多可以補兩唐書及通鑑之不足者。萬曆雲南通志卷十四藝文著録牒文，其略云：「某比者親征海裔，克復龍編。驅駕三千之師，勦除十萬之寇。南定縣則全軍陷没，如乾鎮則匹馬不迴。羅和一空，嘉寧俱盡。贊衛段首遷之斬首，騎將麻光亮之亡軀。善龍則面縛於軍前，張銓則生擒於陣上。沉白衣殁命之衆，如赤日消冰；殺朱弩佉苴之軍，若洪爐燄熾。膏塗草莽，骸積丘山。士卒覩之而稱心，夷獠觀之而快意。趙諾眉而就戮，相思縉亦自裁。董鐸龍之悽惶，范昵些之窘沮。每來侵擾，無非敗亡。江橋則盡底焚燒，采伐則從頭覆没。容易誅鋤，若高原之縱燎。等閑撲滅，如順坂之走丸。」云云。牒文中南定爲交州八縣之一，今猶存南定之名，在富良江入海之南。如乾、羅和無考。嘉寧屬峯州，當在今山西境内。贊衛不知何義，段首遷即段酋遷之誤。麻光亮疑即蠻書所云扶邪縣令麻光高，亮高二字必有一誤也。善龍疑即考異之李溠龍，張銓即張詮。相思縉即楊思縉之誤。范昵些，實録謂被殺，此云窘沮。董鐸龍無考。總之高駢此牒，誇炫安南戰績，蓋所以折酋龍之氣也。而就牒文觀之，則駢自海門進軍，乃分南北兩道以進逼交阯。一從峯州，在交阯之北，今山西一帶。一取南定，大約從交阯南進也。

蠻書校注卷五

六賧第五

賧者州之名號也。韋齊休雲南行記有十賧，字作此賧字。案：賧字原本誤作瞼，今從一統志改正。又韋齊休雲南行記七字，原本誤作大書，今亦改正。達案：聞在宥云，賧，力驗切；或作瞼，尼奄切。又云賧（Xien），實泰語。今案董衝唐書釋音卷二十四，賧，九儉切，恐以董衝音爲正也。韋齊休於長慶三年從韋審規使雲南，所著雲南行記，散見太平御覽中，尚二三十條，本書附録二中有論述，茲不贅。

大和謂之大和賧，達案：大，原本、文津本作太，鮑本作大，無「謂之大和賧」五字。大字據盧校改。盧校云：「按大和下有脱文。當云大和謂之大和賧，如此則六賧方不缺其一。今新唐書備載十賧之名，有大和賧。十賧內本無龍口，且龍口即本是大釐城，不得別爲一賧。」云云。今案新唐書卷二百二十二下南詔傳，有十賧，夷語賧若州。曰雲南賧、白崖賧亦曰勃弄賧、品澹賧、邆川賧、蒙舍賧、大釐賧亦曰史賧、苴咩賧亦曰陽賧、蒙秦賧、大和賧、趙川賧。新唐書十賧，此所無者雲南、品澹、蒙秦、趙川四賧，餘俱同。盧校甚是，因補謂之大和賧五字。陽苴咩謂之陽賧，大釐謂之史賧，邆川謂之賧賧，達案：新唐書於此作邆川賧，故疑此有脱文。如非邆川謂之邆川賧，則當云邆川謂之邆賧賧也。姑識此以待續考。蒙舍謂之蒙舍賧，白崖謂之勃弄賧。案：標題稱六賧，第十卷亦有六賧之文，此所列乃止五賧。疑後龍口一城當亦爲一賧，係傳寫訛脱一句也。

達案：四庫館臣案語謂此處有脱文云云，是也。據盧校補入謂之大和賧一句，遂使本文豁然貫通。以龍口爲一賧，盧校指證其非，亦甚是。唯盧校却誤以龍口爲即大釐城。本文龍口條之龍口，蒙舍川條之龍口，俱應是龍尾之誤。大釐邆川兩條之龍口始爲真正之龍口城。唯大釐條已明言大釐北去龍口城二十五里，豈可謂龍口即本是大釐城也。大釐謂之史賧，見於本書及新唐書。今案元史卷六十一地理志大理路軍民總管府云：「本漢楪榆縣地。唐於昆明之栟棟州置姚州都督府，治楪榆洱河蠻。後蒙舍詔皮羅閣逐河蠻取大和城，至閣羅鳳號大蒙國。雲南先有六詔，至是請於朝，求合爲一，從之。蒙舍在其南，故稱南詔。徙治太和城。至異牟尋又遷於喜郡史城，又徙居羊苴乖城，即今府治。改號大禮國。」云云。元史之羊苴乖乃羊苴咩之誤。喜郡史城即謂之史瞼之大釐城。今大理城北之喜洲，即是其地也。

又案：原本於勃弄瞼下尚有「雲南柘東永昌甯北鎮西及開南銀生等七城，則有大軍將領之，亦稱節度。貞元十年掠吐蕃鐵橋城，今稱鐵橋節度。其餘鎮皆分隸焉。」凡五十二字。館臣案云：「自雲南柘東至皆分隸焉五十二字，與六瞼文不相屬。疑爲第六篇雲南城鎮條下之文錯簡於此。」云云。館臣之意甚是，因爲移置卷六篇首。

大和城、大釐城、陽苴咩城，本皆河蠻所居之地也。開元二十五年蒙歸義逐河蠻，奪據大和城。後數月，又襲破咩羅皮，（達案：咩羅皮原本作苴咩盛羅皮。據本書卷三邆賧詔條，蒙歸義與邆賧詔咩羅皮同伐河蠻。咩羅皮據有大釐。後爲歸義所奪，並築龍口城。是取大釐者乃歸義，與其父盛羅皮無涉也。此處之苴咩盛羅皮五字必是咩羅皮之誤，因爲改正。）取大釐城，仍築龍口城爲保障。閣羅鳳多由大和、大釐、邆川來往。蒙歸義男等初立大和城，以爲不安，遂改剏陽苴咩城。

達案：大和、陽苴咩、大釐諸城，皆河蠻舊居。開元二十五年，蒙歸義逐河蠻而有其地。二十六年，南詔合六詔爲一，始居大和城。天寶初鮮于仲通、李宓兩役，遂與唐絶。代宗大曆十四年，異牟尋繼立，與吐蕃聯兵進擊西川，大敗而還。新唐書南詔傳謂異牟尋懼，更徙苴咩城，築袤十五里。通鑑同。元郭松年大理行記則謂大理名陽苴咩城，亦名紫城，方圍四五里。即蒙氏第五主神武王閣羅鳳贊普鍾十三年甲辰歲所築，時唐代宗廣德二年也。一云異牟尋建，一云閣羅鳳建，未知孰是，姑兩存之。

大和城北去陽苴咩城一十五里。巷陌皆壘石爲之，高丈餘，連延數里不斷。城中有大碑，達案：碑字，鮑本誤作牌。閣羅鳳清平官鄭蠻利之文。案：舊唐書閣羅鳳得西瀘令鄭回，甚愛重之，更名蠻利，後爲清平官。此云王蠻利者，疑即其人也。達案：鄭蠻利，原本作王蠻利。舊唐書卷一百九十七南詔傳云，有鄭回者，本相州人，天寶中舉明經，授嶲州西瀘縣令。嶲州陷，爲所虜。閣羅鳳以回有儒學，更名曰蠻利，甚愛重之。命教鳳迦異。及異牟尋立，又令教其子尋夢湊。回久爲蠻師，凡授學雖牟尋夢湊，回得箠撻，故牟尋以下皆嚴憚之。蠻謂相爲清平官，凡置六人。牟尋以回爲清平官，事皆咨之，秉政用事。餘清平官五人事回卑謹，或有過，回輒撻之。本書卷四獨錦蠻條注引白氏長慶集卷四十與南詔清平官書亦有鄭蠻利之名。則此處之王蠻利必是鄭蠻利之誤，因爲改正。論阻絶皇化之由，受制西戎之意。

達案：古大和城在今大理城南十五里，猶名大和村，負山面海，形勢依然。此處所云之大碑，即指傳世之南詔德化碑而言，豐碑丈餘，覆以碑室，今猶聳立於下關至大理公路路西也。新唐書南詔傳云：「閣羅鳳揭碑國門，明不得已而叛。嘗曰，我上世世奉中國，累封賞，後嗣容歸之。若唐使者至，可指碑澡祓吾罪也。」正德雲南志卷三大理府古蹟：「蒙國大詔德政碑，在大和城。蒙氏閣羅鳳叛唐歸吐蕃，揭碑國門，明不得已而叛。曰，後世子孫容有歸唐者。若唐使者至，可指碑澡祓吾罪。」二書所指皆是一碑。王昶跋此碑謂閣羅鳳曾立二碑。其言曰，「考雲南通志古蹟載閣羅鳳刻二碑。一曰南詔碑，在城西南。注云，天寶間閣羅鳳歸吐蕃，揭碑國門，明不得已而叛。西瀘令鄭回撰文。今無可考。一曰蒙國大詔碑，即德化碑也。是南詔羣臣頌德之碑。注云，在城北。鄭回撰文，杜光庭書，今剥落殆盡云云。是南詔有二碑，皆鄭回撰文。其刻石國門之碑，朱子綱目系其事於天寶十一載，此碑則在大曆元年。兩碑之立，相距十五年。而前碑已亡，則此碑雖剥落亦可貴矣。」王氏二碑之説，得之傳聞，不足爲據，實即一碑也。碑俗呼爲磨刀石，剥蝕特甚。全文近四千言，現存可識者不過四百字，裁得什一，其毁損可知矣。碑爲南詔史上最重要史料，清道光時阮福著滇南古金石録，據拓本、金石萃編、雲南通志著録全文，碑題曰南詔德化碑。兹著録於附録二內，以資參考。

龍尾城，達案：龍尾城原本作龍口城。鈴木俊據王昶滇行日録下關即龍尾關也之語，謂此處之龍口城應是龍尾城之訛。按之本書卷一，及新唐書地理志所紀戎州至羊苴咩城路途，以及本條所紀形勢，俱應作龍尾城，因爲改正。閣羅鳳所築。縈抱玷蒼南麓數里，城門臨洱水下。河上橋長百餘步。過橋分三路：直南蒙舍路，向西永昌路，向東白崖城路。

達案：龍尾城即今下關，大理白族自治州之治所也。自此公路西達保山，東至紅崖以通昆明，南去巍山。與千餘年前樊氏所紀仍復無殊。南詔時代之龍尾城當在洱水北，以洱水爲其天塹，李宓江口之敗，即在此也。

大釐城南去陽苴咩城四十里，北去龍口城二十五里，邑居人户尤衆。咩羅皮（達案：咩羅皮原本作盛羅皮。按南詔盛羅皮卒於開元十六年，子皮邏閣即蒙歸義嗣位，諸書無異辭。開元二十五年蒙歸義與遵賧詔咩羅皮共逐河蠻，咩羅皮據大釐。未幾，蒙歸義又逐咩羅皮，襲有大釐。此時盛羅皮逝世已將十年，豈能多在此城？此處之盛羅皮必咩羅皮之誤無疑，因爲改正。）多在此城。并陽苴咩并遵川，今並南詔往來所居也。家室共守，五處如一。東南十餘里有舍利水城，在洱河中流島上。四面臨水，夏月最清涼，南詔常於此城避暑。

達案：大釐城即今喜洲，邑居人户之衆與富，至今在蒼洱間猶首屈一指。舊有土主廟，奉段思平像，是至大理段氏，重視此地，未嘗或衰也。舍利水城不知在何處，今喜洲有一别墅，在水中央，花木扶疎，尚爲休沐勝地，不知即古舍利水城否也。所謂五處如一，疑即指大釐、陽苴咩、大和、龍口、遵川而言。謹識此以待續考。

陽苴咩城，南詔大衙門。上重樓，左右又有階道，高二丈餘，甃以青石爲磴。樓前方二三里。南北城門相對，大和往來通衢也。從樓下門行三百步至第二重門，門屋五間。兩行門樓相對，各有牓，並清平官大軍將六曹長宅也。入第二重門，行二百餘步，至第三重門。門列戟，上有重樓。入門是屏牆。又行一百餘步，至大廳，階高丈餘。重屋製如蛛網，架空無柱。兩邊皆有門樓。下臨清池。大廳後小廳，小廳後即南詔宅也。客館在門樓外東南二里。館前有亭，亭臨方池，周迴七里，水深數丈，魚鼈悉有。

達案：正德雲南志卷三大理府古蹟，羊苴咩城在城北，自蒼山直抵洱水，城有九重。異牟尋自大和徙此。元郭松年大理行記云，「又北行十五里至大理，名陽苴咩城，亦名紫城，方圍四五里。即蒙氏第五主神武王閣羅鳳贊普鍾十三年甲辰歲所築，時唐代宗廣德二年也。」今案：陽苴咩城，舊唐書作陽苴咩城，新唐書作羊苴咩城，本書卷一亦作苴咩城。苴音斜，咩符差切。據Hobson-Jobson二〇四頁Chobwa條，緬甸語稱王曰Tsaubwa，泰語作Chao。新唐書南詔傳所謂夷語王爲詔是也。亦曰Chaohpa，乃複合詞，hpa之義爲天。私意以爲苴咩一語，或即Tsaubwa、Chaohpa之對音。苴咩城者王城或京城之義也。郭松年陽苴咩城亦名紫城之説差爲得之。紫城云者，若後世所云之紫禁城耳。苴咩前冠以陽或羊字，疑爲尊稱，與馬來、占婆、吉蔑、爪哇、得楞諸語中之yang字相同。陽苴咩城譯以漢言，或即神京也。檀萃滇海虞衡志卷七謂羊於滇中爲盛，故太和古城曰羊苴咩城。苴者幼也，咩者幼羊呼母之聲也。其説純是望文生訓，不足爲據也。

澄川城，舊澄川也。南去龍口城十五里。初望欠•達案：望欠，內聚珍本、文津本、鮑本、閩本俱作望父，只備徵志本、漸西本作望欠。琳琅本續校云：「按三卷三頁施浪詔之主名望欠，此云望父，未知即望欠否？」今案新唐書卷二百二十二中施浪詔傳亦作施望欠，則作望欠者是也。因改正。部落居之，後浪穹詔豐咩襲而奪之。豐時孫鐸邏望達案：豐時孫鐸邏望一語，原本作豐咩孫鐸望。琳琅本續校云：「按豐咩爲豐時之弟，其孫名皮羅邆，豐時之孫名鐸邏望，詳見前三卷。此以鐸望爲豐咩孫，恐誤。」云云。據本書卷三浪穹詔條及新唐書卷二百二十二中浪穹詔傳，與南詔戰敗，退保劍川者爲豐時孫鐸邏望。豐咩子咩羅皮。蒙歸義既襲有大釐，繼奪邆賧，咩羅皮遂退居野共川。咩羅皮子皮羅邆，皮邏邆子邆羅顛，邆羅顛子顛之託。豐咩一系至顛之託，猶居野共。逮南詔破劍川，進襲野共，俘顛之託，豐咩一系遂亡。故此處所紀，乃豐時孫鐸邏望之事。原本豐咩乃豐時之誤，鐸望必爲鐸邏望之脱誤，因據新唐書及琳琅本續校補正。與南詔戰敗，退保劍川南，遂有城。城依山足，東距瀘水，北有泥沙。自閣羅鳳及異牟尋皆填固增修，最爲名邑。東北有史郎川，又東禄諸品川，又北俄坤。

達案：邆川城舊邆川也一語，義爲邆川城，即舊邆賧地。南詔據有邆川經過，參看本書卷三浪穹、邆賧諸條自明。後來相傳之德原城，疑即古邆川城遺址。出上關沿公路北行，德原城遺址，尚依稀可見也。火焚明樓云云，羌無故實，兹不論。

蒙舍川，羅盛已上之地。舊爲蒙舍州，去龍尾城達案：龍尾城原本作龍口城。據本篇龍尾城條之文觀之，此處之龍口城亦應是龍尾城之誤，因爲改正。一日程。當五詔俱存，而蒙舍北有蒙嶲詔，即楊瓜州也。同在一川，地氣有瘴，肥沃宜禾稻。又有大池，周迴數十里，多魚及菱芡之屬。川中水東南與勃弄川合流。南有籠磨些川。凡邆川河，蒙舍謂之川賧。然邑落人衆蔬果水菱之味，則蒙舍爲尤殷。

達案：蒙舍川，大理段氏於此置開南縣，元初立蒙舍千户，後爲蒙化府。清改蒙化廳，近代改蒙化縣，今爲巍山縣。楊瓜州，楊亦作陽。王仁求碑曾及高宗咸亨時陽瓜州刺史蒙儉事，則楊瓜州之置，最遲當在高宗時也。此所謂川中水，當指陽江而言。陽江東南流與白崖江合，白崖江即勃弄川也。籠磨些川不可考。凡澄川河蒙舍謂之川賧，不知所指。澄川河，如不指洱水，則指漾備江。陽江白崖江合流後入禮社江，至越南後爲紅河。漾備江流入瀾滄江。蒙舍爲南詔發祥之地，巍寶山或巍山，巄屽山或巄屽圖山，或則爲細奴邏躬耕之地，或則爲細奴邏築城稱王之所。今巄屽圖山上發見宫殿遺址柱礎等等，宛然可見。十口相傳蓋有可信矣。

渠斂趙，達案：渠斂趙，本書卷一亦作渠藍趙。本河東州也。

達案：新唐書卷四十三下地理志黎州都督府所屬羈縻州中有河東州。舊唐書卷四十一地理志同。新唐書謂河東州與奉上州等二十二州開元前置。據唐王仁求碑，仁求爲河東州刺史，在高宗時，故錢大昕跋王仁求碑云：「考河東州本唐羈縻州，隸黎州都督府。史但言開元前置，據此碑知高宗朝已有是州矣。」又云：「明史稿昆陽州，唐置河東等州，没於南詔。元置昆陽州，其所領三泊縣北有河東故城。今三泊縣亦省入州矣。」云云。嘉慶一統志謂三泊故城在安寧州南三十里。唐代河東州治蓋在此。昆陽城西北葱蒙卧山之東有古城遺址，土人稱爲華納城，云即古河東城。渠斂趙爲趙川賧，即後來之趙州。大約唐初其地受河東州遥制，故云本河東州也。正德雲南志卷三大理府，趙州在府城南六十里，漢爲永昌郡地，唐爲姚州之境。南詔蒙氏爲趙川賧，皮羅閣置趙郡，閣羅鳳改趙州。宋時大理段氏改天水郡，元初立趙瞼千户所，至元間仍屬趙州。又於白崖瞼立建寧縣屬趙州，後併入州屬大理路，本朝因之。即今鳳儀縣。

西巖有石和城。烏蠻謂之土山坡陀者，謂此州城及大（達案：大，内聚珍本、文津本、閩本作太，餘本作大，盧校亦作大，兹據改。）和城，俱在陂陀山上故也。

達案：新唐書卷二百二十二上南詔傳，「夷語山坡陀爲和。」此處烏蠻謂之土山坡陀者，語意不足，疑有脱誤。又按本書卷三謂開元年中蒙歸義攻石橋城，閣羅鳳攻石和，亦八詔之數也。德化碑亦謂洎先詔與御史嚴正誨謀静邊寇，先王統軍打石橋城，差詔與嚴正誨攻石和子。父子分師兩殄兇醜云云。石和子即石和城，舊爲施浪詔施各皮所有。閣羅鳳襲據其城，俘施各皮，故云亦八詔之數也。石橋城即龍尾城。本書卷二，玷蒼山南自石橋北抵登川長一百五十餘里，名爲玷蒼云云。又卷五龍尾城城門臨洱水下，河上橋長百餘步云云。則石橋城即龍尾城也。此城以前當屬河蠻。

州中列樹夾道爲交流，村邑連甍，溝塍彌望。大族有王、楊、李、趙四姓，皆白蠻也。云是蒲州人，遷徙至此，因以名州焉。

達案：云是蒲州人遷徙至此，原本作云是沮蒲州人，遷涉至此。案蒲州爲唐河中府河東郡治，隸河東道。就因以名州焉一語觀之，則當時蓋以爲雲南之河東州，乃因州人多自山西河東郡之蒲州遷來，故即以鄉邦舊名名之耳。顧河東郡蒲州，並無沮蒲之稱，是沮字必係衍文，應與删去。又遷涉二字不典，疑是遷徙之訛，因爲改正。至於唐初在今昆陽、安寧、鳳儀一帶置河東州，當由於地在洱河以東，故以名州耳。此處所云自蒲州遷徙云云，出於傅會。乃是建州以後，由州名推演而出，本書所紀，正得其反也。渠斂趙大族稱王、楊、李、趙四姓，知名之士有唐高宗時之王仁求王善寶父子，爲河東州刺史。王仁求墓及碑在今安寧南大石莊葱蒙卧山上。碑文長一千五百餘言，大體完整。中及陽瓜州刺史蒙儉事，爲研究南詔初期歷史之重要文獻。兹著録於本書附録二内，以資參考。又南詔德化碑碑陰題名，屬於王、楊、李、趙四姓可以辨識者，尚無慮二十餘人，其中與渠斂趙四大姓有關者，當亦不在少數也。

東北至毛郎川，又東北至賓居湯，又北至越析川，磨些詔故地也。

白崖城在勃弄川，天寶中附于忠、城、陽等五州之城也。

達案：正德雲南志卷三大理府趙州古蹟，「白崖城在趙州東南九十里。南詔有十瞼，此其一也。夷語謂州爲瞼。元置千户所。至元間改建寧縣，尋省入州」。郭松年大理行記云：「又山行三十里至白崖甸。其地形南北袤，大小略與雲南品甸相埒。居民輳集，禾麻蔽野。縣西石崖斬絶，其色如雪，故曰白崖。赤水江回環曲折，經於其中。甸西南有古廟，中有鐵柱，高七尺五寸，徑二尺八寸，乃昔時蒙氏第十一主景莊王所造，題曰建極十三年壬辰四月庚午朔十有四日癸丑鑄。」阮福滇南古金石録鐵柱廟鐵柱款跋云：「福久聞趙州有諸葛武侯紀功鐵柱，爲唐時重鑄。今偵得在州城之南彌渡鎮，有鐵柱廟。柱立於佛象前，高一丈，圍圓三尺。有直刊陽文正書維建極十三年歲次壬辰四月庚子朔十四日癸丑建立廿二字。較崇聖寺鐘年月款字稍小，而體絶相類，當屬一人手筆，其歲次則後一年。在唐爲懿宗咸通十三年也。」云云。郭松年所紀庚午朔，應是庚子朔之誤。彌渡鎮今爲縣，是白崖城蓋在今彌渡縣境内也。白崖今改稱紅崖，所謂石崖斬絶其色如雪者亦不可見矣。忠、城、陽等五州建置沿革不可考。陽或即指陽瓜州。姑識所疑，以待續考。

依山爲城，高十丈，四面皆引水環流，惟開南北兩門。南隅是舊城，周迴二里。東北隅新城，大曆七年閣羅鳳新築也。周迴四里。城北門外有慈竹蘽，大如人脛，高百尺餘。城内有閣羅鳳所造大廳，修廊曲廡，廳後院橙枳青翠，俯臨北墉。舊城内有池方三百餘步，池中有樓舍，云貯甲仗。川東西二十餘里，南北百餘里。清平官已下，官給分田，悉在。南詔親屬亦住此城傍。其南二十里有蠻子城，閣羅鳳庶弟誠節母子舊居也。

達案：南詔德化碑云：「誠節王之庶弟，以其不忠不孝，貶在長沙。而彼奏歸，擬令間我二也。」本書卷三蒙舍詔條云：「次男誠節，蒙舍州刺史。」云云。誠節之爲蒙舍州刺史及住蠻子城，當俱是貶斥以前事。關於誠節，所知只此。長沙當今何地，不詳。

正南去開南城十一日程。

達案：開南即今景東，考見卷六。

蠻書校注卷六

雲南城鎮第六

雲南、柘東、永昌、甯北、鎮西及開南、銀生等七城，則有大軍將領之，亦稱節度。貞元十年掠吐蕃鐵橋城，今稱鐵橋節度。其餘鎮皆分隸焉。

達案：以上五十二字原在本書卷五六瞼篇篇首，四庫館臣謂是本篇錯簡，誤入上卷。其説甚是。又以此五十二字乃統括本篇之文，因爲移置本篇之首。至南詔所置節度使，數目名稱，各書所紀，互有出入。如新唐書卷二百二十二上南詔傳云，外則有六節度，曰弄棟、永昌、銀生、劍川、柘東、麗水；有二都督，會川、通海。通鑑卷二百三十九唐紀憲宗元和十一年二月南詔弄棟節度王嵯巔弒勸龍晟條下。胡注曰，南詔置弄棟節度於唐姚州之地。程大昌曰，南詔有六節度，曰弄棟、永昌、銀生、劍川、柘東、麗水。程説即本之新唐書。南詔野史上卷南詔稱謂官制條紀南詔有八節度使，六與新唐書同，外增東川、通海兩節度使，又有二都督，與新唐書全同。綜觀以上所紀，柘東、永昌、銀生，諸書所紀同。雲南、寧北、鎮西、開南、鐵橋，只見於蠻書。東川、通海只見於野史。據通鑑卷二百五十咸通七年所紀，咸通四年南詔陷交阯，即置安南節度使，以段酋遷爲節度使，並以范昵些爲安南都統。故南詔之節度使大約廢置無常，因而各書所紀，互有出入耳。其設置時代，亦不盡可考。柘東城建於唐代宗廣德二年，當即置節度使。柘東後又名善闡，故亦稱善闡節度。鐵橋、弄棟俱於唐德宗貞元十年歸於南詔，節度使之置蓋亦在此時。雲南節度見本書卷十。節度使之可考者：弄棟節度使王嵯巔，唐穆宗長慶三年殺勸利晟，文宗大和三年率南詔兵入侵西川，進掠成都，子女工匠數萬人俱爲俘至雲南，皆王嵯巔之所爲也。善闡節度使楊緝思，咸通七年高駢進圍交阯，楊緝思往援，交阯城陷，疑亦爲高駢所殺也。安南節度使段酋遷，咸通七年，高駢收復交阯，段酋遷城陷被殺。大約南詔之安南節度使亦隨交阯陷落而俱廢矣。雲南節度使蒙酋物，貞元十年曾參預迎接袁滋之役。

雲南城，天寶中閣羅鳳所規置也。嘗爲信州地。

達案：新唐書卷四十三下地理志，信州爲隸於戎州都督府諸羈縻州之一，史不言置於何年。

城池郭邑皆如漢制。州中南北二十餘里，東西四十五里。帶邑及過山雖有三千餘户，田疇多廢，閭里少人。諸葛亮分永昌東北置雲南郡，斯即其故地（達案：故地，文津本誤作地故。）也。

達案：正德雲南志卷三大理府趙州，雲南縣在州南一百里，漢元封初置雲南縣，隸益州郡。東漢屬永昌郡，蜀漢改屬雲南郡。唐初置雲南州，貞觀中改匡州，領勃弄匡川二縣。後張仁杲據之，號白子國。蒙氏至段氏，并爲雲南州。又稱品甸。元初立品甸千户所。至元中復爲雲南州，後降爲縣，隸大理。本朝改隸趙州。光緒雲南縣志卷三沿革：「陳改爲雲南州，於東南又置鏡州（即今小雲南），隋大業中亦因之。唐初仍爲雲南州。貞觀中改鏡州爲匡州，領勃弄縣（即今大波那）。又改雲南州爲波州。唐玄宗間，見祥雲起，因名祥州。蒙氏據大理國，以瞼爲州，改爲品甸瞼雲南瞼（即今雲南驛）。謹案舊志皆以爲匡州。考唐志，匡州漢永昌郡地。太平寰宇記縣界有永昌故城，則斷非今雲南縣。而蒙詔白崖瞼亦曰勃弄瞼。蠻書白崖城在今勃弄川。則勃弄爲今白崖，匡州當更在勃弄之西，爲今蒙化。永平界有永昌故城。舊志以爲勃弄，在今雲南縣東者亦非。又舊志以唐曾州在今雲南縣。考唐志，曾州西接匡州，當在今雲南縣東南，爲趙州彌渡諸處，及今蒙化廳廢定邊縣地。亦非雲南也。」案：雲南城舊址當在今祥雲縣南雲南驛一帶。此處所云南北二十餘里云云，當即指今普淜至雲南驛一帶之壩子也。唐匡州領勃弄、匡川二縣。勃弄即今白崖，則匡州治所在今彌渡壩子無疑。光緒雲南縣志推翻舊説，不足爲據也。

西隔山有品瞼賧，亦名清字川，嘗爲波州。大池遶山，長二十餘里。波州廢地在池東南隅。

達案：元郭松年大理行記紀其自雲南州西行途程云：「又西行三十餘里至品甸。按唐史嘗置坡州，亦名清子川。其川澤土壤不減雲南，而民種蒔爲不及爾。甸中有池名曰清湖，灌溉之利達於雲南之埜。湖西官道中有石焉，紋如古篆，號曰地符。行人謹避，莫敢踐之。」云云。郭氏所云之坡州及清子川，即本書之波州與清字川。品甸即本書之品瞼賧。今猶存品甸之名也。大池云云，即郭氏行記之清湖，今亦名品甸海。

故渭北節度段子英，此州人也。故居墳墓，皆在雲南。

達案：據新唐書卷六十四方鎮表，肅宗上元元年，始置渭北鄜坊節度使，治坊州，並領丹延二州。代宗大曆十四年罷渭北節度，置都團練觀察使。德宗建中四年，復置渭北節度，如上元之舊。尋罷。貞元三年復置。段子英，文津本段誤作殷，應依内聚珍本。段子英家世略見元和姓纂卷九諸郡段氏條。其文云：「左金吾大將軍鄜坊節度段奇，京兆人，生岌、嵩、嵒。汾原節度檢校兵部尚書祐。雲南狀云，魏末段延没蠻，代爲渠帥。裔孫憑入朝，拜雲南刺史。孫左，領大將軍，生子光、子游、子英。子光試太僕卿，長川王，生秀。子英率府遂郡王，神營州兵馬使。」云云。段奇一段是京兆段氏，與段子英無關。紀段子英自雲南狀起。雲南狀不知何書。韋皐有開復西南夷事狀，李德裕有西南備邊録，俱不作雲南狀。魏末段延云云，史無可考，疑係傅會。段爲唐代南中白蠻一大姓，段忠國爲南詔開國功臣，名震西南。段子英一家蓋即雲南土著中之段姓，是以故居墳墓，皆在雲南也。姓纂文疑有脱誤，亦可解爲段延入雲南後，裔孫憑入朝拜雲南刺史，憑孫左，領大將軍。左生子光、子游、子英。子光生秀。子英官銜，姓纂所紀殊不明，率府、遂郡王、神營州，俱不可考。亦未云其曾官渭北節度，時代亦不明。疑當在貞元以後云。

東第二程有欠舍川，大都部落。

達案：元史卷六十一地理志四威楚開南等路，「鎮南州州在路北。昔撲落蠻所居。川名欠舍，中有城曰雞和。至唐時蒙氏併六詔，征東蠻，取和子、雞和二城，置石鼓縣。又於沙却置俗富郡。沙却即今州治。至段氏封高明量爲楚公，欠舍、沙却皆隸之。元憲宗三年，其酋内附。七年立欠舍千户，石鼓百户。至元二十二年，改欠舍千户爲鎮南州，立定邊、石鼓二縣。二十四年革二縣爲鄉，仍隸本州。」正德雲南志卷五楚雄府，「鎮南州在府城北七十里，昔撲落蠻所居，川名欠舍。中有城曰雞和，唐時蒙氏置爲石鼓縣。又於沙却地置俗富郡，即今州治。宋時地屬大理段氏。元初置欠舍千户石鼓百户。至元中改欠舍千户爲鎮南州，及置石鼓、定邊二縣。後省二縣入州。本朝復置定邊縣隸府，而州仍舊。」今案：本書卷一從安南府到羊苴咩途程，從安寧西行第四日至沙卻館。

伯希和交廣印度兩道考謂爲鎮南州，所據即元史地理志。今改名南華縣。仍爲昆明西行公路上一大站。

第三程至石鼓驛，舊化川也。

達案：石鼓驛疑即後來之石鼓縣地。正德雲南志卷五楚雄府古蹟，「廢石鼓縣在鎮南州東三十里，蒙氏征東爨，取雞和城，置此縣。元末省入州」。同上山川，「石鼓山在鎮南州東三十里，上有石行列如鼓，舊石鼓縣以此爲名」。光緒鎮南州志卷三，「石鼓城在州東三十里石鼓村，唐時蒙氏并六詔立石鼓縣於此。元世祖至元二十四年廢」。今案：正德志謂蒙氏取雞和城置石鼓縣，而光緒鎮南州志則謂石鼓雞和乃是二城。光緒州志卷三云，雞和城在州東四十里，地名白土城。昔爲濮洛蠻所居，川曰欠舍。蒙氏并六詔，征東蠻，取雞和城即此。元憲宗七年立欠舍千户所，世祖至元二十一年廢。二説不知孰是。化川，諸本同，然疑應作化州。

第四程至曲驛，有大覽賧、小覽賧，漢舊覽州也。

達案：新唐書卷二百二十二下南蠻傳，爨蠻之西有徒莫祇蠻儉望蠻，貞觀二十三年内屬，以其地爲傍、望、覽、求、丘五州，隸郎州都督府。同書卷四十三下地理志，隸戎州都督府諸羈縻州中有傍、望、覽、求、丘五州。傍州注云，貞觀二十三年諸蠻末徒莫抵儉望二種落内附，置傍、望、求、丘、覽五州。南蠻傳作徒莫祇，地理志作末徒莫抵，二者不知孰是也。光緒鎮南州志卷三建置沿革：「唐姚州南境及傍望等州地，天寶九載蒙氏閣羅鳳置俗富郡於沙卻地，又置石鼓縣。謹案唐書南蠻傳，爨蠻西有徒莫祇蠻、儉望蠻，貞觀二十三年内屬，以其地爲傍、望、求、丘、覽五州，隸郎州都督府。據蠻書，雲南城東第二程有欠舍川，第三程有石鼓驛，第四程有曲驛，即舊覽州。所謂雲南城者今雲南縣也。以今輿地計之，雲南驛東行一程至姚州普淜驛，二程至鎮南沙橋驛，三程至楚雄吕閣驛，即蠻書所謂石鼓驛也。四程至楚雄城，即蠻書所謂曲驛也。則楚雄之西北境及定遠之南境爲覽州地無疑。覽州既在楚雄、定遠，則鎮南自應在傍、望、求、丘四州内，但未知實屬何州。以今考之，鎮南之東南境當爲傍望等州，西北境當屬姚州。又劉階舊志，以沙卻爲黑鹽井地，非也。黑鹽井舊屬定遠縣，與鎮南毫無干涉。則沙卻疑即今州境之沙橋驛，蓋卻橋音相近而誤也。元史又謂沙卻即今治，併録之以俟考。」以上俱鎮南州志之文。求州已見本書卷四篇首校注，傍、望、丘、覽四州，蓋俱在舊楚雄府境内。至於沙卻，似仍以元史之説爲是也。

弄棟城在故姚州川中，南北百餘里，東西三十餘里。廢城在東巖山上。

達案：舊唐書卷四十一地理志，姚州，武德四年置，在姚府舊城北百餘步，漢益州郡之雲南縣，古滇王國。楚頃襄王使大將莊蹻泝沅水出苴蘭以伐夜郎屬，秦奪楚黔中地，蹻無路能還，遂自王之。

秦并蜀，通五尺道，置吏。漢武開西南夷，置益州郡，雲南即屬邑也。後置永昌郡，雲南、哀牢、博南皆屬邑也。蜀劉氏分永昌爲建寧郡，又分永昌、建寧置雲南郡，而治於弄棟。晉改爲晉寧郡，又置甯州。武德四年安撫大使李英以此州内人多姓姚，故置姚州，管州二十二。麟德元年，移姚州治於弄棟川。自是朝貢不絶。舊書謂姚州領縣三，瀘南、長明。據新唐書卷四十二地理志，則姚州固領姚城、瀘南、長明三縣。舊書蓋脱姚城一縣也。姚城故漢弄棟縣地，瀘南本長城，垂拱元年置，天寶初更名。有葱山。唐代自西川通雲南之南路清溪關道，過瀘水後即入姚州境。本書卷一曾及此路，兹不贅。至於有關姚州建置，兩唐書地理志所紀尚有闕遺。武后神功二年五月八日，蜀州刺史張柬之曾上書請罷姚州戍兵，其書有云：「姚州本龍朔中武陵縣主簿石子仁奏置之。後長史李孝讓辛文協並爲羣蠻所殺。前朝遣郎將趙武貴討擊。貴及蜀兵應時破敗，噍類無遺。又使將軍李義總往征，郎將劉惠基在陣戰死，其州乃廢。至垂拱四年，蠻郎將王善寶，昆州刺史爨乾福又請置州，奏言所有課税自出姚府管内，更不勞擾蜀中。及置州後，録事參軍李稜爲蠻所殺。延載中，司馬成琛奏請於瀘南置鎮七所，遣蜀兵防守。自此蜀中騷擾，於今不息。且姚府總管五十七州，巨猾遊客不可勝數。國家設官分職，本以化俗妨姦，無恥無厭，狼籍至此。今不問夷夏，負罪並深。見道路劫殺不能禁止。臣恐一朝驚擾，爲禍轉大。伏乞省罷姚州，使隸巂府，歲時朝覲，同之蕃國。瀘南諸鎮亦皆悉廢，於瀘北置關。百姓自非奉使入蕃，不許交通來往。增𢷬府兵，選擇清良宰牧以統理之。臣愚將爲穩便。」疏奏，則天不納。今案姚州一地自武德以後，廢置不常。終以自西川入雲南，姚州最爲通道，經營南中，蓋儼然以此爲重鎮，故屢廢而屢置也。開元後，南詔成統一之勢，威脅姚州，並將與吐蕃聯合，進窺蜀邊。後來章仇兼瓊、鮮于仲通、李宓之相繼進攻南詔，其用意疑與解姚州之危局，紓蜀邊之憂患，或不無關係也。唐德宗貞元十年，南詔異牟尋破掠吐蕃，收獲弄棟。蓋自天寶以後，姚州當先陷吐蕃，貞元十年始從吐蕃歸於南詔耳。張柬之謂姚府總管五十七州，舊唐書地理志又云管州二十二，不及各州州名。新唐書地理志隸姚州都督府羈縻州，計有：于州、異州、五陵州、袖州、和往州、舍利州、范鄧州、野共州、洪郎州、日南州、眉鄧州、澄備州、洛諾州，共十三州。于州下注云武德四年，以古滇王國民多姚姓，因置姚州都督，并置州十三。所謂五十七與二十二之數，今不盡可考。張柬之疏中有武陵縣主簿石子仁，武陵當即此處之五陵州，與湖湘間之武陵無關也。諸書載唐初雲南事，間及若干州名。如高宗永徽三年，趙孝祖擒大勃弄酋長楊承顛，據洪邁容齋隨筆卷一唐平蠻碑條，所載有染浪州刺史楊盛顛。平蠻碑所紀疑爲永徽之役，承、盛同音異字，染浪州即渠浪州耳。本書卷三注又及浪穹州刺史傍時及其孫鐸羅望。陽瓜州見上，據王仁求碑，則高宗咸亨時已有此州矣。外如本書所述忠、城、陽、波、信、化諸州，皆當在姚州管内。凡此俱可能屬於五十七或二十二之數也。南詔取弄棟後另築新城，此所云廢城，應指舊州城而言。正德雲南志卷九，姚安軍民府古蹟，舊城在姚州治北，唐御史李知古所築。遺址尚存。廢城或即指李知古所築之城而言也。張柬之謂姚州所收劍南逋逃中原亡命有二千餘户。見散在彼州，專以掠奪爲業云云。是姚州漢人甚多。貞元以後，南詔遷之遠處，遷至永昌之姚州百姓中，漢人當亦在其内也。至於弄棟乃漢以來舊名，本字應作梇棟。王紹蘭漢書地理志校注卷下弄棟條云：「説文梇，木也。從木，弄聲。益州有梇棟縣。是許所見漢志作梇。蓋其地多梇木，中爲棟材，故縣受名焉。續志華陽國志皆作梇棟。隸釋益州太守無名碑有從史梇棟，字皆同説文。古人省多，自可通用弄字。水經江水注云，有弄棟八渡之難。六朝人亦有作弄棟者，然於義則乖矣。」云云。王氏所云梇木中爲棟材故縣受名云云，仍是望文生訓，不足爲據。頗疑其爲譯音也。

當川中有平巖，周迴五六頃，新築弄棟城在其上。管雜蠻數部落，悉無漢人。姚州百姓陷蠻者，皆被移隸遠處。

柘東城，廣德二年鳳伽異所置也。

達案：南詔閣羅鳳於唐玄宗天寶十一載北臣吐蕃，建號贊普鍾元年。南詔德化碑云：「十二年冬詔候隙省方，觀俗卹隱。次昆川，審形勢。言山河可以作藩屏，川陸可以養人民。十四年春，命長男鳳伽異於昆川置柘東城，居二詔佐鎮撫。於是威懾步頭，恩收曲靖，頒告所及，翕然俯從。」云云。由天寶十一載下推十四年是爲代宗永泰元年，較此處所云廣德二年後一年。蠻書與碑有出入，不知何故。

其地漢舊昆川，故謂昆池。東北有井邑城隍，城西有漢城，土俗相傳云是莊蹻故城。城之東十餘里有穀昌村，漢穀昌王故地也。

達案：昆川即今昆明地區，昆池即今滇池，説見本書卷二。莊蹻王滇，爲雲南古代歷史上一大事。其主要歷史紀載爲史記。史記卷一百十六西南夷列傳云：「始楚威王時，使將軍莊蹻將兵循江上略巴蜀黔中以西。莊蹻者，故楚莊王苗裔也。蹻至滇池，地方三百里，旁平地肥饒數千里，以兵威定屬楚。欲歸報，會秦擊奪楚巴黔中郡，道塞不通，因還以其衆王滇，變服從其俗以長之。」漢書卷九十五西南夷傳紀莊蹻事全同史記，只地方三百里一句無地字，因還作因迺。其後後漢書卷一百十六西南夷傳及華陽國志卷四南中志俱及莊蹻事，視史記漢書有所增益。華陽國志文云：「周之季世，楚威王遣將軍莊蹻泝沅水，出且蘭，以伐夜郎。植牂柯繫船。於是且蘭既克，夜郎又降，而秦奪楚黔中地，無路得反，遂留王滇池。蹻，楚莊王苗裔也。以牂柯繫船，因名且蘭爲牂柯國。分侯支黨，傳數百年。」後漢書文與華陽國志大致相同。唯後漢書夜郎國傳作莊豪，滇王傳作莊蹻。二者實即一人，不知何以互異。倪蜕在滇雲歷年傳卷一謂莊豪爲莊蹻之子若孫，則是調停之論，僅足供參考而已。莊蹻王滇，在年代上亦復參錯牴牾。史、漢作楚威王時，范書改爲頃襄王。一也。楚威王在位爲公元前三三九—三二九年，秦并黔中郡在公元前二七七年，兩者相去五十餘年。二也。歷來史家於此争論不決。凡此可參看日本和田清著滇王莊蹻故事一文。總之，謂莊蹻王滇於公元前四世紀末至三世紀中，大約相去不遠也。穀昌，本作郭昌。漢書卷二十八地理志上益州郡、續漢書郡國志益州郡俱有穀昌縣。華陽國志卷四南中志晉寧郡條：「晉寧郡本益州也。元鼎中屬牂牁越嶲。漢武帝元封二年，叟反，遣將軍郭昌討平之。因開爲郡，治滇池上，號曰益州。」又建寧郡穀昌縣條：「漢武帝將軍郭昌討夷平之，因名郭昌以威夷。孝章時改爲穀昌也。」元封二年漢武帝平滇王國，亦見後漢書卷一百十六滇王傳。又漢書卷六武帝本紀：「元封二年又遣將軍郭昌、中郎將衛廣發巴蜀兵平西南夷未服者以爲益州郡。」又：「六年，益州昆明反，赦京師亡命令從軍。遣拔胡將軍郭昌將以擊之。」兩次蓋俱以郭昌爲主將也。莊蹻城穀昌村據本書所云，分佈於柘東城西城東，其遺址後世尚有紀之者。萬曆雲南通志卷二地理志、雲南府古蹟苴蘭城條，在府城北十餘里，楚莊蹻王滇時所築，名穀昌城。傍有玉女城，乃梁王所築。案萬曆志舉莊蹻郭昌故城遺址混而爲一，甚誤，嘉慶一統志駁之，是也。嘉慶一統志卷四百七十六，雲南府古蹟穀昌故城條，在昆明縣北，漢縣屬益州郡，後漢因之。華陽國志：「漢武帝遣將軍郭昌平滇中，因名縣爲郭昌城以威蠻人。孝章時始改曰穀昌。」舊志，晉、宋、齊皆屬晉寧郡，後廢。按漢志作穀昌，常璩之言恐誤。又據明統志有苴蘭城，謂即穀昌城。按漢志故苴蘭與穀昌並載，亦未必一地也。今案莊蹻故城以及穀昌村，俱無可考。

貞元十年，南詔破西戎，遷施、順、磨些諸種數萬户以實其地。又從永昌以望苴子、望外喻等千餘户分隸城傍，以静道路。

晉甯州，漢滇池故地也。達案：滇池原本作滇河。漢益州郡有滇池縣。據華陽國志卷四南中志：「晉甯郡蜀建興三年改曰建甯，治味縣。甯州别建爲益州郡。後太守李遏與前太守董慬建興爨量共叛，甯州刺史王遜表改益州爲晉甯郡，治滇池縣。」則此處之滇河，必是滇池之誤，因爲改正。在柘東城南八十里晉平川，幅員數百里。西爨王墓，累累相望。

達案：本書卷四云：「在石城、昆川、曲軛、晉甯、喻獻、安甯至龍和城，謂之西爨；在曲靖州、彌鹿川、升麻川南至步頭，謂之東爨。」是晉甯州固西爨舊地也。今晉甯縣在滇池南，與昆明隔滇池南北相望，方位道里與本書所紀合。關於西爨王墓，萬曆雲南通志卷二地理志雲南府古蹟爨王墓碑條云：「在昆明縣東一十五里，題曰大周昆明隋西爨王之碑，成都閭丘均撰，洛陽賈餘絢書。」嘉慶重修一統志卷四百七十六雲南府陵墓隋西爨王墓條：「在昆明縣東十五里，舊有碑題曰昆明隋西爨王之碑，唐成都閭邱均撰文，洛陽賈餘絢書碑。今無存。」今案兩書蓋俱憑傳聞，是以萬曆志著録既曰大周，又曰隋，嘉慶志知其牴牾，於是去大周二字。而其爲主觀無據則均也。一九五六年晉甯石寨山發現大批遺物，其中有金質白文滇王之印一枚，又有銅鼓，上鑄人物甚多，有作戰争之形者，亦有形似奴隸與奴隸主而爲非漢族者。石寨山之發掘，僅及一部分，尚待繼續。所獲遺物之研究，亦方開始，未有結論。將來如將石寨山全部發掘，則其對於雲南古代，尤其對於滇池附近古代之歷史，必可以揭開新頁。而所謂西爨王墓之謎，亦可以隨之而解也。

石城川，味縣故地也。貞觀中爲郎州，開元初改爲南甯州。

達案：味爲漢以來舊縣。漢書卷二十八上益州郡有味縣，孟康曰音昧。華陽國志卷四南中志建甯郡治味縣。有明月社，夷晉不奉官，則官與共盟於此社也。正德雲南志卷九曲靖府古蹟，「石城在府城北二十餘里。隋牂牁郡地，唐爲莊州石城縣，屬黔州都督。舊有一碑，乃段氏與三十七部諸蠻立誓盟之碑。」讀史方輿紀要卷一百十四雲南二曲靖軍民府南甯城條云：「石城在府北二十里。志云，本漢牂牁郡地。唐貞觀初以蠻酋爨歸王爲南寧州都督，居石城。石晉天福二年，時南詔爲楊干貞所篡，竊其故城。段思平借兵東方諸爨，起兵石城，即此。」至於段氏石城會盟碑立於段素順之明政三年辛未，即宋太祖開寶四年。觀此則石城會盟由來久矣。南甯州之置在唐高祖武德初，開元初蓋重置耳。舊唐書卷四十一地理志郎州下：「武德元年開南中置南甯州，乃立味、同樂、升麻、同起、新豐、隴隄、泉麻、梁水、降九縣。武德四年置總管府，管南甯、恭、協、昆、尹、曾、姚、西濮、西宋九州。五年罷總管，其年冬復置，寄治益州。七年改爲都督，督西寧、豫、西、利、南雲、磨、南籠七州，并前九州，合十六州。仍割南甯州之降縣，屬西甯州。八年，自益州移都督於今治。貞觀六年罷都督置刺史。八年，改南甯爲郎州也。領縣七：味，隋廢；同樂縣，武德元年復置改名同樂；升麻、同起、新豐、隴隄、泉麻並與州同置。户六千九百四十二，在京師西南五千六百七十里。北接曲州。」新唐書卷四十二地理志：「南甯州隸戎州都督府，漢夜郎地。武德元年開南中，因故同樂縣置，治味。四年置總管府，五年僑治益州，八年復治味，更名郎州。貞觀元年罷都督，開元五年復故名。天寶末没於蠻，因廢。唐末復置州於清溪鎮。去黔州二十九日行。縣七：味、同樂、升麻、同起、新豐、隴堤、泉麻。」元以後改爲曲靖，相沿至今。嘉慶重修一統志卷四百八十四曲靖府建置沿革：「禹貢，梁州荒裔。漢爲益州、牂牱二郡地。三國漢改置建寧郡。晉置寧州，宋因之。齊改建寧郡曰左建平郡。梁末州郡俱廢。隋置恭州、協州。唐武德初開置南寧郡，改恭州置曲州，析協州置靖州。四年置總管府。八年更名郎州。貞觀元年，罷都督府。開元五年復故名曰南寧州，隸戎州都督府。天寶末没於蒙氏（僞置石城郡）。宋時段氏因之。後爲磨彌部所據。元初内附，置磨彌部萬户府。至元八年，改爲中路。十三年改曲靖路總管府，二十五年升爲宣撫司，隸雲南行中書省。明洪武中改爲曲靖軍民府，隸雲南布政使司。本朝因之，屬雲南省。今領州六，縣二。」

州城即諸葛亮戰處故城也。城中有諸葛亮所撰文，立二碑，背上篆文曰：「此碑如倒，蠻爲漢奴。」近年，蠻夷以木擆柱。案：新唐書謂諸葛亮碑在柘東城，與此不合，蓋唐書之誤。臣今春見安南兵馬使郭延宗曾奉使至柘東，停住一月日，館穀勤厚，贈遺不輕。案：以上五句與上下文不相屬，疑亦錯簡在此。又有夔鹿弄川，漢同勞縣故地也。案：舊唐書地理志郎州有同樂縣，同勞疑即同樂之訛。在龍河遇川南百餘里。

達案：據華陽國志卷四南中志，同勞縣屬晉寧郡，同樂縣屬建寧郡。同勞、同樂本是兩縣，分屬兩郡。四庫館臣案語非是。唯其誤亦不自四庫館臣始。景泰雲南圖經志書卷二陸涼州建置沿革云：「蠻云休納，又名瓦子，訛爲瓦作。南有古城曰魯昌，乃漢之同勞縣，即同樂也。」云云。是景泰圖經已視同勞、同樂爲一地矣。夔鹿弄川、龍河遇川，今地無可考。

石城南面有新豐川，漢南甯州新豐縣故地也。廢城牆塹猶在，大小石城川同。

達案：石城南二十里爲古南寧州，今曲靖。新豐川應在今曲靖南。本書卷二量水川條末謂新豐川亦有大池，甚廣。云云。此大池頗疑即今曲靖南五里之東海子，則今東海子左右，或即古新豐川也。

升麻川西川南有曲輒川，漢南甯州同起縣也。

達案：升麻川西川南有曲輒川一語，疑應作升麻川西南有曲輒川，第二川字是衍文。以無別本可據，姑存疑於此。升麻本漢以來舊縣。而收靡、牧麻、牧靡、升麻，紛紜無定。漢書卷二十八上地理志益州郡有收靡縣，華陽國志卷四南中志建寧郡有牧麻縣，明張佳胤本華陽國志又作升麻，與蠻書同。漢碑作牧靡。應以漢碑爲正。關於升麻，兹引王紹蘭之說以明之。王紹蘭漢書地理志校注卷下收靡，李奇曰，靡音麻，即升麻，殺毒藥所出也。王注云，「說文涂水出益州牧靡南山。段氏注云，牧前志作收，後志作牧。華陽國志竟作升。李奇曰，靡音麻，收靡即升麻。常璩曰，升麻縣山出好升麻。收、升、牧三字皆同紐。隸釋益州太守碑牧靡字凡三見。晉書亦作牧矣。紹蘭案：華陽國志宋李至本作牧麻縣，不作升麻。段氏所據乃明張佳允本，涉下出好升麻而誤耳。水經存水出犍爲郁鄢縣，注云，周水自縣東南流，逕牧靡縣北。若水注，繩水又東，涂水注之。水出建寧郡之牧靡縣南山，縣山並即草以立名。山在縣東北烏句山南五百里，出牧靡草，可以解毒。百卉方盛，鳥多誤食，烏喙中毒，必急飛往牧靡山，啄牧靡以解毒也。涂水導源臘谷，西北流至越嶲入繩。

此又牧靡名縣之確證。諸書皆作牧，惟前志作收。朱謀㙔水經注箋引李奇曰，牧靡即升麻也。是李奇作注時，志文本是牧靡，而非收靡。朱氏所據李注，亦本是牧靡，不作收靡。段氏徑改牧爲收，作爲李奇本注，又不言出自何書。幸有朱箋尚存，得據以正今本漢志之譌，且補李注之闕也。説文繫傳臣鍇案漢書涂出牧靡南山，西北入澠。此又楚金所見漢志舊本作牧靡不作收靡之確證，與李奇正合。張佳允華陽國志本雖誤以牧麻縣爲升麻縣，而張自注云，按漢書爲牧靡。是其所見志文亦作牧字，可見漢書在明時猶有善本。然則牧收形近，遂致誤牧爲收，無煩以收、升、牧三字同紐，曲爲附會矣。牧靡即牧麻，牧麻者牡麻也。枲麻無子謂之牡麻。升麻之無子者亦得謂之牡麻。蓋升麻之爲藥主於升氣，其用在根不在子。無子則根大而氣易上升，於解毒之效尤速，故取其牡者爲偁。方音轉爲牧麻，又轉爲牧靡，因以名其縣爾。益州太守無名碑有從史牧靡故吏牧靡。碑陰有「故吏牧靡陳漢字伯成，故吏牧靡楊（缺）字茂材。故吏牧靡」（下缺）。是益州太守碑牧靡亦不止三見也。」云云。酉陽雜俎前集卷十九草篇亦及牧靡，全採水經注文。本書卷四校注引錢坫徐松新斠注地理志集釋，謂升麻川即今尋甸。曲軛川又在升麻川西南，疑即在今嵩明境内也。

安甯鎮去柘東城西一日程，連然縣故地也。

達案：連然爲漢縣。漢書卷二十八上地理志益州郡連然有鹽官。晉時連然改隸晉寧郡。華陽國志卷四南中志晉寧郡連然縣有鹽泉，南中共仰之。讀史方輿紀要卷一百十四雲南府：「安甯州古滇國螳螂川地，漢爲益州郡之連然縣。晉初屬建寧郡，宋齊因之。隋初屬昆州。唐武德初改置安寧縣，仍屬昆州。天寶初陷於蠻。後爲蒙氏所據。段氏因之。元初取其地，隸於陽城堡萬户府，至元初立安寧千户所，後改爲安寧州。明初因之。領縣一。」清仍爲州，屬雲南府。近代改爲縣。安寧産鹽，見本書卷七。

通海鎮去安甯西第三程，至龍封驛。驛前臨瘴川，去柘東城八日程，漢俞元縣故地也。

達案：俞元縣漢隸益州郡。漢書卷二十八上地理志，益州郡俞元，池在南，橋水所出，東至毋單入温，行千九百里。懷山出銅。續漢書郡國志益州郡俞元，裝山出銅。懷山裝山當是一地也。郡國志劉昭注俞元下引華陽國志在河中洲上。今本華陽國志卷四南中志河陽郡云：「河陽郡刺史王遜分雲南置，屬縣四，户千。河陽縣郡治在河中源洲上也。」廖刻國志此下校語云：「此下脱文未詳。」唯自劉昭以來，以俞元爲即河陽郡則諸家無異辭。河陽爲舊澂江府首縣，今澂江縣。漢書地理志所云縣南之池即今撫仙湖，橋水即鐵赤河。入温者入南盤江也。裝山，嘉慶一統志以爲即羅藏山，唯未聞出銅。俞元既爲今澂江，通海鎮亦即今通海。據本書卷一所紀從安南府城至苴咩城路程，通海至安甯爲程四日，至江川一日，江川至晉甯一日。即自通海至俞元或龍封驛僅二日程，由此至柘東最多不過二日。而此云驛前臨瘴川，去柘東城八日程。此不合一也。此又云通海鎮去安甯西第三程至龍封驛，似龍封驛又在安甯西三程矣。然安甯西第三程爲曲館，並無龍封驛之名。此不合二也。私意俞元或龍封驛在通海至柘東路程之中，應無疑義。蠻書此處所紀程數方位，牴牾不符，當是文字有訛脱也。

量水川案：舊唐書地理志黎州有梁水縣，量水蓋即梁水，轉音之訛。漢舊黎州，今吐蕃呼爲量水川。

達案：量水川爲舊黎州，元置寧州，明清仍元舊，今改華甯縣。已見本書卷二量水川條，可參看。

通海城南十四日程至步頭。從步頭船行沿江三十五日出南蠻。

達案：步頭之名已見本書卷一，元史以爲建水古稱步頭。元史卷六十一地理志臨安路，「建水州在本路之南，近接交趾，爲雲南極邊。治故建水城。唐元和間蒙氏所築，古稱步頭。」云云。古稱步頭，洪武本元史以下古俱誤作右，茲改正。伯希和亦位置步頭於今臨安。伯希和交廣印度兩道考七步頭之方位云：「據云今爲臨安之建水州，乃就八〇六至八二〇年南詔所建之建水城設置，此城昔名步頭。然沙畹君於其考訂南詔碑一文之中，以爲步頭在今臨安北六十公里之通海縣治。並未言此種考訂本於何書。顧此説不特與元史之文不合，且與賈耽所誌路程不符。蓋步頭爲爨種之南端，賈耽路程已將通海鎮南三百二十里之龍武州列入爨境之內，而此龍武余將位置於臨安也。夫一地而具有步頭龍武二名，其事固異。但考步頭一名，惟見於自雲南至東京路程之中，而在自東京至雲南之兩種詳細路程中，不見此名。復次，校以蠻書卷六之一文，不特不能謂步頭即臨安，更不能謂在通海。其文云，通海城南十四日程至步頭。從步頭船行，沿江三十五日出南蠻。顧蠻書所誌之日期似乎太長，除此一點不計外，洵以此文爲是。則步頭即爲蠻書之賈勇步、賈耽之古湧步。蓋蠻書言從步頭船行，而賈耽謂至古湧步水路也。此種矛盾之點，余現未能説明。姑置蠻書之文不論，暫以古之步頭位置於今之臨安可矣。」今案伯希和據元史地理志位置步頭於臨安，然又頗爲疑惑，故在兩道考末附録一賈耽路程陸路中又謂古湧步似即今之蠻耗云云。日本杉本直治郎著阿倍仲麻呂（朝衡）傳研究，在其第二編中（頁四八三至五〇二）討論古湧步問題，根據各家調查紀録，謂紅河通航，上游止於蠻耗，因亦主張古湧步爲即蠻耗。下引方國瑜文，又主張以今元江爲古步頭，而以賈勇步或古湧步爲蠻耗。蠻書此處謂自通海至步頭爲十四日程，伯希和已言其太長。通海至臨安，伯希和引沙畹文爲六十公里，嘉慶一統志卷四百七十九臨安府作一百五十里。如以元江爲步頭，元江至臨安不及三百里，（嘉慶一統志卷四百九十三元江直隸州至石屏州界一百里，而石屏州治至臨安八十里，至西界一百一十里。故如自元江至臨安取道石屏，不過二百九十里也。）加上臨安通海間之一百五十里，只四百五十里而弱。通海至蠻耗里程不知若干，唯自臨安至蒙自亦爲一百五十里，由蒙自至蠻耗爲程不能逾百里。故自蠻耗迂道臨安至通海，最遠不能逾四百里。凡此與本書卷一所紀里程日程固有出入，與此處所紀十四日程出入更鉅。總之，樊綽賈耽所紀自安南入雲南路程，通海至安南府城一段，尚須重新與以考察，過去諸家之言，俱不能作爲定論也。方國瑜有步頭之方位一文，主張步頭在元江，古湧步或賈勇步在蠻耗。其文云：「伯希和曰，考步頭一名惟見於自雲南至東京路程之中，而在自東京至雲南之兩種詳細路程中不見此名，則步頭即蠻書之賈勇步、賈耽之古湧步。蓋蠻書言從步頭船行，而賈耽謂至古湧步水路也。瑜按唐代雲南以步頭爲最重要之一地。樊綽雲南志（即蠻書）卷四記兩爨地理曰，在石城、昆川、曲軛、晉甯、喻獻、安甯至龍和城，謂之西爨。在曲靖州、彌鹿川、升麻川、南至步頭，謂之東爨（新唐書南蠻傳同）。所載地名即自東而西與自東北而西南之兩路（瑜别有爨部地理考詳證之）。步頭爲極西南之一地，即爨部所管至步頭而止，當爲爨部邊境之重鎮。南詔侵滅爨部，德化碑記其功績曰，威懾步頭，恩收曲靖，頒告所及，翕然俯從。又曰，東爨悉歸，步頭已成内地。可見爨部以步頭爲一重鎮也。以瑜所考，爨部地理，略等於蜀漢及西晉所設之朱提、建甯、興古三郡。其境界在金沙江南，龍川江西，紅河之北。其東則包有今貴州省之一部份地。而步頭在爨部西南邊界，則應爲紅河流域之一地名。又以樊綽雲南志所載步頭爲紅河航行之起點，則應在通航之處。以道里考之，步頭不應爲賈勇步也。樊志卷一所載從安南至鄯闡柘東城之路程，自安南上水經峯州至賈勇步凡二十五日，並是水路。在賈勇步登陸，經通海城至柘東城凡十日。又新唐書地理志載賈耽從邊州入四夷道里，自安南經峯州入古湧步，水路凡千五百五十里，又七百八十里經通海鎮至柘東城。此兩種紀録所載地名雖稍異，可定爲同一路綫，即所謂通海城路也。而步頭路則樊志卷六曰，通海城南十四日程至步頭。從步頭船行沿江三十五日出南蠻。夷人不解舟船，多取通海城路賈勇步，入真登州林西原取峯州路行。以此紀録，可知步頭路非通海城路。通海城路在賈勇步登舟，則賈勇步當非步頭也。而步頭路船行亦當爲紅河。樊志之夷人不解舟船多取通海城路賈勇步十五字爲注文。以下入真、登州云云，亦步頭路所經，非謂步頭路不經真、登州等地。以樊志夷人不解舟船云云，亦可證通海城路與步頭路殊途同歸。且章仇兼瓊開步頭路，所以開拓西川與交趾間之交通。又安南都督王知進自步頭路入雲南，可知步頭路爲安南與雲南之交通綫。自步頭船行必在紅河，非此則無適當之解釋也。以通海路與步頭路之道里比較之，通海城路船行二十五日，而步頭路船行三十五日（按樊志船行三十五日當全程，非三十五日始出南蠻界），則步頭路多十日，步頭應在賈勇步上游十日程。又通海城路自賈勇步至通海城凡七日，通海城至步頭十四日，相差七日。然疑通海應作安甯。蓋樊志此文載於安甯鎮。且步頭路不經通海城，而唐初築安甯城，即爲通至步頭。則當時之步頭路當自安甯至步頭船行。十四日爲安甯步頭間之日程。樊志以安甯爲通海，或爲鈔者所訛。據上文水陸日程之比較，若假定賈勇步在今蠻耗，步頭應假定在今元江。所以名步頭者，或因在賈勇步之上游。步爲何意，尚未獲知。然元江多以步爲地名。如元史地理志元江路所屬有步日馬籠步步騰步竭等十二地名爲十二步，或阿泥語習用步爲地名也。景泰雲南志卷二夷語以縣爲部，部與步音相近。今紅河自元江可通航，然自元江至蠻耗之一段，道險難行。則樊志所謂夷人不解舟船者，或即因避險，故至賈勇步始登舟也。又自賈勇步取通海城路，則十一日程可至安甯，若取步頭路，則須二十四日。當以通海城路爲便。故居民多由通海赴越南，而步頭路漸廢也。元史地理志曰，建水州古稱步頭，亦曰巴甸。按建水今猶用爲地名，距紅河近，或在唐時屬步頭。然步頭則應在紅河岸。法國沙畹以爲步頭在臨安北之通海縣治（據伯希和引），則或因南詔置通海都督，管轄步頭區域而誤解也。」以上爲方氏文。方氏疑步頭之步或係哈尼語，並引景泰雲南圖經爲證。實則步即後世之埠，步頭即埠頭或碼頭。六朝唐宋語往往如此。任昉述異記下水際謂之步，柳宗元河東集卷二十八永州鐵爐步志，江之滸凡舟之可縻而上下者曰步，宋吴處厚青箱雜記卷三，嶺南謂水津爲步。（參看阿倍仲麻吕傳研究頁四八六至四八七。）蘇舜卿詩亦有步頭浴鳧暖出没之語。是所謂步頭或賈勇步、古湧步，亦中古時代習用以稱水邊市鎮之辭，出自漢語，與哈尼語無關也。元史地理志記雲南歷代地理沿革，本末燦然，其所據必爲所得大理圖籍。非有確證，元史之說不可遽廢。至於明永樂時經營安南，沐晟取道蒙自之蓮花灘，進入安南境，循洮江即富良江右岸之一路，研究步頭路或通海城路，固亦應取明代史事，參伍而互證之也。

夷人不解舟船，多取通海城路賈勇步入真、登州林西原，取峯州路行。量水川西南至龍河，又南與青木香山路直，南至崑崙國矣。

達案：文津本青木香山木作水，崑崙崑作昆，當是寫官之誤。峯州，本書卷一已有釋，即越南山西省之白鶴。龍河無可考。青木香山亦不知所指，崑崙國見後。

甯北城在漢楪達案：楪，文津本、内聚珍本作桑，鮑本及盧校俱作楪，今據改。榆縣之東境也。

達案：楪榆，漢書地理志作葉榆，續漢書郡國志作楪榆。漢書卷二十八上地理志益州郡葉榆顔師古注葉榆澤在東，貪水首受青蛉南至邪龍入僕行五百里。續漢書郡國志永昌郡楪榆，劉昭注云有河。葉榆、楪榆，即今大理，澤或河即今洱海。據華陽國志卷四南中志，蜀建興三年置雲南郡，葉榆縣又改屬雲南郡。南詔既統一六詔，始於縣境建甯北城。正德雲南志卷三大理府古蹟，甯北城在鄧川州北三十里。嘉慶一統志卷四百七十八大理府古蹟，安北城在鄧川州北三十里，唐時蒙氏所築。滇記，唐貞元十五年，異牟尋謀擊吐蕃，以鄧川州安北等城當寇路乃峭山深塹，修戰備，爲北面之固。段氏時城廢。一統志之安北，當即正德志之甯北，避清宣宗旻寧諱，因改寧爲安。續雲南通志又謂野共川即寧北城。然此處已云東地有野共川，則顯爲兩地矣。

本無城池。今以浪人詔矣羅君（達案：文津本脱君字。）舊宅爲理所。

達案：矣羅君爲浪人詔。據本書卷三，浪穹、邆賧、施浪，總謂之浪人，亦曰三浪詔。唐德宗貞元十年，異牟尋擊破劍川，俘矣羅君，徙之永昌。劍川既破，三浪瓦解。南詔因於此築寧北城，以矣羅君宅爲理所。南詔建劍川節度使，亦當在寧北城也。

東地有野共川，北地有浕川，又北有樻川，（達案：又北，文津本作又之北，當衍一之字。）又北有郎婆川，又北有桑川，即至鐵橋城北九賧川。

達案：野共川已見本書卷三邆賧詔條。浕川、樻川、郎婆川、桑川，俱在野共川北，今地不可考。九賧川即巨津州地。元史卷六十一地理志麗江路軍民宣撫司，「巨津州昔名羅波九睒，北接三川鐵橋，西鄰吐蕃。按唐書，南詔居鐵橋之南，西北與吐蕃接。今州境實大理西北陬要害地，麼些大酋世居之。憲宗三年内附。至元十四年於九睒立巨津州，蓋以鐵橋自昔爲南詔吐蕃交會之大津渡，故名。」正德雲南志卷十一麗江軍民府，「巨津州在府西北三百里。唐爲羅婆九賧，濮瀘二蠻所居，後麼些蠻奪其地。南詔又併之，屬麗水節度。元初内附。至元間於九賧置巨津州，屬麗江路。

本朝因之。」據嘉慶一統志，巨津州清省入麗江府。今麗江西北金沙江右岸有巨甸，疑即屬古巨津州，按圖，巨甸南有橋頭汛，或即州治也。鐵橋在州北一百三十里。嘉慶一統志卷四百八十五麗江府古蹟，「鐵橋城在麗江縣西北，舊巨津州北一百三十里鐵橋南。唐書天寶初南詔叛唐，於磨些九賧地置鐵橋跨金沙江，以通吐蕃來往之道。貞元十年，異牟尋歸唐，襲破吐蕃鐵橋十六城。十五年吐蕃襲南詔，分軍屯鐵橋，南詔毒其水，人畜多死。元史地理志，磨些二部皆烏蠻種居鐵橋。明統志，鐵橋之建或云吐蕃，或云隋史萬歲及蘇榮，或云南詔閣羅鳳，異牟尋歸唐時，斷之以絶吐蕃。其處有鐵橋城，吐蕃嘗置鐵橋節度於此。府志，橋所跨處穴石錮鐵爲之，冬月水清，猶見鐵環在焉。城在鐵橋南，吐蕃十六城之一，今遺址尚存。」云云。讀史方輿紀要卷一百十七麗江軍民府條紀鐵橋與諸書同，蓋俱不能指其確址矣。

又西北有羅眉川。

達案：羅眉川，即元明時之蘭州。元史卷六十一地理志麗江路軍民宣撫司，「蘭州在蘭滄水之東。漢永平中始通博南山道，渡蘭滄水，置博南縣。唐爲盧鹿蠻部。至段氏時置蘭溪郡，隸大理。元憲宗四年内附，隸茶罕章管民官，至元十二年改蘭州。」正德雲南志卷十一麗江軍民府，「蘭州在府西三百六十里。東漢永平中置博南縣屬永昌郡。唐時地屬南詔，爲獵蠻所居，名羅眉川。宋時大理始置瀾滄郡，以董慶者治之。後周姓強盛，遂與董分爲二部，以江爲限。元初内附，至元間置蘭州，屬麗江路。本朝洪武十五年改屬鶴慶府，後仍舊。」據嘉慶一統志，清省州入府。今劍川西白石江上游有蘭坪縣，舊圖謂即古蘭州，亦即羅眉川也。

又西牟郎共城。又西至傍彌潛城，有鹽井。鹽井西有劍尋城。達案：劍尋原本作斂尋，依卷四例改。皆施蠻、順蠻部落，今所居之地也。又西北至聿賫城，又西北至弄視川。

達案：牟郎共城無考。傍彌潛城當由順蠻王傍彌潛得名。施蠻、順蠻原居劍共諸川，爲遻賧詔咩羅皮浪穹詔鐸羅望所奪，遂退居鐵橋已上之劍羌，本書卷四謂在劍尋賧西北四百里。卷四順蠻條云：「貞元十年南詔異牟尋虜其王傍彌潛宗族置於雲南白崖養給之。」云云。是以施順二蠻所居之劍羌在劍尋西北也。而依此處所云，劍尋在傍彌潛城之西。本書卷七亦謂劍尋東南有傍彌潛井。皆與卷四之説不合，不知何故。竊疑傍彌潛劍尋諸城俱應在鐵橋西北。聿賫即本書卷二蘭滄江條之聿齎，弄視川又在聿賫西北。故所謂傍彌潛、劍尋、聿賫、弄視川諸地，皆當於今德欽以南，維西以北迪慶藏族自治州境内求之，或竟在此一段内金沙江瀾滄江之間也。

鐵橋城在劍川北三日程。川中平路有驛。貞元十年，南詔異牟尋用軍破東西兩城，斬斷鐵橋，大籠官已下投水死者以萬計。

達案：鐵橋城釋見上。此云在劍川北三日程，更近似於橋頭汎矣。貞元初韋皋爲劍南西川節度使，圖使雲南重歸於唐。遂相默契。韋皋既招西山諸國及東蠻內附，絶吐蕃侵蜀嚮導。貞元十年初，南詔異牟尋遂襲擊吐蕃，大敗之於神川。開元二十六年閣羅鳳始併合六詔，然只能守𣶏川以南，劍川以北以至金沙江，俱屬吐蕃，故南詔亦不能不唯唯聽命於吐蕃也。貞元十年初，異牟尋擊敗吐蕃，襲取鐵橋而有之。於是席捲三浪，奠定兩川，金沙江以南遂俱爲南詔所有。南詔霸業，閣羅鳳創之於前，異牟尋成之於後。南詔既歸於唐，正如鄴侯所云斷吐蕃之右臂，使蜀川得數十年之平安。貞元十年之戰，無論在李唐史上或南詔史上，俱爲一重大之戰役也。此一戰，舊唐書卷一百九十七南蠻傳紀之云：「初，吐蕃因争北庭與迴鶻大戰，死傷頗衆，乃徵兵於牟尋，須萬人。牟尋既定計歸我，欲因徵兵以襲之，乃示寡弱。謂吐蕃曰，蠻軍素少，僅可發三千人。吐蕃少之，請益至五千，乃許。牟尋遽遣兵五千人戍吐蕃，乃自將數萬踵其後，晝夜兼行，乘其無備，大破吐蕃於神川，遂斷鐵橋，遣使告捷。且請韋皋使閱其所虜獲及城堡，以取信焉。時韋皋上言，牟尋收鐵橋已來城壘一十六，擒其王五人，降其衆十餘萬。」新唐書卷二百二十二上南詔傳紀此云：「初，吐蕃與回鶻戰，殺傷甚衆，調南詔萬人。牟尋欲襲吐蕃，陽示寡弱，以三千人行，許之。即自將數萬，踵後晝夜行。大破吐蕃於神川，遂斷鐵橋，溺死以萬計，俘其五王。」唐會要卷九十九南詔蠻條云：「貞元十年三月，劍南節度使韋皋奏雲南蠻王異牟尋領部落兵馬破吐蕃，并收鐵橋以來城壘一十六，擒吐蕃王五人，歸降百姓一十二萬人，約計三萬餘户，大小城一十六所。敕旨宣付所司。」會要紀牟尋破吐蕃後韋皋上奏爲貞元十年三月，袁滋册封南詔爲六月。兩唐書既置牟尋破吐蕃於十年，而移袁滋册封事於明年夏，皆後一年。通鑑考異已正其誤矣。

今西城南詔置兵守禦，東城至神川已來，半爲散地。見管浪加萌、於浪、傳兗、長褌、磨些、撲子、河人、弄棟等十餘種。

達案：神川，顧祖禹謂即金沙江。讀史方輿紀要卷一百十七巨津州條：「金沙江在州北謂之神川。」是也。此所謂神川如指金沙江而言，亦當係指金沙江上游，鐵橋附近之一段也。浪加萌、於浪、傳兗諸種無考。長褌、磨些、撲子、河人、弄棟諸種，俱見本書卷四。撲子蠻居開南、銀生、永昌、尋傳及鐵橋西北邊延蘭滄江等處。磨些蠻在施蠻郊，即劍共等川，以與南詔爲婚姻，史未言遷徙。弄棟於貞元十年後徙居永昌，或偏處永昌以北，故能與磨些、撲子，同受南詔鐵橋節度管轄也。長褌已與施順諸蠻散隸東北諸川，河人即河蠻，貞元以後徙於柘東。今南詔鐵橋節度所轄尚有長褌河人，或係遷徙未盡之餘部耳。

昆明城在東瀘之西，去龍口十六日程。

達案：昆明之名始見於漢，今四川西部，舊西康境内之鹽源縣，相傳即古昆明所在，即本書所云之昆明城是也。至今昆明，始建於南詔，名爲柘東，亦曰善闡，大理段氏仍而不改。元取雲南，於柘東又出押赤一名。移巂州之昆明以名柘東，疑在明以後也。史記卷一百十六西南夷傳紀昆明云：「西自同師以東北至楪榆，名爲巂昆明。」索隱引崔浩謂巂昆明二國名。正義曰：「昆明，巂州縣，蓋南接昆明之地因名也。」漢書卷九十五西南夷傳：「其外西自桐師以東，北至葉榆，名爲巂昆明。」師古曰：「巂即今之巂州也。昆明又在其西南，即今之南甯州，諸爨所居是其地也。」元和郡縣志卷三十三巂州昆明縣，「東北至州三百里。本漢定筰縣也。屬越巂國，去郡三百里。出鹽鐵，夷皆用之。漢將張嶷殺其豪率，遂獲鹽鐵之利，後没蠻夷。周武帝立定筰鎮。凡言筰者，夷人於大江水上置藤橋謂之筰，其定筰、大筰，皆是近水置筰橋處。武德二年於鎮置昆明縣，蓋南接昆明之地，因以爲名。」又案古原有昆明蠻，亦作昆彌蠻，昆明地名大約因種族之名而來也。新唐書卷二百二十二下昆明蠻傳云：「爨蠻西有昆明蠻，一曰昆彌，以西洱河爲境，即葉榆河也。距京師九千里。土歊濕，宜秔稻。人辮首左衽，與突厥同。隨水草畜牧，夏處高山，冬入深谷。尚戰死，惡病亡，勝兵數萬。武德中巂州治中吉偉使南甯，因至其國，諭使入朝貢，求内屬。發兵戍守。自是歲與牂柯使偕來。龍翔三年，矩州刺史謝法成招慰比樓等七千户内附。總章三年置禄州、湯望州。咸亨三年，昆明十四姓率户二萬内附，析其地爲殷州、總州、敦州以安輯之。殷州居戎州西北，總州居西南，敦州居南，遠不過五百餘里，近三百里。其後又置盤、麻等四十一州，皆以首領爲刺史。」唐會要卷九十八昆彌國條云：「昆彌國者一曰昆明，西南夷也。以爨之西洱河爲界，即葉榆河也。其俗與突厥略同。去京師九千里，勝兵數萬人。相傳云，與匈奴本是兄弟國也。漢武帝得其地入益州郡部。其後復絶。諸葛亮定南中，亦所不至。武德四年，巂州治中吉宏偉使南甯，因至其國諭之。至十二月遣使朝貢，因求内附，自是每歲不絶。其使多由黔南路而至。近又封其別帥爲滇王，世襲其國。貞觀十九年四月二十日，右武候將軍梁建方討蠻，降其諸屯七十二所，户十萬九千三百。遣使往西洱河，有數十百部落，大者五六百户，小者二三百户。無大君長。有數十姓，以楊、李、趙、董爲名家，各擅一州，不相統攝。自云其先本漢人。有城郭村邑。自夜郎滇池以西，皆云莊蹻之餘種也。其土五穀與中夏同。以十二月爲歲首。」云云。昆明地產鹽鐵，漢以來即爲人所重視。唐初吐蕃崛起，奪取昆明，遂又成爲唐蕃紛争之源。開元間收復昆明，吐蕃爲之大怒。曲江集卷十一敕吐蕃贊普書云：「往者此蠻背恩，侵我邊鄙。昆明即巂州之故縣，鹽井乃昆明之本城。今復舊疆，何廢修築？而云除却，是何道理？」又卷十二敕西南蠻大首領蒙歸義書云：「又巂州鹽井，本屬國家，中間被其内侵，近日始復收得。卿彼蕃落，亦應具知。吐蕃惟利是貪，數論鹽井，比有信使，頻以爲詞。今知其將兵，擬侵蠻落，兼擬取鹽井，事似不虛。國家與之通和，未嘗有惡。今既如此，不可不防。卿即與達奚守珪部落團練。候其有動，方可出兵，必無事蹤，亦不得先舉。嶲州相去，道里稍遥。若有驚急，復須爲援。」云云。唐開元時，唐與吐蕃俱圖奪取今金沙江南北，今大渡河南鹽源以至姚州以西洱海以東地區，因而彼此糾紛迭起。曲江集中與吐蕃贊普諸敕，可以見其梗概，上舉二敕論及昆明特其一端耳。天寶後南詔臣屬吐蕃，嶲州諸地，一時陷没。貞元以後唐與南詔復好。據新唐書卷二百二十二上南詔傳：「貞元十年異牟尋攻吐蕃，復取昆明以食鹽池。」唯南詔之有昆明大約爲時不久，又爲吐蕃所有。是以貞元十八年，唐、詔合力攻吐蕃，雖大有克獲，而圍昆明、維州終不能下。吐蕃且盛屯昆明、神川、納川自守，與唐、詔成相持之局。本書列昆明於雲南城鎮之内，亦如上文所云聿賫城，與納川、故洪、諸濟、臘本屬吐蕃五城之一；蓋不可局泥於文字之間，以爲俱屬雲南也。

正北有諱苴川，正南至松外城，又正南至龍怯河，西南至小婆城，又西南至大婆城，西北至三探覽城，又西北至鐵橋城。其鐵橋上下及（達案：及，原本作乃，按文義應是及字之誤，因爲臆正。）昆明、雙舍至松外已東，邊近瀘水，並磨些種落所居之地。

達案：諱苴川無可考。松外城大約即因松外諸蠻而來。龍怯河雙舍見本書卷三，龍怯河卷三作龍佉沙，新唐書越析詔傳作龍佉河。小婆、大婆、三探覽見本書卷四磨蠻條。小婆、大婆、三探覽俱在今麗江區，龍佉河、雙舍則是渡瀘水即金沙江北岸地區。總而言之，諱苴川、松外、龍佉河、雙舍，俱在今鹽源以南金沙江北岸，以及金沙江自南向東北遶過玉龍雪山復向南流一段之江東面，即舊永北廳今甯蒗彝族自治縣以内。鐵橋東城應在金沙江東岸。邊近瀘水指金沙江而言。本段開始所云昆明城在東瀘之西，此東瀘指東瀘水，古稱爲若水，又名諾水，即今鴉礱江。以上諸城，亦俱在東瀘水即鴉礱江以西。磨些族，自稱納西族，今尚聚居於麗江區金沙江左右也。

永昌城古哀牢地，在玷蒼山西六日程。

達案：漢武帝時始通雲南，置益州郡，領縣二十四，其地大率在今滇池左右，洱海東西，最西以至於今保山地區。至漢明帝永平二年，乃分益州郡置永昌郡，領縣八。滇池左右胥歸益州，洱海東西以至保山則歸永昌。後世三迤之局於此顯其端倪。正德雲南志卷十三金齒軍民指揮使祠建置沿革云：「禹貢，梁州徼外之地。天文井鬼分野。古哀牢國。漢武帝時内附，置不韋縣，屬益州郡。後叛。建武中其王賢栗等率其種人萬餘詣越嶲太守鄭鴻降，光武封爲君長。永平元年，諸夷復叛，遣益州太守張翕討平之。立瀾滄郡，尋改永昌郡，以廣漢鄭純爲太守。十二年以其地置哀牢、博南二縣，割益州郡西部都尉所領六縣，合爲永昌郡。蜀漢諸葛亮取南中，仍爲永昌郡。晉因之。唐屬姚州都督府。後爲南詔蒙氏所據。歷段氏高氏皆爲永昌府。元憲宗七年，於永昌立三千户所，隸大理萬户府。至元十一年立永昌州，十五年陞爲府，隸大理路。及置金齒等處宣撫司，治於此。本朝洪武十五年仍置府，又立金齒衛。至二十三年省府，以金齒衛爲軍民指揮使司。領縣一、安撫司一、長官司二。」據嘉慶重修一統志卷四百八十七永昌府明嘉靖元年改爲永昌軍民府。入清改爲永昌府。今爲保山縣。

西北去廣蕩城六十日程。廣蕩城接吐蕃界。隔候雪山西邊大洞川，亦有諸葛武侯城。城中有神廟，土俗咸共敬畏，禱祝不闕。蠻夷騎馬，遥望廟即下馬趨走。西南管柘南城，土俗相傳，呼爲要鎮。正南過唐封川，至茫天連。自蘭滄江以西，越賧、撲子，其種並是望苴子。俗尚勇力，土又多馬。開元已前，閉絶與六詔不通。盛羅皮始置（達案：置字原本作罷，曾昭燏云：「罷字疑是置字之誤。」其説是也。因據改。）柘俞城，閤羅鳳已後，漸就柔服。通計南詔兵數三萬，而永昌（達案：昌原本作西，疑是昌字之誤，因爲臆正。）居其一。又雜種有金齒、漆齒、銀齒、繡脚、穿鼻、裸形、磨些、望外喻等，皆三譯四譯，言語乃與河賧相通。

達案：廣蕩城、大洞川以及稱爲要鎮之柘南城，俱無可考。唐封川、茫天連，見本書卷四茫蠻條，蓋在今芒市地區。撲子已見本書卷四，李京謂即蒲蠻，與望苴子俱在瀾滄江西。此處云盛羅皮始置柘俞城，本書卷四望苴子蠻條亦云盛羅皮所討定。顧此處又云開元已前閉絶，與六詔不通。所紀似有牴牾。今案盛羅皮卒於開元十六年，子皮羅閣嗣，唐賜名曰蒙歸義。南詔至歸義始漸強大，開元二十六年遂成併吞六詔之局。南詔德化碑亦只贊頌歸義及其子閣羅鳳，初不及盛羅皮之開闢疆土。閣羅鳳討平尋傳，於是裸形不討自來，祁鮮望風而至，皆在贊普鍾十一年，即唐肅宗寶應元年。南詔經營西陲，蓋始於此。今兩云盛羅皮，頗疑其有誤也。金齒、漆齒、銀齒、繡脚、穿鼻、裸形、磨些、望外喻諸種，俱見本書卷四。至謂諸種人三譯四譯言語乃與河賧相通者，據本書卷二高黎共山條，河賧賈客在尋傳羈離未還云云，蓋河賧人從事貿易，往往至此。三譯四譯，乃以河賧人爲傳譯耳。河賧應即原住大理地區之河蠻。本書卷四紀諸爨大亂，爨日進殺爨歸王。歸王之子守偶并妻歸河賧。守偶妻歸義女，歸河賧即歸大理。此亦河賧即河蠻即大理之又一證也。

銀生城在撲賧之南，去龍尾城十日程。

達案：銀生爲南詔所立節度使之一，與開南俱爲威懾南部之重鎮。元史卷六十一地理志威楚開南等路條云：「爲雜蠻耕牧之地，夷名俄碌。歷代無郡邑，後爨酋威楚築城，俄碌睒居之。唐時蒙舍詔閣羅鳳合六詔爲一，侵俄碌，取和子城，今鎮南州是也。後閣羅鳳叛，於本境立郡縣，諸爨盡附。蒙氏立二都督六節度，銀生節度即今路也。及段氏興，銀生隸姚州，又名當筋瞼。及高昇泰執大理國柄，封其姪子明量於威楚，築外城，號德江城。傳至其裔長壽。元憲宗三年征大理，平之。六年立威楚萬户。至元八年改威楚路，置總管府，領縣二州四，州領一縣。」（本路軍民屯田共七千一百雙）又開南州條云：「州在路西南。其川分十二甸。昔樸、和泥二蠻所居也。莊蹻王滇池，漢武開西南夷，諸葛孔明定益州，皆未嘗涉其境。至蒙氏興立銀生府。後爲金齒白蠻所陷，移府治於威楚開南，遂爲生蠻所據。自南詔至段氏，皆爲徼外荒僻之地。元中統三年平之，以所部隸威楚萬户。至元十二年，改爲開南州。」元代之威楚開南等路，至明改爲景東府，清爲景東廳。嘉慶重修一統志卷四百九十五景東廳建置沿革云：「禹貢梁州荒裔，漢益州徼外地。（明史，景東古柘南也。漢尚未有其地。）唐時南詔蒙氏立銀生府於此，爲六節度之一。尋爲金齒白蠻所陷，移府治於威楚，白蠻遂據其地。歷大理段氏莫能服。元中統三年平之，以所部隸威楚萬户。至元十二年，置開南州，仍隸威楚路。明洪武中改爲景東府，隸雲南布政使司。本朝初因之，屬雲南省。乾隆三十年改景東廳。」又古蹟條：「開南故城今廳治。元志，開南州在楚雄路西南。」今案銀生城一般俱認爲即今景東。此處云銀生城在撲賧之南，去龍尾城十日程。今自景東北行至蒙化即巍山，約二百八十里，由蒙化即巍山北行至龍尾城即下關八十里。故自景東北行至今下關，最多不過三百六十里，與十日程之説，頗難折合。不知其難於折合之故何在？又此處下云開南城在龍尾城南十一日程，而嘉慶重修一統志又謂開南故城即爲景東廳治，二者有一日程之出入，亦頗難索解。凡此俱有待於續考也。

東南有通鐙川，又直南通河普川，又正南通羌浪川，卻是邊海無人之境也。東至送江川，南至邛鵝川，又南至林記川，又東南至大銀孔。

達案：此處所舉銀生城南之通鐙、河普、羌浪、送江、邛鵝、林江諸川，除所記方位而外，餘俱無可考。大銀孔，沈曾植在其蠻書校本跋中以爲即東西漾貢。其言曰：「此書（按指蠻書）以三大水分畫緬境。蘭滄江流爲一部，其西岸爲驃地，東岸當是河蠻。又東即車里十三版納，後漢書所謂撣國者，唐世或爲獨錦蠻。書中於此，殊不詳晰。麗水即今怒江爲一部，其東岸爲驃地，西岸之西北則撲子蠻望苴子外喻部落。次爲茫蠻，次南驃地，極南至於兜彌伽棚，彌臣怒江入海之口，東西漾貢，即此書之大銀孔也。西岸曰巴桑，或譯巴新，即此書之彌臣也。彌諾江流爲一部，即今圖邁立開河。東岸爲驃，西岸彌諾，即圖蒙尼瓦。」云云。所謂東西漾貢，即仰光之異譯。沈氏此處所云頗多可議之處，如以撣族爲即獨錦蠻，即其一端，茲姑不論。其以大銀孔爲即漾貢，即跋中之麗水即怒江一部立説謬誤，不足爲據。一曰方位全非也。蠻書此處所紀方位，都屬直南、正南、東、南以及東南。銀生在龍尾城南，位於東經一百度以東，由此南行或東南行，豈能至位於東經九十六度十五分左右之仰光?此其一。二曰地名多誤也。蠻書之麗水指伊洛瓦底江而言，漾貢或仰光在伊洛瓦底江入孟加拉灣處。怒江在蠻書中另爲一江，在麗水即伊洛瓦底江之東，二水雖俱流入孟加拉灣，而不可混爲一談。怒江一名薩爾温江，其入海處之城市名毛淡棉，即新唐書卷二百二十二下驃國傳所著三十二部落中之摩地勃。張冠李戴，混淆不清，此其二。故沈氏以大銀孔爲即東西漾貢即仰光之説，蓋不足爲據也。法國費瑯在其所撰之南海中之波斯一文中（文見馮承鈞譯西域南海史地考證譯叢續編頁九一至一〇九），主張蠻書之大銀孔應在今暹羅灣中。費氏此文在考證蠻書此處所云之波斯，故於大銀孔問題，未加闡述。然其所提出之暹羅灣，似較沈説爲合理也。

又南有婆羅門、波斯、闍婆、勃泥、崑崙數種外道。達案：道原本作通，御覽卷九百八十一麝條引南夷志作道，因據以改正。交易之處，多諸珍寶，以黄金麝香爲貴貨。

達案：婆羅門、崑崙，本書卷十有專條論述，兹不贅。闍婆、勃泥俱南海地名。闍婆即今爪哇，梵文作Javadvipa，法顯佛國記譯作耶婆提者是也。古代闍婆一名，通用於今爪哇蘇門答臘兩地。宋以後如嶺外代答卷二諸蕃志卷上俱謂闍婆又名莆家龍，蓋指今爪哇而言。此處之闍婆疑與嶺外代答諸蕃志所指者同也。通典卷一百八十八、太平御覽卷七百八十七又有社薄、諸薄，馮承鈞譯爲闍婆之古譯。馮氏説詳見其所撰諸蕃志校注卷上闍婆國條注一。勃泥，諸蕃志諸書亦作渤泥，即

Borneo，今印度尼西亞之加里曼丹是也。法國費瑯在其所著大食波斯突厥文地誌行記六六一頁謂勃泥乃是Burni，一字之對音云云。費瑯説略見諸蕃志校注卷上渤泥國條注一。至於波斯一名，在中國史籍上著録甚多，唯有西亞波斯與南海波斯之别。此處所指，應屬南海波斯，然其今地，則迄無定論也。B. Laufer在其所著之Sino-Iranica頁四六八至四八七有專篇論馬來波斯及其出産。其中亦紀及南海波斯出産之文獻紀録，並於各家討論南海波斯地望諸説，一一予以辨詰。末謂欲探究南海波斯之今地，於其出産應特加注意，如此或可以得其真像也。云云。其後費瑯撰南海之波斯一文，以爲此南海之波斯得爲緬甸之Bassein，亦得爲蘇門答臘東北岸之pasé，且得爲渤泥、爪哇或彭家（Banka）等島之Pasir，云云。費瑯文收入馮承鈞西域南海史地考證譯叢續編頁九一至一〇九。嶺外代答卷三波斯國條所紀即爲南海波斯。其文云：「西南海上波斯國，其人肌理甚黑，鬢髮皆拳。兩手鈐以金串。縵身以青花布。無城郭。其王早朝以虎布蒙杌疊足坐，羣下禮拜。出則乘軟兜，或騎象。從者百餘人執劍呵護。食餅肉，飯盛以甆器，掬而啗之。」諸蕃志卷上波斯國條即全襲代答之文，只字句小異而已。

撲子、長鬃等數十種蠻。又開南城在龍尾城南十一日程。

達案：撲子、長鬃，已見本書卷四。開南城，上釋銀生城引元史地理志已有説明，可以參閲。

管柳追和都督城。又威遠城、奉逸城、利潤城，内有鹽井一百來所。茫乃道并黑齒等類十部落皆屬焉。陸路去永昌十日程，水路下彌臣國三十日程。南至南海，去崑崙國三日程。中間又管模迦羅、于泥、禮强子等族類五部落。

達案：柳追和都督城、威遠城、奉逸城、利潤城俱無可考。茫乃道疑爲茫蠻之一部。本書卷四記茫蠻及黑齒等部落，爲數十餘。依此處所紀，俱應屬銀生節度管轄也。彌臣國，據伯希和在其交廣印度兩道考十七麗水及驃國篇中所考，國在禄郸江口，換言之即在伊洛瓦底江口也。崑崙，釋見卷十，伯希和以爲即古稱頓遜之Tenasserim，又以爲在越南半島南部及馬來半島孟種所居地區。總之古代雲南西部有水道與西方相通。三國志魏志卷三十注引魚豢魏略西戎傳云：「大秦道既從海北陸通，又循海而南，與交阯七郡外夷，北又有水道通益州永昌，故永昌出異物。」又云，「盤越國一名漢越王，在天竺東南數千里，與益部相近。其人小與中國人等。蜀人賈似至焉。」今案魏略之漢越應即華陽國志卷四南中志永昌郡之僄越。僄越即驃國。僄或驃，古又作漂，漢越者漂越之誤，亦即僄越也。蠻書水路下彌臣國之文，正可爲魏略作注脚。公元後第一世紀左右，至東方貿易之羅馬商人，即有横截孟加拉灣至緬甸之Sabana港，由此以與中國貿易。羅馬時代Ptolemy's Geographica 地理志即曾紀其事。後漢書卷一百十六西南夷傳謂漢安帝永寧元年撣國王雍由調獻海西幻人，海西即大秦，云撣國西南通大秦。合魏略諸書觀之，可見東西紀載，蓋若合符節也。

越禮城在永昌北，管長傍、藤彎。長傍城三面高山，臨禄卑江。達案：禄卑原本作禄旱，茲依卷二例改作禄卑。藤彎城南至摩些樂城，西南有羅君尋城。又西至利城，渡水郎陽川，直南過山，至押西城。又南至首外川。又西至茫部落。又西至鹽井。達案：又西至鹽井，文津本作又至西鹽井，餘本不誤。又西至拔熬河麗水城。尋傳大川城在水東。從上郎坪北里眉羅苴鹽井又至安西城，直北至小婆羅門國。東有寶山城。又西渡麗水，至金寶城。眉羅苴西南有金生城。從金寶城北牟郎城渡麗水至金寶城。從金寶城西至道吉川，東北至門波城，西北至廣蕩城，接吐蕃界。北對雪山，所管部落，與鎮西城同。

達案：此處地名，多不可考，然大概當都在蘭滄江以西，麗水即伊洛瓦底江東西兩岸也。越禮城在永昌北，即在蘭滄江西。其所管長傍城，數見本書卷七，既云臨禄卑江，則已在怒江之西，疑即在麗水東岸也。藤彎無考，疑即賈耽路程之騰充，本書卷七之藤充。摩些樂城，伯希和在其交廣印度兩道考十八雲南入緬甸之西南一道中以爲即賈耽路程之樂城，舊唐書卷一百九十七驃國傳之些樂城。伯希和未言其今地，疑應在今騰衝以南求之也。以下羅君尋城、利城、郎陽川、押西城、首外川諸地俱不可考。唯如茫部落即本書卷四之茫蠻部落，地在今芒市左右者，則至郎陽川所渡之水當是怒江。拔熬河無考。麗水城在藤充西麗水即伊洛瓦底江東岸。伯希和在兩道考十九雲南入緬甸之正西一道中疑其爲新街（又名八莫）或其北之一地，顧亦不敢決也。尋傳大川城在水東，此水指麗水。城址所在不可考。據此處紀載順序，已逐漸循麗水北上。上郎坪，以及其北之里眉羅苴鹽井無考。安西城除見此處外，尚見本書卷十，爲南詔西陲一重鎮，顧地無可考，只能知其在麗水以西而已。由此直北至小婆羅門國。小婆羅門國應在今印度東部阿薩密地方。以下所紀比較混亂，寶山城又在麗水以東，金生城、牟郎城，亦在麗水之東。由牟郎城又渡麗水而南至金寶城。本書卷七生金條云藤充北金寶山，頗疑金寶城因出金之金寶山而得名，蓋在藤充以北麗水以西也。以其在藤充以北，故由此西北至廣蕩城接吐蕃界北對雪山。蓋已至貢山獨龍怒族區域矣。鎮西城今亦無可考。

鎮西城南至蒼望城，臨麗水，東北至彌城，西北至麗水渡。麗水渡面南至祁鮮山。山西有神龍河柵。祁鮮已西即裸形蠻也。管摩零都督城，在山上。自尋傳、祁鮮已往，悉有瘴毒，地平如砥，冬草木不枯，日從草際沒。諸城鎮官，懼瘴癘，或越在他處，不親視事。南詔特於摩零山上築城，置腹心，理尋傳、長傍、摩零、金彌城等五道事云。凡管金齒、漆齒、繡脚、繡面、彫題、僧耆等十餘部落。

達案：此處所云之鎮西、蒼望、彌城或金彌城，俱無可考，只知其俱位於麗水以東而已。祁鮮山在麗水以西，不知爲今何山。今瀾滄江以西伊洛瓦底江以東，自北緯二十四度至二十八度之間，南詔於此一地區置永昌、鎮西二節度使，摩零都督，所管諸城越禮以下數達二十。南詔之重視西陲蓋可見矣。金齒、漆齒、繡脚、繡面、僧耆諸部落名，已見本書卷四名類篇，唯遺彫題一種。卷四謂諸部落並是永昌開南雜類種。至今滇西諸種人中尚存有繡面彫題之習。由此以至於印度緬甸交界處之那伽部落亦復如是。至於僧耆，唐宋時代俱以之指一種黑人而言。新唐書卷二百二十二下訶陵傳：「元和八年獻僧衹奴四，五色鸚鵡頻伽鳥。」同卷室利佛逝國傳：「又獻侏儒僧衹女各二及歌舞。」字作僧衹。册府元龜卷九百七十二朝貢五：「憲宗元和十年八月，訶陵國遣使獻金衹童及五色鸚鵡頻迦鳥並異香名寶。」又十三年：「是年訶陵國遣使進僧耆女二人，鸚鵡玳瑁及生犀等。」又作金衹及僧耆。宋人書如嶺外代答卷三及諸蕃志卷上之崑崙層期國，則又作層期。其實僧衹、金衹、僧耆、層期，俱是一字之異譯，所指爲一種黑人。崑崙言其形貌，層期云云，則指其所從來之地望耳。唐、宋書中之僧衹或僧耆，皆是Zangi一字之同名異譯，殆皆來自非洲東岸。關於此事可參看馮承鈞諸蕃志校注卷上海上雜國崑崙層期國條注一。不過此處之僧耆部落疑指怒江上流之一種侏儒族而言，與非洲東岸之僧耆人無關，樊氏僅取當時通行之一名稱以名怒江上流之一種族耳。一九三三年至一九三四年之華西邊疆研究學會雜誌第六卷五二至五三頁有J. H. Edgar所著Pygmies on the Salwin一文。此文大意謂西康、雲南之間，約當北緯二十八度東經九十八度地方，有一種侏儒民族，常爲人掠賣爲奴。此種人男子高約四英尺六寸左右，婦女高約四英尺二寸左右。身上刺繡花紋。在一九一一年以前，此種人之買賣集中於北緯二十九度東經九十八度之Menkong地方。此種人所在之地，西藏語稱爲Tsong-yul，義爲貿易國云云。竊疑本書之僧耆，即是Tsong-yul一辭之對音。因其被掠爲奴，與來自非洲東岸之僧耆奴無異，而聲音又復近似，故樊氏即以僧耆之名名之耳。

蠻書校注卷七

雲南管内物産第七

從曲靖州已南，滇池已西，土俗唯業水田。種麻豆黍稷，不過町疃。水田每年一熟。從八月穫稻，至十一月十二月之交，便於稻田種大麥，三月四月即熟。收大麥後，還種粳稻。小麥即於岡陵種之，十二月下旬已抽節，如三月小麥與大麥同時收刈。其小麥麪軟泥少味。大麥多以爲麨，達案：麨，文津本作麪，疑誤。别無他用。醞達案：醞，文津本作釀。酒以稻米爲麴達案：麴，閩本誤作麩。者，酒味酸敗。每耕田用三尺犂，格長丈餘，兩牛相去七八尺，一佃人前牽牛，一佃人持按犂轅，一佃人秉耒。

達案：此處所紀耕種情形，舊日雲南猶復如此。所謂種麻豆黍稷不過町疃者，即麻豆黍稷只種於町疃之間耳。町疃鹿場，見於豳風，又作町畽，朱註謂舍旁隙地也，最爲得之。南詔耕田，亦見新唐書。新唐書卷二百二十二上南詔傳云：「犂田以一牛三夫，前挽、中壓、後驅。然專於農，無貴賤皆耕。不繇役。人歲輸米二斗。一藝者給田二收乃稅。」新書所云一牛三夫疑是二牛三夫之誤。二牛三夫乃漢族耕田古法，漢書卷二十四上食貨志謂趙過教人用耦犂，二牛三人，一歲之收，常過縵田畝一斛以上，善者倍之。今雲南犂田猶用二牛，犂形亦與本書所述者大同。唯只用二人，一人前挽，一則在後按轅秉耒耳。此處所云，尚有不甚明晰之處。唐陸龜蒙耒耜經言犂木與金凡十一事。此所云三尺犂不知何指。屬於金之犂鑱、犂壁？抑爲屬於木之其他？耒耜經十一事不及格。格據説文爲木長貌，爾雅以爲庋格也。書架肉架皆曰格，並專用之於牛，周禮牛人註挂肉格。故疑格指架於二牛頸上之長木。二牛相去七八尺，故格須長丈餘，否則不足也。耒耜經不言耦犂，故不及格耳。此又不言犂轅長短。然耒耜經所言爲一牛，其轅尚脩九尺，則此處之耦犂，必不能短於此。今雲南之犂轅尚視長江流域爲長。蓋亦齊民要術卷一耕田篇之所謂長轅犂矣。

蠻治山田，殊爲精好。

達案：齊民要術卷一種穀第三云，地勢有良薄，山澤有異宜。注云山田種強苗以避風霜，澤田種弱苗以求華實也。要術所云之山田，當與此處所云之山田同，亦即今雲貴一帶所常見之梯田也。就要術之言觀之，梯田之制蓋由來久矣。農政全書卷五田制農政訣田制篇梯田條云：「梯田謂梯山爲田也。夫山多地少之處，除磊石及峭壁例同不毛。其餘所在土山，下自横麓，上至危巔，一體之間，裁作重磴，即可種蓺。如土石相半，則必疊石相次，包土成田。又有山勢峻極，不可展足。播殖之際，人則傴僂蟻沿而上，耨土而種，躡坎而耘。此山田不等，自下登陟，俱若梯磴，故總曰梯田。上有水源，則可種秫秔，如止陸種，亦宜粟麥。蓋田盡而地，地盡而山。山鄉細民必求墾佃，猶勝不稼。其人力所致，雨露所養，不無少穫。然力田至此，未免艱食，又復租稅隨之，良可憫也。」

悉被城鎮蠻將差蠻官遍令監守催促。達案：催促，文津本誤作催足。如監守蠻乞酒飯者，察之，杖下捶死。每一佃人佃，疆畛連延或三十里。澆田皆用源泉，水旱無損。收刈已畢，蠻官達案：蠻官原作官蠻，琳琅本續校云，官蠻依上文當作蠻官。其言是也，因據改。據佃人家口數目，支給禾稻，其餘悉輸官。

達案：此處紀南詔佃田情形，與本書卷九所紀南詔授田制度，同爲研究南詔土地問題以及社會性質之重要文獻。

蠻地無桑，悉養柘蠶遶樹。村邑人家柘林多者數頃，聳幹數丈。二月初蠶已生，達案：二月原本作三月。琳琅本續校云，三月初疑當作二月初，此言蠶生之早也。其言甚是。下既言三月中繭出，豈能當月蠶生當月出繭耶？蓋蠶生二月繭出三月耳。因據改。三月中繭出。

達案：新唐書卷二百二十二上南詔傳云：「自曲靖州至滇池，人水耕。食蠶以柘。蠶生越二旬而繭，織錦縑精緻。」據新唐書所紀，則月初蠶生，月底繭出，實有可能矣。謹識此以俟續考。李京雲南志略云，地多桑柘，四時皆蠶。滇南雜志卷十四蠶二則云，吴都賦云，鄉貢八蠶之綿。注云，有蠶一歲八育。雲南志云，風土多暖，至有八蠶。言八蠶養至第八次，不中爲絲，止可作綿，故云八蠶之綿。至於八蠶釋義，私意有取於永嘉記之説。農政全書卷三十一蠶桑養蠶法引永嘉記云，永嘉有八輩蠶：蚖珍蠶（三月績）、柘蠶（四月初績）、蚖蠶（四月初績）、愛珍（五月績）、愛蠶（六月末績）、寒珍（七月末績）、四出蠶（九月初績）、寒蠶（十月績）。蠶種不同，是以因時異宜耳。滇南雜志引雲南志至有八蠶，此雲南志不知何書。若李京雲南志略，則只云四時皆蠶也。

抽絲法稍異中土。精者爲紡絲綾，亦織爲錦及絹。其紡絲入朱紫以爲上服。錦文頗有密緻奇采。蠻及家口悉不許爲衣服。其絹極麁，達案：麁，文津本作麄，鮑本、漸西本作麤，麁、麄，俱麤之俗字也。原細入色，案：原細二字未詳。製如衾被，庶賤男女，許以披之。亦有刺繡。蠻王并清平官禮衣悉服錦繡，皆上綴波羅皮。南蠻呼大蟲爲波羅密。達案：波羅密釋見本書卷八。俗不解織綾羅。自大和三年蠻賊寇西川，虜掠巧兒及女工非少，如今悉解織綾羅也。

達案：唐以李虎爲高祖景皇帝，故諱虎字。李慈銘曰，大蟲即虎也。唐人避諱，偁虎曰大蟲。凡文字有用虎者皆改曰獸曰武。陳垣史諱舉例卷八於唐諱例，謂唐人虎改爲獸，爲武，爲豹，或爲彪。因唐人諱虎，偁虎爲大蟲，於是吐蕃、南詔運用漢語時，亦偁虎爲大蟲。南詔德化碑碑陰題名以及敦煌千佛洞吐蕃入據沙州時代壁畫供養人像題名，俱可以證此也。大和三年，南詔進攻四川，爲當時唐及南詔一大事，而引兵入蜀者，南詔所謂大容王嵯巔也。唐憲宗元和十一年，南詔弄棟節度使王嵯巔殺其王勸龍晟，立龍晟之弟勸利，一作勸利晟。穆宗長慶三年勸利死，王嵯巔又擁立勸利之弟勸豐祐。文宗大和三年，王嵯巔遂率衆大舉襲西川。大和三年之役，對於南詔後來物質文化發展有極大關係，而在唐代則朝野爲之大譁，卒致杜元穎貶斥而死。茲鈎稽各書所紀，述其梗概如次。舊唐書卷一百九十七南詔傳云：「大和三年杜元穎鎮西川，以文儒自高，不練戎事。南蠻乘我無備，大舉諸部入寇。牧守屢陳，亦不之信。十一月蜀川出軍不利，陷我邛州，逼成都府，入梓州西郭，驅劫玉帛子女而去。」同書卷一百六十三杜元穎傳云：「杜元穎，萊公如晦裔孫也。長慶三年冬，帶平章事出鎮蜀州。大和三年南詔蠻攻陷戎、嶲等州，徑犯成都。兵及城下，一無備擬，方率左右固牙城而已。蠻兵大掠蜀城玉帛子女工巧之具而去。是時蠻三道而來。攻梓州，郭釗禦之而退。時元穎幾陷，賴郭釗擊敗其衆方還。蠻驅蜀人至大渡河，謂之曰，此南吾境，放爾哭別鄉國。數萬士女，一時慟哭，風日爲之慘悽。哭已，赴水而死者千餘，怨毒之聲累年不息。蠻首領嵳顛遣人上表曰，蠻軍比修職貢，遽敢侵邊？但杜元穎不恤三軍，令入蠻疆作賊。移文報彼，都不見信。故蜀部軍人繼爲鄉導。蓋蜀人怨苦之深，祈我此行，誅虐帥也。誅之不遂，無以慰蜀士之心。願陛下誅之。監軍小使張士謙至，備言元穎之咎。坐貶循州司馬，六年卒於貶所。」新唐書卷二百二十二中南詔傳云：「於是四川節度使杜元穎治無狀，障候弛沓相蒙。時大和三年也。嵯顛乃悉衆掩邛、戎、巂三州，陷之。入成都，止西郛十日，慰賚居人，市不擾肆。將還，乃掠子女工技數萬引而南。人懼自殺者不勝計。救兵逐嵯顛，身自殿。至大度河，謂華人曰，此吾南境，爾去國當哭。衆號慟赴水，死者十三。南詔自是工文織，與中國埒。」今案新唐書所云此吾南境仍應照舊書作此南吾境。唐與南詔，後來蓋以大渡河爲界也。同書卷九十六杜元穎傳云：「出爲劍南西川節度使同平章事，帝爲御安福門臨餞。敬宗驕僻不君，元穎每欲中帝意以固幸。乃巧索珍異獻之，踵相躡於道。百工造作無程，斂取苛重，至削軍食以助裒畜。又給與不時，戎人寒饑，乃仰足蠻徼。於是人人咨苦，反爲蠻內覘，戎備不修。大和三年，南詔乘虛襲戎、巂等州。諸屯聞賊至輒潰。戍者爲鄉導，遂入成都。已傅城，元穎尚不知，乃率左右嬰牙城以守。賊大掠，焚郛郭，殘之，留數日去。蜀之寶貨工巧子女盡矣。初，元穎計迫，將挺身走，會救至乃止。文宗遣使者臨撫南詔。南詔上言蜀人祈我誅虐帥，不能克，請陛下誅之，以謝蜀人。由是貶邵州刺史。議者不厭，斥爲循州司馬。元穎死於貶所，年六十四。」此云南詔已傅城，元穎尚不知。司馬温公以爲説者太過。通鑑考異卷二十，大和三年十二月，南詔陷成都外郭，杜元穎保牙城。考異云：「實録寇及子城，元穎方覺知。按實録十一月丙申元穎奏南詔入寇，乙巳奏圍清溪關，十二月丙辰奏官軍失利，蠻陷邛州。

至此乃云寇及子城，元穎方覺知，似尤之太過，今不取。」云云。温公之説不失爲持平之論也。元穎既貶斥，代之以郭釗。釗蓋子儀孫也。以敬宗寶曆二年出爲梓州刺史劍南東川節度使。舊唐書卷一百二十郭釗傳謂「大和三年冬南蠻陷巂州，遂寇西川。杜元穎失於控禦，蠻軍陷成都府外城，朝廷未暇除帥，乃以釗兼領西川節度。蠻軍已寇梓州，諸道援軍未至，川軍寡弱不可令戰。釗致書於蠻首領蹉巔，責以侵寇之意。蹉巔曰，杜元穎不守疆埸，屢侵吾圉，以是修報也。與釗修好而退。朝廷嘉之，授成都尹劍南西川節度。與南詔立約，疆陲不擾，以疾求代。四年入爲太常卿檢校司徒。十二月在道卒。」觀此則舊書杜元穎傳謂郭釗禦之而退者，蓋亦文飾之辭也。釗既去，乃代之以李德裕。舊唐書卷一百七十四李德裕傳謂：「大和四年十月以德裕檢校兵部尚書成都尹劍南西川節度副大使知節度事管内觀察處置西山八國雲南招撫等使。西川承蠻寇剽虜之後，郭釗撫理無術，人不聊生。德裕乃復葺關防，繕完兵守，西拒吐蕃，南平蠻蜑。數年之内，夜犬不驚，瘡痏之民，粗以完復。」云云。然大和三年之役，觀於雍陶諸人之詩亦可知也。雍陶成都人，大和間第進士，大和三年之役，蓋曾親覽者。全唐詩第三函第三册（亦見唐詩紀事卷五十六）有雍陶哀蜀人爲南蠻俘虜五章，初出成都聞哭聲云：「但見城池還漢將，豈知佳麗屬蠻兵。錦江南度途聞哭，盡是離家別國聲。」過大渡河蠻使許之泣望鄉國云：「大渡河邊蠻亦愁，漢人將渡盡回頭。此中剩寄思鄉淚，南去應無水北流。」出青溪關有遲留之意云：「欲出鄉關行步遲，此生無復卻回時。千冤萬恨何人見，唯有空山鳥獸知。」别巂州一時慟哭雲日爲之變色云：「越巂城南無漢（漢字紀事誤作難）地，傷心從此便爲蠻。冤聲一慟悲風起，雲暗青天日下山。」入蠻界不許有悲泣之聲云：「雲南路出陷河西，毒草長青瘴色低。漸近蠻城誰敢哭，一時收淚羨猨啼。」陷河見元和郡縣志卷三十三巂州越巂縣條，在縣東南十里，嘉慶一統志作邛河，今圖作邛海。陷河故事，詳見後漢書卷一百十六西南夷傳哀牢夷傳邛河注引李膺益州記。由雍陶此詩可知唐代入雲南路在邛海之西，與今入雲南之大道合也。雍陶又有答蜀中經蠻後友人馬艾見寄詩云：「茜（一作酋）馬渡瀘水，北來如鳥輕。幾年朝鳳闕，一日破龜城。此地有征戰，誰家無死生。人悲還舊里，鳥喜下空營。弟姪意初定，交朋心尚驚。自從經難後，吟苦似猨聲。」陶尚有蜀中戰後感事一詩，亦與南詔入侵有關。龜城即成都别名，陶爲成都人，其家亦經大和三年之亂，故答馬艾詩有經難苦吟之句也。元穎當時受人攻擊最甚者爲南詔驅掠蜀中子女伎巧數萬人而南一事，南詔後來工藝之盛，頗有賴於此役。新唐書南詔傳紀天寶中異牟尋立，與吐蕃并力寇蜀，令其下曰，爲我取蜀爲東府，工伎悉送邏娑城，歲賦一縑云云。亦可見唐代四川富庶而外，爲毗鄰其他民族所欣羨者，工伎之巧亦其一端也。新唐書杜元穎傳，謂元穎與李德裕善，故德裕涖西川，即謀爲元穎辯護。李衛公文集卷十二故循州司馬杜元穎第一狀云：「右臣等商量，杜元穎雖失於馭遠，致蠻寇内侵。然握節嬰城，捨生取義，圍解之後，懲貶不輕。但以蠻夷之情，不可開縱。若爲之報怨，以快其心，則是不貴王臣，取笑戎狄。漢景所以聞鄧公之説，恨鼂錯之誅。元穎長慶之初，首居宰弼，潔廉畏法，忠藎小心。雖無光赫之名，頗著直清之稱。既逢昌運，合與申冤。望却還舊官階等，仍追贈右僕射。未審可否？」又論杜元穎追贈第二狀云：「奉宣令更商量奏來者。右臣等商量，比聞外議，以元穎不能綏撫南蠻，又無備禦，責此二事，以爲愆尤。臣等究其情由，實有本末。緣韋臯久任西蜀，自固兵權，邀結南蠻，爲其外援，親昵信任，事同一家。此時亭障不修，邊防罷警。若後人加置一卒，繕理一城，必有異詞，便乖鄰外。自武元衡以後，三十餘年，戎備落然，不可獨責元穎。蠻退後，京城傳説，驅掠五萬餘人，音樂伎巧，無不蕩盡。緣郭釗無政，都不勘尋。臣德裕到鎮後，差官於蠻經歷州縣一一勘尋，皆得來名，具在案牘。蠻共掠九千人。成都郭下成都、華陽兩縣只有八十人。其中一人是子女錦錦，雜劇丈夫兩人，眼醫大秦僧一人，餘並是尋常百姓，並非工巧。其八千九百餘人皆是黎雅州百姓，半雜獨獠。臣德裕到鎮後，移牒索得三千三百人，兩番送到，與監軍使於龍興大慈寺點閱，並是南界蠻獠。緣朝廷寵待如舊，從此蠻心益驕。今西川節將惟務姑息，臣等所以薄元穎之遇，謂合追榮。頻承顧問，不敢不縷悉聞奏。況元穎殁後，五經大赦，下位卑官，皆得追復官爵。倘聖旨以贈與爲優，望只准赦文，却還舊爵，其贈官落下。未審可否？」云云。元穎後來之是否如德裕所請，却還舊爵，史無明文，不得而知。唯德裕竟欲以三十餘年前之韋皐、武元衡爲杜元穎負貽誤邊事之責，則真可謂希奇可怪之論矣。南詔退還所俘掠人口在大和五年五月，人數德裕狀作三千三百人。舊唐書李德裕傳謂又遣人入南詔求其所俘工匠，得僧道工巧四千餘人，復歸成都。新唐書卷一百八十李德裕傳作南詔請還所俘掠四千人。通鑑卷二百四十四唐紀文宗大和五年五月，李德裕遣使詣南詔索所掠百姓，得四千人而還。考異卷二十云：「德裕西南備邊録曰，南詔以所虜男女五千三百六十四人歸於我。舊傳曰，又遣人入南詔，求所俘工匠，得僧道工巧四千餘人復歸成都。按實録云約四千人，今從之。」云云。今按李德裕意在開脱杜元穎，故於誘過死者而外，並盡力縮減被掠人數，卒至於矛盾不可究詰也。既曰蠻共掠九千人，又曰歸還五千三百六十四人。通鑑卷二百四十四唐紀文宗大和四年末又紀德裕上言，謂南詔以所掠蜀人二千及金帛賂遺吐蕃。舊書杜元穎傳謂被掠蜀人赴大渡河死者千餘人。總以上所云，將近九千人，是南詔所掠四川百姓殘餘無幾矣。德裕之言不可信也。又德裕論杜元穎追贈第二狀謂蠻共掠九千人。成都郭下成都華陽兩縣只有八十人，其中一人是子女錦錦，雜劇丈夫兩人，眼醫大秦僧一人。餘並是尋常百姓，並非工巧。其八千九百餘人皆是黎、雅州百姓，半雜獦獠。云云。按之當時文獻，亦非事實。文苑英華卷四百七十收封敖所草與南詔清平官書云：「敕段琮傍、段酋琮、獨揀、楊遷、趙文奇、蒙善政、李守約等：各蘊器能，夙懷忠義，宣功爾室，贊理本邦。禮樂具修，車書必會。勵輸忠之節操，披嚮化之誠明。亟涉道途，遠遵職貢。威儀就列，同慶於三朝；筐篚充庭，有勳於萬里。道光殊俗，禮慕華風。克成君長之賢，深見佐臣之美。勞忠可尚，鑒寐寧忘。勉守令圖，用慰遐矚！得前巂州録事參軍陳元舉男播狀稱：父及弟未等二十七人，自大和三年没落在彼，未蒙追索。詳其語旨，切在感傷。朕思骨肉之情，人倫所極。家鄉一異，音耗兩亡，生死莫知，幽明同怨。爲人君長，深用軫憂。今與豐祐書中，具言其事。卿等職當毗贊，義重君臣。執之何補於良圖，歸之尤重於交好。想同參議，用解幽冤。今賜卿少信物，具如前數。」云云。陳元舉一家二十七口入南詔，後來是否因此書得歸唐，今無可考。與豐祐書亦不見於各家文集。封敖於武宗會昌初以知制誥入爲翰林學士（封敖傳見舊唐書卷一百六十八，新唐書卷一百七十七）。此書即作於會昌初，時距大和三年已十餘歲，猶有人爲其家人被俘，叩闕上書，懇求昭雪。此可見大和三年一役被俘入南詔者，除德裕所云尋常百姓以及黎、雅諸州各族之常人而外，尚雜有唐官與夫士大夫之家也。封敖書中未蒙追尋一語更可玩味。大和三年之役，黎、雅、巂諸州一時淪陷，諸州守土之官豈能全部逃匿，而僅留尋常百姓者乎？德裕概之以尋常百姓一辭，以圖蒙蔽觀聽，而不意有封敖一書，傳留後世，以發千載之覆也。

又德裕論杜元穎追贈第二狀記南詔所掠成都郭下百姓八十人中有雜劇丈夫二人，眼醫大秦僧一人。可見雜劇之名，唐已有之，不始於宋也。又唐代胡人及婆羅門眼科醫在中國卓著聲譽。唐大和上東征傳曾言鑑真和尚在嶺南韶州時，頻經炎熱，眼光暗昧。爰有胡人，言能治目，遂加療治。劉禹錫亦有贈眼科醫婆羅門僧詩，俱可爲證。而當時大秦或拂菻亦以眼科醫著稱於世。新唐書卷二百二十一拂菻傳云，有善醫，能開腦出蟲，以愈目眚。通典卷一百九十三引杜環經行記云，其大秦善毉眼及痢。或未病先見，或剖開腦出蟲。唐太宗貞觀九年，景教僧阿羅本遠將經教來獻上京，遂於義寧坊爲建波斯寺一所。天寶四載改兩京波斯寺爲大秦寺。以大秦寺傳習景教，故圓照續開元釋教録卷十七謂大秦寺僧景浄應傳彌尸訶教也。德裕狀中從成都俘去之眼醫大秦僧必爲景教僧人無疑。唐時除長安、洛陽、盩厔、靈武而外，成都亦有一大秦寺。杜甫石笋行集千家詩註卷七引夢弼曰：「蜀都故事，石笋真珠樓基也。昔有胡人於此立寺，爲大秦寺。其門樓十間，皆以真珠翠碧貫之爲簾。後摧毁墮地，唯故基在。每有大雨，其前後人多得真珠瑟瑟金翠異物等。」今案石笋在成都子城西。石笋行分門集註卷十三引田氏註曰：「杜光庭石笋記云，成都子城西曰興義門。金容坊有通衢幾百五十步。有石二株，挺然聳峭，高丈餘，圍八九尺。圖經云，石笋街乃大秦寺之遺址。殿宇樓臺咸以金寶飾之，爲一代之勝概。後遭兵火而廢。或遇夏秋霖雨，里人猶拾琛玉寶物。」杜子美所詠之石笋，據華陽國志卷三，謂蜀開明帝時，蜀有五丁力士，能移山舉萬鈞。每王薨，輒立大石，長三丈，重千鈞，爲墓志，今石筍是也。號曰筍里。所謂石筍即石器時代之石柱（menhir）也。唐代成都大秦寺即建於此。大和三年南詔入成都西郭，大掠而去。德裕所記眼毉大秦僧，即成都石笋街大秦寺僧，正在西城，故不免於淪爲俘虜，投荒雲南耳。文宗大和三年爲公元後八二九年，雲南之有基督教徒踪跡，應始於此時。近人言雲南基督教歷史，多據元代意大利人馬可波羅所著行紀，其紀哈剌章州之一章言押赤有聶思脱里派基督教徒。聶思脱里派基督教徒即景教徒，亦即唐代之大秦僧也。德裕所記蓋可以補中國基督教史之闕云。

自銀生城、柘南城、尋傳、祁鮮已西，蕃蠻種並不養蠶，唯收娑羅樹子破其殼，達案：御覽卷九百六十一牧婆羅條引南夷志即此，收誤作牧，又誤以牧婆羅爲一專名，第一句作南詔多牧婆羅樹子破其殼云云。婆羅爲娑羅之訛，故改正，説見下校注。其達案：御覽引無其字。中白如柳絮。紉爲絲，織爲方幅，裁之爲籠段。達案：紉爲絲，織爲方幅，裁之爲籠段一句，原本作組織爲方幅，裁之籠頭。茲依御覽引改正。男子婦女達案：女，御覽引作人。通服之。驃達案：驃，御覽引作縹。國、彌臣、彌諾，達案：彌臣彌諾原作作彌臣諾，茲依日本藤田豐八校語補正。悉達案：悉，御覽引作亦。皆披娑達案：娑原本作婆，依上例改正。羅籠段。達案：娑羅籠段，原本作羅段，茲依御覽引改正。

達案：新唐書卷二百二十二上南詔傳云，大和祁鮮而西人不蠶，剖波羅樹實，狀若絮，紐縷而服之。李石續博物志卷七云：「驃國諸蠻並不養蠶，收娑羅木子，破其殼，中如柳絮，細織爲幅服之，謂之娑羅籠段。」云云。續博物志尚作娑羅木，娑羅籠段，可證御覽所引南夷志文之正確也。據B. Laufer著Sino-Inanica頁四九一至四九二注四論木棉，藤田豐八著東西交涉史研究南海篇頁五七二論古代華人關於棉花棉布之知識（漢譯中國南海古代交通叢考頁四八〇）娑羅樹即木棉樹，今雲南彝族等少數民族中猶稱木棉爲Sa-la或Sö-lö，娑羅即其對音也。娑羅籠即Sarung之對音，已見本書卷四茫蠻條。

其鹽出處甚多，煎煮則少。安寧城中皆石鹽井，深八十尺。城外又有四井，勸百姓自煎。

達案：景泰雲南圖經志書卷一安寧州井泉鹽井條云：「其井有四：曰大井，在鹽課司；曰秀才井，在提舉司；曰石井，在善政坊；曰大界井，即阿寧，取土得之者。其泉皆滷，煮以爲鹽。今置司課之。」讀史方輿紀要卷一百十四雲南府安寧州鹽井條云，在州治西。志云，安寧提舉司有大井、石井、河中井、大界井、新井。其新井舊無今有，故止稱四井。又呀峻山條，在州西北五里，州之主山也。山有煎鹽水。漢志連然有鹽官，華陽國志連然縣有鹽泉，南中所共仰。滇程記安寧民食馬蹄鹽，鹽産象池井。今州治西古阿寧地，有鹽課提舉司，轄鹽井四，列於司治之東西。

天寶八載，玄（達案：玄原本作元，文津本作玄。）宗委特進何履光統領十道兵馬，從安南進軍伐蠻國。十載已收復安寧城並馬援銅柱，本定疆界在安寧，去交阯四十八日程，安寧郡也。何履光本是邕管貴州人，舊嘗任交、容、廣三州節度。天寶十五載，方收蠻王所坐大和城之次，屬安祿山造逆，奉玄達案：玄原本作元，茲改作玄。宗詔旨，將兵赴西川，遂寢其收復。案：此條乃叙次鹽井所在，其天寶八載以下一百十四字，於上下語意不相屬。疑亦他處之文，因安甯城而錯誤在此。

達案：四庫館臣疑此段闕於何履光之紀載亦是錯簡。盧校云：「按此因安寧鹽井而兼及當年收復安寧之事，似非錯簡。」云云。盧校是也。新唐書卷二百二十二上南詔傳，初安寧有五鹽井，人得煮鬻自給。玄宗詔特進何履光以兵定南詔境，取安寧城及井，復立馬援銅柱以還。今案開元天寶之際，章仇兼瓊爲劍南西川節度使，使越嶲都督竹靈倩築城安寧，爲經營雲南基礎，以致諸爨大亂，靈倩身亡，遂啓南詔東進之機。天寶八載，鮮于仲通爲西川節度，繼軌兼瓊，興師南征。蠻書及新唐書所紀何履光之收復安寧，即參加仲通南征之役也。十載仲通覆亡，履光當亦收兵。天寶十三載，李宓南征之役，何履光二次參加，由安南進兵。江口之役，三軍潰衂，元帥沈江。何履光則率其殘卒倉皇敗退，幸保性命。蠻書天寶十五載云云，則文飾之辭耳。通鑑卷二百十六唐紀玄宗天寶十二載夏五月壬辰以左武衛大將軍何復光將嶺南五府兵擊南詔。云云。此何復光是履光之誤，同書卷二百十八唐紀肅宗至德元載作履光，並不誤也。履光，此作邕管貴州人，即今廣西貴縣。

太平廣記卷四百六十四南海大魚條引廣異記，又云嶺南節度使何履光者朱崖人，所居傍大海云云。又作朱崖，即今海南島，未知孰是也。李宓兵敗之後，何履光仍退回本國，蠻書所紀本甚明白。而雲南則元明以來相傳履光兵敗投降，僑居澄川。其後嗣繼繼繩繩至於元明，墳墓之在大理喜洲者，尚有墓誌可考。元至正時蕩山僧法天撰元府判何祐墓誌銘，首即云，公諱祐字天錫，系出唐履光將軍之後裔。謹按郡志，唐天寶十三載，玄宗命雲南郡都督兼侍御史李宓，廣府節度史（使）何履光伐蒙氏。蒙氏遣段附克楊傍隆將兵拒之於澄川。李宓敗績，何履光力屈請降。中國尋遭安禄山之亂，不暇勤遠，履光遂陷於南詔，僑居澄川焉。八世孫有若堅者南詔官之以布燮，猶唐之宰相也。墓誌於堅後尚紀及泰、勝、興、陵、通、生六代以至於祐，祐子光，光子誠、譓。何祐誌立於至正二十九年，重鐫於明嘉靖十四年。元亡於至正二十七年，至正二十九年爲明洪武二年。洪武十五年平雲南，故至洪武二年，猶用元正朔也。今按何祐墓誌所云何履光力屈請降流寓南詔之説極不可信。據誌，自天寶十三載何履光降南詔，至元至正十五年何祐卒，凡歷十五世六百零二年，即每一世平均至四十年，揆之三十年一世之一般規律，似乎太長。一也。何履光，蠻書此處明言其將兵赴西川，並無力屈請降之事。而通鑑卷二百十八至德元載，舊唐書卷一百十二李巨傳，卷一百十三魯炅傳，新唐書卷七十九虢莊王鳳傳，俱紀及肅宗至德元載以虢王巨爲陳留譙郡太守，河南節度使，兼統嶺南節度使何履光，黔中節度使趙國珍，南陽節度使魯炅，以禦安禄山部將武令珣畢思琛等之事。此爲嶺南節度使之何履光與隨李宓南征之何履光必是一人。是又可證天寶十三載李宓敗亡，何履光則並未陷没南詔，回任嶺南後尚曾提兵至河南南陽以禦安禄山部將。載諸國史，班班可考，二也。凡此皆可證雲南所傳何履光敗降，流寓澄川，亦不過俗語之流爲丹青耳。

升麻、通海已來，諸爨蠻皆食安寧井鹽。唯有覽賧城内郎井鹽潔白味美，惟南詔一家所食取足外，輒移竈緘閉其井。

達案：升麻即今尋甸，通海今名同，分見本書卷二、卷四、卷六。覽賧又作大覽賧、小覽賧、覽州，見本書卷六曲驛條，即今楚雄。新唐書卷二百二十二上南詔傳云：「覽瞼井産鹽最鮮白，惟王得食，取足輒滅竈。昆明城諸井皆産鹽，不征，羣蠻食之。」新書之覽瞼即覽賧也。景泰雲南圖經志書卷四楚雄府井泉黑鹽井條云：「其井有四，曰黑井、曰琅井，在定遠縣寶泉鄉；曰阿陋井、曰猴井，在廣通縣捨資村。皆出滷泉，煮以爲鹽。今置司課之。」正德雲南志卷五楚雄府山川紀鹽井文與景泰志全同，只誤定遠爲定邊。讀史方輿紀要卷一百十六楚雄府廣通縣，「阿陋井在捨資村中，又有猴井，俱産鹽。置鹽課大使，屬黑鹽井提舉司。志云，縣産鹽之井凡四十七區，俱環鹽課司四旁，或以人名，或以地名，今多湮没，總以奇興大井爲名。又定遠縣，黑鹽井縣東七十里，有釜鹽，有提舉司。其産鹽之井曰復隆井，舊名巖泉。又有大井、東井，凡三井。其東又有琅井，亦産鹽。元李源道記云，滇池西走六驛有郡曰威楚，東北五舍沿浪山入長谷，有醝井，取雄於一方。井西里許有山曰萬春，牆立壁峭，東龍江之水，踞虎嶺之麓，爲最勝處。又環黑井上者曰金榜山，近琅井者曰筆架山。今爲黑鹽井及琅井兩鹽課提舉司，又有黑鹽井琅井二巡司。志云琅井提舉司本名安寧，在雲南府安寧州治西，天啓三年移置於縣界，改曰琅井。」今之琅井與唐代之郎井，不知是一是二也。

瀘南有美井鹽，河賧、白崖、雲南已來供食。

達案：瀘南縣唐置屬姚州，在瀘水之南，今地無可考。此所謂瀘南美井鹽當即指今姚州之白鹽井而言。讀史方輿紀要卷一百十六姚州白鹽井：「府北百二十里，本大姚縣地，有鹽課提舉司。旁有九井，曰觀音、曰舊、曰界、曰中、曰灰、曰尾、曰白石谷、曰阿拜、曰小，皆産鹽，爲公私之利。滇略，羝羊石在司西里許。蒙氏時有羝餂土，驅之不去，掘地得滷泉，因名白羊井，後訛爲白鹽云。」劉獻廷廣陽雜記卷一紀及姚州楚雄鹽井，並謂崑陽州有琅井。其辭云：「雲南琅井在崑陽州。白鹽井在姚州，黑鹽井在楚雄，皆有提舉司。井皆在萬山中最下處溪河之中，鹹水衝突而起，如濟南之趵突泉然。即其處甃石爲井，繚之以欄，覆之以亭，構橋以通來往。環溪數千家，皆灶户也。每擔鹹水，税若干。有司出入者烙桶以印而稽之。」今案：崑陽未聞有鹽井，疑雜記所聞有誤也。

昆明城有大鹽池，比陷吐蕃。蕃中不解煮法，以鹹池水沃柴上，以火焚柴成炭，即於炭上掠取鹽也。貞元十年春，南詔收昆明城。今鹽池屬南詔，蠻官煮之，如漢法也。

達案：昆明城，漢以來屬越巂郡，名定筰縣，唐始改置昆明城，見本書卷六，今鹽源縣是也。縣出鹽，華陽國志卷三定筰縣條，「縣在郡西。渡瀘水，賓剛徼白（四字意義不明）摩沙夷有鹽池（郡國志劉昭注引池作坑）。積薪，以齊水灌而後焚之成鹽（郡國志注引鹽上有白字）。漢末夷（郡國志注引夷下有等字）皆錮（郡國志注引錮作飼）之。張嶷往争，夷帥岑槃木明（岑槃木明，廖刻校云應作狼岑槃木王舅）不肯服。嶷禽撻殺之。厚賞賜餘類皆安，官迄有之。北沙河是。」天下郡國利病書卷六十八鹽井衛引寰宇記云，「定筰民取井水，積薪以火燒過，以水澆灰，即成黑鹽煉之。」寰宇記所云猶是承襲華陽國志之説。以漢法煮之，疑是灶煮。此云鹽池，寰宇記作井水，其實一也。即廣陽雜記所謂甃石爲井。明清以來於此置鹽井衛，可以想見矣。

東蠻磨些蠻諸蕃部落共食龍佉（達案：佉原本作怯，茲依本書卷三越析詔條及新唐書卷二百二十二上越析詔傳改正。）河水，中有鹽井兩所。劍（達案：劍原本作斂，茲依本書卷四施蠻條校注改作劍。）尋東南有傍彌潛井、沙追井，西北有若耶井、諱溺井。劍（達案：劍，文津本誤作斂。）川有細諾鄧井。麗水城有羅苴井。長傍諸山皆有鹽井，當土諸蠻自食，無榷税。蠻法煮鹽，咸有法令。顆鹽每顆約一兩二兩，有交易即以顆計之。

達案：龍佉河鹽井以及傍彌潛、沙追、若耶、諱溺諸井，俱不可考。萬曆雲南通志卷六賦役志鹽課，五井鹽課提舉司在大理府浪穹縣地，洪武十六年建。其所屬有諾鄧井鹽課司大使一人。諾鄧井在司治前。讀史方輿紀要卷一百十七雲龍州條，則諾鄧井在州西北三十五里，鹽井也。置鹽課大使於此。所轄又有石門一井。又大井在州東南三十五里，産鹽。所轄又有山井及天耳井。又師井在州西北百三十里，順盪井在州西北二百五十里，俱有鹽課大使。舊屬五井提舉司，萬曆末廢提舉司改屬州。其井新舊互異，仍與浪穹境内洛馬鹽課使統爲五井云。萬曆志及紀要之諾鄧井，不知是否即此處之細諾鄧井也。今浪穹有五鹽井，劍川有彌沙鹽井，合之雲龍諸井，是環遶大理諸地，蓋俱有鹽井以供民食，蠻書所云，應在此一帶求之也。麗水長傍諸井無考。顆鹽亦見續博物志卷七，其文云：「蠻法煮鹽成團爲顆，質則以顆計之。」云云。今雲南煮鹽，成筒爲團，顆鹽之制，久已改易矣。

茶出銀生城界諸山，散收無採造法。蒙舍蠻以椒薑桂和烹而飲之。

達案：續博物志卷七，「茶出銀生諸山，採無時。雜椒薑烹而飲之。」云云。今案雜椒薑桂烹茶，亦是中國飲茶古法。日知録卷七茶條引晉孫楚詩云，薑桂茶荈出巴蜀。楚卒於晉武帝太康三年，晉書卷五十六有傳。是唐以前飲茶，已有和以薑桂者矣。重修政和經史證類備用本草卷十三茗苦榇條云：「苦榇主下氣消宿食。作飲，加茱萸葱薑等良。」云云。古代本草家謂茶味甘苦微寒，而茱萸、葱、薑俱是熱性，作飲時加茱萸葱薑或以椒薑桂和烹而飲之，所以去寒，故曰良也。今西南山地飲茶，有加薑桂者名曰擂茶，猶存古意。雲南墨江諸地今産緑茶極佳，不下於蜀山蒙頂茶，其地即古銀生城界也。

荔枝、檳榔、訶黎勒、椰子、桄榔等諸樹，永昌、麗水、長傍、金山並有之。

達案：御覽卷九百七十二椰條引南夷志曰：「荔枝、檳榔、訶黎勒、椰子、桄榔等諸樹，永昌麗水諸水皆有之。」脱長傍金山四字。荔枝、檳榔、椰子、桄榔，可參看周去非嶺外代答卷八。今雲南開遠一帶猶出荔枝，肉薄核巨，同蜀中所産，不及閩、廣。唐穆宗長慶三年韋齊休隨韋審規使雲南，歸著雲南記，志雲南風土。御覽卷九百七十一檳榔條引雲南記云：「雲南有大腹檳榔，在枝朵上色猶青，每一朵有三二百顆。又有剖之爲四片者，以竹串穿之，陰乾則可久停。其青者亦剖之。以一片青葉及蛤粉捲和，嚼嚥其汁，即似減澀味。雲南每食訖，則下之。」又云「雲南多生大腹檳榔，色青猶在枝朵上，每朵數百顆。云是彌臣國來」。又云「雲南有檳榔花糝極美」。又云「平琴州有檳榔，五月熟。以海螺殼燒作灰，名爲奔蛤灰，共扶留藤葉和而嚼之，香美」。又卷九百七十二椰子條引雲南記云：「南詔遣使致南國諸果，有椰子，狀如大牛心。破一重麄皮刮盡，又有一重硬殼。有小孔，以筯穿之，内有漿二合餘，味甘色白。」又云「雲南多椰子，亦以蜜漬之爲糝」。云云。韋齊休所紀唐代雲南食檳榔椰子，觀察細微，古代風土記中佳作也。訶黎勒果，據B. Laufer著Sino-Iranica頁三七八考證，此果原産印度，梵文名爲harītakī，傳至波斯名halīla，訶黎勒即波斯名稱之譯音也。學名爲Terminalia chebula，果又名訶子。唐李肇國史補卷下記當時天下名酒之一有三勒漿，三勒者謂菴摩勒、毗梨勒、訶黎勒也。B. Laufer謂菴摩勒梵文作āmalaka，波斯文作amola，學名爲Phyllan thus Emblica。毗梨勒梵文作vibhitaka，波斯文作bolīla，學名爲Terminalia belerica。

元開唐大和上東征傳及錢易南部新書曾紀廣州大雲寺法性寺及廣中山村俱産訶黎勒樹。南部新書庚訶子湯條云：「廣之山村皆有訶梨勒樹。就中郭下法性寺佛殿前四五十株，子小而味不澀，皆是陸路。廣州每歲進貢，只採茲寺者。西廊僧院内老樹下有古井，樹根蘸水，水味不鹹。僧至訶子熟時，普煎此湯以延賓客。用訶子五顆甘草一寸，並拍破，即汲樹下水煎之。色若新茶，味如緑乳，服之消食疎氣，諸湯難以比也。」所謂陸路即是六稜。南部新書之訶子湯當與三勒漿不同也。或又以爲Terminalia chebula係五稜，訶黎勒果爲六稜，疑非一物。不知六稜之訶黎勒，錢易書專指法性寺所産者而言，非云廣中山村所産俱六稜也。又據重修政和經史證類備用本草卷十三訶黎勒條引蕭炳說，則波斯舶上來者亦有六路也。同條圖經引嶺南異物志記廣州法性寺産訶黎勒，文字與南部新書大同。嶺南異物志大約是孟琯作，錢易所紀，即取之孟書耳。

甘橘（達案：橘原本作橋，茲依御覽卷九百六十六橘條引南夷志改。）大鼇城有之，其味甚（達案：原本無甚字，茲依御覽引補。）酸。穹（達案：穹原本作寧，茲依御覽引改。）賧（達案：賧字御覽引作⿰貝焱，下有音飄二字小注。今案字書並無⿰貝焱字。大約由原來之賧字誤書爲⿰貝焱，⿰貝焱既從焱，故有音飄之文。皆由於後世傳寫訛誤，從而傅會，樊氏原書當無此注也。因仍依大典之舊，而著其故。）有橘（達案：橘原本亦作橋，並依御覽引改。）大如覆杯。（案：橋疑橘字之訛。達案：橋字已改正。又案杯字原本作柸，柸抛裴切，音坯。柸治連用，恨不得之義，非是實辭。御覽引作杯，是也。因據改。）

麗水城又出波羅蜜果，大者若漢城甜瓜，引蔓如蘿蔔，（達案：蘿蔔，盧校云：「按疑當作葡萄。」今案波羅蜜果今名蜜多蘿，一名樹菠蘿。盧校望文生訓，非是。故不取。）十一月十二月熟。皮如蓮房，子處割之，色微紅，似甜瓜，香可食。或云此即思難也。南蠻以此果爲珍好。禄卑（達案：卑原本作旱，茲依卷二例改正。）江左右亦有波羅蜜果，樹高數十丈，大數圍，生子，味極酸。蒙舍永昌亦有此果，大如甜瓜，小者似橙柚，割食不酸，即無香味。土俗或呼爲長傍果，或呼爲思漏果，亦呼思難果。

達案：宋趙汝适諸蕃志卷下波羅蜜條云：「波羅蜜大如東瓜。外膚礧砢如佛髻，生青熟黄。削其膚食之，味極甘。其樹如榕，其花叢生，花褪結子，惟一成實，餘各蔫死。出蘇吉丹。廣州南海廟亦有之。」夏德（F. Hirth）柔克義（W. W. Rockhill）註云，波羅蜜學名Artocarpus integrifolia，俗稱jack，馬來語名chakka，梵語有Panasa Phalasa及Kantakaphula等稱。初見中國載籍者似爲隋書卷八十二真臘傳之婆那娑，其文曰：「有婆那娑（Panasa）樹，無花，葉似柿，實似東瓜。」酉陽雜俎前集卷十八廣動植之三木篇：「婆𨚗娑樹出波斯國，亦出拂林，呼爲阿𦼮嚲。樹長五六丈，皮色青緑，葉極光浄，冬夏不凋，無花結實。其實從樹莖出，大如冬瓜，有殼裹之。殼上有刺。瓤至甘甜可食。核大如棗，一實有數百枚。核中仁如粟黄，炒食之甚美。」本草綱目卷三十四云：「波羅蜜生交趾南番諸國，今嶺南、滇南亦有之。樹高五六丈，樹類冬青而黑潤倍之。葉極光浄，冬夏不凋。樹至斗大方結實。不花而實，出於枝間，多者十數枚，少者五六枚。大如冬瓜，外有厚皮裹之，若栗毬，上有軟刺礧砢。五六月熟時，顆重五六斤。剥去外皮，殼内肉層疊如橘囊。食之味至甜美如蜜，香氣滿室。一實凡數百核，核大如棗。其中仁如栗黄，煮炒食之甚佳。果中之大者惟此與椰子而已。」（略據馮承鈞諸蕃志校注。）今案玄奘大唐西域記卷二卷十亦紀及波羅蜜，名曰般橠娑果。般橠娑即般𨚗娑也。橠音奴可切，與𨚗同。西域記卷十奔那伐彈那國篇云：「土地卑濕，稼穡滋茂。般橠娑果既多且貴。其果大如冬瓜，熟則黄赤。剖之，中有數十小果，大如鶴卵。又更破之，其汁黄赤，其味甘美。或在樹枝，如衆果之結實，或在樹根，若伏苓之在土。」云云。此即雲南紅河流域一帶之蜜多蘿，廣東亦稱之爲樹菠蘿者是也。

又案：酉陽雜俎諸書尚紀有南詔所出果實，爲本書所未及者，因具録如次，以資博聞。雜俎前集卷十八廣動植之三木篇，「石榴一名丹若（一作丹茖）。南詔石榴子大皮薄如藤紙。味絶於洛中。」又卷十四廣動植之四，「蔓胡桃出南詔，大如扁螺，兩隔，味如胡桃。或言蠻中藤子也。」蔓胡桃今無所聞，而開遠石榴則極有名，雜俎之言不虛也。御覽卷九百六十六橘條引韋齊休雲南記云，「雲南出甘橘、甘蔗、橙、柚、梨、蒲桃、李、梅、杏、糖酪之類悉有。」又御覽卷九百七十四甘蔗條引雲南記云：「唐韋齊休聘雲南，會川都督劉寬使使致甘蔗。蔗節希似竹許，削去後亦有甜味。」云云。今雲南彌勒一帶盛産蔗糖，其種植歷史蓋亦久矣。又御覽卷九百五十三引雲南記云：「雲南有大松子，如新羅松子。」云云。今雲南松子猶爲名産也。御覽卷九百七十二引雲南記，謂雲南多乾蒲桃。今未之聞也。又御覽卷九百七十三餘甘條引雲南記云：「瀘水南岸有餘甘子樹。子如彈丸許，色微黄，味酸苦。核有五稜。其樹枝如柘枝，葉如小夜合葉。」此所云餘甘子即菴摩勒果也。重修政和經史證類備用本草卷十三菴摩勒條引圖經曰：「菴摩勒，餘甘子也。生嶺南、交、廣、愛等州，今二廣諸郡及西川蠻界山谷中皆有之。木高一二丈，枝條甚軟，葉青細密，朝開暮斂，如夜合而葉微小，春生冬凋。三月有花着條而生，如粟粒微黄。隨即結實作莢，每條三兩子，至冬而熟，如李子狀，青白色。連核作五六瓣，乾即並核皆裂。其俗亦作果子，噉之，初覺味苦，良久更甘，故以名也。」云云。今雲南尚有餘甘子。

其次有雄黃，蒙舍川所出。〔達案：雄黃條原在波羅蜜條末，因另述一物，與波羅蜜非一類，故爲提行。〕

青木香，永昌所出，〔達案：御覽卷九百八十二青木香條引南夷志，出上有所字，今據補。〕其山名〔達案：名原作多，茲依御覽引改。〕青木香山，在永昌南三月日〔達案：御覽引日上有月字，今據補。〕程。

達案：青木香通稱木香。木香花今雲南遍地有之。諸蕃志卷下木香條云：「木香出大食、麻羅抹國，施曷奴發亦有之。樹如中國絲瓜。冬月取其根剉長一二寸，曬乾，以狀如雞骨者爲上。」云云。永昌所産木香，久已著名。重修政和經史證類備用本草卷六木香條云：「一名蜜香，生永昌山谷。陶隱居云，此即青木香也。永昌不復貢，今皆從外國船上來，乃云大秦國。」又引南州異物志云：「青木香出天竺，是草根狀，如甘草。」又引圖經曰：「木香生永昌山谷，今惟廣州船上有來者，他無所出。陶隱居云即青木香也。根窠大類茄子，葉似羊蹄而長大，花如菊，實黃黑。亦有葉如山芋而開紫花者。」云云。或云木香産於車里，實則雲南處處俱有木香，又何必車里也。

瀘歌諸木，麗水山谷出。大者如臂，小者如三指，割之色如黃蘗。土人及賧蠻皆寸截之。丈夫婦女久患腰脚者，浸酒服之，立見効驗。

〔案：此條文義未明，疑有訛脱。〕

藤蒻生永昌河賧。緣〔達案：緣，閩本誤作緑，餘本不誤。〕彼處無竹根，以藤漬經數月，色光赤，彼土尚之。

達案：御覽卷九百九十五藤條引雲南記云：「雲南出藤，其色如朱。小者以爲馬策，大者可爲柱杖。」今案此即唐人所盛稱之赤藤杖是也。韓愈昌黎先生集卷四和虞部盧四（汀）酬翰林錢七（徽）赤藤杖歌：「赤藤爲杖世未窺，臺郎始攜自滇池。滇王掃宮避使者，跪進再拜語嗢咿。繩橋拄過免傾墮，性命造次蒙扶持。途經百國皆莫識，君臣聚觀逐旌麾。共傳滇神出水獻，赤龍拔鬚血淋漓。又云羲和操火鞭，暝到西極睡所遺。幾重包裹自題署，不以珍怪誇荒夷。歸來捧贈同舍子，浮光照手欲把疑。空堂晝眠依牖户，飛電著壁搜蛟螭。南宫清深禁闈密，唱和有類吹塤篪。妍辭麗句不可繼，見寄聊且慰分司。」錢徽，錢起子，兩唐書有傳。顧錢、盧二人關於赤藤杖詩俱不傳，想其光怪陸離或亦不下於昌黎先生也。全唐詩第三函第三册有裴夷直南詔朱藤杖詩，其辭曰：「六節南藤色似朱，拄行階砌勝人扶。會須將入深山去，倚看雲泉作老夫。」（明劉文徵滇志卷二十九收此詩六節作六詔）。蓋南詔所産之赤藤杖，不僅唐士大夫視爲珍物，形諸歌詠，即南詔入唐使亦往往攜之以行也。白居易白氏長慶集卷三蠻子朝新樂府所謂清平官持赤藤杖，大軍將繫金呿嗟者是也。然赤藤杖至後世遂泯没無聞。檀萃滇海虞海志卷五云：「赤藤杖唐時貢之，今不重。屢問迤西諸生索之，亦眙目不知有所謂赤藤杖。不知昌黎何費許詞？使今日來索於諸生，不亦眙目相對耶！」桂馥札樸卷十滇游續筆赤藤條云：「白傅蠻子朝詩云『清平官持赤藤杖。』韓吏部赤藤杖歌云『赤藤爲杖世未窺，臺郎始攜自滇池』。又云『共傳滇神出水獻，赤龍拔鬚血淋漓』。余來滇，訪藤所生處，無一人知者。噫！」

孟灘竹，長傍出。其竹節度三尺，柔細可爲索，亦以皮爲麻。

達案：桂馥滇游續筆麻竹條云：「永昌順寧山谷有竹中實，葉大節最疎。土人破爲絲繩作履，謂之麻竹。余案即濮竹。漢書哀牢夷傳其竹節相去一尺，名濮竹。」今案桂氏所云麻竹，疑即孟灘竹也。

野桑木，永昌已西（達案：已西，原本作巴西。本卷巴西巴南之稱，屢見不一。雲南以及彌諸江一帶，不應有以巴稱之地名，而沙牛條謂彌諸江巴西出犛牛，開南巴南養處大於水牛，象條，象，開南巴南多有之，俱及巴西巴南。竊謂本卷所有之巴西巴南皆應是已西已南之誤。如沙牛條謂通海已南多野水牛，又內聚珍本、文津本於沙牛條之開南巴南俱作開南已南。是亦有未誤之文也。因於本卷所有巴西巴南，胥改爲已西已南。）諸山谷有之，生於石上。及時月擇可爲弓材者，先截其上，然後中割之，兩向屈令至地，候木性定，斷取爲弓。不施筋漆，而勁利過於筋弓。蠻中謂之䐜弓者是也。（案：新唐書南蠻傳作瞑弓。）

達案：新唐書卷二百二十二上南詔傳云：「永昌之西，野桑生石上，其材上屈，兩向而下植，取以爲弓。不筋漆而利，名曰瞑弓。」又續博物志卷十：「野桑生石上，取以爲弓，不膠漆而利。」續博物志新唐書所志，即節取蠻書之文耳。筋弓疑即用筋竹所製。御覽卷九百六十三筋竹條引竹譜曰：「筋竹長二丈許，圍數尺，至堅利，出日南、九真。南方以爲矛。其筍未成竹時堪爲弩弦。見徐衷南中記。劉淵林云，夷人以史篻（音瓢）爲矛。即是筋竹，一物而二名者也。」酉陽雜俎前集卷十八廣動植之三：「筋竹，南方以爲矛。筍未成時，堪爲弩弦」云云。筋弓梗概，可以推見也。

生金，出金山及長傍諸山，藤充北金寶山。土人取法，春冬間先於山上掘坑，深丈餘，闊數十步。夏月水潦降時，添其泥土入坑，即於添土之所（達案：所，文津本誤作沙。）沙石中披揀。有得片塊，大者重一觔（達案：觔，文津本作斤。）或至二觔，小者三兩五兩，價貴於麩金數倍。然以蠻法嚴峻，納官十分之七八，其餘許歸私。如不輸官，許遞相告。麩金出麗水，盛沙淘汰取之。沙賧法，男女犯罪，多送麗水淘金。長傍川界三面山並出金，部落百姓悉納金，無別税役徵徭。

達案：續漢書郡國志，益州永昌郡博南，永平中置。南界出金。劉昭注引華陽國志曰：「西山高三十里，越得蘭滄水，有金沙，洗取融爲金。」云云。此見今本華陽國志卷四永昌郡博南縣條，而文多訛脱，應以劉昭注引爲是。新唐書卷二百二十二上南詔傳云：「長川諸山往往有金，或披沙得之。麗水多金麩。」此所云長川諸山，即本書之長傍川三面山，新書誤脱傍字耳。續博物志卷七，「生金出長傍諸山。取法以春或冬先於山腹掘坑，方夏水潦蕩沙泥土注之坑，秋始披而揀之。有得片塊大者重一斤或二斤，小者不下三四兩。先納官十分之八，餘許歸私。仍累勞効免征賦。麩金出麗水河賧川，有罪送淘金所，最爲重役。」續博物志文即出此書，惟沙賧作河賧川爲異。

銀，會同川銀山出，錫、瑟瑟，山中出。禁戢甚嚴。

達案：續博物志卷七云：「會同川銀山出銀礦，私置冶，官收十之三。若賧川有錫山，出錫。」此處之若賧川疑即本書卷二之諸賧。天下郡國利病書卷六十八會川衛篇云：「華陽國志會無縣山色青碧，故其東南葛砧密勒諸山，或産石碌，有三色，或産石青，有四色。或産礦銀。志云，治内色寶藏寺落成未榜，而密勒山銀場始出，因以寶藏爲名。」云云。至於會同錫山出錫，今已無聞。

琥珀，永昌城界西去十八日程琥珀山掘之，去松林甚遠。片塊大重二十餘斤。（達案：斤，原本此處作斤，上作觔。餘本統作觔。）貞元十年，南詔蒙異牟尋進獻一塊，大者重二十六斤，當日以爲罕有也。

達案：續漢書郡國志益州永昌郡博南縣，劉昭注引廣志曰：「有虎魄生地中，其上及旁不生草。深者四五八九尺，大者如斛，削去外中成虎魄，如升。初如桃膠，凝堅成也。」酉陽雜俎卷十一廣知，「或言龍血入地爲琥珀。」南蠻記甯州沙中有折腰蜂，岸崩則蜂出，土人燒治以爲琥珀。今案南蠻記之説出自博物志卷四，志云或云未詳，則亦是傳聞之辭矣。重修政和經史證類備用本草卷十二琥珀條收集諸家之説甚爲詳盡。外國則可參考B. Laufer: Sino-Iranica頁五二一至五二三及G. A. Stuart: Chinese Materia Medica頁三四至三五之琥珀條。茲不贅。

馬出越賧川東面一帶，崗西向，地勢漸下，乍起伏如畦畛者，有泉地美草，宜馬。初生如羊羔，一年後紐莎爲攏頭縻繫之。三年内飼以米清粥汁。四五年稍大，六七年方成就。尾高，尤善馳驟，日行數百里。本種多驄，故代稱越賧驄。近年以白爲良。藤充及申賧亦出馬，次賧、滇池尤佳。東爨烏蠻中亦有馬，比於越賧皆少。一切野放，不置槽櫪。唯陽苴咩及大釐邆（達案：邆原作登，茲依卷五例改。）川各有槽櫪，餵馬數百匹。

達案：新唐書卷二百二十二上南詔傳云：「越賧之西多薦草，産善馬，世稱越賧駿。始生若羔，歲中，紐莎縻之，飲以米潘。七年可御，日馳數百里。」又續博物志卷四云：「馬出越賧之西，若羔，細莎縻之，粉米飲之。七歲可御，日馳數百里。」米清、粥汁、米潘、粉米飲之，一也。潘，説文云淅米汁也。即飲之以淘米水耳。又華陽國志卷四晉寧郡滇池縣條：「故滇國也。有澤水，週迴二百里。所出深廣，下流淺狹，如倒流，故曰滇池。長老傳言，池中有神馬或交焉，即生駿駒，俗稱之曰滇池駒，日行五百里。」雲南産馬，至宋猶著聞於世。嶺外代答紀廣西經略司買馬，主要來自大理。卷五經略司買馬條云：「産馬之國曰大理、自杞、特磨、羅殿、毗那羅、孔謝蕃、滕蕃等」。宜州買馬條云：「馬産於大理國。大理國去宜州十五程爾，不得而通。故自杞、羅殿，皆販馬於大理，而轉賣於我者也。」卷九蠻馬條：「南方諸蠻馬皆出大理國。羅殿、自杞、特磨歲以馬來，皆販之大理者也。」又曰，「蠻人所自乘，謂之座馬，往返萬里，跬步必騎，馳負且重，未嘗困乏。蠻人寧死，不以此馬予人。蓋一無此馬，則不可返國，所謂真堪託死生者。聞南詔越賧之西産善馬，日馳數百里。世稱越賧駿者，蠻人座馬之類也。」

犀出越賧、麗水。達案：麗水，原本作高麗。高麗在海東，未聞出犀，且何能與越賧相聯繫？後漢書卷一百十六哀牢夷傳記漢和帝永元六年永昌郡徼外敦忍乙王慕延慕義遣使譯獻犀牛大象。華陽國志卷四記永昌郡物産亦有犀象。則古代傳説中伊洛瓦底江一帶固産犀也。伊洛瓦底江古名麗水，此處之高麗，當係由麗水而誤，因爲改正。其人以陷阱取之。每殺之時，天雨震雷暴作。尋傳川界殼弄川界達案：殼弄川，盧校云按疑是勃弄川。今案：勃弄川在彌渡縣境，何能出犀皮？殼弄川另有其地，蓋與尋傳川同在怒江、麗水之間也。盧亦疑似之辭！亦出犀皮。蠻排甲并馬統備案：新唐書作統倫。馬騎甲仗，多用犀革，亦雜用牛皮。負排羅苴已下，未得繫金佉苴者，悉用犀革爲佉苴，皆朱漆之。

達案：續博物志卷十云：「犀出越賧，以陷阱取之。每殺，天震雷暴雨。」此只云越賧，不及麗水或高麗。李石志南詔物産，大都取自蠻書，其有所删除，當亦感疑惑耳。又南詔甲冑亦有名。嶺外代答卷六蠻甲冑條云：「諸蠻唯大理甲冑以象皮爲之，黑漆堅厚。復間以朱縷，如中州之犀毘器皿，又以小白貝綴其縫。此豈詩所謂貝冑朱綅者耶！大理國之製，前後掩心以大片象皮，如龜殼，其披膊以中片皮相次爲之。其護項以全片皮捲圈成之。其他則小片如馬甲葉。皆堅與鐵等，而厚幾半寸。苟試之以弓矢，將不可徹，鐵甲殆不及也。」只言象皮，不及犀革，不知何故也。

大蟲，南詔所披皮，赤黑文深，炳然可愛。云大蟲在高山窮谷者則佳，如在平川，文淺不任用。

達案：南詔披大蟲皮即虎皮，參看本書卷八。

麝香出永昌及南詔諸山，土人皆以交易（達案：交易，文津本誤作易交。）貨幣。

沙牛，雲南及西爨故地並只生沙牛，俱緣（達案：緣，文津本誤作緑。）地多瘴，草深肥，牛更蕃生犢子。天寶中一家便有數十頭。通海已南多野水牛，或一千二千爲羣。彌諾江已西（達案：已西原作巴西，今改，說見上。）出犎牛，開南已南（達案：已南原作巴南，今改，說見上。）養處，大於水牛。一家數頭養之，代牛耕也。

鹿，傍西洱河（達案：河原本作沙，疑是河字之誤，因爲臆改。）諸山皆有鹿。龍尾城東北息龍山，南詔養鹿處，要則取之。覽賧有織和川及鹿川，龍足鹿（達案：琳琅本補校云，龍足二字未詳。）白晝三十五十，羣行齧草。

達案：古代相傳雲南點蒼山出神鹿，一身兩頭，食毒草。華陽國志卷四「雲南郡本雲川地，有熊倉山。上有神鹿，一身兩頭，食毒草。」又酉陽雜俎前集卷十六廣動植之一，「耶希有鹿兩頭，食毒草，是其胎矢也。夷謂鹿爲耶，矢爲希。」云云。酉陽雜俎所志，即華陽國志之神鹿。國志雲川，或係雲南川之訛脫，而熊倉山則必是點蒼山，點誤書作熊耳。今點蒼山北花甸壩一帶尚出鹿也。

鯽魚，蒙舍池鯽魚大者重五斤。（達案：五斤，文津本作十斤。）西洱河及昆池之南接滇池，冬月，魚、鴈、丰雉、水扎鳥遍於野中水際。

大雞，永昌雲南出，重十餘斤。（達案：斤，鮑本、漸西本作觔。）觜距勁利，能取鶤、鰐、䳄鵲、皛、鴿、鳴鴿之類。

象，開南已南（達案：已南原作巴南，今改，説見上。）多有之。或捉得人家多養之，以代耕田也。

猪、羊、貓、犬、騾、驢、豹、兔、鵝、鴨，諸山及人家悉有之。但食之與中土稍異。蠻不待烹熟，皆半生而喫之。

大羊多從西羌、鐵橋接吐蕃界三千二千口將來博易。

鐸鞘狀如刀戟殘刃。積年埋在高土中，亦有孔穴，傍透朱笴。（達案：鐸鞘條諸本斷句分段俱不一。文津本、内聚珍本、閩本爲同一系統，每半葉九行，行廿一字，傍透朱笴連下不斷。鮑本每半葉十行，行廿一字，至傍透適爲一行，用分段號「分開，朱笴起另爲一段。漸西本每半葉十行，行廿二字，至傍透止爲一行，朱笴起另爲一段。今案朱笴以下亦言鐸鞘，豈能析而爲二！故校注根據内聚珍本，傍透朱笴連下，其句讀應爲亦有孔穴，（句）傍透朱笴。（句））出麗水。裝以金穹鐵簜，所指無不洞也。南詔尤所寶重。以名字呼者有六：一曰禄（達案：禄，漸西本作緑。）婆摩求，二曰虧雲孚，三曰鐸蓒，四曰鐸摩那，五曰同鐸。（案惟有五名，疑闕其一。）昔時越析詔于贈有天降鐸鞘，後部落破敗，盛羅皮得之。今南詔蠻王出軍，手中雙執者是也。貞元十年，使清平官尹輔酋入朝，獻其一。

達案：續博物志卷九云：「鐸鞘狀如刀戈殘刃，有孔旁達，出麗水，飾以金，所指無不洞。夷人尤寶，月以血祭之。俗謂天降，非人鑄。」今案鐸鞘唐人亦有作毒槊者。酉陽雜俎前集卷十物異毒槊條，「南蠻有毒槊，無刃，狀如朽鐵，中人無血而死。言從天而下，入地丈餘，祭地方撅得之。」

鬱刀次於鐸鞘。造法用毒藥蟲魚之類，又淬以白馬血，經十數年乃用。中人肌即死。俗祕其法，蠻問（達案：問，文津本誤作門。）得其由。

達案：續博物志卷九云：「鬱刃鑄以毒藥，冶取躍如星者，淬以馬血成之。傷一即死。刀劍以柔鐵爲莖幹，不可純用鋼。純鋼不折則缺。」

南詔劍。使人用劍，不問貴賤，劍不離身。造劍法，鍛生鐵，取迸汁，如是者數次，烹錬之。劍成即以犀裝頭，飾以金碧。浪人詔能鑄劍，尤精利，諸部落悉不如，謂之浪劍。南詔所佩劍，已傳六七代也。

達案：南詔劍當即後世所稱大理蠻刀。嶺外代答卷六蠻刀條云：「猺人刀及黎刀略相類，皆短刃而長靶。黎刀之刃尤短。以斑藤織花纏束其靶，以白角片尺許如鷄尾，飾靶之首。猺刀雖無文飾，然亦銛甚。左右江峒與界外諸蠻刀相類。刃長四尺而靶二尺，一鞘而中藏二刃，蓋一大一小焉。靶之端爲雙圓而相並。峒刀以黑皮爲鞘，黑漆飾靶，黑皮爲帶。蠻刀以褐皮爲鞘，金銀絲飾靶，朱皮爲帶。峒刀以湅州所作爲佳。蠻刀以大理所出爲佳。猺刀黎刀，帶之於腰，峒刀蠻刀，佩之於肩。峒人蠻人寧以大刀贈人，其小刀必不與人。蓋其日用須臾不可闕。忽遇藥箭，急以刀剜去其肉，乃不死，以故不與人。今世所謂吹毛透風，乃大理刀之類，蓋大理國有麗水，故能製良刀云。」

槍箭多用斑竹，出蒙舍白崖詔南山谷。心實圓緊柔細，極力屈之不折。諸所出皆不及之。

蠻書校注卷八

蠻夷風俗第八

其蠻，丈夫一切披氈。

達案：嶺外代答卷六氈條：「西南蠻地産綿羊，固宜多氈毳。自蠻王而下至小蠻，無一不披氈者。但蠻王中錦衫披氈，小蠻袒裼披氈爾。北氈厚而堅。南氈之長至三丈餘，其闊亦一丈六七尺，摺其闊而夾縫之，猶闊八九尺許。以一長氈帶貫其摺處，乃披氈而繫帶於腰，婆娑然也。晝則披，夜則卧，雨晴寒暑，未始離身。其上有核桃紋，長大而輕者爲妙。大理國所産也。佳者緣以皂。」

其餘衣服略與漢同，唯頭囊特異耳。南詔以紅綾，其餘向下皆以皂綾絹。其制度取一幅物，近邊撮縫爲角，刻木如樗蒲頭，實角中，總髮於腦後爲一髻，即取頭囊都包裹（達案：裹原本作裹。盧校云，按裹當作裹。漸西本亦作裹。是也。因據改。）頭髻上結之。羽儀已下及諸動有一切房甄别者，（案：此句疑有訛脱。）然後得頭囊。若子弟及四軍羅苴已下，則當額絡爲一髻，不得戴囊角；當頂撮髽髻，並披氈皮。俗皆跣足，雖清平官大軍將亦不以爲耻。曹長已下，得繫金佉苴。案：原本闕金字，今據新唐書增入。或有等第戰功褒獎得繫者，不限常例。

貴緋紫兩色。得紫後有大功則得錦。又有超等殊功者，則得全披波羅皮。其次功則胸前背後得披，而闕其袖。又以次功，則胸前得披，並闕其背。謂之大蟲皮，亦曰波羅皮。謂腰帶曰佉苴。

達案：新唐書卷二百二十二上南詔傳云：「自曹長已降繫金佉苴。尚絳紫。有功加錦。又有功加金波羅。金波羅，虎皮也。功小者衿背不袖。次止於衿。」云云。今案本書卷七云，蠻王并清平官禮衣悉服錦繡，皆上綴波羅皮，南詔之重視大蟲皮，於此可見也。披波羅皮當是吐蕃制度。敦煌千佛洞吐蕃入據沙州時代康公之女所修一窟有供養人像，其題名康公結銜有金銀間告身及大蟲皮字樣。康公蓋任吐蕃之瓜州倉曹參軍者也。蠻書謂南詔有功者始得披波羅皮，有功當特指武功而言。南詔披波羅皮襲自吐蕃，吐蕃行軍，披虎豹皮者在中軍。舊唐書卷一百九十六下吐蕃傳紀唐德宗貞元二年九月：「鳳翔節度使李晟使將王佖使襲吐蕃營，命候其前軍已過，見五方旗虎豹衣，則其中軍也。出其不意，乃是奇功。」云云。皆可證披波羅皮或大蟲皮乃是吐蕃制度，南詔蓋襲自吐蕃耳。敦煌題名康公結銜尚有金銀間告身之稱。據唐會要卷九十七吐蕃條，新唐書卷二百十六上吐蕃傳，吐蕃官吏章飾，凡有瑟瑟、金、金塗銀（又作金飾銀上）、銀、銅凡五等。會要謂各以方圓三寸褐上裝之，安膊前，以辨貴賤。此即所謂告身也。舊唐書卷一百九十七南詔蠻傳謂貞元十二年韋皋於雅州會野路招收蠻首領高萬唐等六十九人，萬唐等繳呈先受吐蕃金字告身五十片。是吐蕃對於隸屬諸部落俱有授以告身之制也。南詔亦曾受此。德化碑紀鳳迦異於天寶十一載受吐蕃大瑟瑟告身。碑陰題名結銜有大蟲皮衣及告身者比比皆是。告身凡有金、銀、銅、頗彌、鍮石五種，每種又分大小，加上瑟瑟，最少已有六種。此與F. W. Thomas所著有關中國土耳其斯坦之西藏文書（Tibetan Literary Texts and Documents Concerning Chinese Turkestan）第二册頁四〇八所紀相合，可以補會要新書之不足。而揆諸蠻首領高萬唐等之例，南詔各官之告身，或亦受自吐蕃也。告身之制，蠻書失載，因補紀之如此，以供言吐蕃與南詔關係者參考。

婦人一切不施粉黛。貴者以綾錦爲裙襦，其上仍披錦方幅爲飾。兩股辮其髮爲髻。髻上及耳，多綴真珠、金貝、瑟瑟、琥珀。貴家僕女亦有裙衫。常披氈及以繒帛韜其髻，亦謂之頭囊。

達案：新唐書卷二百二十二上南詔傳云：「婦人不粉黛，以蘇澤髮。貴者綾錦裙襦，上施錦一幅。以兩股辮爲鬟髻。耳綴珠貝、瑟瑟、虎魄。」云云。所謂婦人貴者綾錦裙襦，上披錦方幅爲飾，此一種婦女衣飾，亦是南詔効學吐蕃之一端。今西藏婦女尚多如此也。又案李京雲南志略諸夷風俗篇紀白人服飾云：「男子披氈椎髻。婦人不施脂粉，酥澤其髮。以青紗分編繞首盤繫裹以攢頂黑巾。耳金環，象牙纏臂。衣繡方幅，以半身細氈爲上服。」云云。衣繡方幅與蠻書及新唐書之施錦相同。亦可證二書所紀婦女衣飾限於貴族，且亦以白蠻佔多數之統治階級婦女爲然，其他各族固自有異。李京書尚紀有其他烏蠻以及末些土獠諸族婦女衣飾與白人不同，蓋可見矣。

南詔有妻妾數百人，總謂之詔佐。清平官大軍將有妻妾數十人。俗法處子孀婦出入不禁。少年子弟暮夜遊行閭巷，吹壺盧笙，或吹樹葉。聲韻之中，皆寄情言，用相呼召。嫁娶之夕，私夫悉來相送。既嫁有犯，男子格殺無罪，婦人亦死。或有強家富室責資財贖命者，則遷徙麗水瘴地，終棄之，法不得再合。

達案：新唐書卷二百二十二上南詔傳云：「王出，建八旗紫若青白旃雉翣二，有旄鉞紫囊之翠蓋。王母曰信麽，亦曰九麽，妃曰進武信麽。出亦建八旗絳旃。」又李京雲南志略諸夷風俗白人條紀其地有關男女風俗云：「處子孀婦出入無禁。少年子弟號曰妙子，暮夜游行，或吹蘆笙，或作歌曲，聲韻之中，皆寄情意。情通私耦，然後成婚。」李京所紀與蠻書大同，並由此可知蠻書所云，蓋亦白人之俗也。

每年十一月一日盛會客，造酒醴，殺牛羊，親族鄰里，更相宴樂。三月内作樂相慶，惟務追歡。户外必設桃茢，如歲旦然。改年即用建寅之月。其餘節日，麤與漢同，唯不知有寒食清明耳。

每飲酒欲闌，即起前席奉觴相勸。有性所不能者，乃至起前席扼腕的顙，或挽或推，情禮之中，以此爲重。取生鵝治如膾法，方寸切之，和生胡瓜及椒榝啗之，謂之鵝闕，土俗以爲上味。

達案：新唐書卷二百二十二上南詔傳云：「膾魚寸以胡瓜椒蔎和之，號鵝闕。吹瓢笙，笙四管，酒至客前，以笙推盞勸釂。」此以膾魚爲鵝闕也。景泰雲南圖經志書卷一雲南府風俗貴食生條云：「土人凡嫁娶燕會，必用諸品生肉，細剁，名曰剁生。和蒜泥食之，以此爲貴。」萬曆雲南通志卷一地理志全省土風飲食條，蒜膾注云：「或肉或魚，切而噛之，以五色蔬酢五味椒鹽和蒜而食，以爲敬客。」此即李京雲南志略諸夷風俗白人條所紀食貴生，如猪、牛、雞、魚皆生醢之，和以蒜泥而食也。鵝闕、剁生，因時而異其稱耳。

南詔家食用金銀，其餘官將則用竹箄。貴者飯以筯不匙，賤者摶之而食。

達案：本書卷四撲子蠻條，無食器，以芭蕉葉藉之。李京雲南志略諸夷風俗野蠻條，謂食無器皿，以芭蕉葉藉之。又土獠蠻條謂無匕匙，手摶飯而食之。

一尺，漢一尺三寸也。一千六百尺爲一里。漢秤一分三分之一。帛曰冪，漢四尺五寸也。田曰雙，漢五畝也。

達案：南詔度衡，據此處所紀一般視唐爲大。南詔一尺爲唐一尺三寸。唐一里爲三百步一千八百尺，南詔一里雖只一千六百尺，實際大於唐里凡二百八十唐尺。又所謂漢秤一分三分之一，實指南詔秤一分。故南詔度衡約大於唐度衡三分之一。冪亦見下。南詔計算田畝單位曰雙。雙之實值，蠻書、新唐書南詔傳及李京雲南志略俱作五畝。用雙爲計算田畝之制度，直至明代猶沿用勿替，惟其實值已由五畝降爲四畝。其變易當在元明之際也。陶宗儀南村輟耕録卷二十九稱地爲雙條云：「嘗讀金黄華老人詩，有招客先開四十雙之句，殊不可曉。近讀雲南雜誌曰，夷有田，皆種稻。其佃作，三人使二牛，前牽、中壓而後驅之。犂一日爲一雙。以二乏爲己，二己爲角，四角爲雙，約有中原四畝地。則老人之詩意可見矣。」今案黄華老人即金王庭筠。清陳鼎滇遊記云：「黄花老人石刻草書在崇聖寺中，字大如盤，筆法飛舞。相傳以檳榔殼蘸墨書者。老人爲宋元間人，自江右來，住久仙去。四絶句甚佳，其辭曰，王母祠東古佛堂，相傳棟宇自隋唐。年深寺廢無人住，滿谷西風栗葉黄。手拄一條青竹杖，興來日挂百錢遊。夕陽欲下山尤好，深谷無人不可留。帝遺名山護此邦，千家落落嶺西窗。山人乞與山前地，鶴拓先開二十雙。掛鏡臺西挂玉龍，半山飛雪舞天風。寒雲欲上三千尺，人道高歡避暑宮。」此作鶴拓先開二十雙，與輟耕録所紀不同。元代雲南計田以雙，元史卷六十一地理志紀中慶大理諸路，注輒云田若干雙，可以見之。明代雲南仍以雙計田。景泰雲南圖經志書卷一雲南府風俗男勞女佚條引舊志云：「土人多服耕稼，以田四畝爲一雙。犂則二牛三夫，前挽中壓後驅。」同書卷八元支渭興中慶路增置學田記云：「又於官渡買田八雙。方言雙者四畝也。」萬曆雲南通志卷二地理志大理府風俗條云「田四畝曰一雙」。同書卷八學校志永昌府保山縣學田注，「一段計十二雙，在乙丑村之下。」元明兩代雲南猶通行以雙計田，上舉諸書可爲明證。據南村輟耕録，雙以下尚有角、有己、有乏，角爲一畝，己爲半畝，乏爲四分之一畝。一雙爲三人使二牛犂一日之所得。稱之爲雙者以其爲二牛犂一日之所得也。頗疑南詔以雙計算田畝之制度，蓋得自吐蕃。英國斯坦因在我新疆及敦煌所獲之西藏文古文書中屢及屯戍耕種之事。其單位爲一 dor，一 dor 者據釋爲雙壯牛自晨至晚所能耕之地也。略見有關中國土耳其斯坦之西藏文書第二册頁三四九及三五二。西藏古代計算耕地單位之方法，與南村輟耕録所紀正合。吐蕃之一 dor 南詔改稱爲雙耳。一雙之值，唐至元初爲五畝，元以後更爲四畝，不知何故？是否由於元明以後田畝制度發生變化，視唐代爲大，因而計算單位亦相應縮小？此則尚須加以詳細之研究，不能遽決也。

本土不用錢。凡交易繒帛、氈罽、金、銀、瑟瑟、牛、羊之屬，以繒帛冪數計之，云某物色直若干冪。

達案：漢以來雲南交易情形，以書闕有間，不得而知。今雲南所見中原錢幣，漢五銖、唐開元以及宋錢往往有之，騰衝且曾出土漢五銖錢至千餘枚。至是否以之爲交易媒介，尚未敢決。唯自南詔以迄大理，大約俱不用金屬貨幣，而以繒帛及貝爲交易之資，則斑斑可考也。新唐書卷二百二十二上南詔傳云：「以繒帛及貝市易。貝者大若指，十六枚爲一覓。」李京雲南志略諸夷風俗白人條云：「交易用棋子，俗呼作𧴩。以一爲莊，四莊爲手，四手爲苗，五苗爲索。」志略之苗當即新書之覓也。據萬曆雲南通志卷一地理志全省土、風市肆條，交易用貝，計算方法與志略同。明代雲南尚通行貝，呼爲海𧴩。萬曆雲南通志中紀及海𧴩之處即甚多。如卷二地理志大理府橋梁安固橋注，成化間知府李遜建有碑，其略曰，天順甲申歲七月甲寅夜，舊橋爲蛟怪所壞，蕩盡無復存者。同寅貳守楊君規畫經理，得海貝六千緡云云。卷六賦役志雲南布政司課程酒課銀米外有海𧵢六百六十索，差發有海𧵢三十七萬二千三百三十七索，雲南府課程街税有海𧵢一百六十索。大理府民役站役趙州有站𧵢一十一萬四千一百六十一索一十五手。臨安府差發海𧵢二十二萬一千二十五索六手。永昌府課程酒課有海肥三索。澂江府課程酒課有海肥六百六十索，差發海肥一萬四千九百七十二索一十手。鶴慶府民役站役在城驛肥一萬八百七十索。鎮沅府課程商税肥二千四百一十二索。明代雲南通行貝幣，於此可以概見。元代初平雲南，推行鈔法，民不便之，因仍行海肌。並定貝子與黄金兑换比例。元史卷十二世祖本紀至元十九年九月己巳定雲南税賦用金爲則，以貝子折納，每金一錢直貝子二十索。據元史卷九十三食貨志鈔法條，武宗至大二年定白銀一兩直黄金一錢，金銀比價爲一比十，即金價爲十换。故黄金一錢直貝子二十索，亦即白銀一兩直貝子二十索也。元世祖時，意大利人馬可波羅曾歷遊雲南。馬可波羅行紀第一一七章哈剌章州紀其所用貨幣云，所用貨幣則以海中所出之白貝而用作狗頸圈者爲之。八十貝值銀一量，等若物搦齊亞城錢二枚或二十四里物。銀八量值金一量。云云。馬可所紀之金價爲八换，唯八十貝值銀一量，當是傳聞之誤。一量即使重只一錢，據世祖本紀銀一錢亦直貝子一百六十枚，不能賤至八十也。雲南古代用貝，過去以文獻無徵，無可考證。近年來晉寧石寨山掘得滇王之印金印及銅鼓等物甚多。又發見貝盈數百斤，皆屬於作爲貨幣之貨貝一類也。諸器物及滇王印應屬漢晉時代。對於大量出土之貝，或認爲裝飾品，或以爲貨幣，尚無定論。頗疑以作爲貨幣爲是。此或可以爲雲南在唐以前用貝爲貨幣之一證也。

凡人家所居，皆依傍四山，上棟下宇，悉與漢同，惟東西南北，不取周正耳。别置倉舍，有欄檻，脚高數丈，云避田鼠也。上閣如車蓋狀。

西爨及白蠻死後，三日内埋殯，依漢法爲墓。稍富室廣栽杉松。蒙舍及諸烏蠻不墓葬。凡死後三日焚屍，其餘灰燼，掩以土壤，唯收兩耳。南詔家則貯以金瓶，又重以銀爲函盛之，深藏别室，四時將出祭之。其餘家或銅瓶鐵瓶盛耳藏之也。

達案：李京雲南志略諸夷風俗白人條，人死俗屍束縛令坐棺如方櫃，擊銅鼓送喪。以剪髮爲孝，哭聲如歌而不哀。既焚，盛骨而葬。今麗江鄧川一帶尚有火葬之習，盛耳云云，則未之聞矣。

言語音白蠻最正，蒙舍蠻次之，諸部落不如也。但名物或與漢不同，及四聲訛重。大事多不與面言，必使人往來達其詞意，以此取定，謂之行諾。才勺反。

大蟲謂之波羅，亦名草羅。達案：波羅原作波羅密。本書卷七蠻王并清平官禮衣上綴波羅皮下原注云，南蠻呼大蟲爲波羅密。本書作波羅密者只此兩處，餘俱作波羅也。又下引玉溪編事中南詔清平官趙叔達詩，波羅毘勇猜注云，波羅，虎也。是南詔之稱大蟲正應作波羅，作波羅密當因波羅蜜果或佛經中之波羅密多而誤，因爲删去密字。犀謂之矣，讀如咸。帶謂之佉苴，飯謂之喻，鹽謂之賓，鹿謂之識，牛謂之舍，川謂之賧，谷謂之浪，山謂之和，山頂謂之蔥路，舞謂之伽傍。加，富也。閣，高也。諾，深也。苴，俊也。東爨謂城爲弄，謂竹爲翦，謂鹽爲眴，謂地爲渘，謂請爲數，謂酸爲制。言語並與白蠻不同。

達案：唐代南詔語言，當以此處所紀爲最多。計標明東蠻者六，未標明而可以認爲白蠻者十六，共單字或辭凡二十二。其他見於舊籍者尚有玉谿編事中之所紀。太平廣記卷四百八十三南詔條引玉谿編事云，南詔以十二月十六日謂之星回節日，遊於避風臺，命清平官賦詩。驃信詩曰：「避風善闡臺，極目見藤越，（鄰國之名也。）悲哉古與今，依然烟與月。自我居震旦，（謂天子爲震旦，）翊衞類夔契。伊昔經皇運，艱難仰忠烈。不覺歲云暮，感極星回節。元昶（謂朕曰元謂卿曰昶）同一心，子孫堪貽厥。」清平官趙叔達曰（謂詞臣爲清平官）：「法駕避星回，波羅毗勇猜（波羅，虎也，毗勇，野馬也。驃信昔年幸此，曾射野馬并虎）。河闊冰難合，地暖梅先開。下令俚柔洽（俚柔百姓也），獻賧弄棟（國名）來。願將不才質，千載侍遊臺。」其中如震旦、元、昶、毗勇、俚柔五者，俱爲新見於此之南詔語言。（元、昶又見於新唐書南詔傳）。本書卷五六賧注賧者州之名號也。唐憲宗元和十一年，南詔弄棟節度使王嵯巔殺其王勸龍晟立勸利，因封嵯巔爲大容，蠻謂兄爲容。賧、容亦是南詔語言。此外稱王爲驃信，王母爲信麽，妃爲進武信麽。計單字或辭，凡三十有二。若益以新唐書南詔傳所紀南詔官制之專名，單字或辭，將近七十。據此數十字，説者紛如聚訟。有謂其爲撣泰語系者，有謂其爲藏緬語系者。然所存大都單辭隻義，并無文法可尋。如有謂其即民家語者，顧除賓（鹽）閣（高）二字外，餘俱不可知，豈能即作定論也。唯即此數十字而加以分析，則南詔語言中外來語之因素頗爲顯著。詔、瞼爲泰語，賓、閣爲民家語，此前人已言之者。尚有川謂之賧，實是藏語。賧即藏語 than 字之對音，義即川原。古代吐蕃地名後帶賧字者甚多，可參看有關中國土耳其斯坦之西藏文書第二第三兩册。古代雲南以賧名之地，就蠻書、新唐書南詔傳、元史地理志及嘉慶重修一統志諸書所載，已有四十餘處。大都集中於金沙江南北、瀾滄江、怒江、伊洛瓦底江上游之東西兩岸，以及洱海附近，不能過今楚雄以東。皆古代吐蕃兵力所及，或吐蕃人移居之地。就帶賧字之地名，尚可以推見古代吐蕃勢力在雲南之一斑也。

又案：原本於言語一段後尚有：「每出軍征役，每蠻各攜糧米一㪷五升，各攜魚脯，此外無供軍糧料者。蠻軍憂糧易盡，心切於戰。出界後許行刦掠，收奪州溪源百姓禾米牛羊等輩。用軍之次，面前傷刀箭許將息。儻背後傷刀箭輒退者，即刃其後。」一段凡八十二字。四庫館臣校語云：「案此條當在第九卷南蠻篇中，疑傳寫者誤入於此」。其言是也。因移至卷九末。

蠻書校注卷九

南蠻條教第九

南俗務田農菜圃。戰鬭不分文武。無雜色役。每有徵發，但下文書與村邑理人處，尅往來月日而已。其兵仗人各自賫，更無官給。百家已上有總佐一，千人已上有理人官一。人約萬家以來，即制都督，遞相管轄。上官授與四十雙，漢二頃也。上户三十雙，漢一頃五十畝。中户下户各有差降。每家有丁壯，皆定爲馬軍，各據邑居遠近，分爲四軍。以旗旛色別其東南西北，每面置一將，或管千人，或五百人。四軍又置一軍將統之。如有賊盜入界，即罪在所入處面將。

達案：新唐書卷二百二十二上南詔傳云：「凡調發下文書衆邑，必占其期。百家有總佐一，千家有治人官一，萬家有都督一。凡田五畝曰雙。上官授田四十雙，上户三十雙，以是而差。壯者皆爲戰卒，有馬爲騎軍。人歲給韋衫袴。以邑落遠近分四軍，以旗幟別四方面，一將統千人，四軍置一將。

凡敵入境以所入面將禦之。」云云。治人官，本書作理人官，蓋避唐高宗李治諱也。上官授田四十雙，本書只作上官授與四十雙，疑以唐書爲是。本書又謂每家有丁壯皆定爲馬軍，新唐書作壯者皆爲戰卒，有馬爲騎軍，準文義似以新唐書爲優也。

羅苴子皆於鄉兵中試入，故稱四軍苴子。戴光兜鍪，（案：新唐書南詔傳作戴朱鞮鍪。光字疑朱字之訛。）負犀皮銅股排，跣足歷險如飛。每百人羅苴佐一人管之。

達案：新唐書卷二百二十二上南詔傳云：「王親兵曰朱弩佉苴，佉苴韋帶也。擇鄉兵爲四軍羅苴子，戴朱鞮鍪，負犀革銅盾而跣走險如飛。百人置羅苴子統一人。」羅苴子統，本書作羅苴佐，疑俱是譯名也。

負排又從羅苴中揀入，無員數。南詔及諸鎮大軍將（達案：大軍將，內聚珍本、文津本、閩本作大將軍，鮑本作大軍將。以作大軍將爲是，因據改。）起坐不相離捍蔽者，皆負排也。

羽儀亦無員數，皆清平官等子弟充，諸蠻不與焉。常在雲南王左右。羽儀長帳前管係之。

羽儀長八人，如方內節度支（達案：盧校云，按支字下疑脱使字，否或支即使之訛。）衙官之屬。清平官已下，每入見南詔，皆不得佩劍，唯羽儀長得佩劍。出入卧外，雖不主公事，最爲心腹親信。

達案：新唐書卷二百二十二上南詔傳云：「以清平子弟爲羽儀。王左右有羽儀長八人。清平官見王不得佩劍，唯羽儀長佩之爲親信。」

其六曹長即爲主外司公務。六曹長六人，兵曹、户曹、客曹、刑曹、工曹、倉曹，達案：倉曹原作會曹。南詔六曹制度得之於唐。唐有倉曹，掌租調、公廨、庖廚、倉庫、市肆。又本書卷八校注引敦煌吐蕃時代題名，有瓜州倉曹參軍。吐蕃政治制度如此類者亦取則於唐。南詔德化碑陰題名亦有倉曹長。俱無會曹之稱。會、倉字形微近，蓋因此致誤，茲爲改正。一如內州府六司所掌之事。又有斷事曹長，推鞫盜賊；軍謀曹長，主陰陽占候，同倫長兩人，案：同倫原本訛作司偏，今據後文改正。各有副都，主月終唱。案：此字未詳，疑誤。諸曹稽逋如録事之職。曹官文牒下諸城鎮，皆呼主者。六曹長有功効明著，得遷補大軍將。

達案：唐制諸州府及都督府俱有録事參軍事、録事、及諸曹參軍事之職。録事參軍事正七品上，録事從九品上，諸曹參軍事正七品下。此言南詔諸曹稽逋如録事之職者，疑指諸曹參軍事兼理録事參軍事職也。

大軍將一十二人，與清平官同列。每日見南詔議事。出則領要害城鎮，稱節度。有事跡功勞殊尤者，得除授清平官。案：原本以除授爲句。今據唐書南詔傳，大軍將出治軍壁，稱節度，次補清平官之文，是除授下應有清平官三字。原本蓋因下條相屬而誤脱耳。今增入。

清平官六人，每日與南詔參議境內大事。其中推量一人爲內算官，凡有文書，便代南詔判押處置，有副兩員同勾當。

又外算官兩人，或清平官或大軍將兼領之。六曹公事文書成，合行下者一切是外算官，與本曹出文牒行下，亦無商量裁製。

又有同倫判官兩人，南詔有所處分，輒疏記之，轉付六曹。近年已來，南蠻更添職名不少。

達案：南詔職官制度，開始建國與以後當頗有變遷。本書已云更添職名不少，而新唐書、南詔德化碑所載即有不同。其更添情形以及經過，以書闕有間，已不甚可考矣。兹彙録諸書之文如次，以資參考。新唐書卷二百二十二上南詔傳云：「官曰坦綽，曰布燮，曰久贊，謂之清平官。所以決國事輕重，猶唐宰相也。曰酋望，曰正酋望，曰員外酋望，曰大軍將，曰員外，猶試官也。幕爽主兵，琮爽主户籍，慈爽主禮，罰爽主刑，勸爽主官人，厥爽主工作，萬爽主財用，引爽主客，禾爽主商賈，皆清平官、酋望、大軍將兼之。爽猶言省也。督爽總三省也。乞託主馬，禄託主牛，巨託主倉廩。亦清平官、酋望、大軍將兼之。曰爽酋，曰彌勤，曰勤齊，掌賦税。曰兵獳司，掌機密。大府主將曰演習，副曰演覽，中府主將曰繕裔，副曰繕覽，下府主將曰澹酋，副曰澹覽，小府主將曰幕撝，副曰幕覽。府有陀酋，若管記，有陀西，差判官。大抵如此。」又曰：「以清平子弟爲羽儀長八人。清平官見王不得佩劍，唯羽儀長佩之爲親信。有六曹長，曹長有功補大軍將。大軍將十二與清平官等列日議事王所。出治軍壁稱節度，次補清平官。有内算官，代王裁處，外算官記王所處分以付六曹。外則有六節度，曰弄棟、永昌、銀生、劍川、柘東、麗水。有二都督，會川、通海。有十瞼，夷語瞼若州，曰雲南瞼、白崖瞼亦曰勃弄瞼、品澹瞼、邆川瞼、蒙舍瞼、大釐瞼亦曰史瞼、苴咩瞼亦曰陽瞼、蒙秦瞼、矣和瞼、趙川瞼。」云云。此新唐書所紀也。李京雲南志略諸夷風俗白人條云：「其稱呼國主曰縹信，太子曰坦綽，諸王曰信苴，相國曰布燮，之文字之職曰清平官。」志略見收於説郛，誤字纍纍，縹應作驃，坦應作坦，苴應作苴，布燮下一之字疑衍。又按德化碑碑陰題名諸人俱帶官稱，從知其時南詔諸官有清平官、大軍將、軍將、大總管、羣牧大使、都軍謀、知表詁、人佐、押衙諸官，又有士曹長、士曹、户曹長、法曹長、兵曹長、兵曹、客曹長、客曹、倉曹長。據新唐書卷四十九下，外官如西都、東都、北都、鳳翔、成都、河中、江陵、興元、興德諸府以及諸都督府官中，有功曹、倉曹、户曹、田曹、兵曹、法曹、士曹，諸曹皆有參軍事各二人，正七品下。南詔初期官制，就諸曹而論，約略相當於唐代之一都督府，無功曹、田曹，而多一客曹。唐會要卷六十九判司條謂唐之田曹置於開元十五年，初在朔方五城，專知營田。南詔無屯戍營田，故可以無田曹也。南詔無功曹，然有軍謀曹長，主陰陽占候，與功曹之所掌同。德化碑碑陰題名有都軍謀兼知表詁，更可以證明其即相當於唐之功曹，功曹蓋掌考課、假使、祭祀、禮樂、學校、表疏、書啓、禄食、祥異、醫藥、卜筮、陳設、喪葬，包有軍謀曹長及都軍謀之本兼各職。客曹不見唐制，疑亦有所受。蠻書之工曹必係士曹之誤，德化碑碑陰題名無工曹，士曹極清晰，非工曹之誤。以無他證，姑仍其舊。大總管在德化碑碑陰題名凡四見，僅大總管兼押衙小鍮石告身賞二色綾袍金帶石覆苴一條尚清晰完整，餘俱漫漶。總管，據新唐書卷四十九下百官志外官大都督府下注，武德初邊要之地置總管以統軍，七年改總管曰都督。貞觀初唯朔方猶稱大總管。南詔當閣羅鳳之時尚未置都督，大總管當即代行都督之職。石覆苴以大總管兼押衙，其所掌當屬南詔羽林禁衞諸軍，亦如唐制金吾爲天子押衙也。羣牧大使亦是唐制。唯德化碑碑陰題名之大蟲皮衣，各種告身，乃是吐蕃制度，此閣羅鳳北臣吐蕃以後所表現之初步吐蕃影響。蠻書所紀或係根據袁滋雲南記，尚屬貞元初情形。大和以後，南詔政治制度大有改易，新唐書所紀爲南詔後期制度。六曹而外，尚有諸爽，此内官也。節度使都督，外官也。内外官制視前規模弘大而加細密，已超越閣羅鳳時期矣。爽即省，蓋譯漢字之音，九爽亦猶唐之六省，職掌分合，稍有出入而已。南詔初期，諸曹承外算官之命而行。至後期既有諸爽，其所掌與六曹略同，不知如何分工也。大理段氏官制，當即承襲南詔。段素順明政三年，即宋太祖開寶五年，與東方三十七部會盟於石城，其石城會盟碑下方大理諸官員題名，官稱與新唐書相同者不少，如陀西、陀酋、督爽、久贊、布燮之屬，唯陀西作陁栖，陀酋作理摸陁遒，久贊上有侍内官三字。布燮二人，一作都監三軍禮樂爽長駙馬布燮段彦貞，一作三軍都統長皇叔布燮段子珍。又有貼侍内官贊衛、宇覽，俱不見新唐書。然其承襲之迹，尚大致可見也。新唐書謂大府主將爲演習，而大理明宣德庚戌趙稔碑云：「按趙氏譜，自建峯之後顯於西南。其後有鐸些者仕蒙爲演習，即今宰輔也。」云云。以演習爲宰輔，與新唐書不同，疑或係傳聞之誤也。

凡試馬軍，須五次上。射中片板爲一次上；中雙庶子（案：二字未詳。）爲一次上；四十步外走馬㧾（案：此字未詳。）頗柱中㪷子爲一次上；盤槍百轉無失爲一次上；能算能書爲一次上。試過有優給。

步卒須爲五次上。玷蒼山頂立旗，先上到旗下爲一次上；驀一丈三尺坑過爲一次上；急流水上浮二千尺爲一次上；弄劍爲一次上；負一石五㪷米四十里爲一次上。已上一一試過，得上次者，補羅苴也。

蠻王爲樓，及諸城鎮村邑（達案：村邑原作林邑，殊不可解，疑是村邑之誤。下文引文書境内諸城邑村谷句尚可以證此，因爲改正。）但有空平處，即立木八十尺，刻其上爲㪷子，中間以墨三寸規之，名曰頗柱。所試人持竹劍，去頗柱四十步外走馬向前柱，中㪷子者上，中第二規次之，中第一規爲下。每農隙之時，邑中有馬者，皆騎馬於頗柱下試習。

每歲十一、十二月農收既畢，兵曹長行文書境内諸城邑村谷，各依四軍，集人試槍劍甲胄。（達案：胄，内聚珍本閩本俱誤作冑，鮑本、漸西本已改爲胄，因據改。）腰刀，悉須犀利，一事闕即有罪。其法一如臨敵。布陣羅苴子在前，以次弓手排下，以次馬軍三十騎爲隊。如此次第，定爲常制。臨行交錯爲犯令。

每戰，南詔皆遣清平官或腹心一人在軍前監視。有用命不用命及功大小先後，一一疏記迴具白南詔，憑此爲定賞罰。軍將犯令，皆得杖，或至五十，或一百。更重者徙瘴地。諸在職之人，皆以戰功爲褒貶黜陟。

每出軍征役，每蠻各攜糧米一㪷五升，各攜魚脯，此外無供軍糧料者。蠻軍憂糧易盡，心切於戰。出界後，許行劫掠，收奪州溪源百姓禾米牛羊等輩。用軍之次，面前傷刀箭許將息，儻背後傷刀箭輒退者，即刃其後。（案：此條當在第九卷南蠻篇中，疑傳寫者誤入於此。）

達案：此條原在本書卷八蠻夷風俗篇末，其所紀爲行軍律令，與同篇以前諸條不類，而與本書卷九南蠻條教篇性質相合，顯係錯簡。四庫館臣之言是也。因爲移置本卷末一條之後。新唐書卷二百二十二上南詔傳云：「師行人齎糧斗五升。以二千五百人爲一營。其法前傷者養治，後傷者斬。」云云。南詔行軍律令之可概見者，僅此寥寥數則耳。

朝廷差使到雲南，南詔迎接遠送。自數年來，緣邕交兩地長吏苛暴，恣殺非辜，致令衆蠻告寃，因兹頻來攻掠。伏蒙聖心，徵發大軍指揮，期於尅復。其容州經管三十四羈縻州。案：新唐書地理志嶺南道羈縻州九十二，隸桂管者七州，隸邕管者二十六州，隸安南州四十一州，並無屬容管者，與此稍有不合。伏請委安南大首領爲刺史。武定州案：新唐書地理志武定州乃安南都護府所屬羈縻州之一。亦請委大首領爲長吏者。踵前許經略使眷顧親屬，奏元從押衙爲刺史，恐非穩便。臣竊達案：竊，文津本、閩本同，鮑本、漸西本改作切。盧校云，按此竊字當本是切，今改正。知故安南前節度使趙昌，相繼十三年，緝理交阯，至今遺愛，布在耆老。至境内無事。其時以都押衙杜英策爲招討副使，入院判案，每月料錢供給七十貫。以寄客張舟爲經略判官，已後舉張舟爲都護。自李象古任安南經略使，案：原本作李象右，今考唐書，李象古爲安南都護，以苛刻失衆，爲賊楊清所害，蓋即此人。今改正。恣意貪害，遂至徵兵。續又有李涿繼之誅剥，案：原本涿上脱李字，今據通鑑增入。令生靈受害。莫非長吏非人所致。

達案：趙昌、李象古兩唐書俱有傳。趙昌傳見舊唐書卷一百五十一，新唐書卷一百七十。李象古傳見舊唐書卷一百三十一，新唐書卷八十。趙昌曾兩度爲安南節度使，第一次自德宗貞元七年至十八年，第二次自貞元二十年至憲宗元和元年。蠻書云十三年，舉其成數而言耳。新唐書趙昌傳云：「趙昌字洪祚，天水人。始爲昭義李承昭節度府屬。累遷虔州刺史。安南酋獠杜英翰叛，都護高正平以憂死。拜昌安南都護（舊唐書趙昌傳在貞元七年），夷落嚮化，毋敢桀。居十年，足疾請還朝（舊傳因屋壞傷脛）。以兵部郎中裴泰代之。入爲國子祭酒。未幾州將（舊傳作首領）逐泰。德宗召昌問狀，時年踰七十（舊傳作七十二），占對精明，帝奇之，復拜安南都護。詔書至，人相賀，叛兵即定。憲宗初立，檢校户部尚書，遷嶺南節度使。（下略）。卒年八十五（舊傳在元和九年）」。李象古爲安南都護在元和十三年，據舊唐書卷十五憲宗紀：「元和十四年冬十月丙午朔，壬戌安南軍亂，殺都護李象古并家屬部曲千餘人皆遇害。」李象古，李臯子，兩唐書中附見李臯傳。舊唐書李象古傳云：「象古自衡州刺史爲安南都護。元和十四年爲楊清所殺，妻子支黨無噍類焉。楊清者代爲南方酋豪。屬象古貪縱，人心不附。又惡清之强，自驩州刺史召爲牙門將，鬱鬱不快。無何，邕管黄家賊叛，詔象古發兵數道共討之。象古命清領兵三千赴焉。清與其子志烈及所親杜士交潛謀迴戈，夜襲安南，數日城陷，象古故及於害。朝廷命唐州刺史桂仲武爲都護，且招諭之，赦清以爲瓊州刺史。仲武至境，清不納，復約束部署，刑戮憯虐，人無聊生。仲武使人諭其酋豪，數月間歸附繼至，約兵七千餘人，收其城。斬清及其子志貞，籍没其家。志烈與士交敗保于長州之鑿溪，尋以所部兵來降。」云云。李涿於宣宗大中七年至九年爲安南都護，已見本書卷四桃花人條校注，可參看，故不贅。張舟於憲宗元和元年繼趙昌爲安南都護，五年卒於位。舟，兩唐書無傳，只新唐書卷二百二十二下環王傳紀元和初不朝獻，安南都護張舟執其僞驩愛州都統，斬三萬餘級，虜王子五十九，獲戰象舠鎧。今案柳宗元柳先生集卷十有唐故中散大夫檢校國子祭酒兼安南都護御史中丞充安南本管經略招討處置等使上柱國武城縣開國男食邑三百户張公墓誌銘，所誌即張舟也。蠻書謂舟以寄客爲經略判官，已後舉爲都護。據墓誌銘則舟始命蘄州蘄春主簿，句會敏給，厥聲顯揚。仍以左領軍衛兵曹爲安南經略巡官，申固扞衛，有聞彰徹。轉金吾衛判官，三歷御史，績用弘大，揚於天庭。加檢校尚書禮部員外郎，换山南東道節度判官，復轉郎中，爲安南副都護，賜紫金魚袋充經略副使。遷檢校太子右庶子，兼安南都護御史中丞，充本管經略招討處置等使。視本書所紀爲煊赫。疑墓誌銘或仍不免於諛墓之習耳。墓誌銘中紀及張舟擊烏蠻事，謂烏蠻酋帥負險蔑德，公於是外申皇威，旁達明信，一動而悉朝其長，取州二十以被於華風。云云。烏蠻疑即指南詔，而其事别無可徵。張舟任安南都護時，新築安南羅城修造器械政績有足稱者。唐會要卷七十三安南都護府條紀此云：「元和四年八月安南都護奏，破環王國僞號愛州都統三萬餘人，及獲王子五十九人，器械戰船戰象等稱之。其年九月，安南都知兵馬使兼押衙安南副都護杜英策等五十人狀，舉本管經略招討處置等使兼安南都護張舟到任已來政績事。安南羅城，先是經略使伯夷築。當時百姓猶甚陸梁，纔高數尺，又甚湫溢。自張舟到任，因農隙之後，奏請新築。今城高二丈二尺，都開三門，各有樓。其東西門各三間，其南門五間。更置鼓角。城内造左右隨身十宫。前經略使裴泰時，驩愛城池，被環王崑崙燒燬並盡。自張舟到任後，前年築驩州城，去年築愛州城。裴泰時軍城不守，軍中器械卻失並盡。趙昌到任日近，旋除廣州。自張舟到任，諸道求市，每月造成器械八千事。四年以來，都計造成四十餘萬事。於大廳左右，起甲仗樓四十間收貯。安南戎寇，難利鬥戰。先有戰船不過十數隻，又甚遲鈍，與賊船不過相接。張舟自創新意，造艨艟舟四百餘隻，每船戰手二十五人，掉手三十二人，車弩一支，兩弓弩一支。掉出船內，迴船向背，皆疾如飛。敕旨，宣付所司。」云云。據墓誌銘，舟卒後，卜葬長沙。

蠻書校注卷十

南蠻疆界接連諸蕃夷國名第十

彌諾國、彌臣國，皆邊海國也。呼其君長爲壽。

達案：壽即詔也。Hobson-Jobson頁二〇四Chobwa條引顧興（Cushing）撣語字典（Shan Dictionary）云，Sow君長，主人也。Sowhpa世襲君主也。此處之壽，蓋即撣語之Sow之對音，亦即緬甸語之Tsaubwa，泰語之Chao之轉變耳。

彌諾面白達案：御覽卷七百八十九彌諾國彌臣國條引南夷志，面白作面赤。而長，彌臣面黑而短。性恭謹，每與人語，向前一步一拜。國無城郭。彌諾王所居屋之中有一達案：有一二字原本無，茲據御覽引補入。大柱，雕刻爲文，飾以金銀。彌臣王以木栅爲達案：爲字原本無，茲據御覽引補入。居，海際水中。以石獅子爲屋四足，仍以板蓋，悉用香木。王出即乘象，達案：王出即乘象五字原本無，茲據御覽引補入。百姓皆樓居。披娑達案：娑原本作婆，與下驃國條之青娑羅裙，婆俱應作娑，因爲改正。娑羅籠見本書卷四茫蠻條。羅籠。男少達案：原本無少字，茲據御覽引補入。女多。俗達案：原本無俗字，茲據御覽引補入。好音樂。樓兩頭置鼓，飲酒即擊鼓，男女達案：女原本作子，茲據御覽引改正。攜手樓中蹈舞爲樂。在蠻達案：御覽引無蠻字。永昌城西南六十日程。達案：御覽引南夷志文止此。太和九年曾破其國，刦金銀，擄其族三二千人，配麗水淘金。

達案：伯希和交廣印度兩道考十七麗水及驃國條小注云：「按彌臣國名見新唐書卷二二二下，並見蠻書卷十。顧蠻書此卷中諸蕃夷國名，幾盡爲太平御覽卷七八九所轉録，惟不名蠻書而名曰南夷志。檢册府元龜卷九七二誌有八〇四年彌臣國遣使入貢之事。又卷九六五及太平寰宇記卷一七七誌有八〇五年册封彌臣國王之事。兩唐書本紀列傳所輯南方諸國及其貢使之事頗不完全，此外且有錯誤。應將散見於唐會要、册府元龜、太平寰宇記、通典、太平御覽等書關係各國之史料完全搜集，否則不能在此處討論也。余意以爲其國似在禄郫江口。」云云。伯氏以禄郫江當今伊洛瓦底江，是彌臣國即在今伊洛瓦底江口也。沈曾植蠻書校本跋云：「麗水即今怒江爲一部。其東岸爲驃地，西岸之西北則撲子蠻、望苴子、外喻部落，次爲茫蠻，次南驃地。極南至於兜彌伽栅、彌臣，怒江入海之口，東西漾貢即此書之大銀孔也。西岸曰巴桑，或譯巴新，即此書之彌臣也。彌諾江流爲一部，即今圖邁立開河。東岸爲驃，西岸彌諾，即圖蒙尼瓦。嶺外代答所謂黑水淤泥河，本書于泥禮，今圖爲烏曩河者，皆在此流域中。越絨麻山而至阿剌干，疑即彌諾國地。故通天竺路經彌諾、麗水而西至大秦婆羅門也。」云云。伯希和、沈曾植二氏俱謂彌臣國在今怒江與伊洛瓦底江入海處。沈氏以麗水爲怒江，以大銀孔爲即東西漾貢，即今仰光，説俱不確，具見本書卷六銀生城條下校注，茲不贅。彌諾江，伯氏謂即Chindwin江，較沈氏所云爲更西矣。

驃國在蠻永昌城南七十五日程，閣羅鳳所通也。其國用銀錢。以青磚爲圓城，周行一日程。百姓盡在城内。有十二門。達案：門，御覽卷七百八十九驃國條引南夷志作所堂。當國王所居門前有一大象，達案：象原本作像，御覽引作象。新唐書卷二百二十二下驃國傳亦謂有巨白象高百尺，訟者焚香跽象前，自思是非而退。有災疫，王亦焚香對象跽自咎。則御覽作象是也。因爲改正。露坐高百餘尺，白如霜雪。俗尚廉恥，人性和善少言，重佛法。城中並無宰殺。又多推步天文。若有兩相達案：御覽引無兩相二字。訴訟者，王即令焚香向大象達案：象原本亦作像，茲並據上例改正，下同。思惟是達案：是，原本作其，茲據御覽引改正。非，便各引退。其達案：御覽引無其字。或有災疫及不安穩之事，達案：御覽引無及不安穩之事六字。王亦焚香對大達案：御覽引無大字。象悔過自責。男子多衣白氎。婦人當頂爲高髻，以金銀真珠爲飾，餘達案：餘字原本無，茲據御覽引補入。著青娑羅裙。達案：娑羅裙原本作婆羅裙，御覽引脱羅字，茲依前例改正。又披羅段，行必持扇。貴家婦女，達案：原本無女字，茲據御覽引補入。皆三人五人在傍持扇。有移信使到蠻界河賧。則以江猪白氎及琉璃罌爲貿易。案：罌原本作盟，貿易原本作加，今從新唐書驃國傳改正。達案：新唐書驃國傳原文云：「與諸蠻市，以江猪白氎琉璃罌缶相易」云云。又自有移信使以下二十二字，御覽引無此。與波斯及婆羅門鄰接。達案：鄰接，御覽引作接界。西去舍利城二達案：二，御覽引作六。十日程。據佛經，舍利城，中天竺國也。近城有沙山，不生草木。恆河經云，沙山中過。達案：自據佛經以下二十八字，御覽引無此。然則驃國疑達案：此五字御覽引作此疑是。東天竺也。

達案：驃國即緬甸之古名。古代中國與緬甸交通當始於後漢。然其時只知有撣國，即撣族所建之國也。後漢書卷一百十六西南夷傳謂撣國王雍由調於後漢和帝永元九年安帝永寧元年曾兩次遣使朝獻，獻海西幻人，又云撣國西南通大秦。三國志魏志卷三十注引魚豢魏略西戎傳云：「盤越國一名漢越王，在天竺東南數千里，與益部相近。其人小與中國人等。蜀人賈似至焉。」又云：「大秦道既從海北陸通，又循海而南，與交阯七郡外夷，北又有水道通益州、永昌，故永昌出異物。」魏略所紀與後漢書可相參證。羅馬人書亦謂羅馬由海道通緬甸，經此以達四川。中外紀載亦相符合。魏略之盤越或漢越即僄越。晉常璩撰華陽國志，卷四永昌郡條云，有閩濮、鳩獠、僄越、躶濮、身毒之民。又御覽卷九百五十六桐條引晉郭義恭廣志云，梧桐有白者，剽國有白桐木，其葉有白毳。取其毳，淹漬緝績，織以爲布。云云。僄越、剽國爲公元後第四世紀時緬甸古國之名，至唐代漢譯作驃，蓋俱因驃族而得名，已取昔日之撣族而代之矣。舊唐書卷一百九十七驃國傳云：「驃國在永昌故郡南二千餘里，去上都一萬四千里。其國境東西三千里，南北三千五百里。東鄰真臘國，西接東天竺國，南盡溟海，北通南詔些樂城界，東北拒陽苴咩城六千八百里。往來通聘迦羅婆提等二十國，役屬者道林王等九城，食境土者羅君潛等二十九部落。其王姓困没長，名摩羅惹，其國相名摩訶思那。其王近適則舁以金繩牀，遠適則乘象。嬪姝甚衆，常數百人。其羅城構以磚甓，周一百六十里。壕岸亦構塼。相傳本是舍利佛城。城内有居人數萬家，佛寺百餘區。其堂宇皆錯以金銀，塗以丹彩，地以紫鑛，覆以錦罽。其俗好生惡殺。其土宜菽、粟、稻、粱，無麻、麥。其理無刑名桎梏之具。犯罪者以竹五十本束之，復犯者撻其背，數止五，輕者止三，殺人者戮之。男女七歲則落髮，止寺舍，依桑門。至二十不悟佛理，乃復長髮爲居人。其衣服悉以白氎爲朝霞，繞腰而已。不衣繒帛，云出於蠶，爲其傷生故也。君臣父子長幼有序。華言謂之驃，自謂突羅成，闍婆人謂之徒里拙。古未嘗通中國。貞元中其王聞南詔異牟尋歸附，心慕之。八年乃遣其弟悉利移因南詔重譯來朝，又獻其國樂凡十曲，與樂工三十五人俱。樂曲皆演釋氏經論之詞意。尋以悉利移爲試太常卿。」唐會要卷一百驃國條與舊唐書大同。新唐書卷二百二十二下驃國傳云：「驃，古朱波也。自號突羅朱，闍婆國人曰徒里拙。在永昌南二千里，去京師萬四千里。東陸真臘，西接東天竺，西南墮和羅，南屬海，北南詔。地長三千里，廣五千里，東北袤長，屬羊苴咩城。凡屬國十八，曰迦羅婆提、曰摩禮烏特、曰迦梨迦、曰半地、曰彌臣、曰坤朗、曰偈奴、曰羅聿、曰佛代、曰渠論、曰婆梨、曰偈陀、曰多歸、曰摩曳，餘即舍衞、瞻婆、闍婆也。凡領鎮城九，曰道林王、曰悉利移、曰三陀、曰彌諾道立、曰突旻、曰帝偈、曰達梨謀、曰乾唐、曰末浦。凡部落二百九十八，以名見者三十二。曰萬公、曰充惹、曰羅君潛、曰彌綽、曰道雙、曰道甕、曰道勿、曰夜半、曰不惡奪、曰莫音、曰伽龍睒、曰阿梨吉、曰阿梨闍、曰阿梨忙、曰達磨、曰求潘、曰僧塔、曰提梨郎、曰望騰、曰擔泊、曰禄烏、曰乏毛、曰僧迦、曰提追、曰阿末邏、曰逝越、曰騰陵、曰歐咩、曰磚羅婆提、曰禄羽、曰陋蠻、曰磨地勃。驃彌臣至坤朗，又有小崑崙部王名范悉越，俗與彌臣同。驃坤朗至禄羽，有大崑崙國，王名思利泊婆難多珊那。川原大於彌臣。驃崑崙小王所居半日行至磨地勃柵。海行五月至佛代國。有江，支流三百六十。其王名思利些彌他。有川名思利毗離芮。土多異香。北有市，諸國估舶所湊。越海即闍婆也。十五日行踰二大山，一曰正迷，一曰射鞮。有國，其王名思利摩訶羅闍，俗與佛代同。經多茸補邏川至闍婆，八日行至婆賄伽盧，國土熱，衢路植椰子、檳榔，仰不見日。王居以金爲甓廚，覆銀瓦、爨香木，堂飾明珠。有二池，以金爲隄，舟檝皆飾金寶。驃王姓困没長，名摩羅惹，其相名摩訶思那。王出輿以金繩牀，遠則乘象。嬪史數百人。青甓爲圓城，周百六十里，有十二門，四隅作浮圖。民皆居中，鉛錫爲瓦，荔支爲材。俗惡殺。拜以手抱臂稽顙爲恭。明天文，喜佛法。有百寺琉璃爲甓，錯以金銀，丹彩紫鑛塗地，覆以錦罽，王居亦如之。民七歲祝髮止寺，至二十有不達其法，復爲民。衣用白氎朝霞，以蠶帛傷生不敢衣。戴金花冠、翠冒，絡以雜珠。王宫設金銀二鐘，寇至焚香擊之，以占吉凶。有巨白象，高百尺，訟者焚香跽象前自思是非而退。有災疫，王亦焚香對象跽，自咎。無桎梏，有罪者束五竹捶背，重者五輕者三，殺人則死。土宜菽、粟、稻、粱。蔗大若脛。無麻麥。以金銀爲錢，形如半月，號登伽陀，亦曰足彈陀。無膏油，以蠟雜香代炷。與諸蠻市，以江猪、白㲲、琉璃罌缶相易。婦人當頂作高髻，飾銀珠琲衣，青娑裙，披羅段，行持扇，貴家者傍至五六。近城有沙山，不毛地，亦與波斯婆羅門接。距西舍利城二十日行，西舍利者中天竺也。」伯希和交廣印度兩道攷十七驃水及驃國條，於驃國及突羅成、徒里拙、舍利佛城皆有所考證。以爲驃即Pyu之譯音，蓋蒲甘設都以前以Prome（今譯卑謬）爲都城時統治緬甸種族之名稱也。伯氏之言曰：「此段祿郫江流域全屬驃國。此國正史中僅有兩唐書有傳，然前此中國人已知有此國也。太平御覽卷一七七引魏晉人撰之西南異方志及南中八郡志，謂傳聞永昌西南三千里有驃國。余又在郭義恭撰廣志中檢出此國之名。廣志撰者未詳爲何時人，然其書撰輯之時必在唐代以前，蓋隋書經籍志已見著録也。後漢書卷一一六章懷太子註引有此書。哀牢夷傳云：『有梧桐木華，績以爲布。』註引廣志曰：『梧桐有白者。剽國有桐木，其華有白毳，取其毳淹績，緝織以爲布也。』又考法苑珠林卷三六引廣志曰：『艾納香出漂國。』由是觀之，在唐以前，亦曾以剽國名緬甸也。太平寰宇記證明，先從雲南知有驃國，兩唐書之結論亦同。蓋在南詔臣服中國以後，驃王始於八〇二年遣其弟獻國樂，又於八〇七年初隨南詔之使入朝也。至若驃國名稱之來歷，余則取Pyu之譯音之説，是即爲蒲甘建都以前以Prome爲都城時統治緬甸種族之名稱。至若以驃國作都城之解者，蓋祿郸江共彌諾江流經Prome城也。緬使從海道至中國，在宋以前無跡可尋，然不能謂旅行南海之中國人未聞此國也。考Prome之梵名作Çriksetra，緬人訛爲Sarekhettara，讀若Thayekhettaya。玄奘西域記卷十所言三摩呾吒東北大海濱山谷中之室利差呾羅國，即以都城之名名緬甸全國。義淨南海寄歸内法傳卷一亦曾言及此國。撰修唐書者似亦知之。舊唐書卷一九七云：「驃國『自號突羅成，闍婆國人曰徒里拙。』新唐書卷二二二下則作突羅朱。僅恃茲二名，決難求其對音。然徒里拙之拙，古讀有齒音收聲。或者爲Thayekhettaya緬語讀法之對音。舊唐書謂此城相傳本是舍利佛城Çriputra。緬人名舍利佛爲Sariputtara，讀若Thayiputtaya，則其以之爲其Sarekhettara（Thayekhettaya）城，亦無足異也。」

蠻賊太和六年刦掠驃國，虜其衆三千餘人，隸配柘東，令之自給。今子孫亦食魚蟲之類，是其種末也。咸通四年正月六日寅時，有一胡僧，裸形，手持一仗，（達案：仗與杖通。）束白絹，進退爲步，在安南羅城南面。本使蔡襲當時以弓飛箭當胸，中此設法胡僧，衆蠻扶舁歸營幕。城内將士，無不鼓譟。

崑崙國正北去蠻界西洱河八十一日程。出象及（達案：象及二字原本無，茲據御覽卷七百八十九崑崙國條引南夷志補入。）青木香、旃（達案：原本無旃字，茲據御覽引補入。）檀香、紫檀香、檳榔、琉璃、水精、蠡杯（達案：杯原本作坯，茲據御覽卷九百八十二青木條引南夷志文改正。）等諸香藥珍寶犀牛等。蠻賊曾將軍馬攻之，被崑崙國開路放進軍後，鑿其路通江，決水淹浸。進退無計。餓死者萬餘，不死者，崑崙去其右腕放回。

達案：御覽曾兩引此條，雖詳略不同，而俱可以校正本書，除隨文刊正外，茲備録如下，以資參考。卷七百八十九崑崙國條引南夷志云：「崑崙國正北去西洱河八十一日程。出象及青木香、旃檀香、檳榔、琉璃、水精、犀、牙等物。蠻寇嘗攻之，爲其決水淹浸，進退無計，餓死萬餘，不死者去其右腕後放迴。」又卷九百八十二青木條引南夷志云：「崑崙國正北去蠻界西洱河八十一日程。出象及青木香、旃檀香、紫檀香、檳榔、琉璃、水精、蠡杯。」又案崑崙一名，載籍所指，範圍甚廣，往往因時而異。舊唐書卷一百九十七林邑傳謂自林邑已南，皆卷髮黑身，通號爲崑崙。義浄南海寄歸内法傳卷一云：「良爲堀倫初至廣州，遂使總喚崑崙國焉。唯此崑崙頭捲體黑，自餘諸國與神洲不殊。赤脚敢曼，總是其式。廣如南海録中具述。」慧琳一切經音義卷八十一大唐西域求法高僧傳卷下崑崙語音義云：「上音昆下音論，時俗語便亦曰骨論，南海洲島中夷人也。甚黑，裸形，能馴伏猛獸犀象等。種類數般，即有僧祇、突彌、骨堂、閤蔑等，皆鄙賤人也。國無禮義，抄掠爲活。愛啖食人，如羅刹惡鬼之類也。言語不正，異於諸蕃。善入水，竟日不死。」云云。故就廣義而言之，凡印度支那半島南部以及南海諸島，拳髮黔膚之居民，皆是崑崙也。關於崑崙之攷證，説者甚多，費瑯之崑崙及南海古代航行考裒集所有文獻，曾加討論，伯希和交廣印度兩道考二六崑崙國及崑崙語條討論亦甚詳盡。彼謂蠻書中之崑崙國應於Tenasserim求之，此即六朝時之頓遜也。伯希和文繁不能具引，兹唯剌取其釋蠻書一段録之備考。文云：「新唐書卷二二二下驃國傳曾著録當時緬甸之諸屬國，中有彌臣一國，經余所考訂，在禄鄴江口者也。又有磚羅婆提一國，似即西域記卷十室利差呾羅（Çriksetra）之東伊賞那補羅（Içanapura）之西之墮羅鉢底（Dvaravati）國，亦爲南海寄歸内法傳卷一之杜和鉢底國。舊唐書卷一九七謂此國與水真臘接界，則此國在湄南江流域。新唐書又云：『繇彌臣至坤朗又有小崑崙部，王名芒悉越，俗與彌臣同。繇坤朗至禄羽有大崑崙王國，王名思利泊婆難多珊那（Çribhavanandasana?）。川原大於彌臣。繇崑崙小王所居，半日行至磨地勃（Martabon?）柵。海行五月至佛代國。有江，支流三百六十。其王名思利些彌他（Çriçamitra?）。有川名思利毗離芮。土多異香。北有市，諸國估舶所湊。越海即闍婆也。十五日行，踰二大山，一曰正迷，二曰射鞮。有國，其王名思利摩訶羅闍，（Çrimaharaja），俗與佛代同。經多茸補邏川至闍婆，八日行至婆賄伽盧，國土熱，衢路植椰子、檳榔，仰不見日。王居以金爲甓，廚覆銀瓦、爨香木，堂飾明珠。有二池，以金爲隄，舟檝皆飾金寶。』右文之闍婆若洵爲唐代其他史文所誌之訶陵，則必爲今之爪哇。蓋除其所言之壯麗，祇宜於大食人所言之Zabedj，皇帝一證外，即如婆賄伽盧之城名，亦可證之。新唐書卷二二二下訶陵傳曰：『王居闍婆城，其祖吉延東遷於婆露伽斯城。』茲二城名雖異，其一名經緬甸南詔之重譯，其一名直接來自南海。余以爲闍婆八日行至之婆賄伽盧，應爲訶陵王祖東遷之婆露伽斯。若以驃國傳之闍婆爲即新唐書別有傳之訶陵或闍婆，若以余考訂闍婆即爪哇之説爲是，則從緬甸南方之彌臣國起點之行程方向大致可考。雖不顧磨地勃爲今Martaban之假定，亦應位置崑崙國於怒江之口附近。是亦蠻書卷十一文推究之結果。其文曰：『崑崙國正北去蠻界西洱河八十一日程，出青木香。』按此蠻界乃指南詔之大理一帶。又卷六曰：『西南至龍河，又南與青木香山路直南至崑崙國矣。』又卷七曰：『青木香永昌出，其山多青木香，山在永昌南三日程。』按崑崙國亦出此物，已見前文也。蠻書卷十又誌自南詔與崑崙國之戰事云：『蠻賊曾將軍馬攻之，被崑崙國開路放進，後鑿其路，通江決水淹浸，進退無計。餓死者萬餘，不死者崑崙去其右腕放回。』然則居住怒江口者爲何種民族歟？余以其必爲Tenasserim無疑，緣其爲較特别的孟種國家也。此種漸爲緬人驅出白古之外，未流徙於暹羅者，人口聚合頗爲稠密。則處東亞貿易假道Kra之時，此地峽之孟種，首至交廣。由是以其崑崙之名代表其他崑崙諸國，質言之越南半島南部與夫馬來半島是已。」今案伯希和以崑崙國專屬之於緬甸南部怒江江口今毛淡棉及Tenasserim一帶。小崑崙王居半日行即至磨地勃栅，即今毛淡棉，由此再至大崑崙。

故伯希和對於新唐書大小崑崙之攷訂，大致可信。然蠻書本處之崑崙國明云正北去蠻界西洱河八十一日程，換言之即崑崙國在南詔國都今大理正南八十一日程。由大理正南行只能至今泰國，而由Tenasserim正北行亦絶不能至大理。是以竊疑伯希和所云適用於新唐書，而蠻書中之崑崙國，則只能位置於今泰國境内。若如伯氏説，則難於索解矣。

大秦婆羅門國界永昌北，與彌諾國江西正東案：此句疑有脱誤。安西城樓接界。達案：此處之大秦婆羅門國，準之地望，即指天竺而言。疑應作大婆羅門國，秦字或是誤衍耳。又以上諸語以有訛誤，致多不可通。私意以爲當作大婆羅門國界永昌北，彌諾國江西，正東與安西城樓接界。如此則文義通順。以無別本可據，姑仍其舊。東去蠻陽苴咩城四十日程。蠻王善之，街達案：街，津本作術。來其國。案：此八字文不相屬，疑有脱誤。

小婆羅門國與驃國及彌臣國接界，在永昌北七十四日程。俗不食牛肉，預知身後事。出貝達案：貝原本作見，茲據御覽卷七百八十九婆羅門國條引南夷志文改正。齒、白達案：原本脱白字，茲據御覽引補入。蠮、越諾。案：此句未詳。達案：原本有脱誤，故文意不明，茲據御覽引補正，已大致明白。共大耳國往來。蠻夷善之，信通其達案：通其二字原本作共，茲據御覽引改正。國。案：此七字，文亦不屬。達案：此七字，指原本「蠻夷善之信共國」而言。

達案：小婆羅門國當在今東印度阿薩密南部一帶。自阿薩密北部以西以至於恆河流域，應屬於大婆羅門國。不食牛肉，言其奉婆羅門教也。大耳國不知所在。越諾，據近人考證，爲原產於波斯之一種織物名稱。首先見於隋書卷八十三波斯傳，記波斯土產中有越諾布。舊唐書卷一百九十八、新唐書卷二百二十一下，以及唐會要卷九十九之康國傳，又册府元龜卷九百七十一朝貢四，俱紀及開元六年，即康居國王烏勒伽在位之初，遣使貢獻，其貢品中亦有越諾。宋周去非嶺外代答卷三麻離拔國，官家皆以金綫挑花帛纏頭，搭項，以白越諾金字布爲衣。又白達國産白越諾布。又吉茲尼國産越諾布。趙汝适諸蕃志卷上注輦國女家復以金銀指環，越諾布及女所服錦衣遺壻。又白達國産白越諾布。又吉茲尼國産越諾布。又蘆眉國産金字越諾布。夏德、柔克義譯注諸蕃志卷下吉貝條注云，越諾布一名，至今尚未能知其語原，唯知其産於克魯曼得爾沿岸、報達、小亞細亞及伽色尼一帶。大約爲一種薄綿布。Edrisi書卷一第一八五頁謂喀布爾所出棉布，曾以之轉販於中國、呼拉珊、信地諸處，大約即越諾布之類也。云云。其後洛阜在其所著中國伊蘭頁四九三至四九六越諾條有更詳細之討論，辭繁不能備舉，兹唯綜述如次。洛阜以爲越諾乃是由音同越諾相近之兩個伊蘭字所合成。漢字越之古代音與中古音爲vat、vad，帶上收聲之尾音成爲var及val。故漢字對音與中波斯文var val相合。波斯文有barnū, barnūn，義爲錦，vālā義爲絲織物，bālār義爲軟綢、舊布、粗褐。漢字諾之古代音與中古字俱爲nak，與波斯文nax（nakh）甚近，波斯文此字義爲罽氈，亦指錦而言。據洛氏所説，越諾語原出自波斯，意即所謂金縷織成或金光燦爛之織錦而已。唯洛氏説之最大缺點在於始終不能從波斯語中找出以越諾二音連寫爲名之織物。故其説又是一種假設，仍有待於進一步之研究也。

夜半國在蠻界蒼望城東北隔麗水城川原。達案：川原二字原本無，茲據御覽卷七百八十九夜半國條引南夷志文補入。其部落婦人，唯與鬼通，能知吉凶禍福，本土君長崇信之。達案：之字原本無，茲據御覽引補入。蠻夷往往以金購之，要知善惡。界接麗水相近。達案：界接麗水相近一句上原本尚有昆明牂牁四字，茲爲删去。又自昆明牂牁界接云云起一段原本提行另爲一段，茲併成一段。說俱見下校注中。蠻賊曾攻不得，至今銜恨之。

達案：新唐書卷二百二十二下驃國傳云，凡部落二百九十八，以名見者三十二。其三十二部落之中，第八即爲夜半。是夜半國原爲驃國之一部落。又據本書卷六，鎮西城南至蒼望城，臨麗水。是蒼望、麗水二城，俱臨麗水，爲南詔之西陲。故頗疑此處第一句斷句應作夜半國在蠻界蒼望城，（句）東北隔麗水城川原。（句）原本此下至要知善惡爲一段，另起昆明牂牁界接麗水相近至至今銜之爲又一段。今案昆明牂牁與麗水無涉，此處昆明牂牁四字，蓋因下文而衍，故爲删去。而此兩段原來俱言夜半國事，故爲合併成爲一段。至南詔何時曾攻夜半國，今無可考。

昆明牂牁。本使臣蔡襲嘗奏請分布軍馬，從黔府路入。案：此條之首，當有脫文。達案：本卷所言爲與南詔接連諸蕃夷國家。此處之二十一字，與諸蕃夷國家無關，疑是錯簡。卷末言異牟尋三道遣使，一道出牂牁從黔府路入。此處之二十一字或即是卷末注脚，錯簡在此者耳。以無明證，姑仍其舊。

女王國去蠻界鎮南節度三十餘日程。其國去驩州一十日程，達案：一十日程御覽卷七百八十九女王國條引南夷志作十月程。往往與驩州百姓達案：百姓二字御覽引作人。交易。蠻賊曾將二萬人伐其國，達案：蠻賊曾將二萬人伐其國一語，御覽引作蠻嘗伐之。被女王藥箭射之，達案：被女王藥箭射之一語，御覽引作中其藥箭。十達案：十字，御覽引作百。不存一。蠻賊迺回。

達案：鎮南節度，應即本書卷六南詔七節度中之開南，今景東是也。驩州爲安南都護府所屬十二州之一。伯希和交廣印度兩道考二二驩州至環王一道云：「古之驩州非近來沙畹君主張之德壽，即應位之於河静也。」云云。驩州一般認爲即當今乂安、河静兩省境内。女王國既距景東三十餘日程，距乂安、河静十日程。頗疑後來之八百媳婦即古女王國地。姑識所疑，以待續考。

水真臘國、陸真臘國。與蠻鎮南相接。蠻賊曾領馬軍到海畔，見蒼波洶湧，悵然收軍卻回。案：此篇乃載南蠻接壤之國，自此以下皆别説他事，蓋附録之文傳寫失其標目耳。今各低一格以別之。達案：以下各段，備徵志、漸西本一律頂格，故刪去館臣案語之「今各低一格以別之」八字。茲仍依内聚珍本。

達案：水真臘、陸真臘兩臘字，漸西本俱作蠟，新唐書卷二百二十二下真臘國傳、鮑本俱作臘，閩本水真臘作蠟，陸真臘作臘。内聚珍本陸真臘作臘，水真臘原作蠟，後挖改作臘。故校注一律作臘。真臘即今柬埔寨，已成定論。唐中宗神龍後真臘分爲二半，北號陸真臘，南號水真臘。真臘之見知於中國，當始於隋代。伯希和真臘風土記箋註緒言云：「隋書卷八十二真臘傳云，真臘國在林邑西南，本扶南之屬國也。……其王姓刹利氏，名質多斯那。自其祖漸已強盛，至質多斯那遂兼扶南而有之。死，子伊奢那先（按新唐書誤作伊金那）代立，居伊奢那城。是爲真臘國名初見於中國史書之文，而以稱柬埔寨者也。本傳所記似聞諸大業十三年（紀元六一七年）真臘貢使之語。卷中之林邑，蓋指昔之占波。扶南則包含今之柬埔寨，惟其西境更遠。關係質多斯那與其子伊奢那先之記載，應繫於何時耶？觀隋書本傳之文，似六一七年遣使貢獻之時，即當伊奢那先在位之年。新唐書卷二百二十二下之記載稍異隋書。質多斯那之名未見著録，惟言其王刹利伊金那，貞觀（六二七—六四九）初并扶南有其地。新唐書之記載是否出於别記，不易知之。惟比較二書之文，當七世紀上半葉中，柬埔寨業已獨立，而其王居伊奢那城，則可無疑也。考大唐西域記，暹羅占波間之國，即名伊賞那補羅（Içanapura）。沙畹君在其大唐西域求法高僧傳譯文中曾將此文與柬埔寨之碑刻對照，而證明六二六年柬埔寨在位之王適名伊賞那跋摩（Içanavarman）也。」以上爲伯希和之言。真臘至唐時分爲水陸二半，兹分録兩唐書之文如次，以資參證。舊唐書卷一百九十七真臘傳云：「真臘國在林邑西北，本扶南之屬國，崑崙之類。在京師南二萬七百里，北至愛州六十日行。其王姓刹利氏。有大城三十餘所。王都伊奢那城。風俗被服與林邑同。地饒瘴癘毒。海中大魚有時半出，望之如山。每五六月中毒風氣流行，即以牛豕祠之，不者則五穀不登。其俗東向開户，以東爲上。有戰象五千頭，尤好者飼以飯肉。與隣國戰，則象隊在前，於背上以木作樓，上有四人，皆持弓箭。國尚佛道及天神爲大，佛道次之。武德六年遣使貢方物。貞觀二年，又與林邑國俱來朝獻。太宗嘉其陸海疲勞，錫賚甚厚。南方人謂真臘國爲吉蔑國。自神龍已後，真臘分爲二：半以南近海多陂澤處謂之水真臘。半以北多山阜謂之陸真臘，亦謂之文單國。高宗、則天、玄宗朝並遣使朝貢。水真臘國其境東西南北約員八百里。東至奔陀浪洲，西至墮羅鉢底國，南至小海，北即陸真臘。其王所居城號婆羅提拔。國之東界有小城皆謂之國。其國多象。元和八年，遣李摩那等來朝。」新唐書卷二百二十二下真臘傳云：「真臘一曰吉蔑，本扶南屬國。去京師二萬七百里。東距車渠，西屬驃，南瀕海，北與道明接，東北抵驩州。其王刹利伊金那。貞觀初并扶南有其地。户皆東嚮，坐上東。客至，屑檳榔、龍腦、香蛤以進。不飲酒，比之淫。與妻飲房中，避尊屬。有戰象五千，良者飼以肉。世與參半、驃通好。與環王乾陀洹數相攻。自武德至聖曆凡四來朝。神龍後分爲二半，北多山阜，號陸貞臘半，南際海，饒陂澤，號水真臘半。水真臘地八百里。王居婆羅提拔城。陸真臘或曰文單，曰婆鏤，地七百里，王號笪屈。開元天寶時王子率其屬二十六來朝，拜果毅都尉。大曆中副王婆彌及妻來朝，獻馴象十一。擢婆彌試殿中監，賜名賓漢。是時德宗初即位，珍禽奇獸悉縱之。蠻夷所獻馴象畜苑中，元會充庭者凡三十二，悉放荆山之陽。及元和中，水真臘亦遣使入貢。文單西北屬國曰參半，武德八年使者來。道明者亦屬國，無衣服，見衣服者共笑之。無鹽鐵，以竹弩射鳥獸自給。」云云。真臘爲今柬埔寨地，與南詔之鎮南節度相接，一部分疆域或已至今泰國之東北部。而本書所云之崑崙國女王國，亦應在今泰國境内。故唐代南詔之兵力，蓋已及於今泰國之北部與東部矣。

咸通四年六月六日，蠻賊四千餘人，草賊朱道古下二千人，共棹小船數百隻收郡州。案：通鑑考異引唐實録以郡州爲交州，補國史亦同。是郡州乃州名也。得安南都押衙張慶宗、杜存陵、武安州刺史陳行餘，案：新唐書地理志武安州屬安南都護府。以航舶戰船十餘隻，築損蠻賊船三十來隻沈溺。臣九月二十一日於藤州見安南虞候史孝慜，并得兵馬使徐崇雅信，蠻賊不解水，悉皆溺死。

達案：通鑑卷二百五十唐紀懿宗咸通四年秋七月復置安南都護府於行交州下，考異云：「實録以郡州爲交州，補國史亦同。又云夏侯貞孝公請用高駢爲郡州進討使。按地理志無郡州。補國史又云，海門今晏州，地理志晏州乃屬瀘州都督府，嶺南亦無之。」云云。今案新唐書卷四十三下地理志安南都護府所屬羈縻州中即有郡州，管郡口樂安二縣。是以郡州爲羈縻州也。崔致遠桂苑筆耕集卷十六補安南録異圖記云：「安南之爲府也，巡屬一十二郡，羈縻五十八州」。十二郡下自注云，峯、驩、演、愛、陸、長、郡、諒、武定、武安、蘇茂、虞林。據崔氏説郡爲安南都護府十二郡，亦即十二州之一，而虞林或係唐林之誤。總之郡州見於地理志及其他唐人書，温公考異偶爾失檢耳。行交州置於海門鎮，在今廣西博白縣西，確爲何地，待考。武安州爲安南都護府所屬十二州之一，在今廣化，當富良江入海海口稍北。藤州有二，一爲唐之藤州，當即今廣西藤縣地。一爲安南之藤州，宋初安南十二使君崛起，其中范白虎或名范防遏者據守藤州，相傳即今金洞縣。此所云藤州，疑爲邕管之藤州。樊綽於蔡襲戰死交州失陷後浮水北走，九月下旬於藤州見到安南虞候史孝憼，則其地似以邕管之藤州爲是也。朱道古已見本書卷四，稱爲賊帥。杜存陵或係見於本書卷四，而在大中時爲李琢所殺之杜存誠之宗人，亦未可知。桂苑筆耕集補安南録異圖記有蠹皆削無冤不伸語，下自注云：「朱道古稔姦於外，杜存唛恣虐於內，皆爲安南巨患，公乃誅滅無遺。故褚令公遂良竄殁日南，子孫雕零，公時表洗雪。」云云。筆耕集之朱道古與本書之朱道古自係一人。杜存唛亦即杜存陵，唛或爲陵字之誤耳。高駢承蔡襲敗滅之後，爲安南都護，於咸通七年六月，次交州，戰屢勝，安南平。朱道古杜存陵之遭殺戮，當俱在是時也。陳行餘、徐崇雅、史孝憼諸人無可考。

吐蕃鐵橋節度本屬吐蕃，貞元十年蒙異牟尋攻破，今並屬蠻管。案：吐蕃鐵橋節度以下二十五字，文義與上文不相屬，疑亦他處錯簡在此。達案：此二十五字原本連上。以與上文無關，故爲提行另起一段。四庫館臣疑是他處錯簡在此，其説頗爲有見。私意以爲此或是本書卷六城鎮篇中文，以未能決，故姑仍其舊。

異牟尋曾許臣事吐蕃，吐蕃遂封異牟尋西卑賤案：以下皆紀册封南詔之事，此二十字文不相屬。蓋所紀册封一事，佚其前段，而此條佚其後段耳。今不可考，姑仍其舊。達案：異牟江尋西卑賤七字，只漸西本、文津本江尋二字互倒作尋江，餘本俱同内聚珍本。盧文弨校將江西卑賤四字抹去，其辭云：「按新唐書吐蕃封異牟尋日東王，此脱日東王三字。并改事中國所由遣使册封一節，亦脱去。此下俱紀其迎使者之儀也。江西卑賤四字乃寫者妄羼入。」云云。今案四庫館臣及盧校俱是，然以無别本可作挪移之據，故仍舊不改。因遣曹長段南羅各同倫判官趙伽寬等九人，達案：趙伽寬等九人，文津本作趙伽官寬九人。與南詔清平官尹輔酋達案：尹輔酋之名見本書卷四青蛉蠻條。樂天集作尹輔首，德化碑碑陰題名作尹附酋，蓋是一人。及親信李羅札將大馬二十匹迎，子弟羽儀六人沿路視事。十五日至安甯城。達案：安甯城原本作安南城。貞元十年袁滋册南詔，自西川戎州出石門路，經魯望柘東而西，以至陽苴咩城。而據本書卷一所紀途程及新唐書地理志之文，自柘東城西行至陽苴咩城，途中經行諸地只有安甯城並無安南城。本書卷一自安甯城至曲館行三日，曲館即此處之曲驛。此處自安南城至曲驛似亦行三日，日數與卷一所紀大致相符。則安南城必是安甯城之誤，因爲改正。城使段伽諾出步軍二百隊，馬軍一百隊夾道排立，帶甲馬六十隊引前，步槍五百人隨後，去城五十里迎候。十九日到曲驛。鎮使楊盛出馬軍一百三十隊步軍一百七十隊，夾道排立，帶甲馬二百人引前，步槍三百人隨後，去驛一十里迎接。二十一日過欠舍川。達案：欠舍川原本作吹舍川。據本書卷六，雲南城東第二程有欠舍川。元史卷六十一地理志鎮南州條，州在路北，昔撲落蠻所居，川名欠舍，元憲宗七年立欠舍千户。至元二十二年改欠舍千户爲鎮南州。本書卷一之沙卻館亦即欠舍，是以元史謂沙卻即今州治，今州鎮南州也。此處之吹舍至雲南城恰爲二日，與卷六合，則吹舍川必爲欠舍川之誤無疑，因爲改正。首領父老百餘人，蠻夷百姓數千人，路傍羅列而拜，馬上送酒。雲南節度將五十四馬來迎。二十三日到雲南城。節度蒙酋物出馬軍一百隊，步軍三百人，夾道排立，帶甲馬一十隊引前，步槍五百人隨後，去城一十里迎候。門前父老二百餘人，吐蕃封王數人，在路迎拜。是日南詔使大軍將兼户曹長王各苴來迎。二十四日到白崖城。城使尹瑳達案：德化碑碑陰題名有大軍將賞二色綾袍金帶尹瑳遷，與此疑是一人，只此脱遷字耳。姑識於此，以待續攷。出馬軍一百隊，步軍二百隊，夾路排立，引馬六十匹，步槍五百人，去城五里迎候。南詔遣大軍將李鳳嵐達案：此處之李鳳嵐與本書卷四獨錦蠻條之李負藍，白氏長慶集之李附覽，當俱爲一人。字雖不同，音則無異也。又德化碑碑陰題名末有「（上闕）軍將兼白崖城大軍將大金告身賞二色綾袍金帶李（下闕）。」頗疑此一題名上闕者爲詔親大三字，下闕者爲鳳嵐，或負藍、附覽等二字。全銜當作「詔親大軍將兼白崖城大軍將大金告身賞二色綾袍金帶李鳳嵐。」蓋南詔詔親也。將細馬一千匹并伎樂來迎。渠斂道中路客館館前父老二百餘人，蠻夷百姓五六十人，路迎馬前。大軍將喻于俭出馬步軍三百隊夾路排立，引馬六十匹，步槍三百人，去城五里迎候。南詔妹達案：原本妹字下疑脱一壻或倩字。李波羅諾將細馬一十匹來迎。入龍尾城客館。南詔異牟尋叔父阿思將大馬二百匹來迎。二十六日過大和城，南詔異牟尋從父兄蒙細羅勿案：羅勿原本作四勾，今據新唐書改正。達案：從父兄新唐書作兄。及清平官李異傍達案：李異傍之名亦見於白氏長慶集與南詔清平官書中。大軍將李千傍等，將細馬達案：細馬，新唐書作良馬。六十匹來迎，皆金鋄達案：鋄字，內聚珍本、文津本、新唐書、諸本作鋄，琳琅本、備徵志作錣，漸西本作鋑，鮑本作鋑。盧校云，按鋄當作錽，音范：金華所以飾馬首。攷董衝唐書釋音云亡敢切，則當作錽無疑。今改正。云云。今案：鋄、錣、鋑諸字，音雖不同，而皆訓馬首飾，或作馬冠，其義一也。鋄即鋑，仍是一物。故仍舊不改。玉珂，拂髦振鐸。案：振原本作根，今據新唐書改正。夾路馬步軍排隊二十餘里。南詔蒙異牟尋出陽苴咩城五里迎。先飾大象一十二頭引前，以次馬軍隊，以次伎樂隊，以次子弟持斧鉞。南詔異牟尋衣金甲，披大蟲皮，執雙鐸鞘。達案：原本無鞘字，茲據新唐書補入。男蒙閣勸達案：異牟尋之子名尋閣勸，又名尋夢湊，兩唐書常省爲閣勸或夢湊。在傍，步槍千餘人隨後，馬上祇揖而退。原缺。日授册。原缺。達案：新唐書作詰旦授册。貞元十年十月二十七日陽苴咩城具儀注設位，旌節當庭，東西特立。南詔異牟尋及清平官已下，各具儀禮，面北序立。宣慰南詔使東達案：東，內聚珍本、閩本作南，鮑本、漸西本作東。盧校云，按此當從新唐書作東向立，下册立使乃南向立耳。其說甚是，因爲改正。向立，册立南詔使南向立，宣敕書讀册文訖。案：此條册字原本俱訛作開，今據文改正。相者引南詔蒙異牟尋離位受册，次受貞元十年曆日。南詔及清平官已下稽顙再拜，手舞足蹈，慶退而言，牟尋曾祖父開元中册雲南王，祖父天寶中又蒙册襲雲南王。自隔大國，向五十年。貞元中皇帝聖明，念録微効，今又賜禮命，復覩漢儀，對揚天休，實感心肺。其日樓下大會，又坐上割牲，用銀平脱馬頭盤二面。牟尋曰，此是天寶初先人任鴻臚少卿宿衛時，案：衛上原脱宿字，今補入。達案：此處先人云云，蓋指鳳伽異而言。開元皇帝所賜。比寶藏不敢用，得至今。又伎樂中有老人吹笛婦人唱歌，各年近七十餘。牟尋指之曰，先人歸蕃來國，開元皇帝賜胡部及龜茲音聲各兩部。達案：新唐書作此先君歸國時皇帝賜胡部龜茲音聲二列。今死亡零落盡，只餘此二人在國。酒既行，牟尋自捧杯擎跽勸讓。册立使袁滋引杯釃。達案：釃原本作灑，閩本、文津本同，鮑本、漸西本、盧校俱作釃。以作釃爲勝，因改。酒曰：「南詔當深思祖宗緒業，堅守誠信，爲西南藩屏，使後嗣有以傳繼也。」異牟尋噓嘻曰：「敢不承命！」其年十一月七日事畢，發陽苴咩城。雲南王蒙異牟尋以清平官尹輔酋十七人，達案：新唐書作復遣清平官尹輔酋等七人。奉表謝恩，進納吐蕃贊普鍾印一面。案：通鑑吐蕃謂弟爲鍾。南詔服吐蕃時，封爲贊普鍾日東王。並獻鐸鞘、達案：南詔獻鐸鞘事可參看本書卷七鐸鞘條。浪川劍、生金、瑟瑟、牛黄、琥珀、白氎、達案：新唐書氎上脱白字。紡絲、象牙、犀角、越賧馬、統備甲馬、達案：新唐書作統倫馬。并甲文金，皆方土所貴之物也。仍令大軍將王各苴、柘東副使杜伽諸具牛羊領搴馬及丁夫三百人提荷食物。其年十一月二十四日送至石門。從石門更十日程到戎州。達案：戎原本作茂。本書卷一云從戎州南十日程至石門，蓋北路自西川入雲南始於戎州也。故此處之茂州必是戎州之誤，因爲改正。茂州地在西川西北，入雲南使節不應經此也。自後南蠻移心向化，遂與吐蕃讎隙。

達案：貞元十年，袁滋奉唐命册封南詔之役，當以此書所紀爲最詳盡。惜原本殘缺，未能窺其全耳。樊氏録此，疑即取自袁滋雲南記。新唐書卷二百二十二上南詔傳紀册封異牟尋事，與樊氏書當同出一源。傳文視此爲略，然無缺佚之處，因並録之，以資參考。新唐書南詔傳紀册封事云：「明年（案爲貞元十年）夏六月，册異牟尋爲南詔王。以祠部郎中袁滋持節領使，成都少尹龐頎副之，崔佐時爲判官。俱文珍爲宣慰使，劉幽巖爲判官。賜黄金印，文曰貞元册南詔印。滋至大和城，異牟尋遣兄蒙細羅勿等以良馬六十迎之，金鍐玉珂，兵振鐸夾路陳。異牟尋金甲蒙虎皮執雙鐸鞘，執矛千人衛，大象十二引于前，騎軍徒軍以次列。詰旦授册。異牟尋率官屬北面立，宣慰使東向，册使南向。乃讀詔册。相者引異牟尋去位，跽授册印，稽首再拜，又授賜服備物。退曰，開元、天寶中，其曾祖及祖皆蒙册襲王。自此五十年，貞元皇帝洗痕録功，復賜爵命子子孫孫永爲唐臣。因大會其下，享使者，出銀平脱馬頭盤二，謂滋曰，此天寶時先君以鴻臚少卿宿衛，皇帝所賜也。有笛工歌女皆垂白，示滋曰，此先君歸國時皇帝賜胡部龜茲音聲二列，今喪亡略盡，唯二人故在。酒行，異牟尋坐奉觴滋前。滋授觴曰，南詔當深思祖考成業，抱忠竭誠，永爲西南藩屏，使後嗣有以不絶也。異牟尋拜曰，敢不承使者所命。滋還，復遣清平官尹輔酋等七人謝天子，獻鐸鞘、浪劍、鬱刃、生金、瑟瑟、牛黄、琥珀、氎、紡絲、象、犀、越睒統倫馬。」

伏緣數年之間，當州鎮釐革南詔入朝人數，縱有經過者，郵傳殘薄。兼緣安南大中年案：原本作大中牟。今據唐書及通鑑，宣宗大中十三年杜悰爲西川節度使，奏請節減南蠻習學子弟及入貢傔從人數，南詔怒，自是頗擾邊境。書中所説當指此事。牟字蓋年字之訛，謹改正。奏請隔絶南詔往來通好。謹按尚書云，撫我則后，虐我則讎。本使蔡襲去年正月十四日内四度中矢石，家口並元隨七十餘人，悉殞於賊所。臣長男韜及奴婢一十四口，並陷蠻陬。臣夙夜憂憶本使蔡襲，行坐痛心。切以蠻賊尚據安南，今江源并諸州各自固守，其首領將吏，去年春夏頻請救兵。自是海門案：安南既陷，以海門鎮爲行交州。不與發遣，并不給與戈甲弓弩，致令蠻賊侵掠州軍。臣以南蠻從古及今，凡虜掠諸處百姓夷獠隸他處則貴。江源首領已下，知其配隸之事，固惜副卿必合戮力齊心　共禦蠻夷之殘暴。案：臣以下五十一字文義未詳，且不相屬，當有脱誤。達案：滇繫將臣以下五十一字删去，於此段之首另標蠻書序之目，殊爲無據。又隸他處一語，琳琅本他誤作也，餘本不誤。

又黔、涇、巴、夏四邑苗衆，達案：四邑苗衆，文津本作四苗邑衆，當是誤乙。咸通三年春三月八日，因入賊朱道古營柵竟日，與蠻賊將大羌楊阿觸、楊酋盛、柘東判官楊忠義話得姓名，達案：姓名，文津本作百姓。立邊城自爲一國之由。祖乃盤瓠之後。其蠻賊楊羌等云綻盤古之後。案：綻字有訛。此時緣單車問罪，莫能若事。案：若字有訛。咸通五年六月，左授夔州都督府長史，問蠻夷巴、夏四邑根源，悉以録之，寄安南諸大首領。詳録於此，爲蠻志一十卷事，庶知南蠻首末之序。案：以下六條，又附録中傍及之文，今再低一格以別之。達案：備徵志及漸西本於以下諸條一律頂格，故館臣案語中今再低一格以別之，八字並删。又盧校云，按此六條，似非樊綽之文，疑是後人附益之耳。唐人避虎，故綽書稱大蟲，而此全不避忌，且其文氣，亦全不類。

謹按：後漢南蠻傳，昔高辛氏有戎寇吴將軍。帝（達案：帝原本作爲。盧校云，「爲或當作帝，否則有缺文」。今案後漢書卷一百十六南蠻傳，實應作帝，盧校是也。因據改。）患其侵暴，乃下敕曰：「有人得戎寇吴將軍頭者，賜金百鎰，封邑萬家，妻以少女。」時帝有犬名盤瓠，後遂之寇所，因嚙得吴將軍頭來，其寇遂平。帝大喜，因以官爵賚賜，犬不起。帝少女聞之，奏曰：「皇帝信不可失！深憂犬之爲患。」帝曰：「當殺之。」女曰：「殺有功之犬，失天下之信矣！」帝曰：「善乎！」因請匹之。帝不得已，乃以配盤瓠。盤瓠得女，負入南山，處於石室，其處險阻，不通人跡。後生十二子，六男六女，自相匹偶。緝草木皮以爲衣服。（達案：緝草木皮以爲衣服，内聚珍本、文津本作緝以草木皮爲衣服。鮑本、漸西本、盧校俱作緝草木皮以爲衣服，文義較長，因據改。）帝賜以南山，仍起高欄爲居止之。其後滋蔓，自爲一國。（案：此文與今後漢書南蠻傳不同。）

達案：後漢書卷一百十六南蠻傳云：「昔高辛氏有犬戎之寇。帝患其侵暴而征伐不剋，乃訪募天下有能得犬戎之將吴將軍頭者，購黄金千鎰邑萬家，又妻以少女。時帝有畜狗，其毛五采，名曰盤瓠。下令之後，盤瓠遂銜人頭造闕下，羣臣怪而診之，乃吴將軍首也。帝大喜，而計盤瓠不可妻之以女，又無封爵之道。議欲有報，而未知所宜。女聞之，以爲帝皇下令，不可違信，因請行。帝不得已，乃以女配盤瓠。盤瓠得女，負而走入南山，止石室中，所處險絶，人跡不至。於是女解去衣裳，爲僕鑒之結，著獨力之衣。帝悲思之。遣使尋求，輒遇風雨震晦，使者不得進。經三年，生子一十二人，六男六女。盤瓠死後，因自相夫妻，織績木皮，染以草實，好五色衣服，製裁皆有尾形。其母後歸，以狀白帝。於是使迎致諸子，衣裳斑蘭，語言侏離，好入山壑，不樂平曠。帝順其意，賜以名山廣澤。其後滋蔓，號曰蠻夷，外癡内黠，安土重舊。以先父有功，母帝之女，田作賈販，無關梁符傳租稅之賦。有邑君長，皆賜印綬，冠用獺皮。名渠帥曰精夫，相呼爲姎徒。今長沙武陵蠻是也。」

按王通明廣異記云，高辛時人家生一犬初如小特。主怪之，棄於道下，七日不死，禽獸乳之，其形繼日而大。主人復收之。當初棄道下之時以盤盛葉覆之，因以爲瑞，遂獻於帝，以盤瓠爲名也。後立功，噉得戎寇吴將軍頭，帝妻以公主，封盤瓠爲定邊侯。公主分娩七塊肉，割之有七男。長大各認一姓，今巴東姓田、雷、再、向、蒙、旻、叔孫氏也。其後苗裔熾盛，從黔南逾昆湘高麗之地，自爲一國。幽王爲犬戎所殺，即其後也。盤瓠皮骨今見在黔中，田、雷等家時祀之。

達案：王通明廣異記，不見隋唐經籍志著録。太平廣記引用書目有廣異記疑即此書。王通明無考。又案巴東七姓，再字疑是冉字之誤。而盤瓠之裔，何能至於高麗？其誤顯然。然其致誤之由，則不可考矣。

巴中有大宗，廩君之後也。漢書，巴郡本有四姓，巴氏、繁氏、陳氏、鄭氏，皆出於武落鍾離山。

達案：此段多本後漢書南蠻傳、巴郡南郡蠻傳而微有異同，當緣傳聞異辭耳。今爲隨文詮注。所謂漢書乃是後漢書之誤。後漢書卷一百十六南蠻傳謂巴郡南郡蠻本有五姓，巴氏、樊氏、瞫氏、相氏、鄭氏，皆出於武落鍾離山。云云。五姓此作四姓，脱去相氏。繁、樊音近。瞫氏，章懷注謂音審，本篇作陳，亦緣音近，因有紛歧耳。

其山黑赤二穴。巴氏之子，生於赤穴，繁、陳、鄭三姓達案：後漢書作四姓之子。生於黑穴。未有君長，俱事鬼。乃共擲劍於石穴，約能中者奉以爲君。巴氏子務相獨中之。又令乘土船下夷水到鹽陽，約能浮者爲君。務相獨浮。因立務相爲君也。

達案：後漢書南蠻傳云：「其山有赤黑二穴。巴氏之子生於赤穴，四姓之子皆生黑穴。未有君長，俱事鬼神。乃共擲劍於石穴，約能中者奉以爲君。巴氏子務相乃獨中之，衆皆歎。又令各乘土船，約能浮者當以爲君，餘姓悉沈，唯務相獨浮。因共立之，是爲廩君。乃乘土船從夷水至鹽陽。」章懷注：「荆州圖曰，副夷縣西有温泉，古老相傳，此泉原出鹽，於今水有鹽氣。縣西一獨山有石穴，有二大石並立穴中，相去可一丈，俗名爲陰陽石。陰石常濕，陽石常燥。盛弘之荆州記曰，昔廩君浮夷水，射鹽神于陽石之上。按今施州清江縣水一名鹽水，源出清江縣西都亭山。水經云，夷水，巴郡魚復縣注云，水色清照十丈分沙石。蜀人見澄清，因名清江也。」

遂有神女謂廩君曰，此地廣大，魚鹽所出，請爲留之。廩君不許。神女暮來取宿，晨則化爲飛蟲，羣蔽日月，天地晦冥，積十餘日。廩君伺其便射之，天乃開朗。

達案：章懷注引代本云，「廩君使人操青縷以遺鹽神曰，嬰此即相宜云與女俱生，宜將去。鹽神受縷而嬰之。廩君即立陽石上應青縷而射之，中鹽神，鹽神死，天乃大開也。」代本即世本。

廩君方定居於夷水。達案：後漢書作夷城。三姓達案：後漢書作四姓。皆臣事之。廩君死，魂魄化爲白虎。及惠王達案：據後漢書蓋秦惠王也。并巴蜀，以巴夷爲蠻夷君，尚女。其人有罪，得以爵除。出賦二千一十六錢；達案：六下錢上原有百萬二字，茲據後漢書刪。三歲一出義賦一千八百錢；人出幏布八丈二尺，雞羽三十鍭也。案：此文與今後漢書南蠻傳稍有異同。達案：四庫館臣案語蠻上衍一郡字。琳琅本續校云，南郡蠻傳郡字誤衍。其説是也，因爲删去。

達案：章懷注曰：「説文，幏，南蠻夷布也。音公亞反。毛詩，四鍭既均，儀禮矢鍭一乘。鄭玄注曰，鍭猶候也，候物而射之也。三十鍭一百四十九。俗本幏作蒙，鍭作鏃者并誤也。」劉攽曰：「注按鍭三羽當九十，若四矢爲一鍭，則三百六十。無緣得一百四十九，未詳。」又案太平廣記卷四百八十一廩君條引録異記與後漢書世本並可參證，因録之如次。其文曰：「李旹字玄休，廩君之後。昔武落鍾離山崩，有石穴，一赤如丹，一黑如漆。有人出于丹穴者名務相，姓巴氏。有出于黑穴者凡四姓皞氏、樊氏、柏氏、鄭氏。五姓出而争焉。於是務相以矛刺穴，能著者爲廩君，四姓莫著，而務相之劍懸。又以土爲船，雕畫之而浮水中，曰，若其船浮者爲廩君，務相船又獨浮。於是遂稱廩君，乘其土船，將其徒卒，當夷水而下，至于鹽陽。水神女子止廩君曰，此魚鹽所有，地又廣大，與君俱生，可無行。廩君曰，我當爲君求廩地，不能止也。鹽神夜從廩君宿，旦輒去爲飛蟲，諸神皆從，其飛蔽日。廩君欲殺之不可，别又不知天地東西，如此者十日。廩君即以青縷遺鹽神曰，嬰此即宜之，與汝俱生，不宜將去汝。鹽神受而嬰之。廩君至碭石上望膺有青縷者跪而射之，中鹽神。鹽神死，羣神與俱飛者皆去，天乃開朗。廩君復乘土船，不及夷城，石岸曲，泉水亦曲，望之如穴狀。廩君歎曰，我新從穴中出，今又入此，奈何！岸即爲崩，廣三丈餘，而階階相承。廩君登之，岸上有平石，長五尺，方一丈。廩君休其上，投策計算，皆著石焉。因立城其傍，有而居之。其後種落遂繁。秦并天下，以爲黔中郡。薄賦斂之，歲出錢四十萬。巴人以賦爲賨，因謂之賨人焉。」

巴氏祭其祖，擊鼓而祭，白虎之後也。按華陽國志，秦昭王達案：後漢書卷一百十六南蠻傳板楯蠻夷傳所紀即此，作秦昭襄王。時，白虎爲害，多傷人。乃購之曰，有殺得白虎者，封邑千家，繼以金帛。達案：後漢書作賞邑萬家金百鎰。於是朐忍夷廖仲藥等以竹弩射之，中而死。達案：後漢書作時有巴郡閬中夷人能作白竹之弩，乃登樓射殺白虎。章懷注引華陽國志曰，巴夷廖仲等射殺之也。秦遂刻石，爲夷人立盟曰，夷人頃田不租，十妻不算，傷人者論。達案：者字原本作不。茲案後漢書云，乃刻石盟要復夷人，頃田不租，十妻不算，傷人者論，殺人者得以倓錢贖死。原本不論語意適與相反。因據後漢書改正。倓錢，章懷注引何承天纂文曰，倓，蠻夷贖罪貨也。音徒濫反。秦犯夷輸黃龍一雙，夷犯秦輸清酒一鍾。夷人遂因號虎夷，一名弦頭，剛勇頗有先人之風。案：所引華陽國志與今本文稍不同。

按秦紀，始皇十八年，巴郡達案：郡，內聚珍本、文津本、閩本作都，盧校、鮑本、漸西本作郡。作郡者是，因據改。出大人，長二十五丈，一夫兩妻，號曰左右也。是故左思蜀都賦云，剛勇生其方，風謠尚其武。

按夔城圖經達案：宋史卷二百四藝文志史部地理類收有劉得禮夔州圖經四卷，與此處之夔城圖經不知是否一書？劉得禮爲何如人，亦無可考。云，夷事道，蠻事鬼。初喪鼙鼓以爲道哀，其歌必號，其衆必跳。此乃盤瓠白虎之勇也。俗傳正月初夜，鳴鼓連腰以歌，爲踏蹏之戲。五月十五日招命騎健達案：騎健爲唐代兵種之一。琳琅本補校謂騎健疑當作健騎，其説非是。畫檝圖舟，十船同角，千人齊聲，唱鼓扣舷，沿江騰波而下。俗三月八日爲大節，以陳祠享，振鐸擊鼓師舞爲敬也。

夷蜑居山谷，蜑即蠻之別名。巴夏居城郭。與中土風俗禮樂不同。

雲南詔蒙異牟尋與中國誓文，臣今録白進獻。

貞元十年歲次甲戌正月乙亥朔，越五日己卯，達案：正月乙亥朔越五日己卯一語，原本作正月乙亥五月己卯，琳琅本續校云：「正月乙亥五月己卯此八字有脱誤，當作正月乙亥朔越五日己卯。」盧校於五月亦改作五日。其説俱甚確，因爲補正。雲南詔異牟尋及清平官大軍將與劍南西川節度使巡官崔佐時案：崔佐時乃韋皋所遣西川節度巡官，不可直稱節度使，疑有脱文。達案：西川節度使巡官崔佐時原本作西川節度使崔佐時。而後文云：「今再蒙皇帝蒙劍南西川節度使韋皋僕射遣巡官崔佐時傳語牟尋等契誠，誓無遷變。」云云。通鑑卷二百三十四唐紀德宗貞元九年冬十月韋皋遣其節度巡官崔佐時齎詔書詣雲南，并自爲帛書答之。亦作巡官。是崔佐時初入雲南，官爲西川節度巡官，逮貞元十年隨袁滋再入雲南册封南詔，始爲袁滋判官，袁滋題名可以見之。則此處崔佐時上必脱巡官二字，四庫館臣獻疑是也。因爲補入巡官二字。謹詣玷蒼山北，上請天、地、水三官，五嶽四瀆及管川谷諸神靈同請降臨，永爲證據。

達案：天、地、水三官乃天師道之一種中心信仰。天師道原稱爲五斗米道，始於漢末。三國志魏志卷八張魯傳裴注引典略曰：「熹平中妖賊大起，三輔有駱曜。光和中東方有張角，漢中有張脩。駱曜教民緬匿法，角爲太平道，脩爲五斗米道。太平道者師持九節杖爲符祝，教病人叩頭思過，因以符水飲之。得病或日淺而愈者，則云此人信道，其或不愈，則爲不信道。脩法略與角同。加施静室，使病者處其中思過。又使人爲姦令祭酒。祭酒主以老子五千文使都習號爲姦令爲鬼吏，主爲病者請禱。請禱之法，書病人姓名，説服罪之意，作三通。其一上之天著山上，其一埋之地，其一沉之水，謂之三官手書。使病者家出米五斗以爲常，故號曰五斗米師。實無益於治病，但爲淫妄。然小人昏愚，競共事之。後角被誅，脩亦亡。及魯在漢中，因其民信行脩業，遂增飾之，教使作義舍，以米肉置其中，以止行人。又教使自隱，有小過者當治道百步則罪除。又依月令春夏禁殺，又禁酒。流移寄在其地者不敢不奉。臣松之謂張脩應是張衡，非典略之失，則傳寫之誤。」今案五斗米道創於張陵，陵傳子衡，衡傳子魯。裴松之謂典略張脩應是張衡之誤，其説是也。後漢書卷一百五劉焉傳附紀張魯事，述五斗米道源流，可與典略相參攷。後漢書劉焉傳紀張魯云：「魯字公旗。初祖父陵，順帝時客於蜀學道鶴鳴山中。造作符書以惑百姓，受其道者輒出米五斗，故謂之米賊。陵傳子衡，衡傳於魯。魯遂自號師君。其來學者初名爲鬼卒，後號祭酒。祭酒各領部衆，衆多者名曰理頭。皆校以誠信，不聽欺妄。有病但令首過而已。諸祭酒各起義舍於路，同之亭傳。懸置米肉以給行旅。食者量腹取足，過多則鬼能病之。犯法者先加三原，然後行刑。不置長吏，以祭酒爲理，民夷信向。」此下章懷注引典略文與三國志裴注引大同。今案南詔與崔佐時盟誓，上請天地水三官，其誓文除以一本隨表進獻外，一本藏於神室，一本投西洱河，一本留詔城内府庫。神室，天也；西洱河，水也；府庫，地也。故在唐貞元時，南詔之宗教信仰猶以三官爲中心，即是天師道一流。元史卷一百六十七張立道傳謂雲南先未知尊孔子，祀王逸少爲先師。立道首建孔子廟云云。王逸少亦天師道世家，非偶然也。

念異牟尋乃祖乃父忠赤附漢。去天寶九載，被姚州都督張乾陁等離間（達案：間，鮑本、漸西本作閒。）部落，因此與漢阻絶，經今四十三年。與吐蕃洽和，爲兄弟之國。吐蕃贊普册牟尋爲日東王。

達案：伯希和交廣印度兩道考十五日東王摩訶嵯驃信諸名考云：「大理一帶由緬人介紹印度化，又在南詔諸王稱號中表現之。除中國所授之雲南王、南詔王暨吐蕃贊普所授之贊普鍾等號不計外，吐蕃尚授閣羅鳳曰東帝，授異牟尋曰日東王。南詔諸王昔已實用此種名號。異牟尋上表中國，曾自稱爲唐雲南王孫吐蕃贊普義弟日東王也。（見資治通鑑卷二三四。）此種東帝或日東王之名號，余以爲即發源於印度的名號之漢譯。茲在緬甸史中見有其痕跡也。緬甸人今名中國皇帝爲udi-bhava。巴克君以udi爲武帝之對音，但紀元前二世紀漢武帝之遣使未逾雲南，吾不信其名能達於緬人之耳。加之udi-bhava名號，昔日曾與乾陀羅邏閣Gandhalaraj並用。惟至後來史家不知南詔之時，始以乾陀羅邏閣名中國。而以udi-bhava爲中國皇帝。由是觀之，udi-bhava初應爲南詔王之稱號。按bhava一字非緬甸之字，惟在授與撣種一切酋長之sao-bhava（英文作sawbwa）名號中有之，而此名乃爲撣語sau-pha一名之譯寫也。sau即爲一切歹種方言中之chao，此言首領，其加入南詔稱號之中者必爲此字。至若pha字，余現無Cushing之字典可以參攷，不識其撣語之義爲何，然疑與暹羅語之phra相等。姑不論解説如何，祇據bhva字從歹語譯寫一事，即可推測南詔名號之起源。所餘udi一字，俞貝君曾告余云，udi字寫作udan，等若udaya，猶之vini寫作vinan，等若vinaya也。顧udaya之義訓爲日出東方，由是余敢深信不疑緬語之udi-bhava即爲南詔王之梵歹名號，亦即漢語翻譯之日東王也。」

亦無二心，亦無二志。去貞元四年，奉劍南節度使韋皐僕射書，具陳漢皇帝聖明，懷柔好生之德。七年，又蒙遣使段忠義招諭，兼送皇帝敕書。遂與清平官大軍將大首領等密圖大計，誠矢天地，發於禎祥，所管部落，誓心如一。去年四月十三日，差趙莫羅眉、楊大和眉等賚僕射來書，三路獻表，願歸清化，誓爲漢臣。啓告祖宗明神，鑒照忠款。今再蒙皇帝蒙劍南西川節度使韋皐僕射，遣巡官崔佐時傳語牟尋等契誠，誓無遷變。謹請西洱河玷蒼山神祠監盟，牟尋與清平官洪驃利時、大軍將段盛等，請全部落，歸附漢朝，山河兩利。即願牟尋、清平官、大軍將等，福祚無疆，子孫昌盛不絶。管諸賧首領，永無離二。興兵動衆，討伐吐蕃，無不尅捷。如會盟之後發起二心，及與吐蕃私相會合，或輒窺侵漢界内田地，即願天地神祇共降災罰，宗祠殄滅，部落不安，災疾臻湊，人户流散，稼穡産畜，悉皆減耗。如蒙漢與通和之後，有起異心，窺圖牟尋所管疆土，侵害百姓，致使部落不安，及有患難，不賜救卹，亦請准（達案：准，内聚珍本、文津本、閩本作唯，鮑本、漸西本、盧校作准。以作准爲長，因據改。）此誓文，神祇共罰。如蒙大漢和通之後，更無異意，即願大漢國祚長久，福盛子孫，天下清平，永保無疆之祚。漢使崔佐時至益州，不爲牟尋陳説，及節度使不爲奏聞牟尋赤心歸國之意，亦願神祇降之災。今牟尋率衆官具牢醴，到西洱河，奏請山川土地靈祇。請漢使計會，發動兵馬，同心勠力，共行討伐。然吐（達案：吐，内聚珍本、文津本、閩本、鮑本俱作土，盧校、漸西本作吐，本文前亦作吐，故爲改正。）蕃、神川、昆明、（達案：昆明原本作崑崙，然此處言吐蕃、神川，下言會同，俱在金沙江北岸，爲吐蕃與南詔争戰之場，崑崙地名不應出現於此，當是昆明之誤，因爲改正。）會同已來，不假天兵，牟尋盡收復鐵橋爲界，歸漢舊疆宇。謹率羣官虔誠盟誓，共尅金契，永爲誓信。其誓文一本請劍南節度隨表進獻，一本藏於神室，一本投西洱河，一本牟尋留詔城内府庫，貽誠子孫。伏惟山川神祇，同鑒誠懇！

某年六月二十一日奏狀，今謹録白獻進。（案：後題貞元十年奏狀，而此闕其年，亦刊削不盡之文。）

東蠻和使楊傳盛等，六月十八日到安南，齎蠻王蒙異牟尋與臣絹書一封，并金鏤合子一具。合子有緜，有當歸，有硃砂，有金。右（達案：右原本作石，琳琅本續校云：「石當作右，屬下讀。按下文言合子中有金者云云，並不及石，是其證。又言右蠻王與臣書一段，與此言右東蠻國王一段文例亦同。」云云。其説是也。因改正。）東蠻國王是故雲南詔王（達案：王字疑是衍文。）閤羅鳳孫，姓蒙，名異牟尋。遣（達案：遣，内聚珍本、文津本、閩本作遺，鮑本、漸西本、盧校作遣。以作遣爲是，因據改。）前件使齎表詣闕，於今月十八日到，兼得其王牟尋與臣書，遠陳誠懇，并金鏤合子一枚。其使味言，送合子中有緜者，以表柔服，不敢更與爲生梗，有當歸者永願爲内屬，有硃砂者蓋獻丹心向闕，有金者言歸義之意，如金之堅。（達案：原本至此止爲一段，以下提行另起。盧校云：「按上語未了，不當提行。」其説是也。因爲連下。）又言蠻王蒙異牟尋積代唐臣，偏霑皇化。天寶年中，其祖閤羅鳳被邊將張乾陁讒搆，部落驚懼，遂違聖化，北向歸投吐蕃贊普。以贊普年少，信任讒佞，欲併其國。蒙異牟尋達案：蒙異牟尋，原本作蒙尋，據上文當作蒙異牟尋，因爲補入異牟二字。遠懷聖化，北向請命。故遣和使，乞釋前罪。願與部落竭誠歸附。緣道遐阻，伏恐和使不達，故三道遣：一道出石門，從戎州路入；達案：石門原本作石山。唐代自戎州入雲南，或自雲南至戎州，必須取道本書卷一所云之北路。北路必經石門，故又名石門路。沿途並無石山其地，則此處之石山必爲石門之誤，因爲改正。一道出牂牁，從黔府路入；一道出夷獠，從安南路入。其楊傳盛等，今年四月十九日從蠻王蒙異牟尋所理大和城發，六月十八日到安南府。其和使楊傳盛年老染瘴瘧，未得進發。臣見醫療，使獲稍損，即差專使領赴闕廷。

達案：貞元九年異牟尋之三路奉使，其安南一路之使者楊傳盛名見趙昌奏狀。據舊唐書卷一百九十七南詔傳，取戎州一路者當是趙莫羅眉，由黔府路者爲楊大和堅。趙莫羅眉楊大和堅之名亦見牟尋誓文，唯楊大和堅誓文作楊大和眉，爲小異耳。

其使云，異牟尋自祖父久背國恩，今者願棄豺狼之思，歸聖人之德。此皆陛下雨露之澤及外夷，故蠻徼遐荒，願爲内屬。臣忝領蕃鎮，目覩昇平，踴躍忻歡，倍萬常幸。達案：倍萬常幸，内聚珍本、文津本、閩本作倍常萬幸，鮑本、漸西本、盧校作倍萬常幸。後者爲是，茲據乙正。右達案：右，内聚珍本、文津本、閩本作有，鮑本、漸西本、盧校作右，茲據改。蠻王與臣書及金鏤合子等，謹差十將李茂等隨表奉進。謹奏。貞元十年六月二十一日，安南都護充管内節度觀察處置等使檢校工部尚書御史大夫臣趙昌奏狀。

貞元十年南詔蒙異牟尋請歸附聖唐，願充内屬，盟立誓言，永爲西南藩屏。臣今於安南郡州溪源首領耆老處借得故蠻王蒙異牟尋誓文一本，安南都護趙昌貞元十年奏狀白一本。伏以故南詔蒙異牟尋嗣孫酋龍達案：酋龍原本作惠龍。今案咸通三四年侵略邕交諸州者爲南詔世隆。世隆蓋異牟尋四世孫，以名近玄宗諱，故唐人書多稱爲坦綽酋龍。新唐書卷二百二十二中南詔傳云：「會宣宗崩，使者告哀。是時豐祐亦死，坦綽酋龍立，恚朝廷不弔衈，又詔書乃賜故王，以草具進使者而遣。遂僭稱皇帝，建元建極，自號大禮國。懿宗以其名近玄宗嫌諱，絕朝貢，乃陷播州。」云云。則此處之惠龍必是酋龍之訛誤，因爲改正。不守祖父留訓，既違盟誓，自掇禍殃。尚未悛心，猶恣狂暴。全驅達案：驅，内聚珍本、文津本、閩本俱作軀，鮑本、漸西本、盧校作驅。以作驅爲是，因據改。蟻聚之衆，攻刦邕、交之人。五載興兵，三來虜掠。顧生靈之何負，受塗炭之苦辛。臣去年正月二十九日，已録蠻界程途，及山川城鎮，六詔始末，諸種名數，風俗條教，土宜物産，六瞼名號，連接諸蕃，共纂録成十卷，於安南郡州江口，附襄州節度押衙張守忠進獻。今臣謹録故蠻王蒙異牟尋貞元十年誓文及趙昌奏狀白，隨表奏進以上。

達案：郡州爲安南都護府所屬羈縻州之一，領郡口、樂安二縣，説已見上。頗疑郡口應作江口，以無別證，姑識於此，以待續攷。又咸通四年正月交州城陷，追隨蔡襲者有荆南、江西、鄂、岳、襄州將健。此襄州節度押衙張守忠，大約即襄州南征將士之倖存者耳。蠻書至此止。文津本末有總校官候補知府臣葉佩蓀、校對官助教臣李巖、謄録監生臣張懷裕共三行。裏封面有詳校官主事臣石鴻翥一行。内聚珍本每半葉九行，行二十一字。文津本每半葉八行，行二十一字。鮑本每半葉十行，行二十一字。

附録

一　叙録

這一個附録，蒐輯了新唐書、宋史的藝文志，陳振孫、晁公武兩家所著録，明、清人對於蠻書的題記。其他與雲南有關的書，也著録了幾種。四庫提要另見，故不在内。

盧文弨、馮浩是清朝乾、嘉時代最早認識到蠻書重要的人。因爲他們剛開始認識到蠻書，其中所説難免有錯誤。如蠻書卷四撲子蠻條提到梁軻，説梁軻始由再賓任使云云。四庫館臣説再賓二字未詳。馮浩的書樊綽蠻書後却以爲再賓即是咸通十年守大渡河拒南詔酋龍的都頭安再榮之訛，再賓即再榮云云。馮氏此説純是逞臆之談，不足爲據。

新唐書卷五十八藝文志地理類

袁滋雲南記五卷。

樊綽蠻書十卷。咸通中嶺南西道節度使蔡襲從事。

竇滂雲南别録一卷。

雲南行記一卷。

徐雲虔南詔録三卷。乾符中人。

宋史卷二百四藝文志史類地理類

韋齊一作濟休達案：應作休。雲南行記二卷。

雲南風俗録十卷。

樊綽雲南志十卷。

又南蠻記十卷。

竇滂雲南别録一卷。

宋陳振孫書録解題卷七

蠻書十卷

唐安南宣慰使樊綽撰。記南詔事。咸通五年奏之。

宋晁公武昭德先生郡齋讀書志卷七

雲南行記二卷

右唐韋齊休撰。齊休長慶三年從韋審規使雲南，記其往來道里及其見聞。序謂雲南所以能爲唐患者，以開先謙案：舊鈔訛聞。道越嶲耳。若自黎州之南清溪關外盡斥棄之，疆埸可以無虞；不然，憂未艾也。及唐之亡，禍果由此。本朝棄嶲先謙案：舊鈔雋。州不守，而蜀遂無邊患。以此論之，則齊休之言，可不謂善哉！

雲南志十卷

右唐樊綽撰。咸通中，南詔數寇邊。綽爲安南宣慰使，纂八詔始末、名號、種族、風俗、物産、山川險易、疆埸聯接先謙案：舊鈔埸作境，通考同。聯接作接聯。聞於朝。先謙案：袁本作右唐樊綽記雲南山川物産雜事，止咸通中。

明程本立巽隱程先生文集卷二

雲南西行記

（上略）余留麗江，通守張翥出示樊綽雲南志，字多謬誤，非善本也。（下略）

清盧文弨抱經堂文集卷九

蠻書跋戊戌

蠻書十卷，唐安南經略使蔡襲從事樊綽所録以上進者也。凡管内山川、道里、以及詔、瞼等種族事迹、風俗物産，一一可考。其書久失傳，四庫館新從永樂大典中鈔出以行世，乃得見焉。嘗謂蠻夷爲患，未有不由中國失撫馭之所致也。綽以一從事，而明目張膽，敢歷舉前政之失以上聞，可不謂忠於爲國者哉！其言曰：自大中八年，安南都護擅罷林西原防冬戍卒，以致洞主李由獨爲蠻所誘，乘釁而起。又言李象古、李涿相繼誅剥，令生靈受害。又言數年之間，當州鎮鼇革南詔入朝人數，郵傳殘薄，以致入寇。本使蔡襲全家并元從悉殞賊所，綽亦中箭，攜印浮水渡江。其長男韜及家屬皆陷蠻陬。綽之進此書也，實望廟堂鑒前轍而籌長算焉。實亦後世之所當奉爲蓍蔡者也。此書多脱誤，雖略爲是正，而無别本可對，意終歉焉。然如閤羅鳳之世次，則可以正新唐書之誤云。乾隆四十三年八月八日，坐可怡亭書。

清馮浩孟亭居士文稿卷四

書樊綽蠻書後

唐書、通鑑嶺南道舊分五管，廣、桂、邕、容、安南，皆隸嶺南節度。懿宗咸通三年，從嶺南節度蔡京請，分嶺南爲兩道，廣州爲東道，邕州爲西道。乃以韋宙爲東道節度，蔡京爲西道節度，安南隸西道。時南詔復寇安南。發許、滑、徐、汴、荆、襄、潭、鄂等兵各三萬人，授經略使蔡襲禦之。兵威既盛，蠻遂引去。蔡京忌其立功，稱南蠻遠遁，邊徼無虞，武夫邀功，妄占戍兵，虚費餽運，請罷戍兵，各還本道。從之。襲以蠻寇必至，交趾兵食皆闕，謀力兩窮，作十必死狀。中書竟不之省。四年正月南詔陷交趾，襲左右皆盡，徒步力戰，身集十矢，自沉於海。幕僚樊綽右腕中箭，攜其印浮水度江。蔡襲之料敵拒寇，武毅忠烈，時丁衰亂，未得表揚。舊唐書竟不之叙，新唐書書其略，亦不爲立傳。非賴此書屢云本使蔡襲，其孰從而傳之？可謂忠於所事者矣。又檢咸通十年冬，南詔驃信酋龍傾國入寇，進至嶲州。安邊都頭安再榮守清溪關，蠻攻之。再榮退屯大渡河北，與之隔水相射。蠻分軍進陷犍爲，遂陷嘉州。此書末云異牟尋嗣孫惠龍，不守祖父留訓，違盟誓，恣狂暴，五載興兵，三來虜掠，實指十年蠻又寇擾言之。故追述貞元誓文，以歎撫馭失宜，邊患孔棘，而奸邪之嫉功臣，壞國事，忠義大將受慘禍，莫爲褒卹，真痛恨無窮矣。書成於咸通十年後，顯然也。中云梁軻始由再賓任使前後三度到蠻王家通好，結構禍胎。再賓似爲再榮之訛耳。唐室致亂之由，實始於南詔。此以身所親歷，紀實傳世。雖古今事勢不同，疆域道途土風夷性，大致無改。後之任籌邊者，可不詳覽之哉！

沈曾植海日樓文集卷上

蠻書校本跋

唐書驃國傳稱南詔以兵强地接，常羈制之。據貞元中南詔朝貢，挾驃使以俱來，而尋閤勸自稱驃信苴，信苴蠻語爲主，則尋閤勸自以爲兼王驃國也。開南、安西所部遠，皆達於南海。以地理志所記通天竺路互證，知非誇辭不實者。蓋驃之屬國，皆爲南詔屬國矣。驃即常璩華陽國志永昌所通之僄越，今之緬甸，理可不疑。依此書以三大水分畫緬境。蘭滄江流爲一部。其西岸爲驃地，東岸當是河蠻。又東即車里十二板納，後漢書所謂撣國者，唐世或爲獨錦蠻。書中於此殊不詳晰。麗水即今怒江爲一部。其東岸爲驃地，西岸之西北則撲子蠻、望苴子、外喻部落。次爲茫蠻，次南驃地，極南至於兜彌伽栅，彌臣、怒江入海之口，東西漾貢，即此書之大銀孔也。西岸曰巴桑，或譯巴新，即此書之彌臣也。彌諾江流爲一部。即今圖邁立開河，東岸爲驃，西岸彌諾，即圖蒙尼瓦。嶺外代答所謂黑水淤泥河，本書于泥禮，今圖爲烏曩河者，皆在此流域中。越絨麻山而至阿剌干，疑即彌諾國地。故通天竺路經彌諾、麗水而西至大秦婆羅門也。以元史地理志金齒六路約之。柔遠、茫施二路，當在北緬怒江兩岸，自茶山、里麻以至繆江流域。望苴子即今老卡子，外喻即猓猓，野人、茫施在此書施蠻諸部中，蓋統今猛拱、猛養、猛密、繆江以西諸部，皆唐茫蠻所居也。其柔遠路西云鎮西，似即蒙氏安西故地。已在怒江西邁立開江之外。鎮康在柔遠南，非騰東南道之鎮康也。鎮康之西爲建寧，當已入唐世彌諾北界。其平緬路在柔遠南，所屬曰驃睒，曰羅必四莊，曰小沙摩弄，曰驂睒頭。爲驃故都，即今緬都一帶無疑。麓川在茫施東最近騰邊，殆此書唐封川、茫天連、越睒及開南城所屬諸部也。元世壃理滇南，仍以段氏爲總管。信苴日在至元之世，主滇事者二十餘年。不惟滇州縣悉沿南詔舊名，即徼外諸夷，襲舊名與此書同文者，亦仍不少。金齒、驃、黑爨、茫施、徙麼徒，皆唐世舊稱。州部曰瞼睒，亦舊俗也。史地志叙金齒以西土蠻八種，云異牟尋盡破羣蠻，徙其民而取其地，南至青石山與緬爲界。及段氏時，白夷諸蠻漸復故地。是後金齒諸蠻漸盛。蒙氏安西、開南城戍，殆皆廢棄於是時。然其地爲南詔舊域，十一總管固知之。故元世建茶罕章以統滇之西邊。其戎索包有北緬怒江以西諸部之地，幾盡得蒙氏舊疆，非若明人畫於麓川而止也。元世所謂白夷，頗疑即是彌諾種民。此書所謂彌諾面白而長者，與黑爨有別，與金齒亦有別也。南詔界南至青石山，明人無言及者，遂泯然不可復考矣。

二　有關文獻

這一個附録，計收：（甲）唐人文集、（乙）大和三年之役有關詩文鈔、（丙）輯佚、（丁）碑刻，共四類。（甲）類從駱賓王、張九齡、顔真卿、權德輿、柳宗元、李德裕和崔致遠七人的集子裏選出與南詔史事有關的詩文二十八篇。（乙）類收雍陶、徐凝詩七首，封敖文一篇。（丙）類共輯出二十二條。（丁）類收王仁求碑、南詔德化碑和袁滋石門題名，凡三篇。

（甲）類駱賓王文三篇，記述有關唐高宗永徽初攻雲南蒙儉事，和（丁）類的王仁求碑可以參看。爲唐代雲南早期歷史的重要史料。蒙儉和南詔族也可能是一家。附録根據四部叢刊本，以文苑英華和石研齋本互校。張九齡集共選十二篇。張九齡於唐玄宗開元十九年（公元七三一）張説死後知制誥，這十二篇都是他代玄宗起草的敕書，給劍南、嶲州的三通，給吐蕃贊普的四通，給雲南首領的四通，給章仇兼瓊的一通。八世紀初，唐朝之經營雲南，以及因此與吐蕃在雲南發生利害衝突，互相指責的情形，從這十幾篇敕書中可以窺知大概。顏真卿的鮮于仲通神道碑是關於鮮于仲通的重要材料。顏真卿與鮮于仲通是同僚又是世交，因而在神道碑中把鮮于仲通打南詔覆敗一事諱而不談。但是這究竟是一件大事，包不住的。提到鮮于仲通的兒子鮮于昊，不能不說他戰歿於西二河；提到鮮于仲通的弟弟鮮于晉，不能不說他從討南蠻。權德輿三篇，其送袁滋序明明是送袁氏持節册南詔，而題目和序文開始都誤南詔爲迴鶻，不知何故。柳宗元的張舟墓誌銘是與安南有關的文字。李德裕的兩篇都是替杜元穎辯護。李、杜世交，互相迴護，不惜把大和三年杜元穎的賬竟算到二十多年前的韋皐身上，可算是奇談了。崔致遠是高駢的幕僚，從桂苑筆耕集選出的六篇文章中可以見出高駢在安南和西川經營的一般情況。

（乙）類有關大和三年之役的詩文，一方面可見這一役對於西川之鉅大影響，一方面也反證了李德裕的説法是錯誤的。

（丙）類輯佚書，共輯雲南行記二條，雲南記二十條，全部輯自太平御覽。御覽引雲南記，三次提出韋齊休的名字，則雲南記乃韋齊休所著。郡齋讀書志、宋史著録韋齊休書都作雲南行記。是御覽的雲南行記爲另一書，不知何人所作，取道新安，可知不是袁滋的書。

（丁）類碑刻，所收王仁求碑和南詔德化碑都以阮福滇南古金石録爲底本，另用拓本校勘，改正幾個字。袁滋題名則根據拓本。南詔德化碑是研究南詔歷史最重要的一篇文字，全文長達四千餘字。道光時碑文可以辨認的就只餘四百多字，餘俱漫漶。阮福根據明代方志所收全文著録。現將碑中可以辨認的用大字，餘識以小字，并加方括號。

（甲）唐人文集

（子）駱賓王文集四部叢刊本。唐駱賓王撰。以石研齋秦本、文苑英華互校。

姚州道破逆賊柳諸設弄楊虔露布石研齋秦本題作姚州道破逆賊諸波弄楊虔露布。考異云：姚上英華有兵部奏三字，無道字。波作没，虔下有柳字，皆是也。

尚書兵部臣聞北辰英華作辰，秦本、明本作極。列象，六合奉天子之尊。南面乘乾，一統成聖人之業。秦本作業，明本作表。是知衣裳所會，義有輯於殊鄰。霜露所均，英華、秦本作均，明本作由。誠兼英華、秦本作兼，明本作無，疑應作撫。育於異類。故塗山萬國，誅後至者防風，丹浦一戎，緩前禽者就日。然則陳英華作陳，秦本、明本作利。弧矢以威天下，法雷霆而英華作而，秦本、明本作以。震域中。四時行英華、秦本作行，明本作得。

焉，天道不能去煞。五兵備矣，王英華作王，秦本、明本作皇。業所以勝殘。雖事明本脱事字，據英華、秦本補。切救焚，苟順時而英華作而，秦本、明本作以。濟物。恩深祝網，不獲已而用兵。明本兵字墨釘，據英華、秦本補。伏惟皇帝陛下登翠嬀以握圖，英華、秦本作圖，明本作名。居英華作居，秦本、明本作憲。紫微而正象。玄英華作玄，明本作女。功不宰英華、秦本作宰，明本作幸。混太始以凝神，至道無名，英華作名，明本作圖。佇華胥而得夢。闡文教以清諸英華、秦本作中。夏，崇武功以制九夷。環海十洲，通波太液之水，鄧林萬里，交影甘泉之樹。反踵穿胷之域，襲冠帶以來王，奇肱英華、秦本作肱，明本作眩。儋耳之酋，奉正朔而請吏。逆賊蒙儉、和舍等浮竹遺胤，英華作嗣。沉木餘苗。邑殊禮義英華作樂。之鄉，人習貪殘之性。日者皇明廣燭，帝道遐融，頗亦削左衽而被朝衣，解椎髻而昇華冕。而豺狼有性，梟獍難馴。遂敢亂我天常，變英華作牽。九隆英華作種。而背誕，負其地險，携七部以稽誅。騷英華作騷，秦本、明本作搔。亂英華作動。邊疆，寇攘英華作寇攘，秦本、明本作𧆑皺。州郡。英華作縣。是用三門授英華作授，明本作投。律，長驅英華作驅，秦本、明本作馳。無戰之師；五月渡瀘，深入不毛之地。去月二十一英華十下有一字，秦本、明本無。日，軍次三胐崑崙英華作崑崙，秦本、明本作崙。鎮，前後捕得生口，知守捉山羌英華、秦本作羌，明本作差。傍山連結十部蠻，有英華作首。徒五萬衆。此山即南中英華作郡。之英華有之字，秦本、明本無。巨防英華作防，明本作傍。也。崗巒千里，西通大荒之外，英華作外，秦本、明本作郊。溪谷萬重，南極炎洲之境。聳喬林而挿英華作插，明本作掙。月，陰兎英華作兎，秦本、明本作靈。有假道之標；撥崇巖以隱天，陽烏無迴英華、秦本作無迴，明本作迴無。翼之地。峯危束馬，路絶懸明本懸字墨釘，據英華補。車。賊踞臨岱英華作岱，秦本、明本作代。之形，乘英華作乘，明本作垂。建瓴英華作瓴，明本作鈑。之勢。英華作利。徵風召雨，蝟起蜂飛。驅英華作驅，明本作野。雜種以挺英華作挺。災，封狐千里；肆沉黎而作孽，雄虺九頭。臣以爲制敵以權，柔遠者理成英華作或存。於德教，伐叛以義，決勝者不英華不下有必字。在於干戈。於是廣布朝布朝，英華作播皇。恩，恭宣帝澤。英華作德。申之以安撫，曉之以存亡。信重蠻陬，無負黃龍之約，賞隆漢爵，不渝英華作渝，明本作踰。白馬之盟。地接冉英華作冉，明本作周。駹，詞屢殫英華作殫，明本作彈。於諭英華作諭，明本作喻。蜀；俗通盤瓠，聲不輟於吠堯。臣遣左二英華作三。軍子總管寧遠將軍前守右驍騎萬安府長史折衝都尉上柱國劉會基率檢校果毅驍騎自騎萬安府下至此騎字共二十三字秦本、明本無，據英華補。尉井陘縣開國男劉玄暐秦本、英華作玄暕。等，銜枚遠襲，卷甲前驅。偃危旆而設潛兵，疑從天落，乘間道而掩不備，若英華作似。出地中。又遣右二英華作三。軍子總管明威將軍行左英華作右。武衛翊府中英華有中字，明本無。郎將上柱國英華有上柱國三字，秦本、明本無。高奴弗率左武衛天水府折衝都尉張仁操英華作樣。等陟南山之南，衝其要害之路。又遣左一軍子總管前右金吾衛翊府左英華有左字，明本無。郎將上柱國英華有上柱國三字，秦本、明本無。孫仁感率衛尉英華有衛尉二字，秦本、明本無。府左英華作右。果毅都尉王文雅等凌北山之北，絶其飛走英華有走字，明本無。之途。賊首領楊虔、柳諸設秦本、英華作没。弄、諸覽期英華作斯。等振螳螂之力，拒英華作距。轍當輪，縱英華作肆。蚊蚋之羣，彌山滿谷。劉惠英華作會。基、高奴弗、孫仁感等並忠勤克著，智略遠聞。識明君之重恩，輕生有地，提太阿之神英華作雄劍，視死無時。彎弧而兇黨土崩，舉刃明本作刀。而妖徒瓦解。雖危若沸鼎，未窮梟首之誅，救死扶傷，獨致析骸之爨。二十二英華十下有二字，秦本、明本無。日臣遣副總管兼安撫副使定遠將軍前左驍騎翊英華作騎翊，明本作衝，秦本作衛。府中郎將令狐智通率右武衛良將壯府左果毅都尉韓惠德等擁貔豹之雄，順天機而左英華作右。轉。遣管内安撫副使朝議大夫使持節管字下十三字秦本、明本作副總管兼安撫使。守銀州刺史上柱國宜春縣開國男上柱國以下九字據英華補，秦本、明本無。李大忠率前左武英華有武字。秦本、明本無。衛靜福英華作初。府右英華有右字，秦本、明本無。果毅都尉上柱國英華有上柱國三字，秦本、明本無。陳弘義等，率英華作驅。犀象英華作象犀。之卒，乘地軸以右迴。又遣行軍司馬朝散大夫英華有朝散大夫四字，秦本、明本無。守巂州都督府長史上柱國英華有上柱國三字，秦本、明本無。梁待英華、秦本作待，明本作侍。壁英華作壁，秦本、明本作辟。率守右英華有右字，秦本、明本無。金吾衛宜昌府果毅都尉閻文成等總投石拔距之材，蹈中權而撫其背。又遣前守右威衛龍西府果毅都尉康留買等騰英華、秦本作騰，明本作勝。躍鐵英華、秦本作鐵，明本作截。歕金之騎，犯前矛英華作矛，秦本、明本作茅。而扼其喉。臣等英華有等字，秦本、明本無。守左英華有左字，秦本、明本無。衛清官府左果毅許懷秀等横玉弩以高臨，揵英華作縱。秦本作樅。金鉦而直進。玄進玄，英華作道元。雲結陣，影密西郊。

赤堇揮鋒，氣衝英華有衝字，秦本、明本無。南斗。颷煙塵而匝地，白日爲之晝昏，積氛祲颷下十五字據英華補，秦本、明本只作授字。以稽天，滄溟英華作冥。爲之晦色。兵交刃接，鳥散魚驚。自卯及申，追奔逐北。斬首千餘級，轉戰三十英華作千。里。激流膏而爲泉，似變萇弘之血，委亂骸而擠壑，若沉英華作沉，秦本、明本作泛。鰲靈英華作令。之屍。既而照盡高春，英華、秦本作舂，明本作春。雲昏乙夜。賊乃收集餘衆，保英華作深。據重巖。臣度彼遊魂，慮其宵遁。使英華、秦本作使，明本作彼。三軍齊進，四面合圍。二十三日，乘魚爛之危，啓蛇英華、秦本作蛇，明本作地。形之陣。揚麾誓衆，杖節訓兵。一鼓先登，賞必懸於芳餌。九攻失英華作按。律，罪無赦英華作救。於嚴誅。五都英華作都，秦本、明本作部。材雄，三河俠少。或生居燕地，尤工即墨之圍，或家本秦人，早習昆明之戰。叱咤則江山摇蕩，慷慨則林壑飛騰。舉鵬翼英華作翼，秦本、明本作力。以揚威，耀犀英華作群。渠而賈勇。澄英華、秦本作澄，明本作登。氣秦本作氛。廓英華作廓，明本墨釘。祲，同英華作同。夏景之英華作以。潰春冰；英華作冰，明本作水。滅迹掃塵，若霜風之卷秋籜。戰蹜百里，時歷三朝。生擒四千餘人，斬首五千餘級。柳英華、秦本無柳字。諾設英華、秦本作没。弄、揚虔英華、秦本虔下有柳字。等殞元英華作死。行陣，懸首旌門。蒙儉、和舍等委衆奔馳，脱身挺險。雖復刑以止殺，丁壯咸伏於誅夷，禮不重傷，班白必存於寬宥。昔魏臣賦臣賦，英華作成伐。蜀，徒聞蒟醬之奇；漢使開卭，纔通竹英華作行。杖之利。豈若膺紫泥而吊伐，指丹英華、秦本作丹，明本作埸。徼以臨戎。一戰而孟英華、秦本作孟，明本作猛。

獲已擒，再舉而哀牢授首。斯並英華作顯。皇威遠暢，廟略遐宣。奉玄猷英華作德。以配天，徒知帝力，掩皇英華、秦本作皇，明本作望。輿而闢英華作闢，秦本、明本作闡。地，豈曰臣功。不勝英華作無任。慶快之至。英華作誠。謹遣某遣某二字英華有，秦本、明本無。奉露布以聞。軍資器械別簿條上。軍資以下八字，據英華補。

又破設英華無設字。蒙儉別本作瞼。露布英華作兵部奏姚州破賊設蒙儉等露布。

臣聞七緯經天，星墟分張翼之野，八紘紀地，炎州限建木英華、秦本作木，明本作水。之鄉。西距大秦，雜金行英華作莖。而孕英華作布。氣，南通交趾，枕英華作抗。銅柱以爲鄰。俗帶白狼，人習貪殘之性，河淪英華、秦本作淪，明本作瀹。赤虺，川多風雨之妖。水積炎光，英華、秦本作氛。山涵毒露。英華、秦本作霧。竹浮三節，肇興外域之源，木化九隆，頗爲英華作作。中國之患。年將千祀，英華作禩。代歷百王。鄭純之化不追，孟英華、秦本作孟，明本作猛。獲之風逾扇。英華作煽。故三年疲衆，徒聞定筰英華作筰。之譏，五月出師，未息渡瀘之役。英華、秦本作役，明本作後。然則大人拯物，上聖乘期。法乾坤以握樞，體剛柔而建極。知仁義不能禁暴，設刑綱以勝殘。知揖讓不可濟時，用干戈而靜亂。伏唯皇帝陛下，神英華作神，明本作禪。螭戴玉，出英華作出，明本作拓。地軸以登皇。道契書英華作書，明本作寢。繩，掩天紘英華作紘，明本作紘。而踐帝。玄雲入户，纂靈瑞英華作慶。於丹陵，蒼籙英華作蒼籙，明本作緣錯。昇壇，薦禎圖於翠渚。垂衣裳以朝萬國，崇玉帛而禮百神。昭儉防奢，露臺惜中人之産，宣風布政，明堂法上帝之宮。致羣生於太和，登品物於仁壽。四神致英華作踐。雪，五老飛星。君囿祥麟，樂班文於仙卉，文林仙卉文林，英華作先樂女琳。鳴鳳，韻歸昌於帝梧。四隩同文，五風異色。豐英華作豐，明本作配。林萬里，纔疏苑囿之基，英華作原。曾英華作層。城九重，未出英華作浚。池隍之域。六合臨照英華作合璧照臨。之地，候月歸琛，大鑪，英華作鑪。覆載之間。英華作所。占風納賮。蠢茲蠻英華作夷。貊，敢亂天常。横赤熛以疏壃，背朱提而設險。石英華作石，明本墨釘。林萬仞，岩居千重。英華作重，明本作里。望泰阜以相傾，崤陵失四塞之阻，對梁山而錯峙，劍門成一簣之峯。自謂絶壤遐英華作幽。荒，中外足以迷聲教，憑深英華作深，明本作休。負固，江河英華作河，明本作山。可以逃靈誅。不知玉英華作玉，明本作王。弩垂芒，英華作芒，明本作芸。陶英華作陶，明本作洶。水無九嬰之沴。瑶階舞戚，英華作戚，明本作鐵。洞庭有三苗之墟。臣等謬以散英華作散，明本作教。材，忝專分閫。白明本白上有自字，英華無。招乘候，順秋帝英華作官。以揚旌，絳節臨邊，通夜郎而解辮。別本而解辮作以礪劍。自雲英華作瞀。開嶲穴，旆轉邛川。別本作山。峻岐折坂峻岐折坂，別本作峻坂九折。之危，盡忘襟帶，滇英華作滇，明本作傾。池漏江之固，曾失別本作失，明本作葛。藩籬。唯逆賊設蒙儉等未革狼心，仍懷豕突，陸梁放命，旅拒偷安。地別本作地，明本作城。接祠雞，竟無希別本作心。於政別本作改。旦，山多神鹿，終未息別本作見。於擇別本作擇，明本作墠。音。英華作陰。臣以大帝宣威，有征無戰，明王仗順，先德後刑。加別本作宏。

聖澤於中孚，緩天誅於大過。別本作造。庶南薰解別本作感。慍，仰雲闕英華作闕。以翔魂，東律別本作律，明本作徤。變別本作和。音，扣轅門而頓英華作啓。顙。而祝禽踈網，徒闕三面之恩，毒虺挻祅，別本作妖。愈英華作愈，明本作逾。肆九頭之暴。乃鳩集餘衆，蟻結兇徒。儋耳摧案應作椎。髻之徒，別本作徒，明本作渠。千里霧別本作霧，明本作露。合，鑿齒雕題之孽，一呼雲屯。陵英華作陵，別本作疊，明本作凌。石箘以開營，拒巖椒而峻壘。別本作壘，明本作疊。崇巒明本作巒，應是巒誤。劫別本作切。漢，若登藏寶之山，絶壑憑霄，明本作宵，應是霄誤。似瞰封泥之谷。以英華作去。去別本作前。月十七日運別本作連。營布陣，踞險揚兵。東西三十別本十下有餘字。里，馬步二十別本十下有餘字。萬。聚蚊蚋而成別本作合。響，聲若雷霆，縱虵豕以爲羣，氣稽別本作衝。宇宙。臣遣中郎將令狐智通等擁拔山超海之雄，別本作師。當其步陣，遣銀州刺史李大志等駈英華作以。籥別本作躍。景騰雷別本作雲。之騎，承別本作乘。其馬軍。遣巂州都督府長史都督府長史，明本作刺史，據別本改。行軍司馬梁待壁英華作待壁，明本作大辟。等領勁卒一英華作二，別本作三，明本作一。千，絶其飛走之路。遣臨源府果毅都尉別本無都尉二字。馬仁静等，勒精兵九百斷其潛伏之軍。臣率行軍長史韓餘慶等負別本作負，明本作貴。霜戈而直進，別本無進字。指別本指字連上，下有掃字。雲陣以長駈。庶令斬英華作斬，明本作輒。馘七擒，將士挾雷公之怒，伏屍百里別本作里，明本作死。蠻夷別本作土酋。識天子之威。別本作尊。於是三略訓兵，五申誓衆。先登陷陣，無遺無遺，英華作唯標。大樹之功，後拒亂行，必致曲梁之罰。楚人三户，蜀郡五丁。氣擁玄雲，精貫白日。喑嗚則乾坤搖蕩，呼吸則林壑林壑，别本作海岳。沸騰。列旗影以雲舒，似長虹之東指。橫劍鋒而電轉，疑大火之西流。刃接兵交，洞胸達腹，别本作臆。自辰踰午，魚爛土崩。沸殘息於胃别本作層。峯，更切守脾别本作障。之哭。積圓顱於重阜，殆成京觀之封。英華作形。唯賊帥别本作帥，明本作師。夸干别本無夸干二字。未悟傾巢之兆，敢懷拒轍别本作敵。之心。獨别本作猶。率馬軍，平川轉鬥。驚塵明本無，據别本補。亂起，六合爲之寢光，殺氣相稽，四溟由是由是，别本作爲之。變色。副總管李大志李大志，别本作某某者。忠惟徇國，義則忘别本作忘，明本作亡。軀。臨危而負節愈英華作愈，明本作逾。明，制别本作臨。敵而神機神機，别本作機謀。獨遠。丹誠自守，雖九死其如歸。白刃交前，豈三軍之可奪。投袂則袄别本作妖。徒霧廓，别本作廓，明本墨釘。搴旗而兇别本作逆。黨山崩。山崩，别本作冰摧。於是乘利追奔，因機深入。困獸猶鬥，如戰如戰，英華作似化。麇君之魂，窮鳥尚飛，如别本作似。驚杜宇之魄。斬甲卒七千餘級，獲裝馬五千餘匹。僵屍蔽野，英華作地。臨赤坂而非遥，别本作遥，明本作道。流血灑途，視丹徼以何以何，别本作而不。遠。首别本作首，明本作酋。領和舍别本作舍，明本作含。等並計窮力屈，面縛軍别本作軍，明本作君。門。寬其萬死之誅，弘以再生之路。唯蒙儉脱身挺險，委英華作負，明本作委。命窮山。顧巢穴以英華作以，明本作而。靡依，延英華作延，明本作逃。晷漏其英華作其，明本作而。何幾。況妖徒革面，徼英華作荒。外非復他人，部落離心，舟中皆爲敵國。瞻言梟首，指日可别本作爲。期。凡在别本作所。歸降，隨事招撫，與之更始，復其故業。首丘懷戀，疑臨舊國之墟，安堵識英華作知，別本作如。家，別本作歸。似入新豐之邑。別本作市。然後班師遂別本作遂，英華作遯，明本作隧。水，振旅禺山。建鴻勳英華作業。於武功，暢玄猷於文教。庶荒陬襲中原別本作邦。之禮，邊壃息外户別本作寇。之虞。華封英華作人。祝堯，兆皇基於千載，英華作歲。夷別本作蠻。歌頌漢，美王澤於三章。豈別本作宜。與夫天帝前星，廣賜秦公之册，坤元益地，遥開王母之圖。蓋亦英華作示。有云，曾何足紀。斯並玄謀廣運，別本作達。廟略遐覃。一戎別本作戰。而荒裔別本作景。肅清，一別本作再。鼓而邊隅底定。豈臣等提戈擐甲，克全百勝之功，杖節揚麾，能通九變之策。謁藁街而獻旅，別本作捷。大帝成規，聞杕杜之別本作以。勞旋，小臣何力，不勝慶別本作慶，明本作發。快之至。謹遣行軍司馬朝散大夫守嶲州都督府長史上柱國朝散以下十五字，依別本補。梁待壁英華作待璧，明本作大辟。奉露布以聞。軍資器械，別簿録上。軍資以下八字，依別本補。

以上俱見卷九。

祭趙郎將文為李義作。據秦本。

姚州道大總管李義祭趙郎將之靈。惟靈降精辰象，委質昌期。棄筆文場，早狥封侯之志，彯纓武帳，坐昇戎袟之榮。屬滇浦挺妖，昆明習戰。應星文而動將，奉天罰以揚威。不能引妙算於西秦本作四，據明本改。戎，明本作戙，即戎古文。叶神謀於九變。致令王師失律，兇狡憑淩。嶲穴明本作宂，應作穴。南臨，同五溪之深入，卭關不阻，類雙崤之不歸。亭候多虞，故有負於明代，春秋責帥，豈無慙於幽途。夫任賢與能，明君之事也。陳力就列，忠臣之義也。雖見危授命，固誠節之有餘，臨難權機，何智謀之不足。嗚呼哀哉！某猥以散材，謬專分閫。途經夷落，路踐戎場。停疲驂於九原，悲來有地，痛遺骸於四野，泣下無從。暫輟征旅之勤，爰崇掩骼之義。庶幽靈有託，梧丘息入夢之魂，壯士不還，薤歌起送終之曲。嗚呼！九真邊徼，萬里長安。城危疏勒，山峻皐蘭。因原爲壠，即壤成棺。夕陰曦而平蕪晦，秋風急而荒戍寒。哀哉！異域幽埏，但有新栽松柏，他鄉古木，非復舊邑枌榆。感平生其若斯，聊中絜酒，儻聰明之不昧，式薦簞醪！卷十。

（丑）唐丞相曲江張先生文集唐張九齡撰。四部叢刊本。

敕劍南節度使王昱書

敕劍南節度副大使兼採訪使益州長史攝御史中丞王昱：蠻夷相攻，中國大利，自古如此，卿所知之。然吐蕃請和，近與結約，郡蠻翻附，彼將有詞。卿可審籌其宜，就中處置，使蠻落不失望，吐蕃又無憾詞。柔遠懷來，在卿良筭。所請入奏，豈欲固違。屬諸蠻初降，正有邊要，馳傳以入，不日遄歸。

來去不遑，殆爲勞力。卿當此重寄，每竭公忠，言念遠情，當亦想見。義非獲已，來歲何遲。冬初薄寒，卿比平安好！遣書指不多及。卷八。

敕巂州都督許齊物書

敕許齊物：近者投降吐蕃云，蕃兵已向南出鹽井。比已敕達奚守珪、蒙歸義訖，卿可嚴備，勿失事宜。應須防守，並委量事處分。仍遠著斥候，知其有無。有則從權，無則仍舊，慎勿生事，騷擾邊人。秋中漸涼，及吏人已下並平安好！遣書指不多及。卷十。

敕劍南節度王昱書

敕劍南節度使益州長史王昱：近得卿表，知蒙歸義等效命出力，自討西蠻。彼持兩端，宜其殘破。苟非生事，定是輸忠。亦卿等指麾更張遠略。諸部所請朝貢，及蒙歸義等立功，並委卿料。若合行賞，豈在不來。時向炎蒸，路且修阻，郵傳之弊，公私可知。亦云重勞，非是有惜。想卿臨事，思其所宜。緣蠻落初寧，當須計議。若欲入奏，亦任暫來。春晚極暄，卿比如宜！遣書指不多及。卷十一。

敕吐蕃贊普書

皇帝問贊普：緣國家先代公主，既是舅甥，以今日公主，即爲子婿。如是重姻，何待結約。遇事足以相信，隨情足以相親。不知彼心復同以否。近得四鎮節度使表云，彼使人與突騎施交通，但蘇禄小蕃，負恩逆命。贊普並既是親好，即合同嫉頑凶。何爲却與惡人密相往來，又將器物交通賂遺。邊鎮守捉，防遏是常。彼使潛行，一皆驚覺，夜中格拒，人或死傷。比及審知，亦不總損。所送金銀諸物及偷盗人等，並休悉諾教藏却將還。彼既與贊普親厚，豈復以此猜疑。自欲坦懷，略無所隱。縱通異域，何慮異心。又西南諸蠻，元是異類。或叛或附，恍惚無常。往年被略，彼蕃率種歸我。緣李知古處置失所，又即飜然改圖。彼此之間，有何定分。而彼有來者，乃云此先舉兵，以蠻爲詞，未知孰是。今既無外，當以此思之。緣彼州鐵柱，前書具報，一言不信，朕豈厚誣。更以相仍，便非義也。鐵柱書唐九徵所作，百姓咸知，何不審之，徒勞往復。至於邊將在遠，下人邀功，變好爲惡，誠亦有此。非獨相規，亦當自誡。如此覺察，更有何憂。萬事之間，一無所限隔。所以細故，無不盡言。想所知之，體至懷也。晚春極暄，贊普及平章事首領並平安好！有少信物别具委曲。遣書指不多及。卷十一。

敕吐蕃贊普書

皇帝問吐蕃贊普：近竇元禮往事具前書，贊普後來亦知彼意。朕推心天下，皆合大和。況於彼蕃，復是親婭，仍加結約，盟誓再三。以至道言之，此亦仁義不薄也。而贊普且猶未信，復是何心！君長大蕃，固不容易。所云去年七月嶲州將兵抄掠，兼有誑誘。嶲州之外尚隔諸蠻，既背吐蕃，自行寇抄掠，而乃推托於我。何爲遥信虚詞！且西南羣蠻，别是一物。既不定於我，亦不專於吐蕃。去即不追，來亦不拒。乃是兩界所有，只合任其所歸。自數十年來，或叛或附，皆所親見，豈假縷言。往者此蠻背恩，侵我邊鄙，昆明即嶲州之故縣，鹽井乃昆明之本城。今復舊疆，何廢修築，而云除却，是何道理？且邊境備守，彼此常事。今既和好，何有嫌疑。至如西自莋嶺已來沿邊諸處，或地勢是要，或水土是好。彼有城鎮，亦皆内侵。朕既不解廣求，更以自益，緣已和好，不可細論。且八疊山築城改城置鎮，皆入漢界，何曾以此爲言。而彼即生詞，未知何意？邊城委任，當擇忠良，無信小人，令得間構。夏中已熱，贊普及平章事並平安好！遣書指不多及。卷十一。

敕吐蕃贊普書

皇帝問贊普：自與彼蕃連姻，亦已數代，又與贊普結約，於今五年。入使往還，未嘗有間。朕以兩國通好，百姓獲安。子孫已來，坐受其福。壃場之事，幸且無憂。此雖境上有兵，固是存而不用。在彼邊事，與此何殊。近得來章，又論蠻中地界。所有本末，前書具言。贊普不體朕懷，乃更傍引遠事。若論蠻不屬漢，豈復定屬吐蕃耶？彼不得所即叛來，此不得所即背去。如此常事，何乃固執。復於國家何有，朕豈利之！至如彼中鐵柱州圖地記，是唐九徵所記之地，誠有故事，朕豈妄言。所修城壁，亦依故地。若不復舊，豈爲通和。蠻中抄掠彼人勘問，亦有此事，緣其初附，法令未行。亦有姚、巂邊人，姦險求利，或入蠻同盜，亦不可知。既與贊普重親，朕又君臨大國，正欲混同六合，豈復侵取一隅。再三已論，何乃不信。顧慚薄德，良用咨嗟。且如小勃律國，歸朝即是國家百姓。前遭彼侵伐，乃是違約之萌。朕以結信既深，不顧其小，中間遣使，曾不形言。贊普何獨相尤，而不思己惡之事。所存既大，當共成之。近聞莽布支西行，復有何故？若與突騎施相合，謀我磧西，未必有成，何須同惡。若爾者欲先爲惡，乃以南蠻爲詞。今料此情，亦已有備。近令勒兵數萬，繼赴安西，儻有所傷，慎勿爲怪也。朕心無所負，事欲論平。但國家之所守者信，鬼神之所助者順。未有背道求福，違約能昌。何況兵衆不可當，而又天道所不假。以此求濟，不亦難乎！遠道所傳，多應不實，亦計贊普不合異圖，故令人審看，定何緣也。待潘息迴日，更別具委曲。今附少物，具如別數。爲路遠不得多附。春首尚寒，贊普及公主比如宜也。平章事並平安好！今使内常侍竇元禮遣書，指不多及。卷十一。

敕吐蕃贊普書

皇帝問贊普：此使前至之日，具知彼意。竇元禮中間所云，亦已備論。且親以舅甥之國，申以婚姻之好，義非不重，心豈合疑。頃歲以來，加之盟約。此又不信，其如之何。至如境上蠻夷，元是衆物，來不可拒，去不可追。前書已言，想所知也。而每來信使，皆以爲詞。或去越界築城，或稱將兵抄掠。且蠻既背彼，伊自築城，城在蠻中，人即隨地。所以侵竊，亦是羣蠻。皆在荒遐，豈關處分。而歸過於我，無乃甚乎！邊境小人，不識大體，此既未免，彼亦有之。間構既行，猜嫌互起。朕近已知此。贊普亦須察之。勿取浮言，虧我大信，以絶兩國之好。甚善，甚善！所有諸事，皆具前書。公主所請與人官及内人品第，即當續有處分。春晚漸熱，贊普及平章事並平安好！今有少物，别具委曲，至宜領取。遣書指不多及。卷十二。

敕西南蠻大首領蒙歸義書

敕西南蠻大帥特進蒙歸義及諸酋首領等：卿近在邊境，不比諸蕃。率種歸誠，累代如此。况卿等更效忠赤，朕甚知之。頃者諸酋之中，或有携貳，相率自討，惡黨悉除。即日蕃中，應且安帖。然則地臨外境，亦須有預。人無遠慮，必有近憂。卿可思之，豈虚語也。所有蕃中事意，使者具知之。比秋涼，卿及百姓並平安好！遣書指不多及。卷十二。

敕西南蠻大首領蒙歸義書

敕蒙歸義：吐蕃於蠻，擬行報復。又嶲州鹽井本屬國家，中間被其内侵，近日始復收得。卿彼蕃落，亦應具知。吐蕃惟利是貪，數論鹽井。比有信使，頻以爲詞。今知其將兵擬侵蠻落，兼擬取鹽井，事似不虚。國家與之通和，未常有惡。今既如此，不可不防。卿即與達奚守珪部落團練，候其有動，方可出兵。必無事蹤，亦不得先舉。嶲州相去，道里稍遥，若有驚急，復須爲援。並委卿與達奚守珪計會，無失事宜。卿於國盡誠，在邊爲捍，委寄得所，朕復何憂。秋中漸涼，卿及首領百姓並平安好！今故令内給事王承訓往，一一口具。遣書指不多及。卷十二。

敕蠻首領鐸羅望書

敕故姚州管内大酋長郍傍時嫡孫將軍鐸羅望：卿之先祖，輸忠奉國，遽聞徂逝，深愴于懷。言念邊人，必籍綏撫。又逼蕃界，兼資鎮遏。卿宜纘承先業，以副朕心。故遣宿衛首領王白于姚州都督達溪守珪計會，就彼吊慰。便授卿襲浪穹州刺史，並賜綾彩三百疋。至宜領取。秋中已涼，卿及首領已下並平安好！遣書指不多及。卷十二。

敕安南首領爨仁哲書

敕安南首領歸州刺史爨仁哲、潘州刺史潘明威、獠子首領阿迪、和蠻大鬼主孟谷悮、姚州首領左威衛將軍爨彦徵、將軍昆州刺史爨嗣紹、黎州刺史爨曾、戎州首領右監門衛大將軍南寧州刺史爨歸王、南寧州司馬威州刺史都大鬼主爨崇道、昇麻縣令孟耽：卿等雖在僻遠，各有部落，俱屬國家，並識王化。比者時有背叛，似是生梗。及其審察，亦有事由。或都府不平，處置有失，或朋讎相嫌，經營損害。既無控告，自不安寧。兵戈相防，亦不足深怪也。然則既漸風化，亦當頗革蠻俗。有須陳請，何不奏聞。蕃中事宜，可具言也。今故令掖庭令安道訓往彼宣問，並令口具。有穩便可一一奏聞。秋中已涼，卿及百姓並平安好！遣書指不多及。卷十二。

敕磧西支度等使章仇兼瓊書

敕磧西支度營田等使兼知長行事殿中御史章仇兼瓊：近聞卿手足風緩，頗有所廢，而不敢言病。

竭心在公，良用嗟稱，有古人之節。西庭既無節度，緩急不相爲憂，藉卿使車，兼有提振，不獨長行轉運營田而已。事務方劇，氣候又偏，將攝之間，自須得所。今遣醫人將藥，就彼看療，可與之商量，隨病所宜。冬寒，卿比平安！遣書指不多及。卷十一。案：兼瓊於開元廿七年代王昱爲劍南西川節度使，大約即自磧西移節西川也。因補録於此，以資參考。

（寅）顔魯公文集唐顔真卿撰。四部叢刊本。

中散大夫京兆尹漢陽郡太守贈太子少保鮮于公神道碑銘

公諱向，字仲通，以字行。漁陽人也。其先出於殷太師，周武王封於朝鮮，子仲食邑於于，因而受氏。漢有京兆尹裦。裦十一世孫康，後魏秦州刺史直閤將軍武威郡公。忠於本朝，爲齊神武所害。康玄孫匡贊，隋冠氏長，義寧初通議大夫。匡贊生士簡、士迪，並早孤，爲叔父隆州刺史匡紹所育，因家于新政。士簡、士迪皆魁岸英偉，以財雄巴蜀。招徠賓客，名動當時，郡中憚之，呼爲北虜。士簡生令徵，公之父也。倜儻豪傑，多奇畫。嘗傾萬金之産，周濟天下士大夫。與妻兄著作郎廣漢嚴從臬、殿中侍御史何千里，俱以氣槩相高，不肯仕宦，竟以壽終。天寶九年，贈遂寧郡太守，廣德元年，又贈太常卿。

公少好俠，以鷹犬射獵自娛，輕財尚氣，果於然諾。年二十餘，尚未知書，太常切責之。縣南有離堆山，斗入嘉陵江，形勝峻絶。公乃慷慨發憤，屏棄人事，鑿石搆室以居焉。勵精爲學，至以鍼鈎其瞼，使不得睡。讀書好觀大略。頗工文，而不好爲之。

開元二十年，年近四十，舉鄉貢進士高第。二十六載調補益州新都尉，視事二十日謝病去。二十七年長史張宥奏充劍南採訪支使。宥方謀拔安戎，獨與公計畫，幕中之事一以咨公。司馬章仇兼瓊惡之。及代宥節度，乃移郡收公，月餘仍釋之。俄令攝判使事，監越巂兵馬，復奏充採訪支使，盡護卭原本作叩，誤，今改正。南軍事，首尾二載，冒暑渡瀘者凡一十八度。公秉操堅忮，吏人望而畏之。改授新繁尉，充山南西道採訪支使。頃之雲南蠻動，瓊請公往，以便宜從事。公戮其尤害者數人，蠻夏慴服。山南盜賊舊多光火，（關於光火，可參看陳伯玉文集卷八上蜀川安危事、酉陽雜俎前集卷九盜俠條、輟耕録卷九想肉條。）公察其名居悉傾巢穴，人到于今賴焉。俄拜左衛兵曹，例遷也。瓊以兩道採訪節度使務悉以委公。無何攝監察御史，充劍南山南兩道山澤使，遷大理評事，充西山督察使。五載，户部侍郎兼御史大夫郭公虚己代瓊節制。郭以庶務一皆仗公。公素懷感激，竭誠受委，故幕府之事無遺謫焉。六載，拜監察御史，公誅羌豪董哥羅等數十人，以靖八州之地。郭公將圖弱水西之八國，奏公入覲。玄宗駭異之，即日拜尚書屯田員外郎兼侍御史，蜀郡司馬劍南行軍司馬。既略三河，收其八國，長驅至故洪州，與哥舒翰隴右官軍相遇於橫嶺，鳴鼓而還。及郭公云亡，慟哭之曰，公亡矣，吾無爲，爲善乎！

初，郭公對敭天休，每薦公有文武之材，堪方面之寄。至是遂拜公爲蜀郡大都督府長史兼御史中丞持節充劍南節度副大使。公當大任，既竭丹誠，射討吐蕃摩彌城，拔之，改洪州爲保寧都護府，塹弱水爲蕃、漢之界，收户數十萬，闢土千餘里。屬恩敕命召，祗赴京師，至臨臯驛，上命中貴人勞問，賜甲第一區，又錫名馬，兼供御饌。俄拜司農卿，將不遠而復。

十一載，拜京兆尹。公威名素重，處理剛嚴。公初善執事者，後爲所忌。十二載，遂貶邵陽郡司馬，灌園築室，以山泉琴酒自娱，賦詩百餘篇。俄移漢陽郡太守，下車閉閤，唯讀玄經以自適。不幸感疾，以十三載閏十有一月十有五日終於官舍，春秋六十有二。十五載春正月歸葬於新政縣嘉陵江之西岸先塋。寶應元年追贈衛尉卿。廣德元年又贈太子少保。公凡著坤樞十卷，文集十卷，並爲好事者所傳。

於戲！公負不羈之才，懷當世之志，方及知命，始擢一第。從宦十年，超登四岳。拔身巴江之下，自致青雲之上。非夫珪璋特達，聖賢相遭，則何以凌厲沈浮若斯之速。既而吉凶糾纏，慶吊相隨。天睠排於賊臣，雄圖屈於促景，有足悲矣！

有子六人。仲曰贈左金吾衛郎將昊，隨公陷於西二河，力戰而殁。季曰前鄉貢明經晃，神清才秀，先公而卒。伯曰壁州刺史昱，克篤孝行，見稱衣冠。公之捐館也，萬里迎喪，泝湍而皸瘃拔簽。段子章之稱亂也，闔門逃賊，安親而晨夕板輿。叔曰萬州刺史炅，雅有父風，頗精吏道。肅宗之幸鳳翔也，竭誠幕府，以佐公家。今上之命庶僚也，由華原之政，驟登省闥。作牧萬州，政績有異。有詔遷秘書少監，尋又改牧巴州。幼曰青城尉晏，雅曰成都府參軍景，皆保家之主，亦著令聞。公弟晉字叔明，篤厚溫敏，少以任俠聞。事公以悌稱，與朋以信著。好讀書而不爲章句，精吏道而尤擅循良。再爲法官，三秉天憲，二登郎署，一宰洛陽。從其兄之討南蠻也，兩軍交戰，仗忠信而必使其間。佐寧國之如迴紇也，絶域奉辭，布皇明而皆得要領。肅宗褒異，擢拜商州刺史。無何超遷京兆（原本作逃，應是兆字之誤，因爲改正。）尹，不十年而兄弟相代，論者偉之。永泰二年八月有詔自太子左庶子復拜爲卭州刺史、兼御史中丞、卭南八州都防禦觀察等使。真卿與公同在御史。亡兄國子司業允南，弟今江陵少尹允臧，又與少尹同時臺省。既接通家之歡，載敦世親之好。以爲徂謝者永久，所存者徽猷，陵谷雖遷，不朽者金石。銘切纂美，敢墜所聞。其詞曰：

洪範垂休，系殷封周，鮮于身繇，派漁陽兮。世掌漢曆，子孫舄奕，代有丕績，梟定襄兮。冠氏促齡，二孫夙丁，隨官不寧，肇定疆兮。嘉陵淼淼，雲臺矯矯，降生京兆，爲龍光兮。有武有文，剛嚴不羣，克懋鴻勳，制惟梁兮。既靖巴蜀，既清輦轂，日聞啓沃，播周行兮。結友不終，孤我深衷，如彼飛蟲，反予殘兮。邵陽典午，漢陽紆組，孰云心苦，坦行藏兮。天不慭遺，哲人其萎，反葬江湄，晅其傷兮。此令有裕，教忠有素，天介景祚，熾而昌兮。三世尹京，二子專城，一門載榮，餘慶彰兮。豐碑巍巍，盛業暉暉，舉世是希，與天長兮。卷六。

（卯）權載之文集唐權德輿撰。四部叢刊本。

送袁中丞持節册南詔五韻浄字

西南使星去，遠徼通朝聘。烟雨僰道深，麾幢漢儀盛。途輕五尺嶮，水愛雙流浄。上國洽恩波，外臣遵禮命。離堂駐驧馭，且盡罇中聖。卷四。

送袁中丞持節册迴鶻序

國家用文教明德，懷徠外區。今年春迴鶻君長納忠内附，譯吉語於象胥，復古地於職方。方帥條其功實，聞于天子。乃擇才臣，以宣皇仁。于是詔工部郎袁君加中憲之重，被命服之貴。將行又拜祠部郎中。有司具儀法，持節册命。所以新其號而厚其禮也。中丞端淳而清，文敏而誠，才以周物，智以達變。識柔遠之五利，能專對於四方。攝衣登車，不問夷險，朝賢縉紳是以壯其志而嘉其忠。且滇池昆明爲西南雄部，嘗樂聲教。是焉纂修奇功，自效願爲保障。方今規模宏大，八表一家。然則俛首以帥化者，吾君受之而不阻。勤人於遠略者，吾君薄之而不務。彼唐蒙開地，爲好事之臣，諸葛渡瀘，蓋一方之利。况今文武吉甫，鎮安蜀都。而中丞將大君之禮命，固殊隣之職約。德行言語，實在是行。使邊人緩帶安枕，無煙火之警。酌古經遠，才者能之。金章瑞節，光耀原隰。近臣主文，乃類歌詩。鄙人不腆，忝記言之職。故西南之册命，使臣之優詔，皆得書之，授于史官。又嘗與中丞同爲江西從事，辱命内引，所不敢辭。卷三十六。

中書門下賀南詔異牟尋授册禮畢表

右今日中使某乙奉宣進止。得劍南西川節度使某乙奏得册南詔副使寵傾據袁滋題名，寵傾乃是龐傾之訛。狀云，異牟尋以十月二十七日受册禮畢。迎候祇應，皆竭深誠。又册命之時，天宇清朗者。伏以聖澤所覃，殊方即叙。奉使臣之禮，遠禀綏懷，當錫命之時，盡其誠敬。變西南陰晦之候，感天地休嘉之祥。此皆睿渥遐宣，上元降祉。永寧萬寓，守在四夷。臣等忝備台司，不勝大慶。謹奉狀陳賀以聞。貞元十年十二月二十一日。卷四十五。

（辰）唐柳先生集唐柳宗元撰。四部叢刊本。

唐故中散大夫檢校國子祭酒兼安南都護御史中丞充安南本管經略招討處置等使上柱國武城縣開國男食邑三百户張公墓誌銘並序　張舟

漢光中興，馬援雄絶域之志。晋武一統，陶璜布殊俗之恩。理隨德成，功與時並。今皇帝載新景命，丕冒海隅。時惟公祇復厥績，交阯之理，續於前人。公諱某字某，某郡人也。曾祖彦師，朝散大夫、尚書駕部郎中。祖瑾，懷州武德縣令。考清，朝議郎試大理寺丞，贈右贊善大夫。咸有懿美，積爲餘慶。公以忠肅循其中，以文術昭於外。推經旨以飾吏事，本法理以平人心。始命蘄州蘄春主簿，句會敏給，厥聲顯揚。仍以左領軍衛兵曹，爲安南經略巡官。申固扞衛，有聞彰徹。轉金吾衛判官。三歷御史，績用弘大，揚於天庭。加檢校尚書禮部員外郎，換山南東道節度判官，後轉郎中爲安南副都護，賜紫金魚袋，充經略副使，遷檢校太子右庶子兼安南都護御史中丞，充本管經略招討處置等使。公自爲吏，習於海邦，凡其比較勤勞利澤長久，去之則夷獠稱亂，復至而寇攘順化。及受命專征，得陳嘉謩，誓拔禍本，納於夷軌。乃命一其貢奉，平其斂施。牧人盡區處之方，制國備刑體之法。道阻而通百貨，地偏而具五人。儲偫委積，師旅無庚癸之呼，繕完板榦，控帶兼戊己之位。文單環王，怙力背義。公於是陸聯長轂，海合艨艟。再舉而克殄其徒，廓地數圻，以歸於我理。烏蠻酋帥，負險蔑德。

公於是外申皇威，旁達明信。一動而悉朝其長，取州二十以被於華風。易皮弁以冠帶，化姦宄爲誠敬。皆用周禮，率由漢儀。公患浮海之役，可濟可覆，而無所恃。乃刳連鳥，以闢垣案：垣應作坦。途。鬼工來並，人力罕用。沃日之大，束成通溝，摩霄之阻，硩爲高岸，而終古蒙利。公患疆場之制，一彼一此而不可常，乃復銅柱爲正制。鼓鑄既施，精堅是立。固圉之下，明若白黑，易野之守，險逾丘陵，而萬世無虞。奇琛良貨，溢于王府，殊俗異類，盈于藁街。優詔累旌其忠良，太史嗣書其功烈。就加國子祭酒，封武城男，食邑三百户。凡再策勳至上柱國，三增秩至中散大夫。某年月薨於位，年若干。天子震悼，傷辭有加。明年，其孤某官與宗人號奉裳帷，率其家老咨于叔父延唐令某，卜宅于潭州某原，葬用某月某日。人謀皆從，龜兆襲吉，乃刻兹石，著公之閥，以志于丘竁，以告于幽明。銘曰：

周限荆、衡，秦開百粤。交州之治，炎劉是設。德大來服，道消自絕。伏波南征，漢威載烈。宛陵北附，晉政爰發。我唐流澤，光于有截。皇帝中興，武城授鉞。肅肅武城，惟夫之哲。更歷毗贊，顯揚彰徹。既受休命，秉兹峻節。度其謀猷，守以廉潔。厚農薄征，匪貊匪桀。通商平貨，有來胥悦。踐山跨海，堅其鶴列。制器足兵，潰兹蟻結。烏蠻屈服，文單剪滅。柔遠開疆，會朝天闕。銅柱乃復，環山以哲。海無遘迕，寇罔踰越。琛賮之獻，周于窮髮。帝嘉成德，載旌茂閥。增秩策勳，土封斯裂。位厄元侯，年虧大耋。邦人號呼，夷裔悽咽。卜葬長沙，連岡啓穴。書銘薦辭，德音罔缺。卷十。

（巳）李衞公文集唐李德裕撰。四部叢刊本。

故循州司馬杜元穎二狀

右臣等商量：杜元穎雖失於馭遠，致蠻寇内侵。然握節嬰城，舍生取義。圍解之後，懲貶不輕。但以蠻夷之情，不可開縱。若爲之報怨以快其心，則是不貴王臣，取笑戎狄。漢景所以聞鄧公之説，恨鼂錯之誅！元穎長慶之初，嘗居宰弼，潔廉畏法，忠藎小心。雖無光赫之名，頗著直清之稱。既逢昌運，合與申寃。望却還舊官階等，仍追贈右僕射。未審可否？卷十二。

第二狀奉宣令更商量奏來者

右臣等商量：比聞外議，皆以元穎不能綏撫南蠻，又無備禦，責此二事，以爲愆尤。臣等究其情由，實有本末。緣韋皐久在西蜀，自固兵權，邀結南蠻，爲其外援。親昵信任，事同一家。此時亭障不修，邊防罷警。若後人加置一卒，繕理一城，必有異詞，便乖隣好。自武元衡以後三十餘年，戎備落然，不可獨責元穎。蠻退後京城傳説驅掠五萬餘人，音樂伎巧，無不蕩盡。緣郭釗無政，都不勘尋。臣德裕到鎮後，差官於蠻經歷州縣一一勘尋，皆得來名，具在案牘。蠻共掠九千人，成都郭下成都、華陽兩縣只有八十人，其中一人是子女錦錦，雜劇丈夫兩人，醫眼大原本作太，應作大，因改正。秦僧一人。

餘並是尋常百姓，並非工巧。其八千九百餘人，皆是黎、雅州百姓，半原本作丰，應作半，因改正。雜獦獠。臣德裕到鎮後，移牒索得三千三百人，兩番送到，與監軍使於龍興大慈寺點閲，並是南界蠻獠。緣朝廷寵待如舊，從此蠻心益驕。今西川節將，惟務姑息。臣等所以薄元穎之過，謂合追榮。頻承顧問，不敢不縷悉聞奏。況元穎歿後，五經大赦，下位卑官皆得追復官爵。倘聖旨以贈與爲優，望只准赦文，却還舊爵，其贈官落下。未審可否？卷十二。

（午）崔致遠桂苑筆耕集唐崔致遠撰。四部叢刊本。

賀通和南蠻表

臣某言：臣得進奏院狀報入南蠻通和使劉光裕等迴，雲南通和，兼進獻國信金銀器物疋段香藥馬等者。天威遠振，星使遄歸。化外癡内黠之徒，竭奉贄獻琛之禮。德既超於萬古，恩已洽於四夷。臣某誠欣誠抃，頓首頓首。伏以聖主卜征，既以用和爲貴，遠人從化，自知犯義不祥。是得事尚從權，德資含垢，言皆答響，禮不違經。且南蠻嘗懷異謀，久稔邊患。數年猾夏，獨虧控北之誠，列鎮徵兵，驟動征南之役。則築虚可慮，怙亂難防。今者鳳口銜書，鵁飛遠地，狼心感德，永順皇風。有以見皇帝陛下法古爲君，視人如子。以藏疾匿瑕爲妙策，以玩兵黷武爲良箴。能昭利害之鄉，不失羈縻之道。遂使要服修貢，賨旅歸仁。適當多事之秋，已見太平之兆。則彼驃信實狗封之族，尚革昏迷；賊巢迺蟻聚之羣，何難撲滅。佇聆大捷，永賀中興。必可驅堯、舜而殿禹、湯，苑五岳而池四海。盛矣美矣，念茲在茲。臣頃者禦寇交州，董戎蜀郡。先則展馬援討除之勢，後乃設隨何説諭之機。仰托皇威，粗申將略。喜當今日，免負初心。限守藩條，不獲稱慶行在。無任賀聖戀恩，欣躍屏營之至。謹奉表陳賀以聞。臣某誠抃誠躍，頓首頓首，謹言。卷一。

謝示南蠻通和事宜表

臣某言：二月二十六日，宣慰使供奉官李從孟至，伏奉敕旨：「入鶴拓使冑嗣王龜年、閤門使劉光裕等迴，得驃信表並國信，兼布燮揚奇肱與西川節度使書，皆備述情誠無不順命。其表及書白並答信物數，並令録往。此事首末，自卿良謀者。」遠降王言，深窺使節，跪閱上天之旨，坐知外域之心。寵飾踰涯，憂惶若厲。臣某誠抃誠躍，頓首頓首。臣才非間代，智不濟時。但以每鎮窮邊，粗安荒服，免使飽飛飢附，欲令前倨後恭。頃者忝守成都，冀申遠略。遂憑釋子，善諭蒙王。仰稟天威，得揚風教。永戢干戈之患，俾陳玉帛之儀。雖羣議沸騰，競衒鑠金之口，而宸衷剸斷，早推匪石之心。是以暫事西巡，或虞南叛。爰遣維城貴冑，直閤近臣。迴聖德以降尊，遠傳玄化；譯訛言而獻欵，備寫真誠。既令抱義戴仁，果見奉琛執贄。此皆陛下威德，臣何力之有焉。而迺謂臣有先見之能，知未來之事。設和蠻之良策，備幸蜀之嚴城。俯録勤勞，迥垂稱獎。睹雕題之章奏，書軌既同，息榾夏之猜嫌，梯航相接。驗南睬之贖咎，知北極之紓憂。雖云五利有餘，敢希茂賞，唯願四方無事，永賛昌期。臣限守藩備，不獲稱謝行在。無任欣躍感戴兢惕之至。謹因供奉官李從孟迴，附表陳謝以聞。臣某誠惶誠恐，頓首頓首。謹言。卷二。

賀入蠻使迴狀

右臣得進奏院狀報，入南蠻通和使劉光裕等迴，雲南通和兼進獻國信金銀器物疋段香藥信馬等。漢使傳詔，則星迴象林；蒙王奉琛，則雲集龍闕。能舉羈縻之術，果悛倔强之心。若非聖上德叶棄瑕，化敷柔遠，則何以感鏤耳鏤身之衆，啓隳肝瀝膽之誠。彼越雉呈祥，未爲盛觀，旅獒入貢，徒見良箴。曷若正在艱時，能安獷俗。使雲南酋長，再遵奉贄之儀，天下賢良，免獻征蠻之策。斯皆相公魏絳陳利，王商振威。已令六詔歸投，即使八紘清謐。某比者南尋銅柱，西鎮劒關。曾施上將之謀，免辱大君之命。今則遠聆盛事，倍切歡心。陳賀末由，無任欣抃。云云。卷六。

西川羅城圖記

西川羅城四仞高，三尋闊，周三十三里。乃今淮海太尉燕公所築也。粤若梁州別壤，蜀國雄都。内跨犍、牂，外聯蠻蜑，左臨百濮，右挾六戎。咽喉之控引實繁，脣齒之輔依難保。自昔鼈靈流異，龜跡標奇。藩籬始建其一城，扃鐍猶虧於四郭。莒子則既忘重閉，衛人則唯慮徒居。蠢彼狗封，恣其狼戾。每至草乾爇道，浪縮瀘河。則必推紒横侵，撥羣驅隊，編甿懾竄，巷哭街號。戎兵以拔斾爲中權，府尹以閉關爲上策。稔成氛祲，積有歲時。洎乾符初偶絶羈縻，大興叛换。白虎之狂災漸盛，黄龍之舊約難尋。兵力莫申，帝心有寄。以公慶傳渭夢，業練圯書。交趾銘勳，則永威八詔，鄆城報政，則不待三年。屬蠻寇加嚚，王師告老。遂飛急詔，請救倒懸。由是自東徂西，以晝繼夜。走單車於外境，豈煩襲遂獻書，受戎輅於中塗，奚掩晉侯稱伯。公鄆行次咸陽，除授西川節制。遥銜睿略，倏達成都。于時驃信屯兵，逼郊隊而纔踰一舍，黔黎失業，焚里閭而何啻萬家。彼則舉國而濟師，此則闔城而受弊。外熾崑岡之焰，嘆洒無能，内枯疏勒之源，指梅何益。莫非枕倚墻壁，誰堪擐執甲兵。公至止之日，豁啓城扉。若開籠檻，威振而寧勞利器；邪膽皆摧，化行而如嗅新香。驚魂盡返，蠻王以據耳飽聆其異略，鏤膚畏挂於嚴誅。惆然觀電懼雷，欻爾烏飛魚散。公尋令選鋭，暫使追逃。乘其垂翅之時，展我燎毛之勢。數俘莫記，執馘居多。爾後因閲地圖，得搜天險。是猿狖養高之窟，爲豺狼伺隙之蹊。乃令一刱雄關，一標巨防。修邛崍關，置平夷鎮。蠻賊要路，固守無虞。危堞則憑巒助峻，長溝則導澗資深。宛成善閉之機，實扼間行之徑。丸泥可固，斷知無得而踰，爟火罷驚，坐見不争而勝。仍尋水道，別建河營。大渡河側置防河營。遠方猾夏之徒，難謀航葦；均發戍申之卒，免詠流薪。疆陲永保於覆盂，廛閈唯矜於列鼎。卿雲邦彦，閑吟搜吐鳳之詞，卓鄭鄉豪，静坐貯蹲鴟之利。公以寢處戎閫，夢想扁舟。將申遠慮於無窮，豈立空言爲不朽。乃曰彼蠻之習也，外癡内黠，朝四暮三。雖莊叔此時，功已成於長狄，而季孫他日，憂必在於顓臾。詎可虚號錦城，尚無羅郭，守民之制，非我而誰。啓抱而神欽至誠，飛章而帝允丹請。時有賓脅進難，將校獻疑。皆云公孫述躍馬雄臨，非無意也。諸葛亮卧龍崛起，亦有志焉。但以曩築子城，猶資客土，九年方就，百代所難。蜀□無土，昔張儀築子城，輂土於學射山，日役往返，九載後始成。況今將興廓落之基，恐致遷延之誚。公曰術□先定，事當速成。必能終簡天心，豈謂虚穿地脈。於是郡侯奔告，邑尹樂從。乃使揣高卑，議遠邇，慮材用，量事期。採時候於魯書，佚規模於周令。引長江而㓨長塹，夏禹慙能。對高巘而劃高墉，秦皇失色。矧乃命五丁而嘯侶，運六甲以驅種。天吴則滲水於寒泉，地媪則變沙爲美土。蜀地穿未盈尺，泉湧漲起，至是土出沙中，城缺如舊。實謂百靈幽賛，萬姓悦隨。鍤聚雲鋒，杵騰雷響。不見烈風凌雨，又令簞飽觴酣。登登而只競歡呼，屹屹而便如湧出。百堵皆作，三旬而成。然後郢匠勞功，素材變質，優人展妙，頳壤凝華。攢空而烽櫓高排，架險而闉闍聳起。横分八尺，結雕甍而彩鳳聯飛；檻徹四隅，擁繡堞而晴虹直挂。罩一川之佳景，籠萬户之歡聲。遠而望焉，則巍巍峩峩，若雲中之疊嶂，錦霞縠霧隱映乎其上。迫而察也，則赫赫燁燁，想海畔之仙山，金臺銀闕，焜燿乎其間。始自庀徒，終於解役。不假朽緡於官税，無資剖粒於軍租。築板所費錢一百五十六貫，米一十九萬石，皆由智計，不破上供。皆聚羡財，儼成壯觀。遂使蠻酋褫魄，賓旅歸心。不敢言摩壘而旋，無因致入郭之役。爰徵繪事，仰貢九重。旋降綸言，過褒一字。宣睿旨於翰林才子，綴妍辭於黄絹外孫。築城碑今租庸王相公承旨撰詞。公雖迎金鳳銜書，未議石龜戴版。蓋乃謙冲自牧，恥其功伐。驟稱及蒼鳥高飛，翠華遠狩。儼仙遊於玉壘，安聖慮於金墉。故得親覽宏規，益欽忠節。特傳瑶檢，徵進碑詞。遂命雕鐫，永揚威烈。實萬古未聆之事，乃四方無比之榮。美矣哉！龍以雲興，魚因水樂。誰不仰公智周物表，事照機先。凡施權謀，若合符契。則昔全蜀未城也，天留盛績，日待英才。所謂有非常之人，然後有非常之事，有非常之事，然後有非常之功。是以非常者固非常人之所覬也。致遠雖丘堂覩奥，師冕何知。而秦國歛賢，由余不棄。謹成實録，敢記殊庸。所冀四海梯航，閲雄圖而稽顙，九州旄鉞，望法駕而安心。中和三年龍集癸卯八月二十五日記。卷十六。

補安南録異圖記

交趾四封，圖經詳矣。然而管多生獠，境邇諸蕃，略採俚譚，用標方誌。安南之爲府也，巡屬一十二郡，峯、驩、演、愛、陸、長、郡、諒、武定、武安、蘇茂、虞林。羈縻五十八州。府城東至南溟四百餘里，有山横亙千里而遥。邃穴深巖，爲獠窟宅。蠻蜑之衆六種星居。鄰諸蕃二十一區，管生獠二十一輩。水之西南，則通闍婆、大食之國；陸之西北，則接女國、烏蠻之路。曾無亭堠，莫審塗程。跂履者計日指期，沉浮者佔風定信。二十一國雞犬傳聲，服食所宜，大較相類。管内生獠，多號山蹄。或被髮鏤身，或穿胸鑿齒。詭音嘲哳，姦態睢盱。其中尤異者臥使頭飛，飲於鼻受。豹皮裹體，龜殼蔽形。擣木絮而爲裘，獠子多衣木皮，熟擣有如纖纊。編竹苫而作翅。生養則夫妻代患，長成則父子争雄。縱時有傳譯可通，亦俗無桑蠶之業。唯織雜彩挾布，多披短襟交衫。或有不縫而衣，不粒而食。死喪無服，嫁娵不媒。戰有排刀，病無藥餌。固恃險阻，各稱酋豪。遠自漢朝，迄于隋季。荐興邊患，頗役遐征。馬將軍標柱歸時，寸分地界；史總管倒碑過後，略静海隅。洎咸通初驃信挻災，元戎喪律。鴟嘯於跕鳶之地，豕豗於東馬之塗。摧兇欲快於搚喉，拯溺唯思於援手。先帝以今淮海太尉燕公宣威大漠，政洽上都。時公防禦秦城，剗平醜虜，才歸輦下，出鎮安南。乃請出鎮龍編，立身豹略。剗雕題而卯碎，活黔首以肌豐。復壁壘於一麾，拔封疆於萬里。有蠹皆削，無冤不伸。朱道古稔姦於外，杜存凌恣虐於内，皆爲安南巨患。公乃誅滅無遺。故褚令公遂良竄歿日南，子孫雕零，公時表洗雪。然後使電母雷公，鑿外域朝天之路；山靈水若，偃大洋沃日之波。安南經峕口天威神功所開，播在遠邇。遂得絶蠻諜之北窺，紓漢軍之南戍。乃鳳傳徵詔，鷁泛歸程。至於洞獠海蠻，莫不醉恩飽義，遠投聖闕，請建生祠。則知善政所行，殊方可誘。既見馬如羊而不敢，縱令蟻如象而何虞。足以驗四夷之時或不賓，九牧之任不得所也。有柔遠軍從事吴降嘗集是圖，名曰録異。叙云，久觀遐蕃，目擊殊形，手題本事。然則信以傳信，斯焉取斯。□閲前詞，退而嘆曰，愚之所以爲異者，其諸異乎人之所異。曰，六合之内，何物則棄。至如鼠肉萬斤，蝦鬚一丈。既知南北所産，永釋古今之疑。則彼獸性羣分，鳥聲類聚，誠不足異也。頃太尉燕公受三顧恩，用六奇計，使獷悍歸服，邊陲晏然。今聖上省方，蒙王獻欵。不敢弄吠堯之口，永能除猾夏之心。皆由燕公收交州，鎮蜀郡，威振於犇魑走魅，功成於金壘湯池。所謂藴先見之能，察未來之事。呼吸而陰陽不測，指蹤而神鬼交馳。實爲天工，人其代之。斯實可爲異矣。聊補所闕，敢貽將來。時翠華幸蜀之三載也。卷十六。

（乙）大和三年之役有關詩文

（子）雍陶　哀蜀人爲南蠻俘虜五章

但見城池還漢將，豈知佳麗屬蠻兵。錦江南度遥聞哭，盡是離家别國聲。初出成都聞哭聲。

大渡河邊蠻亦愁，漢人將渡盡回頭。此中剩寄思鄉淚，南去應無水北流。過大渡河，蠻使許之泣望鄉國。

欲出鄉關行步遲，此生無復卻回時。千冤萬恨何人見，唯有空山鳥獸知。出青溪關有遲留之意。

越巂城南無漢漢字，紀事誤作難。地，傷心從此便爲蠻。冤聲一慟悲風起，雲暗青天日下山。别巂州，一時慟哭，雲日爲之變色。

雲南路出陷河西，毒草長青瘴色低。漸近蠻城誰敢哭，一時收淚羡猨啼。入蠻界不許有悲泣之聲。全唐詩第三函第三册，唐詩紀事卷五十六。

（丑）雍陶　答蜀中經蠻後友人馬艾見寄

茜一作酋馬渡瀘水，北來如鳥輕。幾年朝鳳闕，一日破龜城。此地有征戰，誰家無死生。人悲還舊里，鳥喜下空營。弟姪意初定，交朋心尚驚。自從經難後，吟苦似猨聲。全唐詩第三函第三册。

（寅）徐凝　蠻入西川後

守隘一夫何處在？長橋萬里只堪傷。紛紛塞外烏蠻賊，驅盡江頭濯錦娘。（全唐詩第三函第二册。）

（卯）封敕　與南詔清平官書

敕段琮傍、段酋琮、獨揀、楊遷、趙文奇、蒙善政、李守約等：各蘊器能，夙懷忠義，宣功爾室，贊理本邦。禮樂具修，車書必會。勵輸忠之節操，披嚮化之誠明。亟涉道途，遠遵職貢。威儀就列，同慶於三朝；筐篚充庭，有勳於萬里。道光殊俗，禮慕華風。克成君長之賢，深見佐臣之美。勞忠可尚，鑒寐寧忘。勉守令圖，用慰遐矚！得前巂州録事參軍陳元舉男播狀稱：父及弟未等二十七人，自大和三年没落在彼，未蒙追索。詳其語旨，切在感傷。朕思骨肉之情，人倫所極。家鄉一異，音耗兩忘，生死莫知，幽明同怨。爲人君長，深用軫憂。今與豐祐書中，具言其事。卿等職當毗贊，義重君臣。執之何補於良圖，歸之尤重於交好。想同參議，用解幽冤。今賜卿少信物，具如前數。（文苑英華卷四百七十。）

（丙）輯佚

（子）雲南行記

瞿笮館磴崎危。又過重高山，上下各十四五里。山頂平，四望無人煙。多鸚鵡。御覽九二四鸚鵡引。

新安城路多縵山盡是松林。其上多鸚鵡飛鳴。仝上引。

（丑）雲南記

雅州榮經縣土田歲輸稻米畝五㪷，其穀精好，每一㪷穀近得米一㪷。炊之甚香滑，微似糯味。御覽八三九稻引。

名山縣出茶。有山曰蒙山，聯延數十里，在縣西南。按拾道志、尚書所謂蔡蒙旅平者蒙山也。在雅州。凡蜀茶盡出此。御覽八六七茗引。

韋齊休使雲南屯城驛，西墻外有大池斗門垂柳夾蔭。池中鵝鴨甚衆。御覽九一九鵝引。

率案率是韋字之誤。齊休使至雲南，其國饋白鷳皆生致之。御覽九二四白鷳引。

雅州丙穴出嘉魚，所謂嘉魚生於丙穴。大抵雅州諸水多有嘉魚，似鯉而鱗細。或云黃河中味魚此類也。御覽九三七嘉魚引。

新安蠻婦人於耳上懸金環子，聯貫瑟瑟，帖於鬢側。又繞腰以螺蛤聯穿繫之，謂爲珂珮。御覽九四二蛤引。

雲南有大松子如新羅松子。御覽九五三松引。

會川室屋相次，皆是板及茅舍。滿川陂盡是花木。亦有赤柘。御覽九五八柘引。

雲南有實心竹，文采班駮殊好，可爲器物。其土以爲槍斡交牀。御覽六六二槍引。

雲南出甘橘、甘蔗、橙、柚、梨、蒲桃、桃、李、梅、杏、糖酪之類悉有。御覽九六六橘引。

雲南有大腹檳榔，在枝朵上色猶青，每一朵有三二百顆。又有剖之爲四片者，以竹串穿之，陰乾則可久停。其青者亦剖之，以一片青葉及蛤粉卷和，嚼嚥其汁，即似減澁味。雲南每食訖則下之。御覽九七一檳榔引。

雲南多生大腹檳榔。色青猶在枝朵上，每朵數百顆。云是彌臣國來。仝上引。

雲南有檳榔，花糝極美。仝上引。

牟琴州有檳榔，五月熟。似海螺殼。燒作灰，名爲奔蛤灰，共扶留藤葉和而嚼之，香美。仝上引。

雲南多乾蒲桃。御覽九七二蒲桃引。

南詔遣使致南國諸果。有椰子如大牛心，破一重麄皮，刮盡又有一重硬殼。有小孔，以筯穿之，內有漿二合餘，味甘色白。御覽九七二椰子引。

雲南多椰子。亦以蜜漬之爲糝。仝上引。

瀘水南岸有餘甘子樹，子如彈丸許，色微黄，味酸苦，核有五稜。其樹枝如柘枝，葉如小夜合葉。御覽九七三餘甘引。

唐韋齊休聘雲南，會川都督劉寬使使致甘蔗。蔗節希似竹許，削去後亦有甜味。御覽九七四甘庶引。

巂州界緣山野間有菜，大葉而麤莖，其根若大蘿蔔。土人蒸煮其根葉而食之，可以療飢。名之爲諸葛菜，云武侯南征用此菜子蒔於山中，以濟軍食。亦猶廣都縣山櫪林謂之諸葛木也。御覽九八〇蘆菔引。

雲南記曰，雲南出藤，其色如朱。小者以爲馬策，大者可爲柱杖。御覽九九五藤引。

（丁）碑刻

（子）唐王仁求碑

唐朝故使持節河東州輔軍事河東州刺史上護軍王府君碑銘並序　成都閭丘均文　長子雲麾將軍行

左鷹揚衛翊府中郎將一行使持節河東州諸軍事兼河東州刺史上輕車都尉新昌縣開國子公士王善寶

自書二行

夫神有所服謂之威，名有所宗謂之德。威非大者則不能以率服，德非厚者則不能以獨宗。是故靈鳳□絕於雲氣，則從衆鳥，猛虎眈三行踞於山林，震□百獸。豈其締飾毛羽以求嘉類之殊，磨利爪牙以取雄羣之勢。蓋云材力所素出，□象所自全，固其然也。抑聞赭汗明四行珠，多從於西域，異物奇玩，必致於南州。期於服用法駕充光內府。十金是資，萬乘爲器者，何必顧池隍而□□，黜幽荒而靡録哉。君諱五行仁求，安寧郡人也。其胄出於太原，因遷播而在焉，十有餘世。氏族之系，肇命王子，若顯之美，稱高汾晉。□品節義氣，相纘於家風，六行述代經時，□歷書於史筆。故知今古□□其詳。昔有夏之衰，弃稷不務，至乎不窋，用失其官。自竄於戎狄之間，莫思於先君之業。守以敦七行篤，奉以忠信。弈世載德，不忝前人。擬之其倫，庶以匹合。□然有矚，所居必□。而太伯逃吴，文身之風既習，少卿降虜，毳幙之化無違。夫八行豈厭所典□□□朴□。事有與適，安土恆尚其宜，時□可從，□禮必同其欲。祖　漏，隨别駕。幹具英爽，風□軒邁。鷹揚推於顯化，驥九行足整於長途。　轉隨大都督，身□律度，材□梓漆。劉□望賢於十部，陶侃榮重於八州。君遇行運之秀，德膺鬼神之靈。會道與其十行□通□乃聰。明卍在懷，環實□身。謂海蓋廣，土量□澹而□深，謂山蓋高，□容隆遐而難迎。智則有達，明則能通。推可而斯行，擇善而十一行□動。不事於所欲，不爲於所求。和□所以久持，貞果所以立□。□□多其信行，州里高其義聲。大略觀書，知風聽樂。擊劍盡騰援之術，十二行持弓過飲羽之妙。可以往復爾事，匡飾有邦。故王制輔成，以備貢賦。至於五千里州十二師。外薄四海，咸建五長。君有運理羣物之才，十三行懷□保邊裔之略。無待累次，直綜藩條。出身使持節河東州諸軍事、河東州刺史、加上護軍。由乎大翼負風，凌𠀑峚以絶奮，巨鱗激水十四行期孟諸而一宀。若能訓以生聚之方，開其資財之道。顓川澤之利，□山林之饒。內足以養老盡孝，外足以事上供稅。力役齊平，教化清十五行靜。通其變使人不倦，愛其費使人以時。賞及馬牛，恩肥土域。庶心咸服，異俗鄉歸。□未能大革情性，均之雅俗，然其一變風聲，稱爲賢十六行吏矣。壐□將求寵於大圀，以和其民人。招慰奏置姚府已西廿餘州，俾睦□德。自前漢六代，外事四夷。開夜郎之道，綏哀牢之圀。□十七行屬分置，聲化率流。既處於僻界荒垂，不能爲中圀輕重。時復廢棄，但云羈縻。君以峚形平衍，生殖豐阜。□延企而慕思，宜郡縣以從事。在十八行乎唐運，實効其勤。孰與使者唐蒙疆略南峚，轉粟深於驚恐，發卒至於殘傷，可同𡆠論哉。然貪戾君長，負遠放命，災我城邑，延□平人。十九行陽瓜州刺史蒙儉實治其亂。咸亨之歲，犬羊大擾，梟將失律，元兇莫懲。君武則虓闞，義以憤惋。擐犀衣以奮擊，驅虎旅而先□。□□猖二十行狂之種，殲厥逋誅之師。遐垠是賴，到於今而克寧。勳在王室，藏於盟府。則侯子綺吾破虜截級。中囯蒙其惠，帝主□其身。□何□山嚴廿一行□所謂□密無形，爲計□主，堅强不變，爲囯家□者已。嗚呼！丹日故矣，誰留於變化？梁其壞乎，已非於疇昔。聖賢皆死，天道謂□。□咸廿二行亨五年八㊊十五㊐寢疾而終，春秋卌四。長子雲麾將軍、行左鷹揚衛翊府中郎將、使持節河東州諸軍事、河東州刺史、上輕車都尉、廿三行新昌縣開囯子、公士善寶。炳靈滇水，降神禺山。端儼有望，簡貴不雜。音儀朗乎秋月，詞令潤乎春雲。如蘭之精，猶金之利。能□能惠，不廿四行忌不尅。誠立無易於暗昏，言出必應於遠邇。故能保世滋大，昭前之光。嗚將驚人，飛而食肉。張博望收虜於屬囯，魏獻子受□□和戎。廿五行功熙亮采，職庀中外。雖則符守方鎮，恆以宿衛京都。至於朝廷班爵之儀，彝倫上下之序，樂懸禮物之數，軍麾囯憲之容，莫不□懷貿廿六行襟，流入骨髓。乃感念追遠，永言孝思。汚隆適從，無所失道。則時兼有執，而能修張於神明之器，附於絞衾之物。崇其封塋，設□□表。鬱廿七行鬱潤澤，白虎之候可占，洪洪博平，雄龍之象終吉。故其土性惇質，有如上代安錯，儀軌弗踐，終經聞斯行諸。宜我告始，則知□□合葬，廿八行自周公而乃來，古不高墳，傳孔丘而共立。固非率而作者，聊使於事業，迹而用者，遂成於典謨。夫身已没而名不盡，世彌久而功愈劭。廿九行凡百□哲，託夫鐫紀。一稱至行，二美具存。愛之斯録之矣。敬之斯盡其道焉。銘曰：卅行先王疆理，其義賓睦。小囯附庸，罔弗祇服。壁人在位，羣生蒙福。實育□賢，爲之司牧。翼翼夫子，守終純□。振鱗洪波，驤首天路。開置郡卅一行道，名攜款慕。平此凶驕，掃茲氛露。高烈時暢，懋賞惟嘉。敦愛種落，輔助邦家。嘗聞仁善，享壽宜遐。柰□不續，黃鳥嗟嗟。先以遠𡆠，安其卅二行宅兆。墓門將閇，陰堂不曉。□□隴烟，哀棲山草。行人墮淚，空見銘表。卅三行

𨲢歷元𠦚出𠥱拾柒𡆠葬其𠦚拾𠥱拾𡆠立卅四行

（丑）南詔德化碑

〔恭聞清濁初分，運陰陽而生萬物。川嶽既列，樹元首而定八方。道治則中外寧，政乖必風雅變。我贊普鍾蒙國大詔，性業合道，智覩未萌。隨世運機，觀宜撫衆。退不負德，進不慙容者也。王姓蒙，字閣羅鳳，大唐特進雲南王越國公開府儀同三司之長子也。應靈傑秀，含章挺生。日角標奇，龍文表貴。始乎王在儲府，道隆三善，位即重離。不讀非聖之書，嘗學字人之術。撫軍屢聞成績，監國每著家聲。唐朝授右領軍衛大將軍兼陽瓜州刺史。洎先詔與御史嚴正誨謀静邊寇。先王統軍打石橋城，差詔與嚴正誨攻石和子。父子分師，兩殄兇醜。加左領軍衛大將軍。無何又與中使王承訓同破劍川。忠績載揚，賞延于嗣，遷左金吾衛大將軍。而官以材遷，功由幹立。朝廷照鑒，委任兵權。

尋拜特進都知兵馬大將。二河既宅，五詔已平。南國止戈，北朝分政。而越析詔餘孽于贈恃鐸稍，騙瀘江。結彼兇渠，擾我邊鄙。飛書遣將，皆輒拒違。詔弱冠之年，已負英斷，恨茲殘醜，敢逆大隊。因請自征，志在掃平。梟于贈之頭，傾伏藏之穴。鐸稍盡獲，寶物並歸。解君父之憂，靜邊隅之祲。制使奏聞，酬上柱國。天寶七載，先王即世，皇上念功旌孝，悼往撫存。遣中使黎敬義持節册襲雲南王。長男鳳伽異時年十歲，以天寶入朝，授鴻臚少卿，因册襲次，又加授上卿，兼陽瓜州刺史、都知兵馬大將。既御厚眷，思竭忠誠。子弟朝不絶書，進獻府無餘月。將謂君臣一德，内外無欺。豈期奸佞亂常，撫虐生變。初，節度章仇兼瓊不量成敗，妄奏是非。遣越巂都督竹靈倩置府通爨，通路安南。賦重役繁，政苛人弊。被南寧州都督爨歸王、昆州刺史爨日進、梨州刺史爨祺、求州爨守懿、螺山大鬼主爨彦昌、南寧州大鬼主爨崇道等陷煞竹倩，兼破安寧。天恩降中使孫希莊、御史韓洽、都督李宓等，委先詔招討，諸爨畏威懷德，再置安寧。其李宓忘國家大計，躡章仇詭蹤，務求進官榮。宓阻扇東爨，遂激崇道，令煞歸王。議者紛紜，人各有志。王務遏亂萌，思紹先纘。乃命大軍將段忠國等與中使黎敬義、都督李宓，又赴安寧，再和諸爨。而李宓矯僞居心，尚行反間。更令崇道謀煞日進，東爨諸酋，並皆驚恐。曰，歸王，崇道叔也；日進，弟也，信彼讒構，煞戮至親。骨肉既自相屠，天地之〔所不〕祐。乃各興師召我同討。李宓外形中正，佯假我郡兵，内藴奸欺，妄陳我違背。賴節度郭虚已仁鑒，方表我無辜。李宓尋被貶流，崇道因而亡潰。又越嶲都督張虔陀嘗任雲南別駕，以其舊職風宜，表〕奏請爲〔都督。而反誑惑中禁，職起亂階。吐蕃是漢積讎，遂與陰謀，擬共滅我。一也。誠節王之庶弟，以其不忠不孝，貶在長沙。而彼奏歸，擬令向我。二也。崇道蔑盟構逆，罪〕合誅夷，而却收録與〔宿，欲令讎我。三也。應與我惡者，竝授官〕榮。與我好者，咸遭抑屈，務在我下。四也。築城收質，繕甲練兵，密欲襲我。五也。重科白直，倍税軍糧，徵求無度，務欲蔽我。六也。於時馳表上陳，屢申寃枉，望上照察。降中〕使賈奇俊詳覆。屬豎〔臣無政，事以賄成。一信虔陀，共掩〕天聽，〔惡奏我將叛。王乃仰天嘆〕曰：嗟〔我無事，上蒼可鑒。九重天子，難承咫尺之顔。萬里忠臣，豈受奸邪之害。即差軍將楊羅顛等〕連表控告。豈謂天高聽遠，〔蠅點成瑕，雖布腹心，不蒙矜察。〕管内酋渠〔等皆曰，主〕辱〔臣死，我實當之。自可齊〕心〔戮力，致命全人。安得知難不防，坐招傾敗。於此差大軍將王毗雙羅時〕牟苴等揚兵送檄，問〔罪府〕城。自〔秋畢冬，故延時序，尚佇王命，冀雪事由。〕豈意〔節度使〕鮮〔于仲通己統大軍，取南谿路下；大軍將李暉從會同路進；安南都督王知進自步頭路入。既數道合勢，不可守株。乃宣號令，誡師徒，四面攻圍，三軍〕齊奮。〔先靈冥祐，神炬助威。天人協心，軍羣全拔。虔陀飲酖，寮庶出走。王以爲惡止虔陀，罪〕豈〔加衆，舉城移置，猶爲後圖。即便就安寧再申衷懇。城使王克昭執惑昧權，繼違拒請。遣大軍將李克鐸等帥師伐之。我直彼曲，城破將亡。而仲通大軍已至曲〔靖。又差首〔領楊子芬與雲南録〕事參軍〔姜如之齎狀披雪。往因張卿讒構，遂令蕃、漢生猜。贊普今見觀釁浪穹。或以衆相威，或以利相導。倘若蚌鷸交守，恐爲漁父所擒。伏乞居存見亡，在得思失。二城復置，幸容自新。仲通殊不招〕承，勁至〔江口。我又切陳丹欵，至於再三。仲通拂諫，棄親阻兵，安忍吐發，唯言屠戮。行使皆被詆呵。仍前差將軍王天運帥領驍雄，自點蒼山西，欲腹背交襲。於是具牲牢，設壇墠，叩首流血曰：我自古及今，爲漢不侵不叛之臣。今節度背好貪功，欲致無上無君之討。敢昭告於皇天后土。史祝盡詞，東北稽首。舉國痛切，山川黯然。至誠感神，風雨震霈。遂宣言曰：彼若納我，猶吾君也。今不我納，即吾讐也。斷軍之機，疑事之賊。乃召卒伍，撊然登陴。謂左右曰：夫至忠不可以無主，至孝不可以無家。即差首領楊利等於浪穹參吐蕃御史論若贊。御史通變察情，分師入救。時中丞大軍出陳江口。王審孤虛，觀向背，縱兵親擊，大敗彼師。因命長男鳳伽異、大軍將段全葛等，於邱遷和拒山後贊軍。王天運懸首轅門，中丞逃師夜遁。軍吏欲追之。詔曰：止。君子不欲多上人，況敢凌天子乎。既而合謀曰：小能勝大禍之胎，親仁善鄰國之寶。遂遣男鐸傳、舊大酋趙佺鄧、楊傳磨侔及子弟六十人，齎重帛珍寶等物，西朝獻凱。屬贊普仁明，重酬我勳効。遂命宰相倚祥葉樂持金冠、錦袍、金寶帶、金帳、牀安扛傘鞍銀獸及器皿珂貝珠毯衣服駝馬牛鞍等，賜爲兄弟之國。天寶十一載正月一日，於鄧川册詔爲贊普鍾南國大詔。授長男鳳迦異大瑟瑟告身、都知兵馬大將。凡在官寮，寵幸咸被。山河約誓，永固維城。改年爲贊普鍾元年。二年，漢帝又命漢中郡太守司空襲禮、内使賈奇俊帥師再置姚府，以將軍賈瓘爲都督。僉曰漢不務德而以力争，若不速除，恐爲後患。遂差軍將王兵各絶其糧道。又差大軍將洪光乘等神州都知兵馬使論綺里徐同圍府城，信宿未逾，破如拉朽。賈瓘面縛，士卒全軀。三年，漢又命前雲南郡都督兼侍御史李宓、廣府節度何履光、中使薩道懸遜，總秦、隴英豪，兼安南子弟，頓營壠坪，廣布軍威。乃舟楫備修，擬水陸俱進。遂令軍將王樂寛等潛軍襲造船之師，伏屍遍毗舍之野。李宓猶不量力，進逼遝川。時神州都知兵馬使論綺里徐來救，已至巴蹻山。我命大軍將段附克等内外相應，競角競衝。彼弓不暇張，刃不及發。白日晦景，紅塵翳天。流血成川，積屍壅水。三軍潰衂，元帥沉江。詔曰：生雖禍之始，死乃怨之終。豈顧前非而亡大禮。遂收亡將等屍，祭而葬之，以存恩舊。五年，范陽節度安禄山竊據河、洛，開元帝出居江、劍。贊普〕差御史〔贊郎羅于恙結齎敕書曰，樹德務滋長，去惡務除本。越巂、會同謀多在我，圖之此爲美也。詔恭承上命，即遣大軍將洪光乘、杜羅盛、段附克、趙附于望、羅遷、王遷、羅奉、清平官趙佺鄧等，統細于藩，從昆明路，及宰相倚〕祥葉樂、節度尚〔檢贊同伐越巂。詔親帥太子藩圍逼會同。越巂固拒被僇，會同請降無害。子女玉帛，百里塞途，牛羊積儲，一月館穀。六年，漢復置越巂，以楊廷璡爲都督，兼固臺登。贊普使來曰：漢今更置越嶲，作爰〕昆明。若不〔再除，恐成滋蔓。既舉奉明旨，乃遣長男鳳伽異駐軍瀘水，權事制宜。令大軍將楊傳磨侔等與軍將欺急歷如，數道齊入。越嶲再掃，臺登滌除。都督見擒，兵士盡擄。於是揚兵邛部，而漢將大奔，〕迴旆昆明，〔傾城稽顙。可謂紹家繼業，世不乏賢。昔十萬橫行，七擒縱略，未足多也。爰有尋傳，疇壤沃饒，人物殷湊。南通北海，西近大秦。開闢以來，聲教所不及，羲皇之後，兵甲所不加。詔欲革之以衣冠，化之以義禮。十一年冬，親〕與寮佐，〔兼總師徒，刊木通道，造舟爲梁。耀以威武，喻以文辭。欵降者撫慰安居，抵捍者繫頸盈貫。矜愚解縛，擇勝置城。裸形不討自來，祁鮮望風而〕至。且安寧雄鎮，諸〔爨要衝。山對碧雞，波環碣石。鹽池〕鞅掌，利及牂、歡，〔城邑綿延，勢連〕戎、僰。乃置城監，〔用輯攜離。遠近因依，閭閻櫛比。十二年冬，詔俟隙省方，觀俗卹隱。次昆川，審形勢。言山河可以作藩屏，川陸可以養人民。十四〕年春，命長男鳳伽異於昆川〔置柘〕東〔城，居二詔佐鎮〕撫。於是威懾步頭，〔恩收曲靖。頒〕告所及，翕然俯從。我　王氣受中和，德含覆育。才出人右，辨〔稱〕世雄。高視〔則卓爾萬〕尋，運籌則決勝千里。〔觀釁而動，〕因利興功。事協神衷，有如天啓。〔故能拔城挫敵，取勝如神。以危易安，轉禍爲福。紹開祖業，弘覃王獻。坐南面以稱孤，統東偏而作主。然後修文〕習武，官設百司，列尊叙卑，位分九等。闡〔三〕教，賓四門。陰〔陽序〕而日月不僭，賞罰明而奸邪屏跡。通三才而制禮，用六府〔以經邦。信及豚魚，恩霑草木。〕巵塞流潦，高原爲稻黍之田；疏決陂池，下隰樹園林之業。易貧成富，徙有之無，家饒五畝之〕桑，國貯九年之廩。蕩濊之恩，屢沾蠢〔動，珍〕帛之惠，徧及耆年。設險防非，憑隘起堅城之固；靈津蠲疾，重巖湧湯沐之泉。〔越賧〕天馬〔生郊，大利流波濯錦。西開尋傳，〕禄〔郫出麗水之金；北接陽〕山，會川〔收瑟瑟之寶。南荒溱湊，覆詔願爲外臣，〕東爨悉歸，〔步頭〕已成内境。建都鎮塞，銀生於〔墨〕觜之鄉；候隙省方，駕憇於洞庭之野。蓋由人傑地靈，物華氣秀者也。於是〔犀象〕珍〔奇，〕貢獻畢至，東西南北，烟塵不飛。遐邇無剽掠之虞，黔首有鼓擊之泰。乃能驤首邛南，平眸海表。豈惟〕我鍾王之自致，實賴我　神聖天地贊普德被無垠，威〔加〕有截。春〔雲布而萬物〕普潤，霜風下而四海颯秋。故〔能〕取亂〔攻昧，定京邑〕以息〔民，兼弱侮亡，冊漢帝而繼好。〕時清平官段忠國、〔段尋銓等咸曰：有國而致理，君主之美也。〕有美而無揚，臣子之過也。夫德以立功，功以建業，業成不紀，後嗣何觀。可以刊石勒碑，志功頌德，用傳不朽，俾達將來。盛家世漢臣，八王稱乎晉業，鍾銘〔代〕襲，〔百世〕定於〔當朝。生遇〕不天，再罹衰敗。賴先君之遺德，沐求舊之〔鴻恩。〕改〔委清平，用兼耳目。心〕懷吉甫，愧無贊於周詩，志效奚斯，願齊聲□魯頌。紀功述績，寔曰鴻徽。自〔顧〕下才，敢題風烈。其詞曰：

〔降祉自天，福流後孕。瑞應〕匪虛，禎祥必信。聖主〔分憂，遐〕夷聲振。襲久〔傳〕封，〔受符〕兼印。兼瓊秉節，貪榮構亂。開路安南，攻殘東爨。〔竹〕倩見屠，〔官〕師〔潰散。〕賴我先王，懷柔伏判。祚不乏賢，先猷是繼。〔郡守詭隨，貶身遐裔。禍連虔陀，〕亂深豎嬖。殃咎匪他，塗豕自殪。仲通制節，不詢長久。徵兵海隅，頓營江口。〔矢〕心不納，白刃相守。謀用不臧，逃師夜走。漢不務德，而以力爭。興師命將，置府層城。〔三軍往討，一舉而平。面縛羣吏，〕馳獻天庭。李宓總戎，猶尋覆轍。水戰陸攻，援孤糧絶。勢屈謀窮，軍殘身滅。祭而葬之，情縣故設。贊普仁明，審知機變。漢德方衰，邊城絶援。揮我兵戎，攻彼郡縣。〔越巂有征，會同無戰。雄雄嫡嗣，高名〕英烈。惟孝惟忠，乃明〔乃哲。〕性惟温良，才稱人傑。卭、瀘一掃，軍郡雙滅。觀兵尋傳，舉國來賓。〔巡幸東爨，〕懷德歸仁。碧海效祉，金穴薦珍。人無常主，惟賢是親。〔土宇克開，烟塵載寢。轂擊犂坑，輯熙羣品。〕出入連城，光揚衣錦。業留萬代之基，倉貯九年之廩。明明贊普，揚干之光。赫赫我王，實賴之〔昌。化及有土，〕業著無疆。河帶山礪，地久天長。辨稱世雄，才出人〔右。信及豚魚，潤深瓊玖。德以建功，是謂不朽。石以刊銘，可長可久。〕

碑陰

（上闕）帶段忠國　清平官大軍將大金告身賞錦袍金帶（下闕）（上闕）虫皮衣楊傍佺
清平官小頗彌告身賞錦袍金帶（下闕）（上闕）頗彌告身賞二色綾袍金帶爨守　清
平官大金告（下闕）（上闕）李　大軍將開南城大軍將（下闕）（上闕）大大
虫皮衣趙眉丘　大軍將士曹長大頗彌　賞紫袍金（下闕）（上闕）衣揚細　大
軍將賞二色綾袍金帶王琮羅鐸　大軍　賞（下闕）（上闕）袍金帶
兼大大虫皮衣張驃　于　大軍將前户曹長拓東城大軍　賞二色綾（下闕）（上闕）
綾袍金帶王波鐸　大軍將前法曹長大頗彌告身賞二色綾袍金帶楊　賞
（下闕）（上闕）軍將小金告身賞二色綾袍金帶楊羅望　大軍將小金告身賞錦袍金
帶（下闕）（上闕）大軍將賞二色綾袍金帶尹瑳遷　大軍將小金告身賞紫袍金帶楊龍
棟（下闕）（上闕）身賞二色綾袍金帶尹附酋　大軍將賞紫袍金帶趙　大軍將
兵曹　紫袍金帶趙逸羅（下闕）（上闕）色綾袍金帶兼大大虫皮衣孟綽
望　軍將士曹長小銀告身賞紫袍金帶楊鄧佺（下闕）法曹長小頗彌告身賞　綾
袍（下闕）（上闕）大軍將小銀告身賞二色綾袍金帶楊各酋　大軍將賞二色綾袍金

帶趙龍細利　客曹　彌告身賞二　綾袍（下闕）（上闕）賞二色綾袍金帶　羅
疋　大軍將兵曹長小頗彌告身賞紫袍金帶段君利　大軍將　小銀告身賞（下
闕）（上闕）大軍將小銀告身賞二色綾袍金帶尹　大軍將小銅（下闕）綾袍金
帶周（下闕）（上闕）賞二色綾袍金帶唐酋　大軍將賞紫袍金帶喻酋□　大軍
將賞二（下闕）（上闕）倉曹長小銀告身賞二色綾袍金帶兼大大虫皮衣　盛顛　大
軍將賞紫袍金帶（下闕）（上闕）定　大總管小銀告身賞二色綾袍金帶兼大虫皮
衣　軍將　法曹（下闕）（上闕）綾袍金帶洪羅楝　大總管小銅告身賞二色
綾袍金帶　軍將兼（下闕）（上闕）色綾袍金帶段旋忙湊　軍將户曹長小
銅告身賞紫袍金帶　堅　大總管（下闕）（上闕）忙湊　軍將羣牧大使小銀
告身賞紫袍金帶揚瑳白奇　都軍謀兼知表誥小銀告身（下闕）（上闕）和　大總管
兼押衙小鍮石告身賞二色綾袍金帶石覆苴　大軍將小銀告身　段　邏
（下闕）（上闕）帶李奴鄧　客曹長賞紫袍金帶王　大軍將小頗彌告身
賞　帶　諾地（下闕）（上闕）彌告身賞紫袍金帶阿忍　大軍將賞紫袍金帶
遁　本　大　頗彌（下闕）（上闕）大軍將賞二色綾袍金帶黑觜羅　大

軍將賞紫袍金帶（下闕）（上闕）大　編賞紫袍金帶孫白伽　軍將　瑜石告身賞紫

（下闕）（上闕）軍將賞紫袍金帶兼大虫皮衣劉望　軍將賞　袍金帶（下闕）（上

闕）軍將前兵曹　官小銅告身賞紫袍金帶杜顛伽　帶（下闕）（上

闕）趙充　軍將兵曹副小銀告身賞紫袍金帶（下闕）（上闕）盛　軍將士曹副

賞紫袍金帶楊鄧四羅　袍金帶（下闕）（上闕）軍將大瑜石告身賞紫袍金帶

段　金帶　金帶（下闕）（上闕）伽瑳　軍將賞

紫袍金帶楊潯　羅（下闕）（上闕）軍將兼人佐楊邏歛　軍將賞紫（下闕）（上闕）

紫袍金帶尹求寬　金　楊　賞（下闕）

（上闕）將賞紫袍金帶張趙邏　軍將賞紫袍金帶　金帶（下闕）

（上闕）軍將賞紫袍金帶　利　軍將　紫袍金帶　小銅（下

闕）（上闕）歛　詔親大軍將大金告身賞二色綾袍金帶李外成苴　錦袍

（下闕）（上闕）軍將兼白崖城大軍將大金告身賞二色綾袍金帶李（下闕）（上闕）詔親

大軍將小銀告身賞二色綾袍金帶李些豐潯（下闕）（上闕）詔親大軍將賞二色綾袍金帶

放苴　詔親（下闕）（上闕）金告身賞錦袍金帶獨磨（下闕）

（寅）袁滋石門摩崖題名題名在今雲南鹽津縣豆沙關。全文八行，左行，袁滋題三字爲篆書，餘俱真書。

袁滋題八行

馬，開路置驛。故刊石紀之。七行

尹兼御史大夫韋皐，差巡官監察御史馬益，統行營兵六行

蒙異牟尋爲南詔。其時節度使尚書右僕射成都五行

判官監察御史崔佐時，同奉　恩命，赴雲南册四行

持節册南詔使御史中丞袁滋、副使成都少尹龐頎三行

内給事俱文珍、判官劉幽巖、小使吐突承璀二行

大唐貞元十年□□□□九月廿日，雲南宣慰使一行

三　系表

這一個附録計收(甲)各書所紀南詔世系對照表、(乙)劍南西川節度使表、(丙)静海節度使兼安南都護表、(丁)諸書所紀南詔節度對照表、(戊)蠻書新唐書所紀南詔諸驗對照表，共五種。(乙)、(丙)兩種多據吴廷燮唐方鎮年表製成，旁注每人在任年代。

(甲)各書所紀南詔世系對照表

書名 ＼ 世次人名	一世	二世
蠻書	舍龍	龍獨羅(細奴邏)
舊唐書	蒙舍龍	迦獨龐
新唐書	舍龍	獨邏(細奴邏)
資治通鑑		細奴邏
雲南志略		細奴羅
記古滇説	蒙迦獨	習農樂
滇載記		細奴羅(六二九—六七四)
南詔源流紀要	龍迦獨(舍龍)	細奴邏
南詔野史	舍龍(龍迦獨)	細奴邏(細農羅)(六四九—六七四)

書名＼人名＼世次	三世	四世	五世	六世	七世
蠻書	邏盛	盛邏皮	皮邏閣	閣羅鳳　誠節　崇　成進	鳳迦異
舊唐書	細奴邏	邏　盛	盛邏皮	皮邏閣	閣羅鳳
新唐書	邏盛炎	炎　閣　盛邏皮	皮邏閣	閣羅鳳 七四八—七七九	鳳迦異
資治通鑑	邏　盛	盛邏皮	皮邏閣	閣羅鳳 七四八—七七九	鳳迦異
雲南志略	羅　晟	晟羅皮	皮羅閣	閣羅鳳	鳳迦異
記古滇說	樂　誠	誠　樂	魁樂覺	覺羅鳳	意慕新
滇載記	羅晟 六七四—七一三	晟羅皮 七一三—七二八	皮邏閣 七二八—七四九	閣羅鳳 七四九—七七九	鳳伽異
南詔源流紀要	邏盛炎（邏　晟）	炎　閣　盛邏皮	皮邏閣	閣羅鳳	鳳伽異
南詔野史	邏盛炎（邏　晟） 六七四—七一三	盛邏皮（誠樂魁） 七一三—七二八	皮邏（羅）閣（魁樂覺） 七二八—七四八	閣羅鳳（覺樂鳳） 七四八—七七八	鳳伽異

八世	九世	十世	十一世
異牟尋	尋夢湊（閣勸）		
鳳迦異	異牟尋（八〇八） 湊羅棟	尋夢湊（閣勸） 八〇八—	龍蒙盛 （勸龍晟？） 八一六—
蒙細羅勿 異牟尋	尋閣勸 （夢湊）	勸龍晟 勸利 豐祐	
異牟尋 七七九—八〇八 湊羅棟	尋夢湊 （尋閣勸） 八〇八—八〇九	勸龍晟 八〇九—八一六 勸利 八一六—八二三 豐祐 八二三—八五九	酋龍 八五九—八七七
異牟尋	尋閣券	券龍晟 券利晟 券豐佑	世隆
新覺勸	勸龍成 勸禮成	勸豐佑	世隆
異牟尋 七七九—七九九	尋閣勸 七九九—八〇五	勸龍晟 八〇五 勸利晟 八〇六—八二四	勸豐祐 八二四—八五九
異牟尋	尋閣勸	勸龍晟 勸利 勸豐祐	酋龍
異牟尋 七七八—八〇八	尋閣勸 （尋覺勸、新覺勸） 八〇八—八〇九	勸龍晟 八〇九—八一六 勸利 （勸利成） 八一六—八二四 豐佑 （勸豐佑） 八二四—八五九	世隆 （酋龍） 八五九—八七七

書名	十二世	十三世	十四世
蠻書			
舊唐書			
新唐書			
資治通鑑	法 八七七—八九七	舜化貞 八九七—	
雲南志略	法堯	舜化	
記古滇說	隆舜	舜化	
滇載記	世隆 八五九—八七七	隆舜 八七七—八九七	舜化貞 八九七—九〇〇
南詔源流紀要	法	舜化	
南詔野史	隆舜（法） 八七七—八九七	舜化貞 八九七—九〇二	

（乙）劍南西川節度使表

- 李濬 開元八—九 七二〇—七二一
- 霍廷玉 開元一〇 七二二
- 蘇頲 開元一一—一二 七二三—七二四
- 張嘉貞 開元一二 七二四
- 張敬忠 開元一二 七二四
- 張嘉貞 開元一三 七二五
- 張敬忠 開元一三 七二五

- 張守潔 開元一四—一五 七二六—七二七
- 宋之悌 開元一六—一八 七二八—七三〇
- 張敬忠 開元一九 七三一
- 王昱 開元二一—二二 七三三—七三四
- 張紹貞 開元二三—二四 七三五—七三六
- 李尚隱 開元二四—二五 七三六—七三七
- 王昱 開元二六 七三八

姓名	年號	公元
張宥	開元二六—二七	七三八—七三九
章仇兼瓊	開元二七—天寶五	七三九—七四六
郭虛己	天寶五—八	七四六—七四九
鮮于仲通	天寶八—一〇	七四九—七五一
楊國忠	天寶一〇—一四	七五一—七五五
崔圓	天寶一四—至德二	七五五—七五七
李峘	至德二	七五七
盧元裕	至德二—乾元元	七五七—七五八
李之芝	乾元元—二	七五八—七五九
裴冕	乾元二—上元元	七五九—七六〇
李若幽	上元元—二	七六〇—七六一
崔光遠	上元二	七六一
嚴武	上元二—寶應元	七六一—七六二
高適	寶應元—廣德元	七六二—七六三
嚴武	廣德二—永泰元	七六四—七六五
杜鴻漸	大曆元—二	七六六—七六七
崔旰	大曆二	七六七
崔寧	大曆三—一四	七六八—七七九
張延賞	大曆一四—貞元元	七七九—七八五
韋皐	貞元元—永貞元	七八五—八〇五
袁滋	永貞元	八〇五
劉闢	永貞元—元和元	八〇五—八〇六
高崇文	元和元	八〇六
武元衡	元和元—八	八〇六—八一三
李夷簡	元和八—一三	八一三—八一八
王播	元和一三—長慶元	八一八—八二一
段文昌	長慶元—三	八二一—八二三
杜元穎	長慶三—大和三	八二三—八二九
郭釗	大和三—四	八二九—八三〇
李德裕	大和四—六	八三〇—八三二
段文昌	大和六—九	八三二—八三五
楊嗣復	大和九—開成二	八三五—八三七
李固言	開成二—會昌元	八三七—八四一
崔鄲	會昌元—大中元	八四一—八四七
李回	大中元—二	八四七—八四八

杜悰	白敏中	魏謩	李景讓	杜悰	夏侯孜	蕭鄴
大中二—六	大中六—一一	大中一一—一二	大中一二—一三	大中一三—咸通元	咸通元—三	咸通三—五
八四八—八五二	八五二—八五七	八五七—八五八	八五八		八六〇—八六二	八六二—八六四

李福	劉潼	盧耽	吳行魯	路巖	牛叢	高駢
咸通五—七	咸通七—九	咸通九—一一	咸通一一—一二	咸通一二—一四	咸通一四—乾符二	乾符二—五
八六四—八六六	八六六—八六八	八六八—八七〇	八七〇—八七一	八七一—八七三	八七三—八七五	八七五—八七八

崔安潛	陳敬瑄	王建
乾符五—廣明元	廣明元—大順二	大順二—天祐四
八七八—八八〇	八八〇—八九一	八九一—九〇七

（丙）靜海節度使兼安南都護表

張伯儀	烏崇福	張庭	龐復	高正平	趙昌	裴泰
大曆二—一二	大曆一二—貞元三	貞元四	貞元五	貞元六	貞元七—一八	貞元一八—一九
七六七—七七七	七七七—七八七	七八八	七八九	七九〇	七九一—八〇二	八〇二—八〇三

趙昌	張舟	馬總	張勔	裴行立	李象古	桂仲武
貞元二〇─元和元	元和元─五	元和五─八	元和八	元和八─一二	元和一三─一四	元和一四─一五
八〇四─八〇六	八〇六─八一〇	八一〇─八一三	八一三	八一三─八一七	八一八─八一九	八一九─八二〇

裴行立	王承弁	李元喜	韓約	鄭綽	劉旻	韓威
元和一五	長慶二	長慶二─寶曆二	大和元─二	大和五─六	大和七	大和八─九
八二〇	八二二	八二二─八二六	八二七─八二八	八三一─八三三	八三三	八三四─八三五

田早	馬植	武渾	裴元裕	田在宥	崔耿	李涿
大和九	開成元─五	會昌三	會昌六─大中二	大中三─四	大中五─六	大中七─九
八三五	八三六─八四〇	八四三	八四六─八四八	八四九─八五〇	八五一─八五二	八五三─八五五

李弘甫	宋涯	王式	李鄠	王寬	蔡襲	宋戎
大中一〇─一一	大中一一	大中一二─一三	大中一三─咸通元	咸通二	咸通三─四	咸通四
八五六─八五七	八五七	八五八─八五九	八五九─八六〇	八六一	八六二─八六三	八六三

高駢	高鄩	曾袞	高茂卿	謝肇	安友權	曲承裕
咸通五─九	咸通九─一四	乾符五─廣明元	中和二	中和四	乾寧四─光化三	天祐元─四
八六四─八六八	八六八─八七三	八七八─八八〇	八八二	八八四	八九七─九〇〇	九〇四─九〇七

（丁）諸書所紀南詔節度對照表

節度名 ＼ 今地 ＼ 書名	今地	蠻書	新唐書	通鑑胡注	南詔野史	元史地理志
雲南	雲南驛	×				
柘東	昆明	×	×	×	×	
永昌	保山	×	×	×	×	
寧北		×				
鎮西		×				
開南	南華	×				
銀生	景東	×	×	×	×	×
鐵橋		×				

節度名 ＼ 今地 ＼ 書名	今地	蠻書	新唐書	通鑑胡注程大昌	南詔野史	元史地理志
弄棟	姚安		×	×	×	
劍川	劍川		×	×	×	
麗水	麗江		×	×	×	
東川	會澤				×	
通海	通海				×	
安南	越南河内			×		
會川*						×

*南詔時立會川都督府，而元史地理志會川路會理州條又云唐時南詔屬會川節度，因附於後。

（戊）蠻書新唐書所紀南詔諸賧對照表

賧名 \ 今地名 \ 書名	今地名	蠻書（六賧）	新唐書（十賧）
大和（大和）	大和村	×	×
陽苴咩（陽）	大理	×	×
大釐（史）	喜洲	×	×
邆川（賧）	鄧川	×	×
蒙舍（蒙舍）	巍山	×	×
白崖（勃弄）	彌渡	×	×
雲南	雲南驛		×
品澹	雲南驛		×
蒙秦			×
趙川	鳳儀		×

四　漢唐間雲南南詔大事年表

這一個年表是把漢、唐間有年月可考和雲南有關的事，不論鉅細，儘可能蒐集到一起，加以排列而成。年表分爲上下兩欄，上欄著録漢、唐間歷代與雲南有關的事，下欄著録雲南、南詔的事。有公元、有甲子，有漢、唐間歷代的帝王年號和南詔自細奴邏以降以至舜化貞的各詔年代以及有些詔的年號。所録的有些事，可以屬上也可以屬下，以意決定，難免有不當及混亂之處。每條大事，多半注明出處。每條末括弧内所注的國志指華陽國志，郡國志指收入後漢書的郡國志，德化碑指南詔德化碑，新書、舊書指新唐書、舊唐書，元龜指册府元龜。

關於年代和事實。主要根據資治通鑑，而以史記以下以至兩唐書新、舊五代史等「正史」和華陽國志、蠻書、唐會要等書作爲補充。其所以以通鑑爲主要根據，是因爲通鑑在年代和事實方面都作了一番整理工作，比較可靠。源出雲南傳説的一些著作如楊慎的滇載記、阮元聲的南詔野史等等，只作爲參考。因爲這一部分材料，年代和事實彼此衝突的不少，尚未經過整理，目前使用，還有困難，故只作爲參考。雲南古代若干金石文字如二爨碑、王仁求碑、南詔德化碑等，都是頭等史料，在年表裏，儘量地予以採用。

編製年表時，有幾項需要加以説明：

（一）南詔有些詔是有年號的，如閣羅鳳之贊普鍾，世隆之建極，舜化貞之中興，見於金石和漢籍中，和雲南的傳説也相符合。南詔建立年號，也採取了漢族的辦法，新詔嗣立以後第二年才改元。世隆立於唐宣宗大中十三年，即公元八五九年，第二年爲唐懿宗咸通元年即公元八六〇年改元建極。世隆建極年號和唐懿宗咸通年號同時，即建極元年相當於咸通元年。傳世的大理崇聖寺鐘上有「建極十二年歲次辛卯三月丁未朔廿四日庚午建鑄」的銘文；彌渡鐵柱廟的鐵柱上有「建極十三年歲次壬辰四月庚子朔十四日癸丑建立」的銘文。這兩個甲子和月朔和咸通十二、十三兩年三月和四月的甲子月朔全同。這是南詔新詔嗣立以後第二年改元的一個有力證明。計算某一詔在位年數，應從嗣立的第二年算起。如從嗣立的一年起算，對新詔説是多算一年，對舊詔説是少算一年。

（二）源出雲南傳説的一些著作，在年代方面互有出入，不甚一致，由所附南詔世系表可見大概。現在只提出幾點來説一説。如楊慎的滇載記，自稱出於白古通和玄峯年運志，而所紀年代，却不大可靠。世隆改元建極，漢籍和源出雲南傳説的其他著作是一致的，只滇載記以建極歸於隆舜，而把相傳爲晟豐祐的年號保和、天啓歸之世隆。把兩人的年代依滇載記的記載按照甲子順序一排，和崇聖寺鐘銘、鐵柱廟鐵柱銘對校，就知道滇載記的説法是錯誤的。又如南詔野史説閣羅鳳在位三十年，卒年放在大曆十三年，卒年比漢籍所紀早一年，總年數因而少一年。説異牟尋在位三十年，立於大曆十三年，立年比漢籍所紀早一年，總年數因而多一年。説勸利在位八年，卒於長慶四年，卒年比漢籍所紀晚一年，因而總年數多一年。勸豐祐在位三十五年，立於長慶四年，立年比漢籍所紀晚一年，因而總年數少一年。漢籍紀載根據當時的官方文書，如勸利卒於長慶三年，勸豐祐嗣立，唐遣韋審規持節臨册，班班可考。野史都放在長慶四年，因此出現了勸利多一年勸豐祐少一年的錯誤。所以編製年表時不根據滇載記和南詔野史等書而根據通鑑。

（三）漢籍中所紀載的南詔史事，也存在一些問題。如新唐書南蠻傳説唐宣宗大中時南詔將段酋遷陷安南都護府號白衣没命軍。通鑑考異以爲宣宗時南詔未嘗陷安南，新傳有誤。年表據考異，不載此事。

又如南詔末一代的舜化貞，漢籍作舜化，年號中興。隆舜卒於唐昭宗乾寧四年，舜化貞嗣立。通鑑在昭宗乾寧四年末紀此，説是在這一年舜化上表年號中興云云。我們以爲舜化貞表上所説年號中興，乃是通知唐朝説他改元中興，通鑑等書放在乾寧四年，就使人誤會爲舜化貞是當年改元了。年表參照南詔野史的紀載，把中興元年放在舜化貞嗣立的第二年，爲唐昭宗光化元年即公元八九八年。

以上是要説明的三點。

這是一個初稿。對於漢、唐間雲南、南詔大事年代，僅僅搭了一個簡單的架子。因爲閲覽不周，不免有漏掉的，也不免有取舍失當的。如表中對於劍南、西川、安南以及吐蕃的史事，和南詔有關的擇要著録了一些，這其中難免有遺漏失當之處。諸如此類，都需要作進一步的修正和補充，並也希望得到各方面的指正。

公元	甲子	朝代		漢——唐	雲南——南詔
前130	辛亥	（漢）武帝	元光5	漢始通邛、筰、冉駹、斯榆、邛都諸地，爲置一都尉十餘縣屬蜀。蓋當今四川西部以至於西昌一帶。	
122	己未		元狩	漢用張騫之言，擬取道雲南至印度，始通滇國。	滇王當羌等阻撓漢所遣去印度使者，自雲南至印度道，因終不得通。
111	庚午		元鼎6	漢武帝定西南夷，始置武都、牂柯、越巂、沈黎、文山諸郡。於是四川西北以至西南金沙江邊、貴州西南俱成爲中國郡縣。	
110	辛未		元封2	漢遣將軍郭昌、中郎將衛廣發巴蜀兵攻西南夷勞深靡莫，至滇，滇王降，漢於其地置益州郡，賜滇王王印。	滇王降漢，受漢封爲滇王。最近發現金質滇王之印一枚，或即漢代遺物也。
105	丙子		6	漢欲取道雲南通大夏，所遣使者皆爲昆明所阻殺，因又命郭昌將兵擊之。唯道竟不得通。	益州昆明起兵殺漢使者。
86	乙未	昭帝	始元	漢遣水衡都尉呂破奴募諸夷，並發犍爲蜀郡犇命，擊益州廉頭諸種落，大敗之。（漢書、國志。）	益州廉頭、姑繒、牂柯、談指、同並二十四邑凡三萬餘人皆起兵。地當今貴州遵義西南以至雲南大理一帶。
83	戊戌		4	漢遣都尉呂辟胡將益州兵擊姑繒、葉榆，不進，士卒死者四千人，益州太守亦爲所殺。（漢書、國志）○冬，漢改遣大鴻臚田廣明等擊西南夷。	三月，西南夷姑繒、葉榆復起兵。地在今雲南大理一帶。

年	干支	帝	年	事	備考
82	己亥	昭帝	5	漢大鴻臚田廣明，軍正王平等利用鉤町侯毋波及其種人之助，於是年秋擊平姑繒、葉榆。漢因立鉤町爲王。	
61	庚申	宣帝	神爵	王褒奉命至益州，求金馬碧雞之神，卒於中道。	華陽國志、司馬彪郡國志俱紀青蛉縣禺同山俗謂有金馬碧雞之實云云，後世又將金馬碧雞自姚州移至昆明，一種神話而已。
25	丙申	成帝	河平4	夜郎、鉤町、漏卧互相攻伐，漢以陳立爲牂柯太守，斬夜郎王興及其妻父翁指，西夷皆降漢。地在今貴州西南雲南迤東。	夜郎王興、鉤町王禹、漏卧侯俞更舉兵相攻。漢書只云和平中，姑系於此。○孟孝琚碑據云立於是年。（滇繹）
後16	丙子	王莽	天鳳3	莽遣平蠻將軍馮茂擊鉤町諸種落，不克，徵還，下獄死。○冬，更遣寧始將軍廉丹與庸部牧史熊發兵擊之。	自王莽居攝，越嶲、遂久、仇牛、同亭、邪豆之屬俱起兵，至是鉤町又起。蓋自今西昌一帶蔓延及於雲南迤東矣。○越嶲任貴亦殺太守枚根。
19	己卯		6	以廉丹等無功，召還，莽更遣大司馬護軍郭興、庸部牧李曅擊若豆等。仍不能剋。以文齊爲益州太守，始得暫安。	益州夷棟蠶若豆、越嶲夷人大牟俱起，殺官吏。
42	壬寅	（東漢）光武帝	建武18	益州太守繁勝與棟蠶等戰而敗，退保朱提，即今雲南昭通一帶。	西南渠帥棟蠶與姑復、葉復、拼棟、連然、滇池、建憐、昆明諸種俱起兵，幾及於今雲南三迤之地。
43	癸卯		19	漢遣武威將軍劉尚等發廣漢、犍爲、蜀郡人及朱提夷萬三千人擊西南諸種落，斬任貴，渡瀘水入益州界。	雲南諸種以劉尚至，皆棄壘而走。

公元	干支	帝	年	漢	夷
44	甲辰	光武帝	20	劉尚進兵，與棟蠶等連戰數月，皆敗之。	
45	乙巳		21	正月，劉尚追至不韋，斬棟蠶帥。	
47	丁未		23		哀牢王賢栗遣兵南下擊附塞夷鹿茤，敗還。鹿茤當在今伊洛瓦底江上游也。
51	辛亥		27	漢封哀牢夷王賢栗等爲君長。	哀牢王賢栗等率種人詣越嶲太守鄭鴻降，求内附。
58	戊午	明帝	永平	漢益州刺史平定姑復，殺其渠帥。	越嶲姑復夷起兵擊漢。
59	己未		2	漢分益州，置永昌郡。（郡國志）	
67	丁卯		10	漢置益州西部都尉，治嶲唐鎮尉哀牢人楪榆蠻夷。（郡國志）	
69	己巳		12	漢罷西部都尉，於哀牢地置哀牢、博南二縣。郡國志置永昌郡在二年，本紀分益州西部六縣，置永昌郡在今年正月。	哀牢王柳貌遣子率種人内屬，其稱邑王者七十七人，户五萬一千八百九十，口五十五萬三千七百一十一。
74	甲戌		17		白狼夷入貢，作詩頌漢功德，相傳之白狼歌是也。或謂白狼夷即在今雲南麗江。
76	丙子	章帝	建初	哀牢起兵，漢永昌太守王尋奔楪榆。〇漢募發越嶲、益州、永昌夷漢九千人擊哀牢。	哀牢王類牢起兵，殺守令，攻嶲唐、博南，燔燒民舍。

77	丁丑	章帝	2	漢封鹵承爲破虜傍邑侯，賜帛萬匹，酬其破哀牢功。	是年春，永昌郡邪龍縣、昆明夷鹵承等應募，率種人與諸郡兵擊類牢於博南，大破斬之。哀牢平。
94	甲午	和帝	永元6		永昌徼外敦忍乙王慕延、慕義遣使入漢，譯獻犀牛大象。
97	丁酉		9		永昌徼外夷及撣國王遣使重譯入漢獻珍寶。
107	丁未	安帝	永初		永昌徼外僬僥種夷陸類等附漢。
116	丙辰		元初3		越巂郡徼外夷大羊等八種、户三萬一千、口十六萬七千六百二十内屬。
117	丁巳		4		越巂夷以郡縣賦斂煩數，十二月，卷夷大牛種封離等起兵。
118	戊午		5		夏六月，永昌、益州、蜀郡夷皆起兵應封離，衆至十餘萬，據二十餘縣。
119	己未		6	益州刺史張喬遣從事楊竦將兵至楪榆，擊破封離，降之。〇竦奏長吏姦猾，侵犯蠻夷者九十人，皆減死論。	封離等既爲楊竦所敗，遂斬其同謀渠帥，詣竦降。其餘三十六種皆來降附。
120	庚申		永寧		十二月，永昌徼外撣國王雍由調遣使入漢獻樂及海西大秦國幻人。

176	丙辰	靈帝	熹平5	益州諸種夷起兵，漢遣御史中丞朱龜攻之，不能尅。乃拜巴郡李顒爲益州太守，與刺史龐芝發板楯蠻擊破之。○閏五月，永昌太守曹鸞以黨人事被殺。	四月，益州諸種夷擊漢，執太守雍陟。
184	甲子		中平	是年正月，太平道張角起事於趙魏之間。○秋七月，五斗米道張脩起事於巴郡。	
223	癸卯	(蜀漢)後主	建興		六月，益州郡耆帥雍闓等殺太守正昂，執太守張裔，求附於吳。吳以闓爲永昌太守，爲永昌功曹吕凱等所拒。闓因使孟獲煽動諸夷。牂柯太守朱褒、越巂夷王高定皆起兵應闓。
225	乙巳		3	三月，諸葛亮分三道南征：自入越巂，馬忠伐牂柯，李恢向益州，即自今西昌、遵義、曲靖三路並進也。亮從越巂入斬雍闓，擒孟獲。五月渡瀘，七月平。○改益州郡爲建寧郡。分建寧、永昌置雲南郡，分建寧、牂柯置興古郡。○馬謖爲越巂太守，大約亦在此時。	
264	甲申	(魏)元帝	咸熙	漢建寧太守霍弋以蜀亡降魏，拜南中都尉，委以本任。	
271	辛卯	(晉)武帝	泰始7	八月，分益州之建寧、興古、雲南，交州之永昌，合四郡爲寧州。統縣四十五，户八萬二千四百。(晉書地理志)	
284	甲辰		太康5	罷寧州入益州，置南夷校尉。(通鑑從華陽國志，晉書地理志作太康三年。)	

公元	干支	帝	年號	紀事	紀事
302	壬戌	惠帝	太安	冬十一月，晉既敗建寧朱提，復置寧州，以南夷校尉李毅爲刺史。（通鑑、晉書地理志復置寧州在二年。）	建寧大姓李叡、毛詵，朱提大姓李猛等起兵，爲晉南夷校尉李毅所敗。毛詵、李猛俱被殺。
303	癸亥		2	晉分建寧郡爲益州、平樂二郡。（國志）	毛詵既死，李叡奔五苓夷于陵丞，于陵丞詣李毅爲叡請命，毅僞許而殺叡。于陵丞怒，率諸夷攻李毅。
306	丙寅		光熙	六月，李雄於成都即皇帝位，國號大成，改元晏平。	三月，寧州刺史李毅卒。五苓夷强盛，李毅女秀代父領州事，嬰城固守。
307	丁卯	懷帝	永嘉	晉以魏興太守王遜爲寧州刺史，仍詔交州出兵救李釗。以釗爲平寇將軍，領南夷護軍。	李毅子釗今始至寧州，州人因奉釗領州事。
310	庚午		4	是歲，寧州刺史王遜始到官，表李釗爲朱提太守。	五苓夷爲王遜所擊滅。
311	辛未		5		是歲，朱提審炤率民降於李雄，建寧爨量、蒙嶮委誠。其餘附者日月而至。益州太守李遏、梁水太守董慬於興古、槃南起兵。（國志）
318	戊寅	（東晉）元帝	太興	巴西起兵抗李雄，雄親平之。（國志）	
319	己卯		2	李驤攻越巂、朱提。	
320	庚辰		3	李驤獲朱提太守西夷校尉李釗。	夏，李驤破越巂後進攻寧州。寧州王遜使將軍姚崇、爨琛距之，戰於堂狼，大破驤等，追至瀘水而還。（晉書本紀、國志作姚岳）

321	322	323	325	326	327	328	330	332
辛巳	壬午	癸未	乙酉	丙戌	丁亥	戊子	庚寅	壬辰
元帝		明帝		成帝				
4	永昌	太寧	3	咸和	2	3	5	7
晉以王遜卒，除遜子堅爲南夷校尉、寧州刺史。	晉更用零陵太守南陽尹奉爲寧州刺史、南夷校尉，加安西將軍。徵王堅還。〇冬，李雄立其兄蕩子班爲太子。					是歲冬，李驤卒。	成李雄以李壽爲都督中外諸軍大將軍、中護軍西夷校尉、録尚書總統，如李驤。（國志）	秋，李壽分兩路南攻寧州：費黑、邵攀等爲前軍由南廣入，任尚子調由越巂。此即後世之北路、南路也。
王遜病卒，州人推遜中子王堅行州事。（國志）		是歲，越巂斯叟攻圍成將任尚等，李雄遣其征南將軍費黑討之。	蠻酋梁水太守爨量、益州太守李逷降成，王遜不能克。尹奉既至，重募徼外夷刺殺爨量，諭降李逷。（通鑑）	六月，越巂斯叟爲成將費黑所破。	寧州龐遺起兵攻成將任尚等。寧州刺史尹奉遣將軍姚崇、朱提太守楊術援遺。正月與成將羅恒戰于臺登，兵敗，術死。			冬十月，李壽、費黑至朱提，太守董炳固守。尹奉復遣建寧太守霍彪大姓爨深等助炳。俱爲成軍所圍。

333	癸巳	成帝	8	三月寧州平，成以李壽領寧州。○秋，李壽平寧州牂柯之亂。	正月，董炳、霍彪等出降。○三月，尹奉亦降，遷於蜀。○秋，建寧州民毛衍、羅屯等起兵，殺太守邵攀，牂柯太守謝恕舉郡歸晉。
334	甲午		9	三月，李雄分寧州置交州，以霍彪爲寧州刺史，爨深爲交州刺史。○李雄封李壽爲建寧王。○六月，李雄卒，李期立。	
338	戊戌		咸康4	成李雄卒，李期殺太子班自立。至是歲四月，李壽又殺期，自立爲皇帝，改國號爲漢，改元漢興。	
339	己亥		5	李壽遣右將軍李位都攻寧州。	夏，建寧太守孟彥率州人縛寧州刺史霍彪，舉建寧歸晉。
343	癸卯	康帝	建元	李壽卒，子李勢立，改元太和。至永和二年，又改元嘉寧。	
346	丙午	穆帝	永和2	晉安西將軍桓温率軍攻李勢。	
347	丁未		3	三月，桓温軍進逼成都，李勢降，漢李氏亡。	
405	乙巳	安帝	義熙		爨寶子碑（小爨碑）立於是年。
432	壬申	（宋）文帝	元嘉9	七月，益州趙廣起事，攻陷郡縣，蜀土僑、舊俱起。至十年始漸告平息。（宋書本紀）	趙廣之亂，大約蔓延及於建寧，爲晉寧太守爨龍顔所平定。（滇南古金石録）

441	辛巳	文帝	18		晉寧太守爨松子舉兵，寧州刺史徐循擊平之。（通鑑）
446	丙戌		23		十二月爨龍顏卒。
458	戊戌	孝武帝	大明 2		爨龍顏碑（大爨碑）立於是年。
545	乙丑	（梁）武帝	大同 11	梁以徐文盛使持節督寧州刺史。	
548	戊辰		太清 2	八月，侯景之亂起。	徐文盛聞侯景之亂，因在寧州召募數萬人以赴難。
549	己巳		3		寧州土酋爨瓚據城起兵，周授瓚寧州刺史。瓚死後，子震繼之。
561	辛巳	（周）武帝	保定		九月甲辰，南寧州遣使獻滇馬及蜀鎧。（周書本紀）
562	壬午		2	十月，周分南寧州置恭州。（周書本紀）	
570	庚寅		天和 5	十二月，大將軍鄭恪率師平越巂，置西寧州。（周書本紀）	
586	丙午	（隋）文帝	開皇 6	越巂郡周後改爲嚴州，至是隋復改爲西寧州，以梁毗爲刺史，歷官十一年，以清聞。	

595	596	597	598	618	619	620
乙卯	丙辰	丁巳	戊午	戊寅	己卯	庚辰
文帝				（唐）高祖		
開皇15	16	17	18	武德	2	3
十月，隋遣法曹黄榮領始、益二州，石匠開石門路，造偏梁橋閣，通越析州、津州。（蠻書原作開皇五年，兹校改，參看蠻書校注卷一。此是南路清溪關之石門路，非北路之石門路，説詳校注卷一）	隋命大將軍劉噲之攻西爨，又令上開府楊武通將兵繼進。蜀王秀使嬖人萬智光爲武通行軍司馬，爲文帝所責。○楊武通因有功封白水郡公，唯未能平，故隋又命太平郡公史萬歲爲行軍總管，率軍擊之。	春二月癸未，史萬歲擊西爨。萬歲入自青蛉川，經弄凍、小勃弄、大勃弄，度西二河入渠濫川。即取清溪關路，過石門，渡瀘水，經今姚州、彌渡、大理以至滇池南之昆陽一帶。（通鑑）	史萬歲受爨翫賄賂事爲蜀王秀所發，因除名爲民。○是年改西寧州爲嶲州。	唐開南中，於故同樂縣置南寧州，治味。在今雲南曲靖。	唐於舊定莋鎮置昆明縣。在今四川鹽源縣。	益州刺史段綸遣使招諭南寧西爨蠻諸部落。
南寧夷爨翫起兵。翫亦爨瓚之子，與爨震爲兄弟行。		爨翫及其他三十餘部爲萬歲所破，俱降。爨翫賂萬歲以金寶，因得仍留南寧。	爨翫復起兵。據新唐書兩爨蠻傳，爨翫、爨震後俱入朝，翫爲文帝所殺，諸子没爲奴。此事不著何年，姑系於此。	爨翫子宏達於唐興後受唐封爲昆州刺史，奉其父喪歸滇。新唐書兩爨蠻傳只云高祖即位，不著何年。一般繫於武德元年，今從之。		南寧西爨蠻遣使入貢於唐。時在八月。

621	624	625	627	634	648	649	651
辛巳	甲申	乙酉	丁亥	甲午	戊申	己酉	辛亥
高祖			太宗				高宗
4	7	8	貞觀	8	22	23	永徽 2
唐置南寧州總管府。○又從安撫大使李英請置姚州。	唐命巂州都督長史韋仁壽檢校南寧州都督，寄治越巂。仁壽將兵循西洱河，周歷數千里，承制置七州十五縣，各以其豪帥爲刺史縣令。徙治南寧州。並析南寧置西寧。所置州縣名，具見新唐書地理志。	是年唐改恭州爲曲州。又改南寧州爲郎州，開元五年始又復南寧之名。（新書、舊書改郎州在貞觀八年）		唐更西寧州爲黎州，南雲州爲匡州，西平州爲盤州。	唐以右武候將軍梁建方擊松外蠻。擊敗蠻酋雙舍，於是降附者七十部，户十萬九千三百。署其酋長蒙和等爲縣令，因遣使至西洱河，其酋長楊盛亦降。	唐於徒莫祇儉望二種落地置傍、望、求、丘、覽五州，蓋在雲南舊楚雄、澂江二府境内。	八月己卯，唐遣左領軍趙孝祖討白水蠻。○十一月，趙孝祖敗白水蠻於羅件候山。（新書本紀、傳作羅候山）
昆彌遣使内附。昆彌即漢之昆明也。漢昆明蠻南境止於西洱河，北至今鹽源一帶。巂州治中吉弘緯通南寧，因至其國，説之來降。			爨宏達子歸王受唐命爲南寧州都督。		松外諸蠻暫降復起。松外諸蠻在今鹽源以西，唐後於此置昌明縣，屬巂州。○西洱河大首領楊棟等入朝於唐。（元龜作貞觀二十三年）	（蒙氏）細奴邏	
						1	3
						雲南傳説：蒙氏細奴邏以是年受張樂進求遜位，建大蒙國，號奇嘉王。○諸蠻徒莫祇、儉望二種落俱附於唐。	郎州白水蠻起兵。郎州即舊曲靖府地。

652	653	656	664	672	674
壬子	癸丑	丙辰	甲子	壬申	甲戌
高宗					
3	4	顯慶	麟德	咸亨 3	上元
夏四月，趙孝祖既敗白水蠻，遂乘勝西擊小勃弄、大勃弄二川。斬小勃弄酋長殁盛，擒大勃弄酋長楊承顛。自餘大小種落屯聚保險者皆破降之。○改雲南縣爲匡州。			五月乙卯，唐於昆明之弄棟川置姚州都督府。（通典、舊書本紀）	正月辛丑，以太子左衛副率梁積壽爲姚州道行軍總管，擊西洱河蠻蒙儉、和舍等。李義當亦從征。	
(蒙氏) 細奴邏					
4	5	8	16	24	26
容齋隨筆紀有開元十九年劍南節度副大使張敬忠在成都所立平南蠻碑。碑誌南蠻大酋長染浪州刺史楊盛顛爲邊患，明皇遣内常侍高守信爲南道招慰處置使以討之，拔其九城。案此疑即趙孝祖平大小勃弄事，楊盛顛即楊承顛。開元時張敬忠始立碑追紀之耳。因附著於此。	雲南傳説：細奴邏於是年遣其子邏盛入朝於唐。	秋七月乙丑，西洱蠻酋長楊棟、附顯，和蠻酋長王郎祁，郎、昆、黎、盤四州酋長王伽衝等率衆附於唐。		西洱河蠻蒙儉、和舍等起兵當在去年，今始見於載籍。○昆明蠻十四姓二萬三千户附唐，因置殷、敦、總三州。	細奴邏卒，子邏盛嗣立。○據王仁求碑，王仁求即卒於是年。（王仁求即助唐擊蒙儉等人有功者。）

675	680	681	688	689	692	697	698	707
乙亥	庚辰	辛巳	戊子	己丑	壬辰	丁酉	戊戌	丁未
高宗			武后					中宗
2	永隆	2	垂拱4	永昌	長壽	神功	聖曆	神龍3
	吐蕃攻陷茂州西南唐所築之安戎城，以兵據之。由是吐蕃降有西洱諸種落，盡據羊同、党項及諸羌地，東接涼、松、茂、巂等州，南鄰天竺，西陷安西四鎮，北抵突厥，地方萬餘里，諸胡之盛，莫與爲比。（通鑑）	八月辛卯，改交州爲安南都護府。（舊書本紀）		唐以浪穹州渠帥傍時昔爲浪穹州刺史，令統其衆。	十月，武威軍總管王孝傑大破吐蕃，復龜茲、于闐、疏勒、碎葉四鎮。（舊書本紀）		蜀州刺史張柬之上言請廢姚州以隸巂州，瀘南諸鎮亦皆廢省，於瀘北置關，禁百姓平常往來。疏奏不納。	六月戊子，姚巂道討擊使、監察御史唐九徵擊姚州起兵諸種落，破之。遂於其處立鐵柱紀功。
邏盛								
1	6	7	14	15	18	23	24	33
是年爲邏盛之元年。	西洱河諸種落皆降於吐蕃。		南蠻郎將王善寶、昆州刺史爨乾福請復置寧州。（舊書張柬之傳）	浪穹州渠帥傍時昔等二十五部先附吐蕃，至是又降於唐。		昆明附於唐，唐於其地置竇州。	王善寶於是年立王仁求碑，善寶，仁求長子。	姚州諸種落又依附吐蕃叛唐，聯合侵邊。

公元	干支	唐帝	年號	唐事	南詔王	年	南詔事
710	庚戌	睿宗	景雲		邏盛	36	姚州羣蠻先附吐蕃，攝監察御史李知古請發兵擊之。既降，又發劍南兵築城，因欲誅其豪傑，州縣重稅之，俘子女爲奴婢。羣蠻怨怒。蠻酋傍召引吐蕃攻殺知古，以其尸祭天。
712	壬子		太極			38	邏盛卒，子盛羅皮嗣立。
713	癸丑	玄宗	開元		盛羅皮	1	唐授盛羅皮爲特進，封臺登郡王，知沙壺州刺史。
719	己未		7	升劍南支度營田處置兵馬經略使爲節度使，領益、彭等二十五州，治益州。		7	
728	戊辰		16			16	盛羅皮卒，子皮羅閣嗣立。
729	己巳		17	二月丁卯，巂州都督張守素破西南蠻，拔昆明及鹽城。（元龜作張審素）	皮羅閣	1	
737	丁丑		25			9	皮羅閣與邆賧詔合攻洱河、河蠻。邆賧取大釐城。皮羅閣取太和、苴咩兩城。卒又襲取大釐，敗三浪兵。自是南詔遂據有故河蠻地，即今大理一帶。
738	戊寅		26	唐以王昱爲益州長史、劍南節度使。○九月，王昱爲吐蕃所敗，貶死，代之以張宥。○唐賜皮羅閣名蒙歸義，授特進，封越國公，並封雲南王。		10	皮羅閣賂劍南節度使王昱，求合六詔爲一，許之。南詔之興始於此時。○皮羅閣遂徙治大和城。

公元	干支	帝	年	唐事	南詔王	年	南詔事
739	己卯	玄宗	27	益州長史張宥奏以鮮于仲通充劍南採訪支使，以軍政委團練副使章仇兼瓊。○十二月，以章仇兼瓊爲劍南節度使。	皮羅閣	11	是年，閣羅鳳子鳳伽異生。
745	乙酉		天寶4	章仇兼瓊初爲節度使，惡鮮于仲通，黜之。至是復以仲通爲採訪支使。仲通爲支使，首尾兩年，凡十八度渡瀘。		17	皮羅閣遣其孫鳳伽異入朝於唐，唐授鳳伽異鴻臚少卿。
746	丙戌		5	五月乙亥，以劍南節度使章仇兼瓊爲户部尚書，諸楊引之也。（通鑑）○郭虛已代章仇兼瓊爲劍南節度使。		18	
747	丁亥		6	西域小勃律諸國附吐蕃，危及四鎮。是年七月，安西副都護高仙芝將萬騎討之。越坦駒嶺，下阿弩越城，大敗吐蕃，平小勃律諸國而還。小勃律在印度河上流近新疆明鐵蓋山口，通四鎮要道也。		19	
748	戊子		7	唐册封閣羅鳳襲雲南王，閣羅鳳子鳳伽異爲上卿兼陽瓜州刺史。又封閣羅鳳弟誠節蒙舍州刺史，崇江東州刺史，成進雙祝州刺史。		20	是歲，雲南王皮羅閣卒，子閣羅鳳嗣立。
749	己丑		8	劍南節度使郭虛已卒，以鮮于仲通爲蜀郡大都督府長史兼御史中丞持節充劍南節度副大使。○唐命特進何履光統領十道兵馬從安南進軍雲南，收取安寧。（蠻書）	閣羅鳳	1	

公元	干支	唐	年	事	南詔	年	事
750	庚寅	玄宗	9	楊國忠薦鮮于仲通爲劍南節度使。○仲通發兵三路進攻雲南，自將大軍取南谿路下，李暉從會同路進，安南都督王知進自步頭路入，攻閣羅鳳。	閣羅鳳	2	史謂鮮于仲通褊急，失蠻夷心，雲南太守張虔陀又貪婪淫虐。多所徵求。閣羅鳳不應，張虔陀誣奏其罪。閣羅鳳忿怨，遂起兵。攻陷雲南，殺虔陀，取夷州三十二。（通鑑）
751	辛卯		10	鮮于仲通大軍進逼雲南，閣羅鳳求和，不許。至西洱河。夏四月，唐師大敗於江口，士卒死者六萬人。大將王天運、仲通子昊俱戰死。仲通僅以身免。（通鑑、德化碑）○十一月，以楊國忠領劍南節度使。		3	閣羅鳳既敗仲通兵，陷雲南都護府，遂北臣吐蕃。（德化碑）
752	壬辰		11	六月甲子，楊國忠奏吐蕃兵六十萬救南詔，劍南兵擊破之於雲南，克故隰州等三城。（通鑑，案此當係國忠虚構以欺國家，觀後蜀人請國忠赴鎮可知）○冬十月，楊國忠因蜀人請赴鎮，不得已至蜀，即召還。		贊普鍾	正月一日，吐蕃於鄧川册封閣羅鳳爲贊普鍾南國大詔，改元爲贊普鍾元年。○是歲，南詔、吐蕃合兵進攻西川。
753	癸巳		12	唐侍御史劍南留後李宓將兵七萬攻南詔。○五月壬辰，左武衛大將軍何履光將嶺南五府兵從安南進兵雲南。○唐再置姚州都督府，以賈瓘爲都督。（德化碑）○九月文單國王子隨何履光攻雲南。（元龜）		2	南詔破姚府，生擒賈瓘。
754	甲午		13	六月，李宓兵進逼邆川，大敗於大和城，宓沈江而死。唐兵攻南詔，前後死者幾二十萬。		3	南詔與吐蕃援兵神川都知兵馬使論綺里徐合拒唐兵，大敗李宓。
755	乙未		14	十一月安禄山之亂起。		4	

756	757	758	759	761	762
丙申	丁酉	戊戌	己亥	辛丑	壬寅
肅宗					
至德	2	乾元	2	上元2	寶應
六月，安禄山軍入潼關。玄宗奔蜀。	九月，廣平王俶將朔方等軍及回紇、西域之衆十五萬，於長安西香積寺大敗安禄山軍。（通鑑、新舊書俱云廣平王部有南蠻軍即南詔軍，恐不可信，故不取。）○唐復置越巂，以楊廷璡爲都督。（德化碑）○分劍南爲東西川。	天寶十載，置安南管内經略使，領交、陸等十一州，治交州。至是升安南管内經略使爲節度使。（新書方鎮表）	唐置清溪關，關外三十里即巂州。（蠻書）	六月壬戌，以嚴武爲西川節度使。○七月癸巳，劍南兵馬使徐知道拒嚴武，不得進。○八月己未，徐知道爲其將所殺，劍南平。（通鑑）	
閣羅鳳					
5	6	7	8	10	11
南詔、吐蕃乘唐亂，陷越巂會同軍，據清溪關。○南詔獲唐西瀘令鄭回。閣羅鳳以回爲鳳伽異、異牟尋諸人師。	南詔大軍將楊傳磨侔等攻陷越巂、臺登，擒擄楊廷璡等。（德化碑）				是歲冬，閣羅鳳親率大軍征服尋傳、裸形、祁鮮。今滇西怒江、伊洛瓦底江上游俱歸南詔。○又取安寧城，置城監。（德化碑）

公元	干支	代宗	唐事	閣羅鳳	南詔事
763	癸卯	廣德	七月，吐蕃入大震關，陷蘭、廓、河、鄯、洮、岷、秦、成、渭等州，盡取河西、隴右之地。自是安西、北庭隔絕不通。（通鑑）	12	是歲冬，閣羅鳳巡視昆川。（德化碑）
764	甲辰	2	改安南節度使爲鎮南大都護都防禦觀察經略使。（新書方鎮表）。正月癸卯，合劍南東西川爲一道，以嚴武爲節度使。（通鑑）	13	是歲，閣羅鳳築陽苴咩城，亦名紫城，方圍四五里。（郭松年大理行記）二十八年，異牟尋又築羊苴咩城即此，蓋增築延袤至十五里耳。
765	乙巳	永泰	改鎮南都護依舊爲安南都護府。（新書方鎮表、舊書本紀作大曆元年二月壬辰）〇四月辛卯，嚴武卒。〇五月癸丑，以郭英乂爲劍南節度使。	14	是歲春，南詔命鳳伽異於昆川置柘東城，居二詔鎮撫。（德化碑、蠻書在前一年即廣德二年）〇今年，鳳伽異二十七歲。
766	丙午	大曆	八月壬寅，以崔旰爲成都尹西川節度行軍司馬，旰遂據有西川。（通鑑）	15	南詔德化碑相傳立於是年。
767	丁未	2	唐以杭州刺史張伯儀爲安南都護。始築安南羅城。〇七月丙寅，以崔旰爲西川節度使。崔旰後賜名崔寧。	16	
772	壬子	7		21	閣羅鳳於是年築白崖新城，周迴四里。（蠻書）
775	乙卯	10	正月乙卯，西川節度使崔寧奏破吐蕃數萬於西山。（通鑑）	24	
776	丙辰	11	正月辛亥，西川節度使崔寧奏破吐蕃四節度及突厥、吐谷渾、氐、羌之衆二十餘萬。（通鑑）	25	

777	779	780	781	782	783
丁巳	己未	庚申	辛酉	壬戌	癸亥
代宗		德宗			
12	14	建中	2	3	4
四月丁酉，吐蕃攻黎、雅諸州，西川節度使崔寧擊破之。（通鑑）○十月乙酉，西川節度使崔寧奏大破吐蕃於望漢城。（通鑑）	九月，西川節度使崔寧入朝。○十月，吐蕃、南詔入侵，唐右神策都將李晟、金吾大將軍曲環，合東川山南兵，擊破吐蕃、南詔兵，克維、茂二州，追擊於大渡河外，大敗吐蕃、南詔。○十一月，以荊南節度使張延賞爲西川節度使。		六月，安西北庭自吐蕃陷河隴，隔絶不通十餘年，至是伊西北庭節度使李元忠、四鎮留後郭昕遣使奉表，間道得達。（通鑑）	是歲朱滔、田悅、王武俊叛唐，十一月俱稱王。○十二月丁丑，李希烈亦自稱天下都元帥。	十月，涇原兵亂，擁朱泚，據長安。德宗奔奉天。○韋皋以隴右留後守隴州，拒殺朱泚將牛雲光等。○十一月乙亥，因以隴州爲奉義軍，擢韋皋爲節度使。
閣羅鳳		異牟尋			
26	28	1	2	3	4
	九月，閣羅鳳卒。子鳳伽異前卒，孫異牟尋嗣立，以鄭回爲清平官。○吐蕃封牟尋爲日東王。○十月丁酉，吐蕃、南詔合兵由茂州、扶文、黎雅三道入侵。○後爲李晟等所敗。○異牟尋築羊苴咩城，徙居之。（通鑑）	雲南傳説：異牟尋即位，改元見龍、上元。○七月，東爨烏蠻守愈等遣使入唐朝貢。（元龜）			

784	785	786	787	788	789
甲子	乙丑	丙寅	丁卯	戊辰	己巳
德宗					
興元	貞元	2	3	4	5
六月，李晟收復長安。朱泚奔彭原，爲部將所殺。○七月，吐蕃以助唐攻朱泚，求伊西、北庭地。唐從李泌諸人議，拒而不與。（通鑑）	六月辛卯，以金吾大將軍韋皋檢校户部尚書兼成都尹御史大夫劍南西川節度觀察使，代張延賞。		唐亦謀通雲南。閏五月己未，韋皋復與東蠻和義王苴那時書，使詗伺導達雲南。○閏五月辛未，唐與吐蕃盟於平涼，吐蕃敗盟，渾瑊逃免。○六月壬辰，韋皋以雲南頗知書，自以書招諭之，令趣遣使入見。（通鑑）	五月乙卯，唐封驃旁爲和義王，苴夢衝爲懷化王，苴那時爲順政王。○十月，吐蕃侵西川，攻兩林、驃旁、東蠻及清溪關、銅山。韋皋與東蠻連兵敗之於清溪關外。○十一月，吐蕃復入侵，又爲西川所敗。（通鑑）	二月丁亥，韋皋遣書招異牟尋。○十月，劍南兵與東蠻合力大敗吐蕃於臺登北谷，殺其驍將乞藏遮遮、悉多楊朱，西南少安。數年後竟復嶲州。○十二月壬辰，韋皋復以書招諭雲南。（通鑑）
異牟尋					
5	6	7	8	9	10
雲南傳説：異牟尋是年封五嶽四瀆。遷居史城，即今喜州。（南詔野史）		雲南傳説：異牟尋於是年設官，立九爽三託。爽猶言省也。（南詔野史）	正月，雲南苦吐蕃重役，鄭回勸異牟尋歸唐，乃遣人因東蠻求内附。（通鑑）○是歲異牟尋遷居大理城。（南詔野史）	四月，雲南王異牟尋欲歸唐，未敢自遣使，先遣其東蠻鬼主驃旁、苴夢衝、苴烏星入見。○十月，吐蕃將寇西川，發雲南兵。韋皋以計間之，吐蕃、雲南遂大相猜阻，雲南兵引還。（通鑑）	

791	792	793
未辛	申壬	酉癸
德		宗
7	8	9
四月，安南酋長杜英翰等以安南都護高正平重賦斂，遂起兵，正平憂死，羣蠻皆降。○五月，唐於安南置柔遠軍。○七月，趙昌爲安南都護，安南遂安。○六月，韋皋送閣羅鳳使者段忠義還雲南，並致書異牟尋。（通鑑）	韋皋以東蠻鬼主苴夢衝持兩端，潛通吐蕃，隔絶雲南，遂於去歲十二月派總管蘇峗將兵至琵琶川。今年二月壬寅，執夢衝數其罪而斬之，雲南之路遂通。（通鑑）○十一月辛酉，韋皋約雲南共驅吐蕃。（通鑑）	五月，異牟尋使者達成都，上表請棄蕃歸唐。韋皋送詣長安，唐賜書撫慰。○七月，劍南西山女王等八國背吐蕃歸唐，處之維、保、霸諸州，給以耕牛種糧。○十月甲子，韋皋遣節度巡官崔佐時齎詔書詣雲南，皋並答以帛書。（通鑑）
異	牟	尋
12	13	14
吐蕃知韋皋使者在雲南，遣使讓之。異牟尋因執以送吐蕃。吐蕃多取雲南大臣之子爲質。雲南愈怨。（通鑑）		異牟尋遣使者楊傳盛、趙莫羅眉、楊大和眉等分持韋皋所遺書，從安南、戎州、黔府分三路入唐求和。（蠻書、通鑑）

794	795	796	797
甲戌	乙亥	丙子	丁丑
德		宗	
10	11	12	13
正月，劍南西山羌二萬餘户來降。崔佐時至羊苴咩城，與異牟尋盟於點蒼山神祠。南詔遣曹長段南羅趙迦寬隨佐時入朝。○六月癸丑，唐以祠部袁滋爲册南詔使。○七月，唐開石門路，置行館。○十月，袁滋至羊苴咩，封異牟尋爲南詔，賜銀窠金印文曰「貞元册南詔印」。○西川節度兵馬與雲南軍併力破吐蕃保塞、大定二城。（蠻書）○十一月，袁滋自石門路返抵戎州。袁滋歸，著雲南記五卷。	正月，西川拔吐蕃羅山城，置兵固守，邛南驛路遂通。羅山與上年所破之保塞、大定俱屬巂州。（蠻書）	三月甲午，韋臯奏降雅州會野路西南蠻首領高萬唐等六十九人、七千户、二萬餘口，及吐蕃先授高萬唐等金字告身五十片。（通鑑、唐會要）○是年，吐蕃宰相尚結贊卒。（新書吐蕃傳）	四月，吐蕃贊普乞立贊卒，子足立煎立。（新書、通鑑）○六月壬午，韋臯奏吐蕃侵巂州，刺史曹高仕敗之於臺登城下。（通鑑）
異		牟	尋
15	16	17	18
異牟尋與崔佐時定盟後襲破吐蕃於神川，取鐵橋等十六城。並破劍川等三浪，及裳人、施蠻、順蠻、磨蠻、茫蠻、弄棟諸種落。遷弄棟於永昌，施蠻、順蠻主於蒙舍城，徙裳人、河蠻、施蠻、順蠻、永昌望苴子、望外喻等族於雲南東北及柘東附近。○九月，遣弟湊羅棟、清平官尹仇寬等廿七人入獻地圖、鐸槊、浪人劍等方物及吐蕃印八顆。（元龜等）○十月，異牟尋受唐册封後遣清平官尹輔酋等七人隨袁滋入唐謝恩。○是年，詔親大軍將李附覽鎮勃弄川。（蠻書）	九月，南詔異牟尋獻馬六十四。（唐會要）○十月，南詔攻吐蕃昆明城，拔之。又虜施順二蠻王。（通鑑、蠻書虜二王作十年）		

798	799	800	801	802	803	804
戊寅	己卯	庚辰	辛巳	壬午	癸未	甲申
德				宗		
14	15	16	17	18	19	20
十一月己未，韋皋進開西南蠻事狀十卷，叙開復南詔之由。（舊書本紀）○唐遣内侍劉希昂取道清溪關路，以使南詔。（新書地理志）	三月，韋皋辭南詔異牟尋邀共擊吐蕃之約，復以兵糧未集，請俟他年。○十二月，吐蕃衆五萬分擊南詔及嶲州，無功而還。（通鑑）	韋皋與南詔合兵屢敗吐蕃。是歲，吐蕃曩貢臘城等九節度嬰籠官馬定德帥其部落來降。（通鑑）	韋皋屢敗吐蕃，拔城七、軍鎮五，焚堡百五十。遂圍維州及昆明城，不能克，因班師。○九月，韋皋擒吐蕃相論莽熱。（舊書本紀）	正月乙亥，韋皋以吐蕃相論莽熱獻於朝。（舊書本紀）	正月癸丑朔，唐授南詔朝賀使楊鏌龍武試太僕少卿兼御史，授黎州廓清道蠻首領襲恭化郡王劉志寧復試太常卿。（唐會要）	正月，吐蕃足立煎贊普卒，其弟嗣立。（通鑑）○是歲，趙昌復爲安南都護。
異			牟		尋	
19	20	21	22	23	24	25
十二月己亥，南詔異牟尋遣酋望大軍將王邱等各入唐賀正，兼獻方物。（舊書本紀、唐會要）	異牟尋初請以大臣子弟質于韋皋，皋辭，固請，乃盡舍成都，咸遣就學。（新書南蠻傳）	正月，南詔獻奉聖樂。（舊書本紀）	南詔異牟尋以攻吐蕃虜獲尤多，受唐慰撫。（通鑑）	正月，驃國王摩羅思那遣其子悉利移因南詔入唐朝貢，並獻其國樂十二曲，與樂工三十五人。（通鑑、舊書本紀、唐會要）		十二月，南詔、吐蕃、彌臣國並遣使入朝於唐。（舊書本紀、元龜）

805	806	807	808	809	810
乙酉	丙戌	丁亥	戊子	己丑	庚寅
順宗	憲宗				
永貞	元和	2	3	4	5
八月癸丑，西川節度使韋臯卒於西川。臯在蜀凡二十一年。（通鑑）〇八月己未，以袁滋爲劍南東西川山南西道安撫大使。（通鑑）〇十二月己酉，以給事中劉闢爲西川節度副使知節度事。貶袁滋爲吉州刺史。（通鑑）	正月，劉闢反，唐以高崇文諸人討之。〇九月，劉闢敗。〇十月丙寅，以高崇文爲西川節度使。戊辰，以嚴礪爲東川節度使。〇是歲，以張舟代趙昌爲安南都護。	八月，唐授南詔使者鄧傳榜試殿中監。（唐會要）〇十月丁卯，以門下侍郎同平章事武元衡同平章事充西川節度使，代高崇文。（通鑑）	十二月甲子，唐以異牟尋卒，廢朝三日。辛未，以諫議大夫段平仲兼御史中丞，持節充册立南詔及弔祭使，仍命鑄元和册南詔印，司封員外郎李逢吉副之。（唐會要）	正月，罷段平仲使南詔，改以太常卿武少儀兼御史中丞，充册立及弔祭使。（唐會要）〇八月丙申，安南都護張舟奏破環王三萬衆。（舊書本紀）	是歲，馬總代張舟爲安南都護。張舟疑即卒於是年。
異牟尋				尋閣勸	勸龍晟
26	27	28	29	1	1
四月，彌臣嗣王道勿禮受唐封爲彌臣國王。（元龜）	是年八月十二月南詔並遣使入唐朝貢（元龜）	十二月，南詔復遣使朝於唐。（唐會要）	十一月，南詔異牟尋卒，子尋閣勸嗣立，自稱驃信。驃信猶言君也。（舊書本紀、新書南蠻傳、唐會要）相傳閣勸改元應道。	南詔尋閣勸立一年，今年十一月卒，子勸龍晟嗣立。（通鑑）〇十二月遣使入唐朝貢（元龜）	雲南傳説：勸龍晟是年建元龍興。（南詔野史）十二月遣使入唐朝貢。（元龜）

公元	干支	唐帝	年	唐事	南詔王	年	南詔事
812	壬辰	憲宗	7		勸龍晟	3	十二月，南詔遣使朝貢。（唐會要）
815	乙未		10			6	十二月，南詔使楊還奇等二十九人入朝於唐。（唐會要）
816	丙申		11	去歲吐蕃贊普棄獵松贊卒，新贊普可黎可足立。今年二月，西川始以入奏。○五月，以南詔勸龍晟卒，廢朝三日。以少府少監李銑充册立弔祭使，左贊善大夫許堯佐副之。（舊書南詔傳）		7	南詔勸龍晟立七年，淫虐不道，上下怨疾。弄棟節度王嵯巔殺之，立其弟勸利。勸利德嵯巔，賜姓蒙氏，謂之大容。容，南詔言兄也。（通鑑）
817	丁酉		12		勸利	1	舊唐書南詔傳，謂南詔於元和十二年至十五年比年遣使入朝，或年内二三至者。○相傳勸利改元全義、大豐。
818	戊戌		13	四月，劍南西川節度使奏，南詔請貢獻助軍牛羊奴婢等，唐發詔褒之，不令進獻。（唐會要）是歲，李象古爲安南都護。		2	
819	己亥		14	安南都護李象古以貪縱苛刻失衆心。安南酋長楊清擁兵反。○十月壬戌，容管奏清陷都護府，殺李象古及妻子官屬部曲千餘人。丙寅以唐州刺史桂仲武爲安南都護，以楊清爲瓊州刺史。（通鑑）		3	
823	癸卯	穆宗	長慶 3	七月，南詔勸利卒，弟勸豐祐嗣立。唐以京兆少尹韋審規持節臨册，韋齊休從審規行，歸著雲南行記二卷。（新書南蠻傳、蠻書）○十月己丑，以中書侍郎同平章事杜元穎同平章事充西川節度使。（通鑑）		7	今年唐始賜南詔印。○七月，南詔勸利卒，弟勸豐祐嗣立。史云自豐祐始不用父子連名。○以唐遣使册立，南詔因遣洪成酋、趙龍些、楊定奇入謝。（新書南蠻傳）○相傳勸豐祐改元保和、天啓。

826	丙午	敬宗	寶曆 2		勸豐祐 3	南詔遣使入唐朝貢。（舊書南詔傳）
827	丁未	文宗	太和		4	南詔遣使入唐朝貢。（舊書南詔傳）
829	己酉		3	杜元穎不曉軍事，刻削士卒。十一月，南詔攻西川，連陷戎、嶲、邛諸州。○十二月，南詔兵抵成都，俘子女百工數萬人而去。○十二月己酉，唐以東川節度使郭釗爲西川節度使，與南詔約和。貶杜元穎爲邵州刺史，再貶循州司馬。	6	南詔蒙嵯巔以蜀中邊備廢弛，攻破成都，俘虜百姓及工匠而歸。南詔自是工文織，與中國埒。（蠻書、新書南蠻傳、通鑑）
830	庚戌		4	西川節度使郭釗以疾求代。十月戊申，以義成節度使李德裕爲西川節度使。德裕既至，練士卒，葺堡鄣，積糧儲以備邊。蜀人粗安。（通鑑）	7	南詔蒙嵯巔今年遣使以表自陳，兼疏元穎過失。（舊書南詔傳）
831	辛亥		5	五月丙辰，西川節度使李德裕奏遣使詣南詔，索所俘百姓，得四千人而還。（通鑑）○九月，吐蕃維州副使悉怛謀降唐。（通鑑）○冬十月戊寅，李德裕奏南詔寇嶲州，陷三縣。（通鑑）	8	冬十月，南詔攻嶲州。（通鑑、舊書南詔傳謂太和五年南詔遣使來貢方物，不知在何時，姑系於此。元龜又作六年）
832	壬子		6	夏五月甲辰，李德裕奏修邛崍關，及移嶲州理臺登城。邛崍關近今榮經，臺登今冕寧縣。（通鑑）○十一月乙卯，以荊南節度使段文昌爲西川節度使代李德裕。（通鑑）	9	是歲，南詔侵驃國，俘驃民三千，徙之柘東。（蠻書）○是歲，有高將軍者，於趙州建遍知寺。時爲豐祐之保和九年。（郭松年大理行記）
834	甲寅		8		11	南詔遣使入唐貢方物。（舊書南詔傳）

835	839	840	841	842	843	846	853	854
乙卯	己未	庚申	辛酉	壬戌	癸亥	丙寅	癸酉	甲戌
文宗			武宗				宣宗	
9	開成4	5	會昌	2	3	6	大中7	8
	正月，唐賜南詔賀正使趙莫等三十七人官告，並金綵銀器金銀帶衣服等有差。（唐會要）	十二月，上御三殿對歸國南詔使等十六人。（唐會要）		正月，三殿對還蕃南詔酋望張元佐等二十五人。（唐會要）	十一月，安南軍亂，逐其經略使武渾。（新書本紀）	唐以裴元裕爲安南經略使。〇九月，南詔攻安南，裴元裕帥鄰道兵攻之。（通鑑）	唐以李涿爲安南都護。（唐方鎮年表）	安南都護李涿爲政貪暴，强行市易。又殺蠻酋杜存誠，羣蠻怨怒。並罷安南林西原防冬戍卒，致啓南詔覬覦之漸。（蠻書、通鑑）
勸豐祐								
12	16	17	18	19	20	23	30	31
是歲，南詔破彌諾國，虜其族三二千人，配麗水淘金。（蠻書）	南詔遣使入唐朝貢。（舊書南詔傳）	南詔遣使入唐朝貢。（舊書南詔傳）	雲南傳説：是歲勸豐祐開錦浪江、瀦高河，有交通耕種之利。（南詔野史）	是歲二月，牂柯、南詔俱遣使入唐朝貢。（舊書本紀）		正月己未，南詔、契丹、室韋、渤海、牂柯、昆明入朝於唐。（舊書本紀）〇九月，南詔入寇安南。（南詔野史謂是役南詔攻陷安南，裴元裕死之。）案元裕於大中二年始爲田在宥所代，野史之説不可信		安南七綰洞蠻首領李由獨等爲南詔所誘降，遂致安南漸遭侵軼。（蠻書、通鑑）〇二月，進犀牛，爲唐所却還。（唐會要）

858	859	860	861	862
戊寅	己卯	庚辰	辛巳	壬午
宣宗		懿宗		
12	13	咸通	2	3
正月，以康王傅分司王式爲安南都護經略使。式至交趾，樹芀木爲柵，選教士卒，守禦以固。（通鑑）○七月，王式平定安南。	十二月，裘甫起義於浙東。○以李鄠代王式爲安南都護。鄠至安南，殺其大酋杜守澄。（通鑑）	二月，以前安南都護王式爲浙東觀察使擊裘甫。○十月，安南都護李鄠復取播州。○十二月，交趾陷，李鄠與監軍奔武州。	正月，發邕管及鄰道兵救安南，擊南詔。○六月癸丑，以鹽州防禦使王寬爲安南經略使。貶李鄠爲儋州司户，長流崖州。○唐命左司郎中孟穆赴南詔爲弔祭使，以嶲州陷，穆遂不行。（通鑑）	二月，南詔復攻安南，王寬告急，乃以蔡襲代之，並發諸道兵三萬人授襲以禦之，南詔引去。○五月，嶺南西道節度使蔡京奏罷安南戍兵，蔡襲力爭不省。○十一月，南詔攻安南，蔡襲嬰城固守，救兵不得至。（通鑑）
勸豐祐		世隆		
35	36	建極	2	3
正月六月，南詔兩次攻安南，不得逞。（通鑑。新書南蠻傳謂南詔將段酋遷陷安南都護府，號白衣没命軍，南詔發朱弩佉苴三千助守。通鑑考異以爲新傳誤。今從之）○今歲師子國侵緬，南詔發兵救之。（南詔野史）	是年，南詔勸豐祐卒，子世隆嗣立，與唐絶。世隆自稱皇帝，國號大禮，改元建極。唐以其名犯玄宗諱，稱之爲酋龍。（通鑑）○南詔遣兵攻播州。播州今遵義。○相傳世隆又改元法堯。	十二月戊申，安南土蠻引南詔兵合三萬餘人乘虚攻交趾。陷之。	七月，南詔攻邕州，陷之。○南詔攻嶲州，攻邛崍關。（通鑑）	二月，南詔攻安南，未幾引退。○十一月，南詔帥羣蠻五萬人侵安南，圍交趾。

公元	干支	唐帝	年	唐事	南詔王	年	南詔事
863	癸未	懿宗	4	二月七日，交趾陷，蔡襲戰死。幕僚樊綽攜印浮水渡江走免。綽後著蠻書十卷。○六月，廢安南都護府，置行交州於海門鎮。○七月，復置安南都護府於行交州，以宋戎爲經略使。○十二月，南詔侵西川。	世隆	4	二月七日，南詔陷交趾，因置安南節度使，使段酋遷守交趾。○十二月，南詔入侵西川。
864	甲申		5	正月丙午，西川奏，南詔攻嶲州，爲刺史喻士珍所敗。西川復築新安、遏戎二城。以容管經略使張茵兼句當交州事。○三月，南詔攻邕州，嶺南西道節度使康承訓所帥八千人皆没。○七月，兩林鬼主敗南詔蠻。以高駢代張茵爲安南都護本管經略招討使。		5	
865	乙酉		6	九月，高駢至南定，峯州蠻五萬方穫田，駢掩擊，大敗之。收其所穫以食軍。（通鑑）		6	五月，南詔復攻嶲州，兩林蠻開門納之。南詔盡殺戍卒。唐刺史喻士珍降南詔。（通鑑）
866	丙戌		7	劉潼代李福爲西川節度使，始釋福所囚南詔使者董成等，送之長安。○十月，高駢攻克交趾城，殺段酋遷、朱道古等。○十一月，置静海軍於安南，以高駢爲節度使，重築安南城。（通鑑）		7	六月，南詔世隆遣善闡節度使楊緝助安南節度使段酋遷守交趾，以范昵些爲安南都統，趙諸眉爲扶邪都統。（通鑑）
867	丁亥		8	二月，西川節度使劉潼發兵助皁籠部，擊西川近邊六姓蠻。（通鑑）		8	

868	869	870	871	872	873
戊子	己丑	庚寅	辛卯	壬辰	癸巳
懿			宗		
9	10	11	12	13	14
六月，唐從李師望言，建定邊軍，治邛州，以師望爲巂州刺史，充定邊軍節度等使。○七月，桂林防禦南詔戍卒反，推判官龐勛爲主，勒兵北還。○八月，以高駢爲金吾大將軍，駢請以從孫潯代鎮交趾，從之。（通鑑）	十月，李師望殺南詔使者。師望貪殘，戍卒怨怒，代以竇滂，尤甚於師望。是月南詔大舉進攻。○十一月，攻清溪關。○十二月丁酉攻陷犍爲，壬子陷嘉州。竇滂敗於大渡河，單騎宵遁。黎、雅諸州俱失。（通鑑）	正月癸酉，廢定邊軍，復以邛、眉、蜀、雅、嘉、黎、巂七州歸西川。○是日，南詔軍抵成都城下。○二月癸未朔，南詔開始攻城。甲午以後顏慶復、宋威等援軍至，屢敗南詔軍，世隆退走。			黔中經略使秦匡謀以南詔來攻，兵少不敵，棄城奔荆南。荆南節度使杜悰奏斬之。（通鑑）○十一月初八日，除牛叢爲西川節度使。
世			隆		
9	10	11	12	13	14
	南詔遣楊酋慶詣成都，謝釋董成之囚，並歸成都俘三千人。定邊軍節度使李師望截殺其使。世隆大怒，十月，傾國來攻。（通鑑）	正月，南詔圍成都不能下，以唐軍援至，戰屢敗，遂退走。	大理崇聖寺鐘鑄於是年三月廿四日。	彌渡鐵柱廟鐵柱建立於是年四月十四日。	五月，南詔攻西川，又攻黔南。（通鑑）

公元	干支	唐	年號	唐事	南詔	年	南詔事
874	甲午	僖宗	乾符	是歲，王仙芝起事於長垣。（通鑑）	世隆	15	十一月，南詔攻西川，在大渡河爲黄景復所敗。南詔援軍至，復渡大渡河，景復兵潰。○十二月，南詔攻陷黎州，入卭崍關，攻雅州。及新津而還。（通鑑）
875	乙未		2	正月丙戌，以高駢爲西川節度使。○二月，高駢逐南詔至大渡河。修復卭崍關、大渡河諸城柵。築城於戎州馬湖鎮，號平夷軍，又築城於沐源川。皆南詔入蜀要路，置兵數千戍之。（通鑑）○六月，黄巢起義。		16	南詔攻西川，至雅州，爲高駢所擊退。（新書高駢傳）
876	丙申		3	三月，高駢復牒南詔數其罪折辱之。○八月，築西川成都羅城，十一月，畢功。○八月，高駢遣浮圖景仙入南詔，招諭驃信。（通鑑）		17	三月，南詔送還所虜安南判官杜驤妻李瑤，並遞木夾遺高駢，稱督爽牒西川節度使云云，故有高駢復牒。
877	丁酉		4	閏二月，嶺南西道節度使辛讜奏南詔遣使請和，詔許之。讜因遣大將杜弘等送南詔使者段瑳寶還南詔。（通鑑）		18	二月，南詔驃信世隆卒，謚曰景莊皇帝。子隆舜立，改元貞明承智大同，國號鶴拓，亦號大封人。○南詔遣陁西段瑳寶等至嶺南西道請和。（通鑑）
878	戊戌		5	五月，唐議南詔和親事，不能決。○嶺南大將杜弘送段瑳寶還南詔，踰年還。○五月甲辰，辛讜又遣巡官賈宏、大將左瑜、曹朗使南詔。○十二月，南詔使者趙宗政歸國，中書不答督爽牒，命西川節度使崔安潛答之。	隆舜	1	四月，南詔遣其酋望趙宗政入唐，請求和親。（通鑑）
879	己亥		6	辛讜以賈宏等道卒，因又遣攝巡官徐雲虔使雲南，至善闡，見驃信隆舜，留十七日而返。雲虔歸著南詔録三卷。		2	

880	881	882	883	897	899	902
庚子	辛丑	壬寅	癸卯	丁巳	己未	壬戌
僖宗				昭宗		
廣明	中和	2	3	乾寧 4	光化 2	天復 2
三月，安南軍亂，節度使出城避之，攻叛卒所據子城不能下。○六月，唐許南詔和親不稱臣。以嗣曹王李龜年爲宗正少卿充使，徐雲虔副之，徐藹爲判官，詣南詔。（通鑑）○十二月，黄巢入長安，僖宗奔興元。	正月，僖宗入蜀至成都。○八月，宗正少卿嗣曹王李龜年自南詔還。	七月，唐於南詔早尚公主之請，辭以方議禮儀。（通鑑）	七月，南詔迎公主使至成都。○十月，唐以宗室女爲安化長公主，擬以妻南詔。○唐用高駢謀，盡殺南詔使者趙隆眉、楊奇肱、段義宗等。遂罷和親。（新書南蠻傳、通鑑）	九月，復以王建爲西川節度使。○是歲，唐得南詔舜化貞上皇帝書函及督爽牒中書木夾，年號中興。唐采王建議，不報。		
隆舜					舜化貞	
3	4	5	6	20	中興 2	5
	南詔隆舜因李龜年上表款附，請悉遵詔旨。（通鑑）	七月，南詔上書，求早降公主。（通鑑）	七月，南詔遣其布燮趙隆眉、楊奇肱、段義宗三人朝西川行在，迎公主。三人俱爲唐所殺。（通鑑）	南詔隆舜卒，子舜化貞嗣立，改元中興。○致書於唐。	三月十四日南詔信博士内常士酋望忍爽張順、巍山主掌内書金券贊衛理昌忍爽王奉宗等繪南詔圖傳成。	是歲，南詔清平官鄭買嗣滅蒙氏，自立爲大長和國，南詔亡。南詔蒙氏自細奴邏至舜化貞凡傳十三世，二百五十四年。

五　參考書目

這一個目録，將參考過的書籍書名、卷數、作者姓名、時代以及所用過的本子，一一開列。可能很不完備，參考過的單篇論文目録没有列入，有些書也没有列入。此外從書目中可以看出，有關川、黔、滇諸省及廣西僮族自治區的方志和輿地書籍，參考得很不够。這些缺點，都有待於將來的補正。

史記一百三十卷漢司馬遷　百衲本　開明廿五史本（以下省稱開明本）
漢書一百二十卷漢班固　百衲本　開明本
後漢書一百二十卷宋范曄　百衲本　開明本
三國志六十五卷晉陳壽　百衲本　開明本
周書五十卷唐令狐德棻　百衲本　開明本
隋書八十五卷唐魏徵　百衲本　開明本

舊唐書二百卷晉劉昫　百衲本　開明本

唐書二百五十卷宋歐陽修　百衲本　開明本

宋史四百九十六卷元脱脱等　百衲本　開明本

元史二百十卷明宋濂等　百衲本　開明本

資治通鑑二百九十四卷宋司馬光　四部叢刊本　標點本

資治通鑑考異三十卷宋司馬光　四部叢刊本

廿五史補編開明書店本

廿二史考異一百卷清錢大昕　局本

十七史商榷一百卷清王鳴盛　局本

唐會要一百卷宋王溥　局本

唐六典三十卷唐李林甫等　日本近衛本

唐律疏議三十卷唐長孫無忌等　清孫氏刊本

唐方鎮年表八卷附考證近代吴廷燮　鉛字排印本

華陽國志十二卷晉常璩　四部叢刊本　清廖刊本　清顧千里校本

蠻書十卷唐樊綽　武英殿聚珍版本　文津閣四庫全書本　知不足齋刊本　閩刊聚珍本　琳琅秘室叢書本　雲南備徵志本
　漸西村舍叢書本　盧文弨校本

雲南志略元李京　輯本

大理行記元郭松年　奇晉齋叢書本

滇載記一卷明楊慎　學海類編本　函海本

南詔源流紀要一卷明蔣彬　明嘉靖刊本

南詔野史二卷明阮元聲　通行本

滇志三十三卷明劉文徵　曬藍本

滇考二卷清馮甦　台州叢書本

滇繫四十卷清師範　雲南叢書本

滇雲歷年傳十二卷清倪蜕　雲南叢書本

雲南備徵志二十一卷清王崧　鉛字排印本

滇南雜志二十四卷清曹樹翹　申報館叢書本

滇繹四卷近代袁嘉穀　鉛字排印本

滇南古金石録一卷清阮福　文選樓叢書本
元和郡縣圖志四十卷唐李吉甫　武英殿聚珍版本
太平寰宇記二百卷宋樂史　乾隆刊本
寰宇通志一百二十九卷明陳循等　玄覽堂叢書續集本
嘉慶重修一統志五百六十卷清穆彰阿等　四部叢刊本
景泰雲南志十卷明陳文等　傳鈔本
正德雲南志四十四卷明周季鳳等　照相本
萬曆雲南通志十七卷明李元陽等　鉛字排印本
桂海虞衡志一卷宋范成大　學海類編本
嶺外代答十卷宋周去非　知不足齋叢書本
酉陽雜俎二十卷唐段成式　四部叢刊本
國史補三卷唐李肇　汲古閣本
南部新書十卷宋錢易　粤雅堂叢書本　新印本
續博物志十卷宋李石　日本天和三年刊本

容齋隨筆七十四卷宋洪邁　通行本
輟耕録三十卷明陶宗儀　通行本
滇遊記清陳鼎　學海類編本
札樸十卷清桂馥　通行本
滇海虞衡志一卷清檀萃　問影樓輿地叢書本
天下郡國利病書一百二十卷明顧炎武　通行本
讀史方輿紀要一百三十卷清顧祖禹　通行本
唐大和上東征傳一卷日本元開　大日本佛教全書本
唐賈耽邊州入四夷道里考實五卷近代吴承志　劉氏求恕齋刊本
水經注四十卷魏酈道元　影印大典本　王先謙校刊本
水經注疏四十卷近代楊守敬熊會貞疏　科學出版社影印本
水經注正誤舉例五卷近代丁謙　劉氏求恕齋刊本
水經注西南諸水考三卷清陳灃　刊本
雲南水道考五卷清李誠　嘉業堂叢書本

黑水考證四卷清李榮陛　豫章叢書本
蜀水考注疏四卷清陳登龍　道光刊本
安南志略二十卷元黎崱　日本樂善堂排印本
越史略三卷明佚名　守山閣叢書本
安南圖志一卷明鄧鐘　北平圖書館善本叢書本
越嶠書三十卷明李文鳳　明鈔本
大越史記全書二十五卷越南吴士連等　日本樂善堂排印本
昭德先生郡齋讀書志二十卷宋晁公武　清王先謙校刊本
書録解題二十二卷宋陳振孫　局本
齊民要術十卷後魏賈思勰　四部叢刊本　石聲漢校注本
農書三十六卷元王禎　通行本
農政全書六十卷明徐光啓　明平露堂本
重修政和經史證類備用本草三十卷宋唐慎微　四部叢刊本
駱賓王文集十卷唐駱賓王　四部叢刊本　清石研齋刊本

張説之集二十五卷唐張説　四部叢刊本
唐丞相曲江張先生文集二十一卷唐張九齡　四部叢刊本
杜工部詩二十五卷唐杜甫　四部叢刊本
高常侍集八卷唐高適　四部叢刊本
顔魯公文集二十一卷唐顔真卿　四部叢刊本
權載之文集五十一卷唐權德輿　四部叢刊本
昌黎先生文集五十一卷唐韓愈　四部叢刊本
唐柳先生文集四十八卷唐柳宗元　四部叢刊本
李衞公文集三十四卷唐李德裕　四部叢刊本
白氏文集七十一卷唐白居易　四部叢刊本
甫里先生文集二十卷唐陸龜蒙　四部叢刊本
桂苑筆耕集二十卷唐崔致遠　四部叢刊本
程氏巽隱先生全集四卷明程本立　清雍正燕翼堂刊本
抱經堂文集三十四卷清盧文弨　四部叢刊本

孟亭居士文稿五卷詩稿四卷　清馮浩　清嘉慶刊本
海日樓文集二卷　近代沈曾植
附沈子培年譜　近代王蘧常　商務印書館本
文苑英華一千卷　宋李昉等　刊本
唐文粹一百卷　宋姚鉉　四部叢刊本
全唐文一千卷　清董誥等　刊本
全唐詩九百卷　清曹寅等　詩局本　石印本
唐詩紀事八十一卷　宋計有功　四部叢刊本
太平御覽一千卷　宋李昉　四部叢刊本　鮑刊本
太平廣記五百卷　宋李昉　影印明嘉靖談愷刊本
册府元龜一千卷　宋王欽若等　明崇禎刊本
附册府元龜奉使部外臣部索引　日本宇都宮清吉等　東方文化研究所本
大清一統輿圖　清胡林翼　武昌刊本
交廣印度兩道考　法國伯希和　馮承鈞譯本

中國南海古代交通叢考　日本藤田豐八　何健民譯本

安南通史　日本岩村成允　富山房本

阿倍仲麻呂傳研究　日本杉本直治郎　育芳社本

東洋讀史地圖　日本箭内亘　和田清補　富山房本

F. W. Thomas, Tibetan Literary Texts and Documents Concerning Chinese Turkestan.

C. Sainson, Nan-Tchao ye-che（南詔野史）, Histoire particulière du Nan-Tchao.

H. R. Davies, Yün-nan. The Link between India and the Yangtze.

B. Laufer, Sino-Iranica.

H. Yule and A. C. Burnell, Hobson-Jobson.

G. A. Stuart, Chinese Materia Medica.

E. Bretschneider, Botanicon Sinicum.

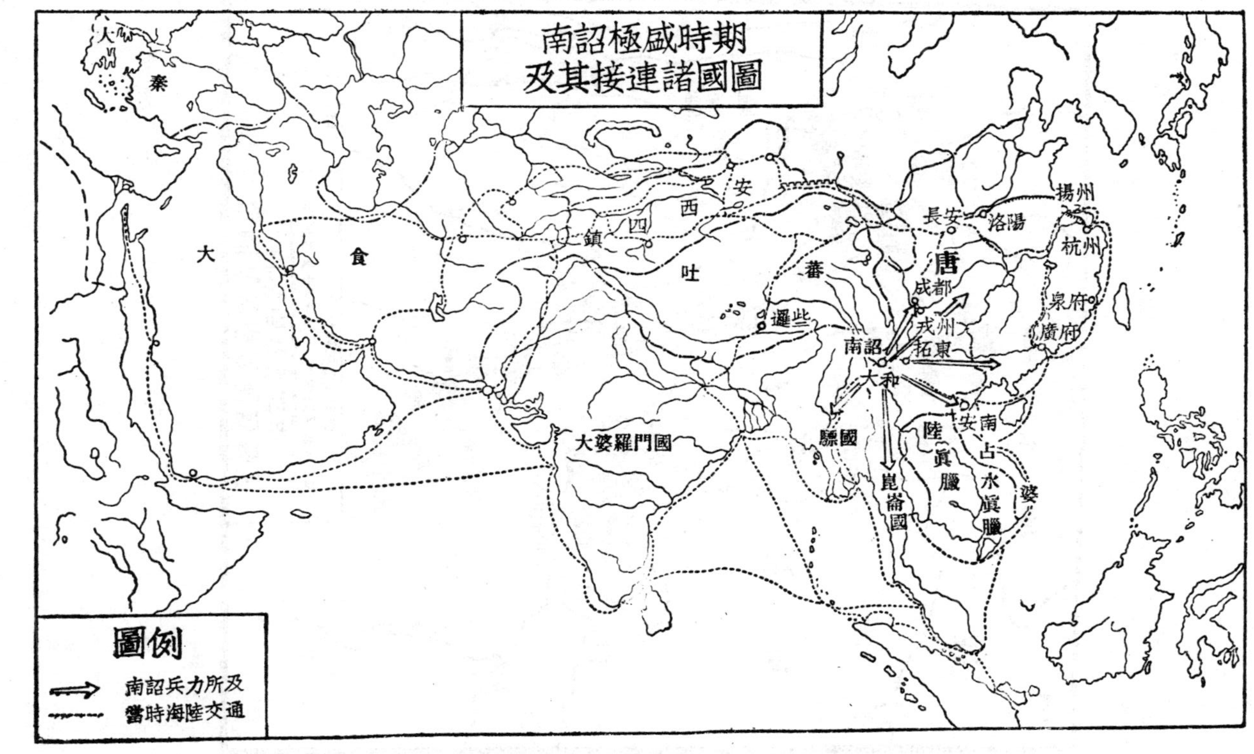
南詔極盛時期
及其接連諸國圖
大秦
大食
吐蕃
安西四鎮
唐
長安
洛陽
揚州
杭州
泉府
廣府
成都
戎州
拓東
南詔
大和
邏些
驃國
安南
陸眞臘
水眞臘
占婆
崑崙國
大婆羅門國
圖例
南詔兵力所及
當時海陸交通

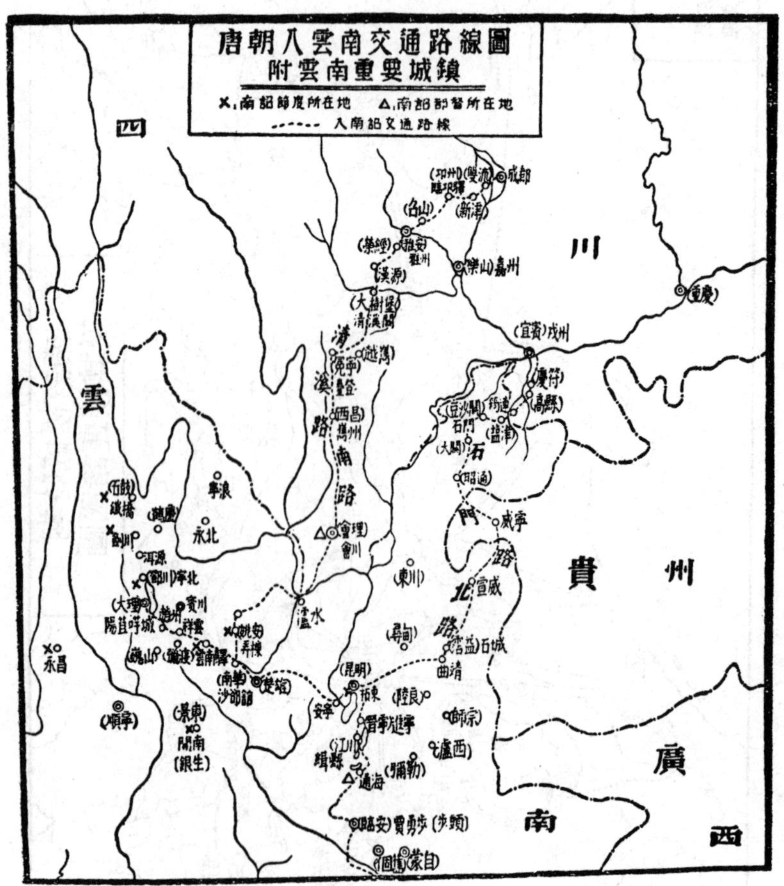
唐朝八雲南交通路線圖
附雲南重要城鎮
×,南詔節度所在地
△,南詔都督所在地
入南詔文通路線
四
川
雲
南
貴
州
廣
西
成都
(名山)
(新津)
嘉州
(宜賓)戎州
(重慶)
(溪源)
清溪關
(越雋)
(西昌)
巂州
清
溪
路
南
路
(會理)
會川
(慶符)
(高縣)
(鹽津)
石門
(昭通)
威寧
石
門
路
北
路
宣威
石城
曲靖
(東川)
(尋甸)
瀘水
(昆明)
拓東
安寧
(陸良)
(師宗)
(瀘西)
(彌勒)
通海
(臨安)
步頭
(蒙自)
(石鼓)
鐵橋
(鶴慶)
劍川
洱源
寧浪
永北
(大理)
陽苴咩城
賓川
祥雲
雲南驛
(南華)
沙卻館
(楚雄)
弄棟
永昌
(順寧)
(景東)
開南
(銀生)

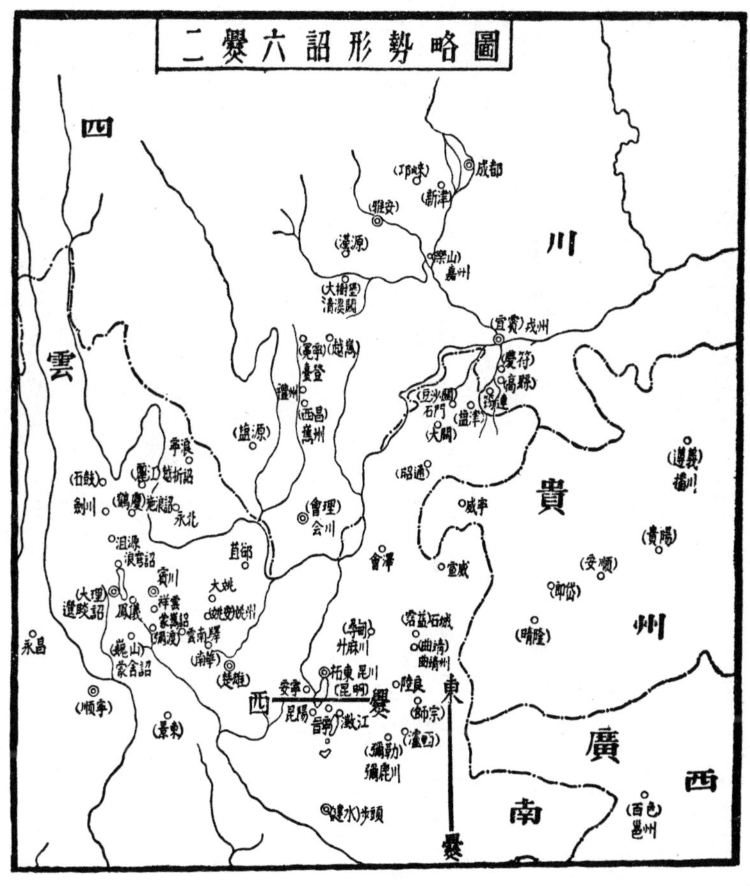

二爨六詔形勢略圖
四川
雲南
貴州
廣西
成都
(新津)
(雅安)
(漢源)
嘉州
(大樹堡)
清溪關
(宜賓)戎州
(越嶲)
臺登
(西昌)
巂州
(鹽源)
(慶符)
(高縣)
石門
(鹽津)
(大關)
(昭通)
(遵義)
播川
威寧
(貴陽)
(安順)
(晴隆)
(會理)
会川
會澤
宣威
(石鼓)
劍川
越析詔
(鶴慶)施浪詔
永北
浪穹詔
(大理)
邆睒詔
鳳儀
祥雲
蒙嶲詔
雲南驛
(巍山)
蒙舍詔
大姚
(姚安)姚州
(南華)
(楚雄)
永昌
(順寧)
(景東)
升麻川
(曲靖)
曲靖州
陸良
(師宗)
(瀘西)
(彌勒)
彌鹿川
拓東
昆川
(昆明)
安寧
昆陽
晉寧
澂江
(建水)步頭
西爨
東爨
(百色)
邕州

中國史學基本典籍叢刊　書目

穆天子傳匯校集釋
國語集解
吴越春秋輯校彙考
越絶書校釋
西漢年紀
兩漢紀
漢官六種
東觀漢記校注
校補襄陽耆舊記（附南雍州記）
十六國春秋輯補
洛陽伽藍記校箋
建康實録
荆楚歲時記
大唐創業起居注箋證（附壺關録）
貞觀政要集校（修訂本）
唐六典
蠻書校注
十國春秋
皇朝編年綱目備要
皇宋十朝綱要校正
隆平集校證
宋史全文
宋太宗皇帝實録校注
金石録校證
丁未録輯考
靖康稗史箋證
中興遺史輯校
鄂國金佗稡編續編校注
皇宋中興兩朝聖政輯校
中興兩朝編年綱目
續宋中興編年資治通鑑
續編兩朝綱目備要

宋季三朝政要箋證
宋代官箴書五種
契丹國志
西夏書校補
大金弔伐録校補
大金國志校證
聖武親征録（新校本）
元朝名臣事略
明本紀校注
皇明通紀
明季北略
明季南略
國初群雄事略
小腆紀年附考
小腆紀傳
廿二史劄記校證
通鑑地理通釋